旅游研究前沿书系

会展策划与管理教育教学研究

王承云等 编著

旅游教育出版社

·北京·

序　言

欣然获悉，由上海师范大学旅游学院、上海旅游高等专科学校会展经济与管理学院院长王承云教授领衔，团队资深专业教师共同编撰的《会展策划与管理教育教学研究》即将面世。我备感荣幸，受承云院长之邀，得以提前阅读书稿，并为本书作序。见证她（他）们为构建中国会展学术共同体所付出的努力，我觉得在卷首写下几段话以示祝贺，是对她（他）们辛勤学术劳动成果的应有敬意。

回溯中国会展高等教育的发展历程，自1999年设立首个会展专科专业起步，至2004年进一步设立本科层次的会展经济与管理专业，二十多年来，会展高等教育已形成涵盖高职高专、本科、硕士、博士的完整教育和人才培养体系。截至2024年，全国已有超过140所本科院校获批设立会展经济与管理或会展专业，占全国本科院校总数的10%；而开设会展策划与管理或会展相关专业的专科院校更是接近300所，约占全国专科院校数量的六分之一。

在众多会展教育先驱中，上海师范大学旅游学院、上海旅游高等专科学校无疑是其中的佼佼者。从"最早"开展会展教育，到"首次"获得教育部正式批复设立会展经济与管理本科专业；从出版全国首批会展专业教材，到提出并实施基于区校联动、校企共建的生产性实训基地"星博会"、"海湾文化节"等项目平台的一体化教学改革并获得国家级教学成果二等奖，无不体现了其在会展教育领域的领先地位和创新精神。此外，2021年获批上海市一流高等职业教育会展策划与管理专业群；2022年成立了全国第一个国际会展产业学院；2023年牵头成立了第一个全国会展产教融合共同体；2023年建立了全国第一个会展虚拟教研室；目前全国会展院校中会展专业学生规模最大、师资数量最多……

在当前"双高"、"双万"、"双一流"和新文科建设的背景下，院长王承云教授与其团队不断探索，积极服务上海乃至长三角地区的会展业发展，致力于打造国内领先、国际一流的会展经济与管理本科教育领军专业，全力建设会展策划与管理高水平专业群。她（他）们围绕产教融合，推动高校、政府与企业间的紧密合作，为地方会展产业的高质量发展提供了有力的人才支持和智力支撑。

在新时代高校育人工作的重要任务——"三全育人"体系构建中，上海师范大学会展经济与管理专业、上海旅游高等专科学校会展经济与管理学院，不断创新课程设置，优化教学方法，强化实践环节，通过"理论＋实践"、"课堂＋企业"等多元化教学模式，有效提升了学生的专业素养和就业竞争力。同时，该专业还依托于全国旅游职业教育教学指导委员会会展策划与管理专业分委员会主任委员单位的优势，引领着全国高职会展专业的发展方向。

应该说，上海师范大学会展经济与管理专业、上海旅专会展经济与管理学院在全国会展教育领域的知名度进一步提高，影响力日渐扩大。按照目前常见的大学专业排名使用的指标体系，她们在办学历史、专业规模、专业认证、专任教师师生比、高级职称占比、新生报到率、专业对口就业率、雇主评价、国际化合作水平、学术声誉、教学声誉等等方面都处于全国会展院校的前列，为中国会展教育树立了标杆。

《会展策划与管理教育教学研究》一书，正是基于这样的背景和努力下诞生的。全书收录了34篇学术论文，分为教材与课程设计、教育教学思考与探索、学术研究与展望三大板块，凝聚了全院教师的智慧与心血。这些论文不仅涵盖了丰富的教学案例和真实的教学情境，更融入了教师长期从事会展教学的宝贵经验。我相信，本书的出版将有力推动会展人才培养质量的提升，培养更多具备国际视野的会展人才，助力上海建设"国际会展之都"，同时也将为会展教育的本土化与国际化发展提供宝贵的经验和启示。

我向广大会展同仁和教育工作者推荐这本书，希望大家能够从中汲取营养，激发思考，深化理解，共同推进我国会展教育事业的发展。

是为序。

2024年6月20日
耿松涛于中国海口

（耿松涛，海南大学国际旅游与公共管理学院三级教授，博士生导师，新疆财经大学天池特聘教授）

目 录

教材与课程设计

"展览会策划与管理"教学实施报告 ………………………… 褚玉静 / 002
会展策划与管理专业实训课程思考 ………………………… 葛 菲 / 011
互动促进学生课堂积极性与创造性
　　——"节事活动策划与管理实务"教学体会 ………… 吴 佩 / 021
"大数据时代经济学基础"教学创新成果报告 …………… 周 佳 / 030
"会展项目管理"课程设计与教学实施 …………………… 张艳楠 / 044
基于业、财融合模式的财务会计教材建设新路径 ………… 徐 涛 / 054
"商务文案写作"教学方法的探索研究 …………………… 孙景然 / 066
案例教学法在"财务会计"课程教学中的运用 …………… 张慧娟 / 076
高等数学在财务管理中的应用及其教学探究 ……………… 莫君慧 / 086
信息化背景下数字影音编辑技术的课程思政探索与实践 … 周奕珺 / 096
"双导"思维导向下"体育赛事策划与管理"课程线上线下混合式
　　教学改革建设 ………………………… 朱小川　周奕珺 / 105
因爱而"生"，为爱而"教"
　　——"婚庆策划与管理"课程教学设计 ……………… 刘德艳 / 116

教育教学思考与探索

协同育人新模式：建设会展产教融合共同体的院校作为 … 王 磊 / 132
建构主义视角下的酒店财务管理课程中思政元素的融合
　　策略研究 ……………………………………………… 陈安萍 / 148

关于高校传统文化课程场景教学的思考 …………………… 王 爽 / 155
"新工科"理念下展示设计的问题驱动式教学探究 …………… 黄立萍 / 165
新媒体广告创意策略研究 ……………………………………… 徐若然 / 175
文化消费发展与创意文化人才培育研究 ……………………… 季雯婷 / 186
"实操案例"与"课题驱动"相结合的统计学教学模式探讨……… 张满生 / 196
博物馆环境解说教学方法探讨 ………………………………… 赵金凌 / 204
基于军事理论的大学生军训必要性及对策研究 ……………… 宋颖超 / 214

学术研究与展望

生成式人工智能应用下的未来会展业发展趋势研究 …… 赵中华 常锦浩 / 228
基于场理论的数字文旅地标性产品创新研究
　　——以上海市福佑文创城为例 ……………………… 张立生 任昱霖 / 237
休闲垂钓旅游活动过程管理与服务规范研究初探 …………… 唐新安 / 253
会展新技术应用场景及案例分析 ……………………………… 张圆刚 / 261
场馆运营管理中的新技术应用及存在问题 …………………… 赵 正 / 272
非遗展会策划效能提升研究
　　——以浙江·中国非物质文化遗产博览会为例 …… 雷子宜 陈玲玲 / 279
大数据原理及在旅游业中应用的回顾 ………………………… 仓 俊 / 292
演艺活动与旅游演艺 …………………………………………… 田明舸 / 312
基于遗传算法的旅游企业财务风险评估研究 ………………… 陈 萍 / 321
大数据与人工智能时代的资产定价研究 ……………………… 宫 博 / 332
大型语言模型赋能财务管理系统的探索与展望 ……………… 王琳艳 / 342
数字经济时代财务共享服务存在的问题及应对 ……………… 施旭瑛 / 351
中国国际工业博览会对上海先进制造业的
　　影响研究 ……………………………… 陈锦浩 王承云 巩依纯 / 360

教材与课程设计

"展览会策划与管理"教学实施报告

褚玉静[①]

上海师范大学　旅游学院

上海旅游高等专科学校　会展与经济管理学院

摘　要："展览会策划与管理"教学实施报告聚焦于"展览会策划与管理"课程的教学设计与实践。报告首先分析了模块内容，强调其作为会展策划与管理专业核心课程的重要性，并详细阐述了教学目标及岗位能力要求。其次，在教学实施部分，报告提出了线上线下相结合的教学策略，通过聚焦时事热点、实地参观展览活动以及应用多元化课堂教学方法，实现知行合一的教学目标。在教学特色与创新方面，报告突出了"四融合一贯穿"的教学思路，巧妙运用信息化手段解决教学难点，并通过实时评价和分组教学提升教学效果。最后，报告反思了教学过程中遇到的问题，并提出了构建信息化实践环境等改进措施，以进一步优化会展专业教学。

关键词：数字化教学；沉浸式实践；分组教学；知行合一

一、教学整体设计

（一）模块内容分析

"展览会策划与管理"是会展策划与管理专业开设的专业核心课程中的第一个模块，是为后续开拓会展管理思维奠定知识技能基础的关键模块。这个模块就如同建筑的地基，稳固而关键，为后续深入学习会展管理的各个层面提供了不可或缺的支撑。

本模块主要围绕展览会的特点和运作展开，系统地分析展览会的立项和展览会的管理两个部分内容。具体来讲包括展览会策划与管理的理论知识体系、展览会主题的选择、展览会的地点选择、展览会产品的策划、展览会营销管理、展览

[①] 作者简介：褚玉静，男，副教授，博士，硕士生导师，复旦大学博士后在研。主讲课程：展览会策划与管理、会展危机管理等。研究方向：会展经济、参展绩效等。联系方式：chuyujing@163.com。

会客户关系管理、展览会供应商管理和展览会现场管理等方面的内容。理论结合实践，帮助学生在学习理论知识体系的基础上能够应用于实践。本模块不仅注重理论教学，更强调实践操作。我们鼓励学生将所学的理论知识应用到实际展览会策划与管理工作中，通过实践来检验和巩固所学。这种理论与实践相结合的教学方法，旨在培养学生成为既懂理论又会实操的复合型人才，为他们未来在会展行业大展宏图奠定坚实基础。

总的来说，"展览会策划与管理"这一模块，不仅为后续课程的学习铺平了道路，更为学生今后在会展领域的职业发展提供了强有力的支持。

（二）学情分析

学情分析是教学设计中的重要环节，它有助于教师更好地了解学生当前的知识储备、学习能力和学习需求，从而制定出更加贴合学生实际的教学方案。对于本课程"展览会策划与管理"的授课对象，大一年级的学生，他们已经历了一段大学学习的生活，积累了一定的知识基础和学习方法。

在学习此门课程之前，学生已经接触并学习了管理学的基础课程，这为他们构建了一定的管理思维框架。此外，他们还学习了"会展概论"这一专业课，通过该课程，学生对会展业有了一个整体的、宏观的认识，了解了会展业的发展历程、现状以及未来趋势。这些知识为学生进一步深入探究"展览会策划与管理"提供了宝贵的背景信息和理论基础。

然而，值得注意的是，虽然"会展概论"中涉及了展览会的策划与管理方面的内容，但其深度和广度都相对有限。该课程更多地是从宏观角度探讨会展业的整体发展，而对于展览会的具体策划流程、管理技巧、利益相关者协调等微观层面的内容则探讨较少。因此，在展览会性质的理解、策划细节、利益相关者管理以及如何通过精细化管理提升展览会效益等方面，学生仍存在较大的知识空白和实践经验的欠缺。正因为如此，"展览会策划与管理"的开设显得尤为重要。它旨在通过系统化、具体化的教学内容，帮助学生填补上述知识空白，提升他们在展览会策划与管理方面的专业技能。课程将深入剖析展览会的策划流程、管理要点，以及如何通过高效的管理策略来优化展览会的整体效益。同时，课程还将强调实践操作的重要性，鼓励学生将理论知识转化为实际操作能力，从而在未来的职业生涯中能够更好地应对各种挑战，成为优秀的展览会策划与管理人才。

（三）教学重难点分析

教学重点包括帮助学生理解如何设定展览会的具体目标（如品牌推广、销售促进、市场调研等），并指导他们制定切实可行的目标；讲解市场调研的方法和工具，让学生掌握如何分析市场需求、竞争状况和目标观众特征；教授项目管理中的时间管理技巧，包括甘特图、关键路径法等，确保学生能够制定合理的时间表并按计划推进项目；讲解资源配置的方法，帮助学生学会如何高效地分配和管理人力、物力和财力资源；教授展位设计的基本原则和技巧，包含视觉设计、空间规划和参展体验优化；强调观众互动体验设计的重要性，包括互动展品、多媒体展示和现场活动策划；讲解展览会的营销和推广策略，包括线上线下渠道的整合利用；帮助学生理解品牌管理在展览会中的重要性，并学会如何通过展览会提升品牌形象和知名度；讲解展览会相关的法律法规和保险知识，帮助学生了解如何规避法律风险和保障展览会的顺利进行；教授数据收集和分析的方法，帮助学生学会如何利用数据评估展览会的效果。

教学难点主要包括：指导学生如何在展览会策划和执行过程中协调不同部门和团队的工作；激发学生的创意思维，教会他们如何在展览会设计中加入创新元素，如VR/AR、数字展示等，并指导学生如何将这些技术有效应用于展览会；讲解成本控制的方法和工具，帮助学生学会如何在预算范围内有效地规划和执行展览会；帮助学生掌握应急处理技能，确保能够迅速应对和解决展览会期间的各种突发问题。

（四）教学目标及岗位能力要求分析

根据会展策划与管理专业的人才培养方案和课程标准，我们为"展览会策划与管理"这门课程设定了明确的教学目标。我们希望通过这门课程的学习，能够培养出一批思想政治坚定、德才兼备、全面发展的高素质技能型人才。

这些人才将具备现代展览会策划与管理的基础理论知识，不仅能够深入理解展览会的策划、管理、营销、运营、服务等核心实务技能，还能将这些知识灵活运用于实际工作中。他们将是富有创新精神和实践能力的行业新星，能够在竞争日益激烈的会展市场中脱颖而出。

同时，我们强调学生必须熟悉与会展和展览会相关的法律法规和政策，这是他们未来职业生涯中不可或缺的知识储备。具备这一知识，他们将能够在合法合规的前提下，为会展的顺利进行提供有力保障。

最终，我们的目标是培养能够胜任会展和展览会经营管理、服务运作等方面工作的高素质人才。他们将是会展行业的中坚力量，用他们的专业知识和实践技能，推动整个行业的持续发展和创新。

为了实现这一教学目标，我们将不断优化课程内容，采用先进的教学方法和手段，提供丰富的实践机会，确保每一位学生都能在课程学习中获得真正的成长和提升。我们相信，通过"展览会策划与管理"这门课程的学习，学生将能够成为未来会展行业的佼佼者，为行业的繁荣和发展贡献力量。

二、课堂教学实施

（一）教学策略

教学策略是教学过程中的关键环节，它直接影响着教学效果和学习者的学习体验。在"展览会策划与管理"这门课程中，我们采用了线上线下相结合的教学方法，并通过任务驱动来促使学生积极参与教学过程，旨在提高学生的学习兴趣，培养他们的自主学习能力和实践操作能力。

在线下课程教学中，我们精心设计了课前案例讨论、课中知识讲解和课后问题思考三个环节，确保学生能够全面深入地理解课程内容。在课前，我们会下发真实的会展案例给学生，并提出相关问题，让他们先进行小组讨论。这一环节旨在激发学生的学习兴趣，调动他们的学习积极性，并培养他们的团队协作能力和问题解决能力。

课中，老师会详细讲解相关知识，并结合课前案例进行进一步的分析和讨论。通过这种方式，我们希望能够启发学生对案例的深入思考，帮助他们建立理论与实践之间的联系，从而更好地理解和应用所学知识。课后，我们会提出基于理论知识的展览会相关延伸问题，促使学生对所学知识进行进一步的思考和巩固。同时，我们也会鼓励学生在线上与老师进行互动，就相关问题进行深入交流和讨论。这种线上线下的有机结合，不仅为学生提供了更多的学习资源和互动机会，还能够帮助他们及时解决学习中遇到的问题，提高学习效果。

除了线下课程教学外，我们还充分利用线上丰富的教学资源来辅助教学。老师会提前进行线上学习资源的筛选和整理，然后发给学生学习材料目录和相关链接。这样，学生就可以根据自己的学习兴趣和需求自主选择线上教学资源进行学习。这种个性化的学习方式不仅能够满足学生的不同需求，还能够培养他们的自主学习能力和终身学习的意识。

在教学过程中，我们还会融入最新的时政热点，使课程内容更加贴近现实，增强学生的学习兴趣和实际应用能力。同时，我们在设计教学问题时也会充分考虑学习者的角度、维度、梯度和深度，确保问题符合展览会策划与管理的教学目标，并贴合学生的差异和阶段特征。

综上所述，我们的教学策略旨在通过线上线下相结合的教学方式、任务驱动的教学方法以及充分利用线上教学资源等手段来提高教学效果和学习者的学习体验。我们相信，通过这些努力，我们能够培养出更多具备现代展览会策划与管理知识和技能的高素质人才，为会展行业的发展作出积极贡献。

（二）实施过程

在教学实施过程中，我们始终坚持以学生为中心，以培养学生的实践能力为重点，通过多元化的教学手段和方法，努力实现知行合一的教学目标。以下是"展览会策划与管理"课程的具体实施过程：

1. 聚焦时事，关注热点：思想引领

在课程教学过程中，我们特别注重课程思政的教育。展览会策划与管理不仅是一门技能课，更是一门能够引导学生关注国家发展、行业动态，并培养他们社会责任感的课程。因此，在案例的选取上，我们特意挑选了最新的、具有国际或国内影响力的展览作为分析对象。例如，我们引入了近年来在中国举办的国际进口博览会、世博会等大型展览会的案例。通过分析这些展览会的策划、组织、管理和运营过程，学生不仅能够学习到展览会策划与管理的专业知识，还能了解到国家发展战略、对外开放政策以及全球经济发展趋势等宏观背景。

在问题的设计上，我们紧密结合最新的国家发展战略和行业发展政策，引导学生思考如何在展览会策划与管理中融入国家发展大局，如何为推动行业发展和社会进步贡献力量。通过这种方式，我们旨在培养学生的民族品牌意识、可持续发展意识和全产业链发展思维。同时，我们还在课程中穿插了对展览会行业职业道德和职业操守的讨论，帮助学生树立正确的展览业发展观和价值观。我们希望通过这些潜移默化的思政教育，达到"润物细无声"的效果，让学生在掌握专业技能的同时，也能成长为有社会责任感、有道德底线的优秀人才。

2. 走进活动，研学结合：开拓思维

为了增进学生对展览会策划和管理的操作实务方面的理解，我们特别安排了走进真实展览活动的教学环节。这一环节的实施过程中，我们会提前给学生布置需要思考的问题，或者让他们带着自己在学习过程中遇到的问题或感兴趣的问题，走进真实的展览会现场。

在现场，学生有机会亲身感受展览会的氛围，观察各种展览现象，进行数据调研和分析。这种实地调研的方式，不仅让学生对展览会策划和管理方面的知识有了更深入的理解，还能帮助他们发现新的展览会问题，提升解决实际问题的能力。同时，通过实地参观和学习，学生还能接触到最新的展览会管理智慧，深入了解展览会经营现状和相关实务。在调研过程中，我们会结合展览会的主题特色、产品特色去引导学生融合创新思维和方法,分析展览会的经营状况和经营成果。

这种"走进活动,研学结合"的教学方式,不仅开拓了学生的思维视野,还提高了他们的实践能力和创新能力。学生在实地调研中收获了宝贵的知识和经验,也为他们未来的职业生涯奠定了坚实的基础。

3. 多元课堂,学练结合:知行合一

为了突破传统的教学方式,我们采取了多样化的课堂教学方法。在课堂上,我们引入了展览会策划分析程序,通过对成功举办的展览会案例的分析和应用,帮助学生理解和掌握展览会策划的关键要素和流程。同时,我们还通过决策分析的方法,引导学生学习如何选择合适的展览地点、城市和进行现场管理及风险管理。这些方法的应用不仅使展览会策划与管理的方法可视化,还能让学生快速将这些方法运用到实际案例中。

为了扩展学生对展览会宏观发展环境、方针政策以及操作实务等的相关知识的了解,我们会结合最新的展览业热点问题和国家相关方针政策,提出相应的延伸思考问题。这些问题既能激发学生的学习兴趣,又能培养他们的思辨能力和解决问题的能力。在课堂上,我们还增加了讨论互动环节。通过引入最新的展览会案例和热点问题,我们鼓励学生积极参与讨论,发表自己的观点和看法。这种互动式的教学方式不仅能提升学生的口才和表达能力,还能培养他们的团队合作精神和领导能力。

综上所述,"展览会策划与管理"课程实施过程注重思想引领、实践能力的培养和多元化的教学方法。通过聚焦时事热点、走进真实展览活动以及多元化的课堂教学方式等策略的实施,我们努力提升学生的专业素养和实践能力,为培养高素质技能型会展业人才打下坚实的基础。

三、教学特色与创新

本课程的教学特色和创新点主要体现在以下几个方面,这些方面共同构成了"展览会策划与管理"课程的独特教学模式,旨在培养具备高素质技能型的会展业人才。

(一)"四融合一贯穿"的教学思路

我们的教学思路可以概括为"四融合一贯穿"。首先,我们以"融合展览会"为核心理念,将真实的展览环境引入课堂,使学生能够身临其境地感受展览会的氛围和流程。这种融合不仅让学生更好地理解展览会的策划与管理,还使他们在毕业后更快地适应工作环境。其次，我们"融合展览会真实决策分析任务"，通过校企合作、工学结合的方式，让学生参与到真实的展览会策划与管理过程中。学生需要完成具体的决策分析任务，这不仅能锻炼他们的实践能力，还能让他们更深入地了解展览会的运作机制。再次，我们注重"融合会展行业最新标准"，确保课程内容与行业标准紧密相连。这样，学生在学习过程中就能掌握最新的行业知识和技能，为未来的职业发展打下坚实的基础。最后，我们还"融合行业最新工作要求"，将行业内最新的工作要求融入教学中。这有助于学生了解行业的最新动态和发展趋势，从而更好地规划自己的职业生涯。

这一教学思路贯穿人才培养的全过程，旨在培养具备专业技能和职业素养的会展业人才。通过这种方式，学生不仅能在学习过程中获得丰富的知识和技能，还能在毕业后迅速融入行业，成为行业的佼佼者。

（二）巧用信息化手段解决重难点问题

在展览会策划与管理课程中，我们巧妙地运用信息化的知识和手段来解决案例分析和决策过程中的难点问题。例如，教授学生使用 Excel、SPSS、Tableau 等工具对调研数据进行整理和分析，生成直观的图表和报告；布置实际案例，让学生设计并实施在线调查，收集数据并进行分析；教授学生使用 Canva、Adobe Illustrator、SketchUp 等设计工具，进行展位设计和视觉创意；利用 VR 和 AR 技术进行虚拟展览设计和展示；组织展位设计竞赛，评选优秀作品，增强学生的创意思维；提供 VR 设备，让学生体验虚拟展览设计，提高他们对空间布局和观众互动的理解。我们引入先进的信息技术工具，帮助学生模拟展览会的策划、组织和管理过程，让他们在实践中体验信息技术在展览会中的应用。

我们实施以下综合策略，混合教学模式，将线上教学与线下实践相结合，利用信息化手段增强学生的实际操作能力：

（1）案例教学与实战模拟：通过案例分析和模拟项目，让学生在实际情境中应用所学知识，解决实际问题。

（2）持续反馈与改进：利用在线平台进行及时的作业批改和反馈，根据学生的学习进展调整教学内容和方法。

（3）技术培训与支持：提供必要的技术培训，确保学生能够熟练使用各类信息化工具和平台。同时，我们利用信息化的技术和方法，如大数据分析、云计算等，使学生能够高效地获取最新的展览会知识和行业动态。这不仅提高了学生的学习效率，还拓宽了他们的知识视野。

（三）合理使用实时评价，进行分组教学

为了更好地激发学生的学习兴趣和培养他们的团队合作能力，我们采用了分组教学的方式。在课前，我们会通过测试和相关能力评估，将学生分成不同的小组。每个小组的学生都需要对老师布置的课前案例进行小组讨论，共同分析和探讨展览会的策划与管理问题。

在课堂上，老师会结合相关理论知识的讲解，进一步引导学生分析课前的案例。这种教学方式充分激发了学生学习的积极性，培养了他们思考问题和解决问题的能力。同时，分组教学还提高了学生的团队合作意识，让他们在未来的职业生涯中能够更好地融入团队，发挥集体智慧。

综上所述，"展览会策划与管理"课程的教学特色和创新点主要体现在"四融合一贯穿"的教学思路、巧用信息化手段解决重难点问题以及合理使用实时评价进行分组教学等方面。这些创新点共同构成了我们独特的教学模式，为培养高素质技能型的会展业人才提供了有力的支持。

四、反思改进：会展专业教学的信息化实践环境构建

会展专业作为一个紧密结合市场与行业发展的学科，其实践性尤为重要。在日常教学中，我们不仅要为学生传授扎实的理论知识，更要培养他们在实际操作中的应变与创新能力。为此，课程设计中已经融入了走进真实展览会、案例分析、决策分析等实践应用环节。然而，在实际的教学过程中，我们也遇到了一些问题和挑战，值得深入反思与改进。

由于课时量的限制，使得实践环节的时间分配显得捉襟见肘。理论知识是会展策划与管理的基石，其讲解必不可少，但过多的理论授课会压缩实践环节的时间。这导致部分实践内容只能浅尝辄止，学生难以深入体验与实践。为了解决这一问题，我们急需在教学方法上进行创新。信息化的教学手段为我们提供了一个可行的解决方案。借助完善的信息化教学环境，我们可以在课堂上融入更多的模拟实践环节。例如，利用虚拟现实（VR）技术，为学生打造一个仿真的展览会环境，让他们在虚拟空间中进行展览会的策划、布展、管理等一系列操作。这样，即使在有限的课堂时间内，学生也能获得更为丰富和深入的实践体验。但遗憾的是，目前会展策划与管理专业的信息化教学环境尚不完善。很多学校在推进"互联网+"教育时，更多地注重了硬件方面的投入，如多媒体设备、教学平台等，却忽视了软件资源的建设。而实际上，对于会展专业而言，软件资源的丰富度和实用性至关重要。

因此，我们需要从多个方面入手，共同推动会展专业教学的信息化实践环境构建。学校应加强与软件企业的合作，深入了解会展行业的实际需求，共同开发出更多适合会展专业实践教学的软件资源。这些软件应能真实模拟展览会的各种场景，让学生在操作中不断磨炼技能，提升实践能力。同时，学校还应构建一个完善的互联网平台，用于收集、整合和分享互联网上的教学资源。这样，学生不仅可以在课堂上获得教师的指导，还可以在课后自主查找和学习相关资料，达成课内课外的有机结合。此外，该平台还应提供便捷的师生交流功能，让学生在遇到问题时能够及时得到解答，进一步提高学习效率。当然，我们也不能忽视与行业企业的紧密合作。通过校企合作，我们可以更准确地把握行业发展的脉搏，了解企业对人才的具体需求。这样，我们在教学过程中就能更加有的放矢，确保学生所学的知识和技能与市场需求紧密相连。

综上所述，会展专业的教学需要不断地反思与改进。通过加强信息化的教学环境建设、丰富软件资源、构建互联网教学平台以及深化校企合作等措施，我们相信能够为学生提供一个更加完善、更加实用的学习环境。在这样的环境中，会展专业的学生必将得到更为全面和综合的培养，更好地服务于社会和行业的发展。

会展策划与管理专业实训课程思考

葛 菲[①]

上海师范大学 旅游学院

上海旅游高等专科学校 会展与经济管理学院

摘 要：会展策划与管理实训课程注重实际操作，让学生通过体验式学习在真实的会展环境中学习和成长。实训课程的实施包括从策划、组织到管理的全流程实践，学生通过责任承担、团队合作和项目管理等多种方式，全面了解会展活动的各个环节，并在实践中提升解决实际问题的能力。通过理论与实践相结合的教学模式，学生能够在真实的工作情境中应用所学知识，增强职业素养和就业竞争力。

关键词：会展；实训；实践；体验式学习；策划

在全球化经济环境下，会展作为一个重要的交流和展示平台，正扮演着越来越关键的角色。各类展会、博览会和会议活动不仅促进了信息和技术的交流，也推动了经济的发展和文化的传播。因此，随着会展行业迅速发展，培养具备实际操作经验的专业人才成为会展教育的迫切需求。会展活动涉及项目管理、市场营销、客户服务、技术支持等多个领域，因此需要多方面的专业技能。

会展行业的特点决定了从业人员不仅需要具备扎实的理论基础，还必须拥有灵活应变的能力和丰富的实践经验。例如，会展活动通常涉及多个利益相关方，包括主办方、参展商、观众、赞助商等，各方需求多样且复杂。会展专业人才必须能够有效地沟通和协调，确保活动的顺利进行。应急管理也是会展活动的重要组成部分。突发事件如设备故障、安全事故、自然灾害等，需要专业人员能够迅速反应并采取有效措施，保障活动顺利进行。为了满足行业需求，很多高校和职业培训机构已经开始重视实践教学。例如，很多学校与会展公司建立合作关系，安排学生在实际项目中实习。通过真实的项目操作，学生不仅能够将课堂所学的

[①] 作者简介：葛菲，女，博士，上海师范大学旅游学院副教授。主讲课程：会展基础、会展危机管理等。研究方向：战略管理与组织行为等，联系方式：gefei@shnu.edu.cn。

理论知识应用于实际，还能积累宝贵的工作经验。

体验式学习理论（Kolb，1984）强调通过经验和实际操作促进学习和发展，适合应用于会展教育实践。会展行业具有高度的实践性和操作性，许多高校和职业培训机构开始引入项目导向的实训课程设计，通过模拟真实的会展项目，让学生进行体验式学习，在校期间就能够接触实际操作的流程。项目导向的实训课程设计将理论与实践紧密结合，强调学生在学习过程中的主动参与和实际操作能力的培养。课程模拟真实的会展项目，从项目策划、场地选择、预算编制，到现场管理、危机处理、效果评估等各个环节，全面覆盖会展活动的全方面。学生在参与这些项目的过程中，不仅能深入理解每个环节的操作流程，还能培养团队合作能力、沟通能力和问题解决能力，有助于学生更好地理解行业要求，提升实际操作能力，为未来职业生涯做好充分准备。

一、体验式学习理论应用

体验式学习理论（Experiential Learning Theory，ELT）由大卫·库伯（David A. Kolb）在1984年提出，是一种系统化的学习理论，强调通过经验和实践以促进学习。该理论基于哲学上对于"经验"概念的深刻思考，认为学习是一个循环过程，通过具体经验、观察和反思、抽象概念化和主动实验四个阶段来完成（Kolb，1984）。

体验式学习理论的第一阶段是具体经验，学习者通过实际的活动和经验来获取知识和技能。在会展实训中，学生参与实际的展览项目策划和执行，例如场地布置、参展商沟通等，可以学习到包括技术层面的知识，并涵盖了面对困难和挑战时的应对策略，直接参与实际工作获取的经验对于理解和适应工作环境非常重要（Kolb & Kolb，2005）。

第二阶段是观察和反思，学习者回顾和分析自己的经验，从中提取出有用的信息和知识。在实训中，学生面临各种问题，如展览布置的空间限制、预算不足等，通过反思问题找到解决方案，学习者能够更深入地理解展览策划的实际操作和管理技能。这种反思有助于学习者将经验中的具体情况与已有的理论知识进行关联，从而提升自己的思维能力和问题解决能力（Kolb & Kolb，2005）。

第三阶段是抽象概念化，学习者将经验转化为抽象概念和理论框架。通过对实训项目进行反思，学生可以总结出展览策划中的成功因素，例如如何更好地组织布局，如何利用空间来增强参观者体验等。这些抽象概念是从实际经验中提取出来的理论知识，有助于学习者后续更好地将学到的技能和知识应用到再实践中

（Kolb，2014）。

第四阶段是主动实验，即将抽象概念应用于新的实践中，主动实验是一个不断循环、不断提升的过程，学生可以在新的项目中尝试应用自己总结的理论和方法，不断检验和完善自己的知识体系。例如，学生在下一次展览项目中应用本次学习到的布局设计和危机管理技能等知识，检验是否能提高布展效率和提升展会效果。通过实践，学习者可以不断地调整和改进自己的理论知识和技能，从而提高其在实际工作中的表现（Kolb，2014）。

体验式学习理论在会展实训中的应用不仅有助于提升学生的实践能力，还能培养他们的创新意识和解决问题的能力。在具体经验阶段，学生通过亲身实践，积累丰富的实战经验；在观察和反思阶段，学生通过自我评估和团队讨论，提升问题分析和解决能力；在抽象概念化阶段，学生将经验上升为理论，形成系统的知识体系；在主动实验阶段，学生通过新的实践，不断检验和完善自己的理论和方法。这一循环往复的过程，使学生在实践中不断成长和进步，成为具有创新精神和实践能力的会展专业人才。

体验式学习理论对于会展实训具有重要意义。会展实践具有高度的实践性和操作性，学生在实际工作中需要面对各种突发情况并需要有效处理。传统的会展教育多侧重于理论知识的传授，但单纯的理论学习往往无法满足行业对人才的综合要求。因此，体验式学习理论支持通过模拟真实的会展项目，让学生在校期间就能体验到实际操作的流程和挑战。这种教育模式通过强调学生在学习过程中的主动参与和实际操作能力的培养，有助于学生更好地理解行业要求，提升实际操作能力，为未来职业生涯做好充分准备（Kolb & Kolb，2005）。体验式学习理论不仅帮助学生获得实践经验，还通过其循环学习过程，培养学生的批判性思维、团队合作和问题解决能力。这些能力对于学生未来在会展行业的职业发展至关重要，使他们能够适应行业的发展和变化，成为行业中具有竞争力的专业人才。

二、实训课程实施

（一）项目选择

选择实训项目时，遵循以下原则：首先是实践性与行业关联性原则，所选项目必须具有高度的实践性，并紧密结合会展行业的实际工作。例如，可以选择策划中小型展览会、校级比赛以及区域性会议等项目，这些项目往往涵盖了从策划、组织到实施的全流程操作。其次是当前热点与未来趋势原则，选择与当前行业热点和未来发展趋势相关的项目，可以使学生接触到最新的技术和理念。例如，随着科技的发展，绿色会展和数字化展会已成为会展行业的重要趋势，学生可以学习和应用最新的行业技术，提高他们的行业适应性和竞争力。最后是多样性与综合性原则，选择多样化的项目类型，既可以涉及不同规模和主题的展会，也可以涵盖不同的职能和环节，如市场调研、策划设计、现场管理等。通过多样化的项目实践，学生可以全面了解会展行业的不同方面，提升综合素质。

（二）团队组建

团队组建是项目选择后的关键步骤，合理的团队结构和明确的任务分工是项目成功的基础。

（1）自主选择与兴趣导向。给予学生一定的自主选择权，根据个人兴趣选择任务方向，是提升学生积极性和参与度的重要手段。兴趣是最好的老师，学生在感兴趣的领域工作，往往能够激发出更大的热情和动力。例如，有些学生对市场调研和分析感兴趣，而另一些学生则更擅长创意策划和活动执行。

（2）设立领导层次与培养领导力。每个团队可以选出一名或多名组长，负责整体协调和决策，不仅有助于项目的顺利进行，还能够培养学生的领导力和决策能力。领导层次的设立可以通过公开竞选或推荐等方式，确保具有较强组织能力和责任心的学生能够担任领导职务。

（3）明确任务分工与发挥专业优势。明确的任务分工是团队高效运作的关键。根据学生的专业背景和个人优势，合理分配各项任务，确保每个成员都能在自己擅长的领域发挥最大效用。例如，擅长营销的学生可以负责市场调研和宣传推广，擅长公关的学生可以负责媒体沟通和危机处理，对财务知识熟悉的学生则可以负责预算编制和财务管理。

（4）注重成员之间的紧密协作。团队合作是项目成功的关键。为了确保团队成员之间的紧密协作，课程设计应特别注重团队建设和沟通技巧的培养。可以通过团队建设活动、定期的团队会议和交流等方式，增强成员之间的信任和默契。此外，设立明确的沟通机制和反馈渠道，确保信息能够及时传达和问题能够迅速解决。

（三）项目策划

项目策划是项目成功的关键阶段，它为项目的实施提供了详细的蓝图，项目管理者需要明确项目的目标和预期成果，确保团队成员充分理解项目的价值和意义。

第一，项目策划需要明确项目的目标和预期成果。目标应该具体、可测量、可实现、相关性强且有明确的时间限制（SMART 原则）。明确的目标不仅能激励团队成员，还能为项目的各个阶段提供清晰的指导。例如，如果项目是策划一场展览会，目标包括吸引一定数量的参展商和观众、获得一定的媒体曝光率、达到预期的收益等。这些目标帮助团队成员了解项目的最终目的，增强他们对项目的投入感和责任感。

第二，时间管理是项目策划的重要组成部分。制定详细的时间计划表，明确各项任务的起止时间，有助于确保项目按计划推进。时间计划表应包含所有主要任务和里程碑，以及每项任务的具体时间安排。例如，展览会的时间计划表可以包括市场调研、展商邀请、宣传推广、场地布置、活动实施等各个环节的时间节点。通过详细的时间安排，可以避免项目进度滞后，确保各项工作有序进行。

第三，细致的任务分工是项目顺利实施的基础。明确每个团队成员的职责和任务，确保每个人都清楚自己的工作内容和目标。分工应结合每个成员的特长，合理分配任务，使每个人都能在自己擅长的领域发挥最大效用。通过合理的分工，提高工作效率，促进团队协作。

第四，资源管理是项目策划的重要内容之一。合理规划和分配人力、物力和财力资源，确保项目顺利进行。资源规划应包括团队成员的分配、所需设备和材料的准备、资金预算和使用等。详细的资源规划可以避免资源浪费和短缺。例如，展览会项目需要场地租赁、展台搭建、宣传材料制作等，必须提前做好预算，确保资金的合理使用。

第五，任何项目都可能面临各种风险，识别项目中可能出现的风险，评估其影响，并制定相应的应对措施。风险管理计划包括风险识别、风险评估、风险应对和风险监控等环节。例如，展览会项目可能面临天气不利、设备故障、人员不足等风险，因此制定备用方案，如准备室内场地、备用设备和人员替补计划。

第六，在项目实施过程中，通过定期会议、进度报告、绩效评估等方式，定期对项目进展进行监测和评估，确保项目按计划推进。通过监测和评估，可以及时发现问题并采取纠正措施，确保项目顺利进行。例如，每周召开项目进展会议，检查各项任务的完成情况，评估项目进度是否符合计划，针对发现的问题进行讨论和解决。

（四）场地选择

在进行场地选择时，首先要明确项目的需求和目标，包括活动的规模、预期的参展商和观众数量、活动的性质（如展览、会议、研讨会）以及活动的主题和目标市场。其次，进行充分的市场调研，寻找和比较各种场地选项。通过实地考察或虚拟参观，评估场地的实际情况和适用性。其中，要特别注意场地的规模和容量，场地必须能够容纳预期的参展商和观众数量，并且提供足够的空间供展示、活动和流动。规模不仅仅涉及到整体面积，还包括展位布局的灵活性，以适应不同展商的需求和活动的多样化安排。最后，好的地理位置可以吸引更多的参展商和观众，从而增加活动的曝光率和参与度。地理位置的选择应考虑交通便利性、附近的服务设施（如酒店、餐饮、购物）以及是否符合目标市场的需求。

同时，与场地管理方或运营方进行积极的沟通和协商，了解场地的详细情况、服务范围、价格政策以及可提供的额外服务，明确项目的要求和特殊需求，如特定的设施设备、安全标准、保险要求等。场地所提供的设施设备直接影响到项目的运作效率和参展商的满意度，这些设施包括但不限于：电力、网络、水源、通风系统、灯光设备、舞台及展台搭建设施等。特别是，成本和预算是场地选择过程中不可忽视的重要因素。选择合适的场地可以有效控制成本，避免预算超支，并确保项目的经济可行性。选择具有良好形象和高度品牌认知度的场地有助于提升活动的声誉和影响力，可以提高展览的专业形象，增强展商和观众的信任感。

（五）项目执行与团队协作

1. 项目执行

实训课程的核心是项目的实际执行阶段，学生将深度参与关键环节，如场地布置、嘉宾接待以及活动执行等。布置场地不仅仅是简单地搭建展台或摆放展品，而是需要学生深入分析和理解展览的主题和目标，通过创新的空间规划和布局设计来传达展览的核心信息。嘉宾接待是展览会期间必不可少的重要环节。学生需要在实训中学习如何与各类嘉宾进行有效的沟通和互动，包括业界专家、重要客户或媒体代表。通过嘉宾接待，学生不仅提升了自己的沟通技巧和礼仪素养，还能够理解并满足不同嘉宾的需求，保证展会顺利进行。活动执行阶段涵盖了整个项目的实际操作和组织管理。学生需要在实践中学会如何在临场应变，确保展会各项活动顺利进行，包括设备的安装和调试、现场人员的协调和管理、及时解决可能出现的问题和紧急情况等。通过实际执行，学生不仅提升了团队协作能力，还培养了解决问题和管理风险的能力。

2. 团队协作

在实训课程中，学生需要学会彼此理解和支持，建立良好的团队氛围。通过有效的团队协作，团队成员能够互相支持、共同进步，最大化地利用每个成员的专业技能和优势，从而提升整体项目的执行效率和质量。良好的团队协作离不开有效的沟通和协调。学生需要学会如何与团队内部和外部进行清晰、及时的沟通，确保每个团队成员都明确自己的任务和责任,并理解整体项目的目标和进展。通过学习和实践,学生能够提升自己的沟通技能,包括书面沟通、口头表达和非语言交流等,并提升团队协调和项目管理的能力。在实际操作中,团队成员可能会因为不同的看法或利益冲突而产生分歧。学生需要学会如何有效地处理和解决团队内部的冲突,以促进团队的合作和凝聚力。通过理解每个成员的需求和利益,并找到双方都能接受的解决方案,学生能够提升自己的领导力和决策能力,有效地推动项目向前发展。

(六)现场管理

现场布置与设计直接影响参展者和观众的体验和印象。学生需要学会根据展览的主题和目标进行现场布局和设计,使展区达到最佳的视觉效果和功能性,包括展台的布置、展品的陈列、通道的设计、灯光效果等方面的全面考虑。学生需要良好的沟通能力和决策能力,以及对现场细节的敏锐观察和处理问题的能力,在实训中能够学会如何有效地指挥现场人员,并协调各个部门的工作,保证整体运作的协调性和一致性。

客户服务和嘉宾接待是展会现场的重要环节之一。学生需要学会与参展商、嘉宾和观众进行有效的互动和沟通,解决他们的问题和需求,以提升他们的参展体验和满意度。在展会结束后,团队要对现场的数据进行收集和分析,包括参展商和观众的反馈,以及项目执行过程中遇到的问题和解决方案,并对整个项目的执行过程进行评估和总结。通过对数据进行分析,团队可以发现潜在的改进空间,并为未来的项目提供有价值的经验。

(七)危机管理

危机管理的第一步是预见潜在的危机和问题,并采取预防措施以降低其发生的可能性,包括对场地、设备、人员和供应链等方面的全面评估,确保在活动进行过程中,尽可能减少潜在的风险。当危机发生时,团队需要迅速响应,并采取适当的行动来解决问题。团队在项目执行前应制定详细的危机预案,包括可能发生的各种危机类型、危机发生时的应对流程、责任人和联系方式、沟通计划等。在展会或会议现场,危机可能涉及到设备故障、供应商延迟、安全问题或突发事件等多种情况。团队需要迅速响应,调动资源,采取措施以减少危机的影响,并尽快恢复正常的活动。在危机处理过程中,团队保持开放和及时的沟通,确保所有团队成员都了解危机的性质和紧急程度。沟通不仅仅限于内部团队,还包括与客户、合作伙伴和其他利益相关者之间的沟通,以确保信息的准确传达和理解。

每次危机事件后，团队要进行详细的风险评估，并记录下问题的根本原因和解决方案。这些评估可以帮助团队识别和改进管理措施，以减少类似危机事件再次发生的可能性。危机管理不仅仅是应对问题，还包括从中学习并不断改进管理策略和措施。通过每次危机事件的后评估，团队可以发现潜在的改进空间，并在未来的项目中应用这些经验教训。

（八）项目评估与反馈

评估是确保学生在实训过程中学到知识和技能，是成长和发展的关键。通过评估，可以检查学生掌握的知识和技能，以及他们在项目执行中的表现。评估不仅仅是为了评判学生的表现，更是为了发现项目中存在的问题和改进的机会。通过评估可以识别团队在策划、执行和管理方面的强项和弱项，进而采取措施改进未来的实训项目。良好的评估实践可以帮助学生提升职业素养，包括沟通能力、团队合作能力、决策能力和问题解决能力，这些素养对于未来进入会展行业或其他相关领域都是至关重要的。

评估方式可以设置自评和他评。通过自评，学生可以反思自己的表现、理解和技能掌握情况，识别自己的成就和不足。他评则能够帮助学生从他人的角度看待自己的表现，接受来自同学的建议和反馈。指导老师在评估过程中扮演着重要角色，通过观察和记录学生的表现，为学生提供专业的反馈和建议。导师评估和反馈不仅能够评估学生的项目执行能力，还可以指导他们在职业发展中的方向。如果项目涉及到客户或最终用户，他们的评估也是非常重要的一环。客户或用户的反馈可以帮助学生了解项目实施过程中的用户体验、满意度以及他们对服务或产品的期望。

在项目结束后，收集和分析项目执行过程中的数据是总结经验教训的关键步骤，数据包括项目计划与实际执行的对比、成本与效益分析、客户满意度调查等。通过数据分析和评估结果，团队可以发现项目中存在的问题和改进的机会，这些问题涉及策划阶段的不足、执行中的挑战、资源分配等方面。基于对经验教训的总结和分析，团队可以制定改进计划，包括修订危机管理计划、加强团队协作与沟通、提升客户服务质量等方面的措施。

三、总结

会展策划与管理专业的实训课程是将理论知识与实际操作相结合的重要环节。通过实训课程，学生能够获得宝贵的实践经验，提升综合能力。

首先，实训课程有效地弥补课堂教学的不足。理论知识是基础，但仅有理论知识并不足以应对复杂的会展活动。通过实训课程，学生能够将所学的理论知识应用于实际操作，从而更好地理解和掌握会展策划与管理的核心内容。例如，在展会策划过程中，学生需要考虑市场调研、预算编制、场地选择、宣传推广等各个环节，通过实际操作，学生能够更深刻地体会各环节的相互关联和重要性。

其次，实训课程培养学生的团队协作和沟通能力。会展活动通常需要多个团队协作完成，实训课程通过分组作业和团队项目，让学生在实践中体验团队合作的重要意义。学生在分工合作中学会协调各自的工作，通过有效沟通解决问题，从而提升团队协作能力。此外，实训过程中还会遇到各种突发问题，如设备故障、时间管理等，这些都需要团队成员共同应对，进一步锻炼他们的应急处理能力。

再次，实训课程提升学生的创新能力和实际操作技能。在策划和执行展会活动的过程中，学生需要发挥创意，设计出吸引观众的活动内容和展台布局。这不仅要求他们具备一定的美学和设计能力，还需要他们能结合实际情况，进行创新和优化。此外，实训课程中涉及到的具体操作，如搭建展台、布置会场、使用会展管理软件等，都是学生未来职业生涯中必备的技能，通过实训，学生能够熟练掌握这些操作技能，为未来就业打下坚实基础。

最后，实训课程增强学生的职业素养和行业认知。通过参与实际项目，学生能够了解会展行业的运作模式和职业要求，例如时间管理、客户服务、市场营销等方面的具体要求。这种体验不仅提高了学生的职业素养，也使他们对未来的职业发展有了更加清晰的认识和规划。

会展策划与管理专业的实训课程在培养学生的实践能力、团队协作能力、创新能力和职业素养方面发挥了重要作用。通过实训，学生能够将理论知识转化为实际操作技能，提升综合素质，为未来在会展行业的职业发展奠定坚实基础。建议在未来的课程设计中，进一步加强校企合作，增加实训项目的多样性和实际应用性，以更好地满足行业需求和学生发展的需要。

图 1　实训课程学生收获

参考文献

［1］Kolb，D. A. Experiential Learning：Experience as the Source of Learning and Development. Prentice Hall，1984.

［2］Kolb，D. A. Experiential Learning：Experience as the Source of Learning and Development（2nd ed.）. Pearson Education，2014.

［3］Kolb，D. A. & Kolb，A. Y. Learning Styles and Learning Spaces：Enhancing Experiential Learning in Higher Education. Academy of Management Learning & Education，2005，4（2）：193-212.

［4］王起静，刘畅. 展览会策划与管理. 北京：经济管理出版社，2016.

互动促进学生课堂积极性与创造性——"节事活动策划与管理实务"教学体会

吴 佩[①]

上海师范大学 旅游学院

上海旅游高等专科学校 会展与经济管理学院

摘 要:"节事活动策划与管理实务"是一门实践性比较强的课程,除了策划方法的训练,还需要激发学生的创造性思维。因此课程按照授课内容分成基础知识、策划与管理、课内实践三个篇章讲授,三个篇章分别主要从学生课堂分享、案例分析、实践展示三方面设计互动内容和方法,每部分互动过程中通过一些节事活动的例子讨论来融入课程思政。通过这种互动设计,学生提高了课堂参与的积极性和主动性,大量的互动激发了学生的创新性思维和创作灵感,同时大量的节事活动实际案例以及策划案例的植入也让学生能够深刻理解好的策划案的评价标准,形成自己的策划风格。

关键词:节事活动策划与管理实务;互动教学;案例教学;创新性思维

一、前言

在党的二十大报告中,习近平总书记提出:"传承中华优秀传统文化,满足人民日益增长的精神文化需求,巩固全党全国人民团结奋斗的共同思想基础,不断提升国家文化软实力和中华文化影响力。"节事活动正是一种让游客参与体验地域文化、认知社会特点、感受娱乐真谛的活动。

本课程是面向会展策划与管理专业二年级的学生,主要讲课目的是掌握节事活动的相关理论、掌握节事活动基本实操程序和原理,能够策划一项节事活动。

[①] 作者简介:吴佩,女,博士,上海师范大学旅游学院(上海旅游高等专科学校)会展与经济管理学院副教授。主讲课程:节事活动策划与管理、项目管理、服务管理、服务心理学等。研究方向:会展经济与管理、企业创新管理等。

课程设计紧扣二十大会议精神，紧跟时代步伐，结合节事活动的发展现状和课程思政融入的要求，植入紧跟社会发展需要的案例。同时鼓励学生大胆判断、对比、引申、推论、联想，形成属于自己的、符合市场需要的节事活动策划风格和管理技巧。

在讲课过程中，注意从案例选择、课堂讨论以及课堂实践环节引入课程思政，让学生从不同角度去更深刻了解中国的发展历史，以及中国的地大物博和源远流长的文化，激发学生的民族自豪感。

二、教学过程中的互动

（一）基础理论部分

1. 知识部分

课程主要参考书籍为罗伊玲老师的《节事活动策划与管理》（华中科技大学出版社）。教学内容主要分为上、中、下三篇，第一篇是基础理论部分，包括的主要内容为前三章：节事概述，节事旅游概论，节事旅游的旅游者、旅游产品及旅游产业。各章节内容如下表所示：

表 1　第一篇内容介绍

章	内容
第一章　节事概述	节事的概念
	节事的特点和内涵
	节事的类型
第二章　节事旅游概论	节事旅游概论
	节事旅游的基本特点和概念
	节事旅游的作用
	节事旅游的类型及开发原则
第三章　节事旅游的旅游者、旅游产品及旅游产业	节事旅游的旅游者
	节事旅游的旅游产品
	节事旅游的旅游产业

这一部分内容主要是节事活动策划与管理的基础理论部分，内容主要是介绍节事的相关理论界定，明确节事活动不同于其他活动的特点，了解节事旅游的参与者以及国内外节事旅游产业发展的趋势。基础理论部分讲授去掉了《节事研究与发展》这一章节，主要是基于教学对象为专科学生，所以侧重于基础知识的实

践操作。

本部分结合典型以及现在的主流的节事活动，介绍节事活动策划与管理的基础知识。每部分讲授过程中除了案例的讨论和分析，会设计一些环节来增加学生课程学习的主动性。如在节事活动分类内容讲授中，为增加学生听课的兴趣，让学生介绍自己家乡的一些主要节事活动，将学生所列出的多个节事活动让他们自主进行分类，请学生回答为什么要这样分类以及每一类节事活动的特点，学生在分类过程中，会出现不同类型的分类，其实不是分类错误，而是因为每一类的分类方法不同，所以就自然而引申出对节事活动分类过程中的常用的分类方法，由于有分类出现争议的过程，所以引申出来分类方法的时候学生就自然而然的注意力集中，同时对分类的角度也有更深刻的印象。

在学生介绍自己家乡的节事活动过程中，也注意将节事活动和地域文化等结合起来，比如广东的学生在介绍自己家乡的一些表达尊敬老师的节事时，就会说到当地的一些风俗，还会引申出一些其他的风俗，比如对家人团聚的重视等。这些课堂上的分享，能够让学生了解中国不同地区的节事活动与风土人情。同时，由于是身边同学介绍各自家乡的事迹，所以其他同学也格外愿意去听，其实这也是教学计划中中国传统节事文化的内容，这种教学方法将不同部分的内容融合在了一起，同时也提高了课堂效果。这部分的讲授与后面策划部分又有所对应，在策划部分中讲到节事活动策划主题定位理念包括：一是对当地的地脉、文脉进行辨析、概括、凝聚、提升的过程，另一个是节事活动策划主题根据节事举办目的进行的主观创意过程，最后再由具有地方风格的形象塑造外在地表现出来。学生在介绍自己家乡节事活动和风土人情时，就会让大家思考为什么有这样的节事动活动，就是因为有这样的风土人情、地脉、文脉。同时学生也会进一步思考，这样的地脉、文脉还有哪些可以开发的地方，以及如何通过节事活动来进行开发，带着这样的疑问和期待，为下面一部分策划管理打下了兴趣的基础。

2. 课程思政

在这部分的思政教学中，也会通过介绍中国不同区域的节事活动，以及国内外的一些节事活动，尤其是一些同类型主题的节事活动，比如成人礼，对比不同国家和地区的成人礼，以及中国古代和现代成人礼的举办方式等，让学生思考为什么一些同类型的节事活动古往今来、国际国内会有这么大差别。在学生讨论的基础上进一步说明由于社会文明程度、技术水平、人们生活水平不同等原因，出现了不同的呈现形式，告诉学生要理解尊重不同地区的成人礼的方式。同时也让他们认识到当今中国取得的巨大进步、人们的物质文明和精神文明都取得了巨大的进步，所以才有了今天我们国家现代的节事活动呈现方式。

（二）活动策划与管理部分

1. 知识部分

本部分主要是围绕节事活动策划怎么撰写来展开，主要包括节事活动策划的基本流程、节事活动策划的可行性分析、节事活动形象的策划、节事活动营销策划、节事活动策划案的编写、节事活动的组织结构设计、节事活动的进度管理等展开。

本部分包括的内容如下表 2 所示：

表 2　第二篇内容介绍

章	内容
第五章　节事活动策划的基本流程	节事活动策划策划概述
	节事活动策划的内容、流程、方法
	节事活动策划的作用、特点、理念及原则
第六章　节事活动策划的可行性分析	可行性分析的概述
	节事活动可行性分析的流程与内容
	节事活动的可行性市场分析
第七章　节事活动形象的策划	节事旅游主题形象策划
	节事旅游品牌管理
第八章　节事活动营销策划	市场营销策划概述
	目标市场分析
	营销策划案的设计
	公共关系策划和宣传推广
第九章　节事活动策划案的编写	节事活动策划案的作用与种类
	节事活动策划案基本范式与内容
	节事活动策划案的撰写
第十章　节事活动的组织结构设计	节事活动的组织结构设计
	节事活动的项目团队管理
	节事活动组织沟通和冲突管理
第十一章　节事活动的进度管理	节事活动的项目进度管理
	节事活动的时间节点控制
第十二章　节事活动预算管理	节事活动预算管理

本部分主要是介绍如何撰写策划案的各部分内容，单纯讲授课本知识比较乏味。因此本部分授课主要结合已有的策划案例，结合启发性思考的方法来设计课

堂的互动环节。

比如在策划案的选取方面，会选择一个成功的策划案例，对这个案例从选题到各部分内容进行分析，让学生回答它好在哪里，然后再给出一些缺点较多的案例让学生提出改进意见。

在本部分授课过程中，也会让部分学生根据课程内容来自主策划一个节事活动，虽然只是初学，但是跃跃欲试的态度喜人。学生大多会结合自己的家乡的经济发展和风土人情，在原有节事活动基础上设计或者重新设计节事活动。其中一个节事活动策划主要内容是要在校园内举办环保主题的集市，其策划书的背景写作如下：

随着经济的快速增长，人们的生活在发生变化：我们在努力创造一个舒适的生活世界的同时，也在加速破坏一个美好的自然世界。每个人都想生活在高度物质文明的环境里，享受高科技带来的美满生活，然而我们也为此付出了沉重的代价，日益恶化的环境形势使人们迫切感到保护环境的重要性。气候变化、资源枯竭、生态破坏等环境问题日益严重，已经对人类的生存和发展构成了巨大威胁。而高校作为培养未来社会栋梁的摇篮，更应当肩负起环保的责任和使命，引领广大青年学子积极投身环保实践，为建设美丽中国、美丽地球贡献力量。

本次活动以旅专为阵地，以旅专学子为主体，通过举办一场大型的环保创意市集活动，以此来呼吁更多的同学参与到"保护地球，呵护人类共同家园"的队伍中，突出呵护地球是我们每个人共同的责任。同时，作为当代大学生，我们应当携起手来，以自身的实际行动，从一点一滴中体会不同环保组织的付出和努力，来保护我们的地球，一起动手从身边的小事做起，共同呵护人类赖以生存的家园，为了绿色地球的明天而共同努力。

我们相信，通过本次活动的举办，旅专学子将更加深刻地认识到环保的重要性，更加积极地投身环保实践，帮助旅专学子意识到保护地球的活动要懂得持之以恒，从身边做起、从你我做起，主动做到珍惜环境、构建绿色和谐校园，学会用实际行动来装点环境、美化校园。此次活动将以"节事活动策划与管理"这门课程为指导，结合实际情况，制定详细的策划方案。

虽然这个活动的目的是积极向上，有社会意义的，但是背景描述却存在一些问题。在对这个背景进行分析的时候，会让学生从策划缘起、背景调查、问题点、节事活动创新的关键等不同方面来进行点评，也会对比课堂上提供的优秀案例的背景写作内容讨论，比如2020浙江省第三届公共关系策划大赛的一等奖作品《杭州武林非遗牡丹》的诗歌开头，以及《拨通快乐》策划案的问卷调查。通过这些讨论，让学生知道背景不但要有意义，也要有趣，一些事实数据表明的问题可能是真正打动评委老师的核心所在，所以通过一些调查数据反映一个客观存在问题需要解决的迫切性是必要的，针对这些客观的问题来策划的主题显得会更有意义。同时，老师列出了上海某兄弟大学发起的一个环保节事活动，虽然最初发起方只是该大学一个学院发起，但是现在已经成长为一个全国性的活动，对其发展过程进行分析，发现其活动设计及营销在促进规模扩大和影响力方面的关键作用。

虽然该策划案并不完美，但是也给学生创造出了进步的机会。在课堂上，请学生对每一部分的优缺点进行点评。学生从刚开始的不敢评、不愿评，到了最后比较乐于表达自己的观点。老师也会对学生的点评进行总结，指出点评的优点和不足。

再比如下面是学生做的校园端午节活动的内容策划：

1. 端午节知识讲座

活动时间：2024 年 6 月 5 日上午 9 点

活动地点：***

活动内容：邀请专家或老师为同学们讲解端午节的起源、历史、习俗和文化内涵等相关知识，增加同学们对传统节日的了解。

2. 端午节主题班会

活动时间：2024 年 5 月 26 日——5 月 31 日，各班按情况定具体时间

活动地点：***

活动内容：组织班级同学开展端午节主题班会，分享端午节的习俗和故事，增进同学们之间的交流与友谊。

3. 端午节诗词朗诵比赛

活动时间：2024 年 6 月 5 日上午 9 点

活动地点：***

活动内容：鼓励同学们参加端午节诗词朗诵比赛，通过朗诵古诗词，感受传统文化的魅力。

4. 端午节民俗体验活动

活动时间：2024 年 6 月 5 日下午 2 点

活动地点：***

活动内容：组织同学们包粽子、制作香囊、编织五彩绳等传统民俗活动，让同学们亲自动手，体验端午节的习俗。

5. 端午节文艺表演

活动时间：2024 年 6 月 5 日上午 9 点

活动地点：***

活动内容：举办端午节文艺表演活动，包括舞蹈、歌曲、戏剧等形式，展示同学们的才艺，丰富校园文化生活。

6. 端午节龙舟模型制作比赛

活动时间：2024年6月5日下午2点

活动地点：***

活动内容：鼓励同学们利用废旧材料或可利用素材制作龙舟模型，在校园天鹅湖内进行展示，并让校内师生投票选出优秀作品。让同学们在动手的过程中加深对龙舟文化的理解。

7. 端午节摄影比赛

活动时间：2024年6月5日下午2点展示作品

活动地点：***

活动内容：鼓励同学们用镜头记录端午节的美好瞬间，展示同学们的摄影才华。

8. 端午节主题展览

活动时间：2024年6月5日

活动地点：***

活动内容：举办端午节主题展览，展示端午节的习俗、诗词、摄影作品等，让同学们更深入地了解端午节的文化内涵。

9. 端午节志愿服务活动

活动时间：2024年6月5日

活动地点：***

活动内容：组织同学们参加端午节志愿服务活动，如为老人、孤儿等特殊群体送去粽子、关爱和祝福，传承中华民族的传统美德。

10. 端午节校园氛围营造

活动时间：2024年6月5日上午9点

活动地点：旅专小剧场

活动内容：在校园内悬挂艾叶、菖蒲等植物，布置粽子、龙舟等元素，营造浓厚的端午节氛围。

在对这个部分进行互动时，有一位同学就非常直接地表示自己不愿意参加这个活动，她觉得活动没有吸引力，比较老套。有一些同学表示活动太多了，没有特别亮点的地方。这就引发了大家对具体活动内容如何来设计的思考，虽然说策划的内容要有创意，但是真正让同学们进行策划时怎么样既有创意又可行，大家又愿意参加，还是需要深谙该类型活动市场以及消费者的需求的。针对这个活动，在班级上对大家的诉求进行了征集，结果分为两类，一类诉求是追求一种体验，另一种类诉求是希望有所收获。针对此小组设计的端午节活动，让大家一起分析哪些是属于体验型，哪些是属于收获型。分析结果表明，大家认为此类比较传统的活动其实每年都在过，所以体验活动一定要有吸引力。那么怎么结合校园、结合大学生、结合科技等等来设计一种大众愿意参与的活动又引起了热烈的讨论。而对于收获部分，大家觉得比如一些竞赛展示类的活动涉及的范围太小，即使有一些奖励，这些奖励的分量相对还是较少。在此，老师就举出爱丁堡艺术节是一种公益性的活动，却能够吸引那么多的来自全世界各地的艺术界人士参与，在分析原因之后，大家对节事活动对利益相关影响以及其吸引力影响因素都有了较为深刻的认识。

通过不同类型的策划内容的展示，大家对什么样的活动是有吸引力的、能够引起大众参与的都有了更深刻的认识。本部分的知识点其实是比较死板的，但是通过学生的亲手撰写以及课堂的讨论，将知识变为了看得见的应用，也使得知识活学活用。

2. 课程思政

这一部分的思政课主要体现在对所选案例的讨论和课堂老师启发式讨论中。比如筛选出云南普洱茶叶博览会的案例，在讨论中，不但从策划内容上给以点评，同时告知学生我们国家悠久的茶文化历史，以及目前中国茶叶在国外的盛行程度，又结合历史上的茶马古道，到目前中国的"一带一路"等发展历程，介绍中国改革开放的历史以及取得的巨大成就。让学生既有一种自豪感，同时也对中国改革开放的发展历程有了深刻的认识。

（三）节事活动策划实践部分

1. 知识部分

第三部分是节事活动策划实践篇，主要是结合已经学过的节事活动策划与管理的基础知识，分小组进行。策划活动一方面是学生对知识的应用，另一方面锻炼了他们的语言表达和团队协作能力。

在这个环节会在第二篇《策划管理篇》将要结束的时候提前将内容布置给大家，让大家提前搜索材料并进行调研，以及准备策划内容。在正式课堂展示的环节，设定几个评审员，在每个小组上台陈述后，由评审员进行点评，由小组成员回答。点评员会从选题、活动、营销、组织结构、费用、PPT 制作及陈述等各个方面进行点评，最终促使更加完美的策划方案的产生。在点评过程中，小组同学也会对评审员的意见提出质疑，大家各抒己见，能够激发更多创意内容的产生。

2. 课程思政

这部分在进行思政内容嵌入时,主要是结合我国二十大报告精神,以及习总书记的重要讲话精神,同时围绕上海"五个中心"[①]建设,以及上海国际会展之都的背景等让学生来设计主题。比如关于乡村振兴主题、关于文旅融合、关于传统先进文化传承等问题来设计节事活动策划的主题。

"节事活动策划与管理实务"课程是一门需要大量实践的实践性课程。通过让学生自主策划节事活动,会展策划与管理专业的学生能更好地深入了解节事活动规划的理论知识,掌握各种节事活动策划方案设计的技巧,充分锻炼自己的项目管理能力,更重要的是获得了实际操作中所需要的实操技能。

三、总结

本文按照"节事活动策划与管理实务"课程不同的知识结构,设计不同的互动类型。在基础知识部分主要通过让学生分享节事活动,在策划管理部分主要通过案例的讨论,在实践操作部分主要通过策划案的分享和讨论等方式来设计不同的互动内容,同时润物细无声地引入课程思政。

一个好的节事活动策划需要创新性的思维,通过课程不同部分互动环节的设计,使得学生能够产生比较浓厚的学习兴趣。热烈的讨论互动也能够激发学生创造的热情和创作的灵感。接下来,如果有机会,会邀请行业的节事活动的策划者来和学生分享策划经验和避坑小妙招,让他们了解策划案在落地过程中会遇到的问题。平时教学过程中要尽量帮助初学者去积累更多的案例,或者至少是让他们懂得如何从策划和管理的实效角度去识别"好"的节事活动与"坏"的节事活动。鼓励学生大胆地判断、对比、引申、推论、联想、想象,逐渐地形成属于自己的节事活动策划风格和管理技巧。

---

① "五个中心"指国际经济中心、金融中心、贸易中心、航运中心、科技创新中心。

"大数据时代经济学基础"教学创新成果报告

周 佳[①]

上海旅游高等专科学校 会展与经济管理学院

摘 要："大数据时代经济学基础"是以个人与集体利益融合为导向，整合微观宏观教学内容的设计纲要，以案例分析为主体，以学生理解应用为核心的教学模式，以跟上时代变化的脚步，加强思政方面的融入的教学内容，在数据分析统计，精准把握学情的基础上精心进行教学整体设计，以时代思政两不误的教学目标，以多种教学手段，多元考核评价，充分调动学生积极性的手段策略设计出的以人为本的教学结构。在大数据背景下，教学实施保持以当代与传统的比较，图形与直觉比较的概念模型教学，结合生活实际的案例分析教学，指导人生的课程思政教学的多维度碰撞。以多层教学综合评分，多方面激发学生学习动力的评价方式，以教学模式多样化来有效提升学生学习能力，以教学手段信息化增强学生学习动力。

关键词：大数据；无我；行为经济学；思政；理性

"大数据经济学"是旅游管理专业基础必修课，开设于第一学期，共32学时。该课程是微观经济学、宏观经济学、行为经济学、数字平台经济学、注意力经济学及叙事经济学的有机融合，秉承"价值引领、知识传授、能力培养"三位一体为教育教学理念，依据《普通高等学校本科专业类教学质量国家标准》，以经济案例分析为导向，以社会数据化与数据的社会化为背景，将理论讲授与案例分析讨论结合，展开情境式教学，旨在提升学生使用各种经济学思想工具的基本技能，培养学生的工具意识和社会主义的"无我"精神，为今后学生从事经济金融相关工作岗位奠定良好的基础。

[①] 作者简介：周佳，男，上海师范大学马克思主义哲学博士在读，上海旅游高等专科学校会展与经济管理学院副教授。主讲课程：大数据分析、债券投资理财、大数据经济学、微观经济学、宏观经济学、西方经济学。研究方向：马克思主义哲学、大数据产业经济学等。联系方式：zhoujia@shnu.edu.cn。

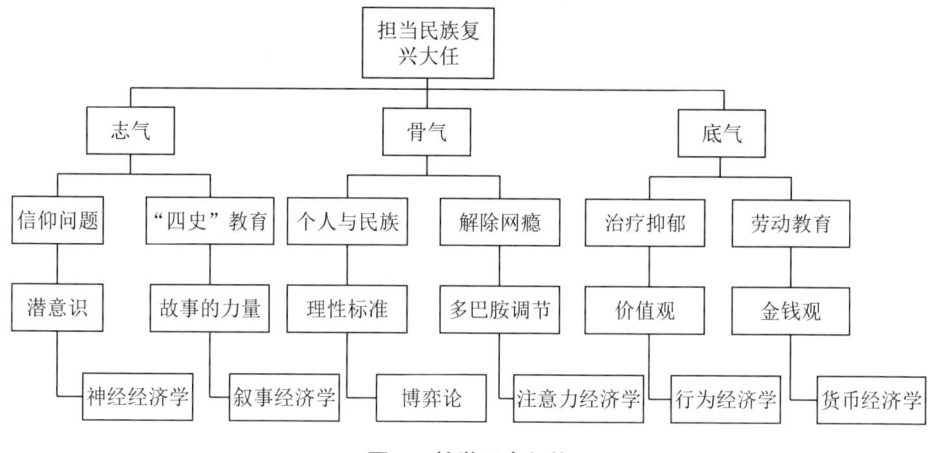

图 1 教学理念架构

一、教学整体设计

（一）设计纲要：以个人与集体利益融合为导向，整合微观宏观教学内容

依据教育部高等学校教学指导委员会《普通高等学校本科专业类教学质量国家标准》要求，通过校企合作单位调研，瞄准新产业、新业态、新技术发展需求，加强学科专业建设和结构调整，以"从理性人到社会人，从微观到宏观"为项目导向，以社会的数字化解构对人类理性影响为主线，根据经典经济学教材，将微观经济学内容与宏观经济学内容有机整合，并根据大数据时代的具体情况，融入行为经济学、注意力经济学、叙事经济学的基本内容，让学生能够在潜意识上把短期的个人利益与长期的集体利益协调统一，为上海建设具有世界影响力的社会主义现代化国际大都市提供高素质技术技能人才。

（二）教学模式：以案例分析为主体，以学生理解应用为核心

传统的经济学教育总是围绕着传授抽象的经济学模型以及复杂的经济学公式计算进行的。这种传统的经济学教育方法与传统的经济学理论相辅相成：我们把消费者和制造商都当作了理性人，经济学教师也把所有的学生当作了理性人。随着经济学研究方法的发展，经济学教育也应该随着发展。行为经济学与大数据经济学渐渐地意识到人类并不是冷冰冰的理性人，而是有血有肉的有情感的社会人，而我们的学生也不是例外。对于有理性边界，有局限注意力的当代大学生来说，抽象的经济模型对于学生学习来说总是非常枯燥乏味的，而且即使他们学会了这些抽象的经济学模型,也并不一定能够真正的理解,更不用说应用于实际了。所以现代的经济学教育应该以案例分析为主体,当教师把一个个活生生的经济学案例摆在学生的面前时,他们就自然而然开始对经济学产生了兴趣,自主积极地去研究我们想要灌输给他们的知识。当每个学生脑袋里都揣着问题,真正想要答案的时候,相对抽象复杂的经济学模型对他们来说就不再那么困难和陌生了,他们会发现这些模型是极好的思考工具,他们就会意识到这些经济学模型并不是发明出来折磨学生的,而是用来解决实际问题的。

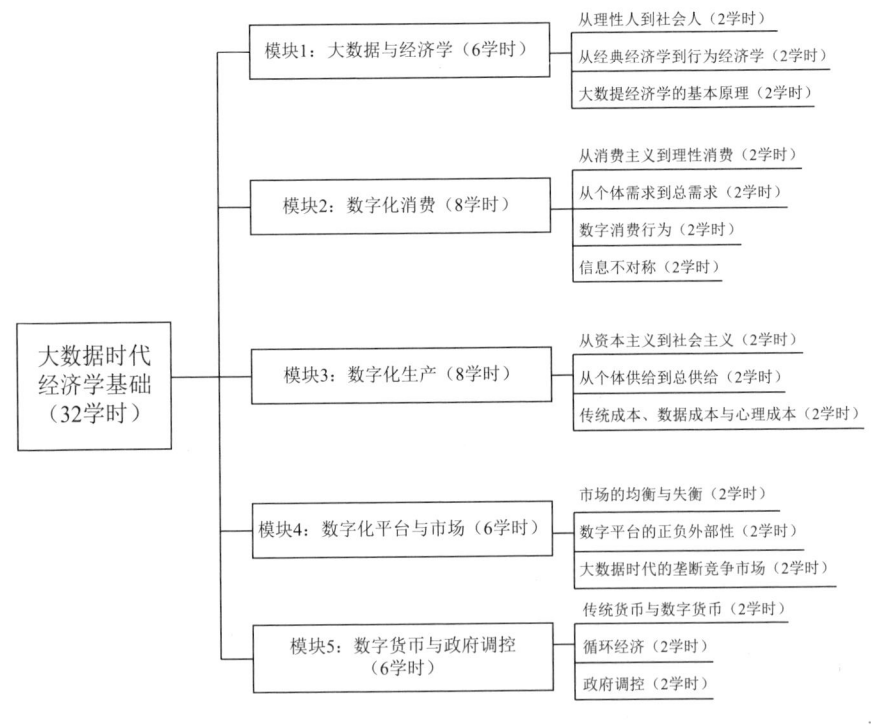

图2 教学内容架构

(三)教学内容:跟上时代变化的脚步,加强思政方面的融入

随着大数据时代的到来,人们研究世界的方式渐渐从注意力向外转换为向内,从万物相隔的错觉慢慢地意识到万物相连,经典经济学理论也慢慢地向行为经济学和神经经济学发展。特别是在金融危机的冲击下,人类慢慢意识到以自私自利为基础的理性人建立起来的资本主义的诸多弊病,全人类对命运共同体和可持续性发展的理念更加重视,而经济学教育也必须在全人类的思想境界提升的同时给学生提供坚实的理论依据,而不是仅仅喊喊口号浮在表面。

经济学教育有责任向学生指出学习西方经济学在意识形态层面上的潜在危险，要让学生意识到经济体并不是自然的一部分，而是人类思想的一部分，是可以随着人类的意志转移而可变的。学习西方经济学非常大的危险之一就是让学生陷入一种经济体是自然而然的错觉，这样就会使我们新一代的青少年无意识中变成了资本主义迷宫中的老鼠；而如果我们想要培养新一代的共产主义接班人，就必须要让他们意识到资本主义迷宫的存在，资本主义自由经济体是如何建立起来的，而最重要的是如何走出资本主义的迷宫，从而能够建立起新的社会主义经济体。

在这门课教学的过程中，我们反复强调了工具概念这一理念。就像习近平总书记反复教导我们资本作为一个工具的利弊一样：作为有中国特色的社会主义国家虽然可以和资本主义国家一样使用资本这一工具进行资源配置，但是同时我们也要意识到资本这一工具的潜在的危害性。换句话说我们不仅要教会新一代的大学生如何使用各种经济工具来为社会主义建设添砖加瓦，更要告诉他们如何清醒地使用这些工具，也就是何时要使用这些工具，何时不应该滥用这些工具。这样才能够使我们的社会主义国家在使用资本工具的同时不至于陷入资本主义的泥潭。

（四）数据分析统计，精准把握学情

本课授课对象为旅游管理专业一年级本科学生。

1. 知识和技能基础

（1）知识基础：已完成"高等数学"、"基础会计"等相关课程的学习，掌握简单的微积分工具，了解微观宏观经济的基础理论知识。

（2）技能基础：根据学生考试成绩与课前综合测试可知，学生具备一定的案例分析能力，但是逻辑思维基础较弱；学生具备一定的沟通能力，但表达辩论技巧不足。

2. 认知和实践能力

学生理论学习能力不强，但具备一定的实操演练能力，更喜欢利用互联网工具与智能终端获取学习资源。

3. 学习特点

学生对理科学习缺乏自信，但是善于实践讨论，有较强的表现欲望和竞争意识，愿意积极参与教学互动提升考核排名。但部分学生在学习时存在一定的畏难情绪，不愿积极参与学习互动。

4. 就业岗位分析

根据前两届毕业生的就业跟踪调查情况，70%学生毕业后从事旅游管理相关工作。

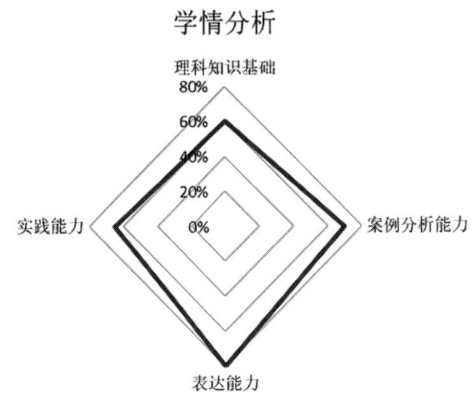

图 3　学情数据分析

（五）教学目标：时代思政两不误

1. 知识目标

熟练掌握大数据时代下消费者、制造商和数字化平台下消费与生产的分析方法与工具。

2. 能力目标

能够用专业的经济学术语讨论案例问题；灵活运用经济学思维工具解决实际问题；通过团队合作讨论案例。

3. 素质目标

具有清醒的工具意识、明确的集体意识和理性意识。

（六）手段策略：多种教学手段，多元考核评价，充分调动学生积极性

依据教育部高等学校教学指导委员会《普通高等学校本科专业类教学质量国家标准》要求，立足校企合作方需求，通过超星学习通平台，评价学生的学习效果。评价方式包括过程性评价和阶段性评价。过程性评价从学生课前、课中、课后的作业完成、课堂表现几个方面评价打分，以教师评价和平台评价为主。阶段性评价以项目为导向，对每个模块的项目演练进行评价。分别从学生的知识掌握、语言实践、品德与素养、小组配合、任务参与五个方面进行评价，通过组间互评、双导师评价，最终获得考核评分。

项目	评价参考标准	得分	考核方法	评价标准	权重	考核评分
选题与准备	①所选课题的科学性、可操作性和研究价值，准备充分	10	1.小组工作	A.能按照老师布置的任务和要求，积极准备需要的资料，管理目标比较明确，并且领导小组认真组织实施，对小组贡献大	5	
过程	②小组成员间参与探究学习的态度	10		B.能按照老师布置的任务和要求，准备资料，但管理目标不太具体，组织落实不够好，对小组贡献较大	3-4	
	③运用科学的方法和技能进行研究的情况	10		C.没有认真积极准备资料，对小组贡献最少	2	
	④在探究学习过程中获得的体验	10	2.出勤情况	A.每节课按时出勤，不迟到，不早退，无重大事情不请假	5	
	⑤小组成员间的协作情况	10		B.出勤率较好，请假次数少于两次	3-4	
	⑥小组成员创新精神的体现和实践能力的发展情况	10		C.经常迟到、早退。请假次数多于本学期课程1/3的不允许参加本学期该课程考试	2	
成果	⑦所收集信息资料的完整性、正确性	10	3.课堂表现	A.具有很高的学习热情，上课认真听讲，积极回应老师，积极参与小组讨论	5	
	⑧课题总结的价值	10		B.上课认真听讲，与小组讨论问题较积极，具有较高的学习热情	3-4	
	⑨成果展示内容组织的条理性	10		C.学习热情较差，不积极参与小组讨论	2	
	⑩成果展示的效果	10	4.作业表现	A.认真上网查阅资料，完成老师要求的各项任务，在讨论或任务中积极表现，或在PPT演讲中表现优异，尽自己最大的努力把任务做到最好	5	
总得分	以上每小项均为10分，总分为100分					

图 4　评分标准与考核方法

二、教学实施过程

"大数据经济学"的教学过程以"社会的数字化解构对人类理性影响"项目为导向，以"从理性人到社会人，从微观到宏观"为主线，合理划分学时，确定每个概念与案例的教学内容和教学重难点，将如何协调自我利益与集体利益作为关键问题，纳入各情境的教学案例中去，教学过程有机融入行为经济学、注意力经济学、叙事经济学及思政元素，采用项目教学法、角色扮演法、任务驱动法、小组合作法等教学方法，每个任务完成都取得了阶段性成果。

经济学课程知识流程图

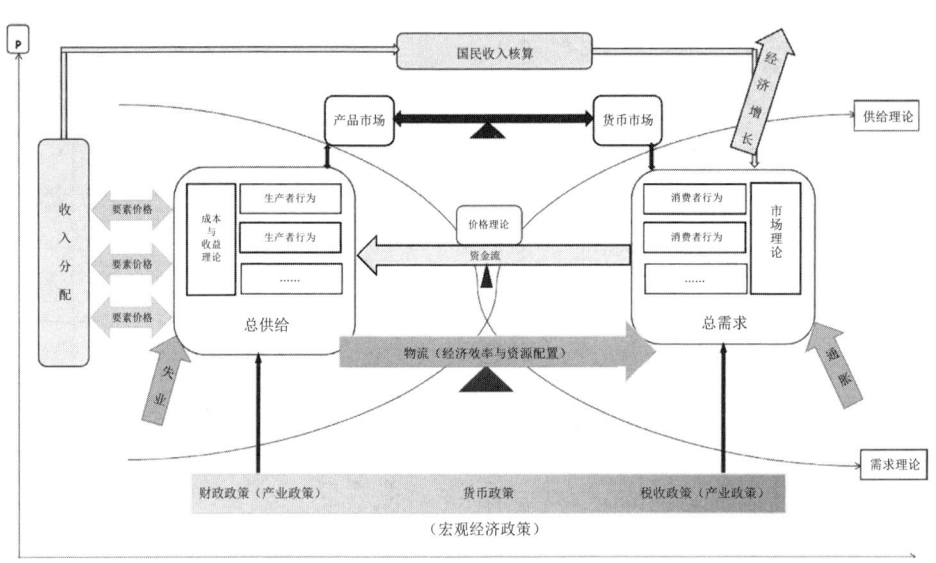

图 5　教学整体实施过程

课堂实施采用课前"发问"（发现问题）、课中"交流"（解决问题）、学后"观察"（知识应用）、课后"联系"（巩固所学）四步教学过程。课前通过学习通平台，分享预习资料、发布学习任务，学生根据自学情况完成思考总结交流等任务。教师根据学生任务完成情况，进行学情分析发现问题，调整教学策略，优化教学实施方案。课中根据发现的问题，寻找解决策略。根据学生课前作业查找问题，整个课中教学过程都遵循引导学生带着问题学，学懂之后做，做完之后思的思路，充分发挥学生的主体作用，有效突破教学重难点。课后通过教学平台发布拓展任务，如将所学成果上传至社交平台等，将所学成果延伸至课外，学生获得社会关注和认可后，成就感提升，学习主动性明显增强。

（一）大数据背景：当代与传统的比较

在大数据的时代背景下，对比传统经济学与当代行为经济学之间的联系与区别是学生学好社会主义经济学的关键。传统的西方经济学把自私自利的理性人作为所有研究经济模型的前提，把微观经济学和宏观经济学完全孤立地分开分别地给学生讲授，让学生潜意识上觉得个人和集体之间有不可逾越的鸿沟，这是西方经济学在意识形态上对生活在社会主义社会中的学生意识形态上最大的危害。而大数据时代背景下的行为经济学的学习给社会主义经济学的教学带来了极大的契机,在推翻以自私自利的理性人为前提的西方经济学的同时,我们大力向学生宣扬把长期集体利益牢记在心的社会人作为社会主义经济学前提的理论体系,这也自然而然地让宏观经济学与微观经济学有机地融合在了一起。

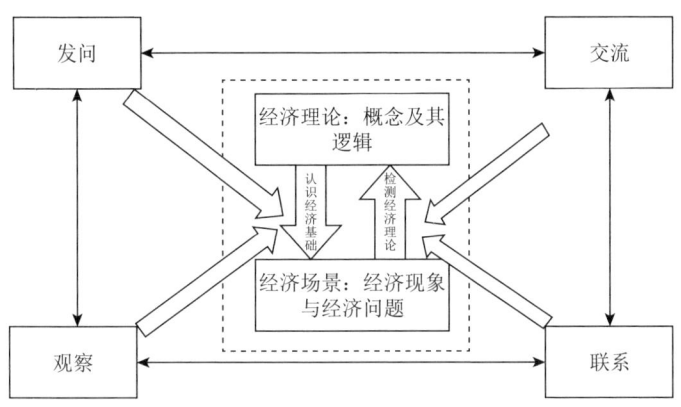

图 6　教学流程

(二)概念模型:图形与直觉

要让学生真正地理解抽象的经济理论知识,就必须让他们从直觉上感受,能直观地把抽象的概念体现出来。能做到这一点的最好方法就是指导学生画图,让学生亲自感受当经济体发生变化的时候,经济模型的图形会发生何种相应的变化。这种教育方式可以帮助学生能够用作图的方法形象地把自己的内心抽象思想表达在纸上,并生动形象地可以和合作伙伴交流思想,既锻炼了大学生形象的思维能力,又提高了他们的沟通能力。

(三)案例分析:结合实际

案例教学是大数据经济学教育的另一大法宝,特别是出现了行为经济学这个令人激动的经济学分支之后,案例教学就显得尤其重要。可以毫不夸张地说行为经济学是完全建立在具体的案例之上的,只有让学生能够在一个具体的案例中设身处地地面对具体的选择,体会具体的情绪,才能真正理解我们长此以往自诩的理性人是有多么的情绪化;而只有让学生们意识到自己理性的边界,意识到人类的潜意识中根深蒂固的情绪化,才能让新一代的大学生成为真正地能够直面自我控制问题的新理性人。

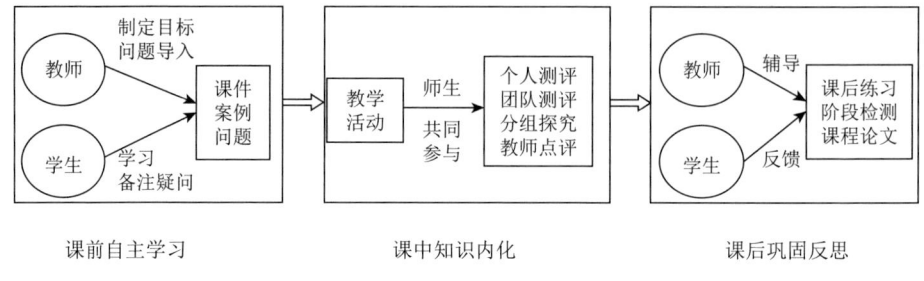

图 7　实际案例的讨论

（四）课程思政：指导人生

经济学远非简单的科学领域，更是一门深刻研究意识形态的学科。西方经济学不仅探索资本主义如何有效提高生产力，同时也批判其无节制的发展及消费主义对人类上瘾的影响。为确保当代大学生树立正确的世界观、人生观和价值观，必须首先树立正确的经济观。如果学生的经济观被资本主义的自私自利观念所侵蚀，其三观教育将失去根基，仅为口号空谈，并易受外部操控和污染。

在大数据经济学中，为学生提供思想政治教育的最佳契机在于教授各种经济思想工具的同时，灌输"工具为双刃剑"的重要理念。教学不仅包括如何有效运用资本工具来配置资源，还需强调如何预防资本的奴役性影响。除了资本工具，其他经济思想工具同样至关重要：学生若能清醒运用这些工具，将有助于推动社会主义事业的进展；反之，若使用不慎，不仅危害个人身心，也会对社会主义建设造成重大损害。

三、学习效果

（一）评价方式：多层教学综合评分，多方面激发学生学习动力

课程采用学习过程＋教师评价＋项目考核的多元评价方式，从学生项目论文、课上学习态度、课后作业状态、考试成绩四个维度实现教学与学习全过程的信息采集，并针对教学目标开展教学与实践的考核与评价。在每个维度的评价过程中，也尽可能地采用多维度评价方法。比如，在项目论文评价过程中，也从独立思考、案例分析能力、表达能力和作图能力四个维度加以评价。从形成性考核评价和阶段性考核评价可知，学生能够将所学运用到项目实践中去，阶段性考核成绩中优秀占15%，良好占40%，不合格成绩10%，基本圆满达成学习目标。

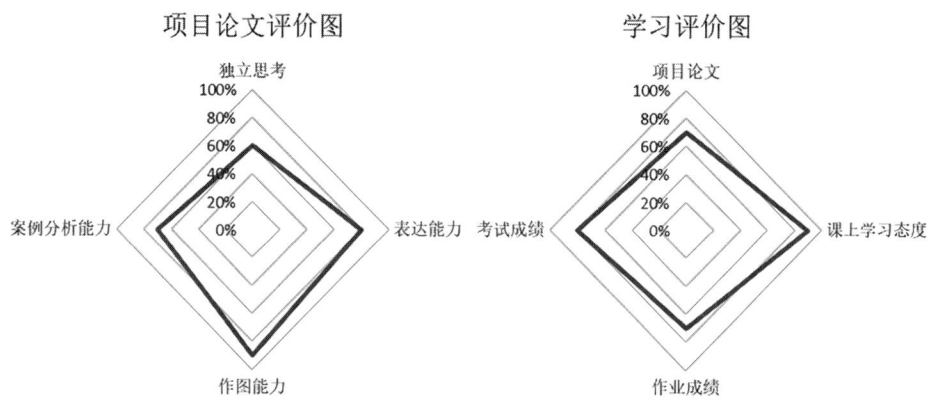

图 8　学习考核评价图

（二）教学模式多样化，学习能力有效提升

在教学过程中，教师灵活采取①案例教学、②问题解决、③角色扮演、④相互教学、⑤小组讨论、⑥个别化方案等多种教学模式。

第一线的教学经验表明，在案例教学的过程中，当学生进入特定角色面对实际问题时，其学习专注力和解决问题的意愿明显提高。根据不同的经济学案例，设计不同的以解决问题为导向、让学生有角色扮演机会的小游戏，能够明显提高其学习积极性和理解深度。

同时，传统的命令式教学已经越来越难以提起学生的兴趣，他们更容易被自己的同辈激发出学习动力。这也就是为什么相互教学与小组讨论在课堂中占比越来越高的原因。学生更倾向于问自己同辈的意见，向自己的同辈学习。在这个过程中，还能提高学生的表达能力和合作能力，为将来踏上工作岗位打下良好的基础。

（三）教学手段信息化，学习动力明显增强

使用多种信息化教学手段激发学生学习兴趣。学生拟仿真教学平台任务完成度达95%。据学习通平台数据：学生课前观看视频完成度高达90%，课堂任务完成度达92.8%；课后作业完成率呈递增趋势。学生学习积极性和主动性明显增强。

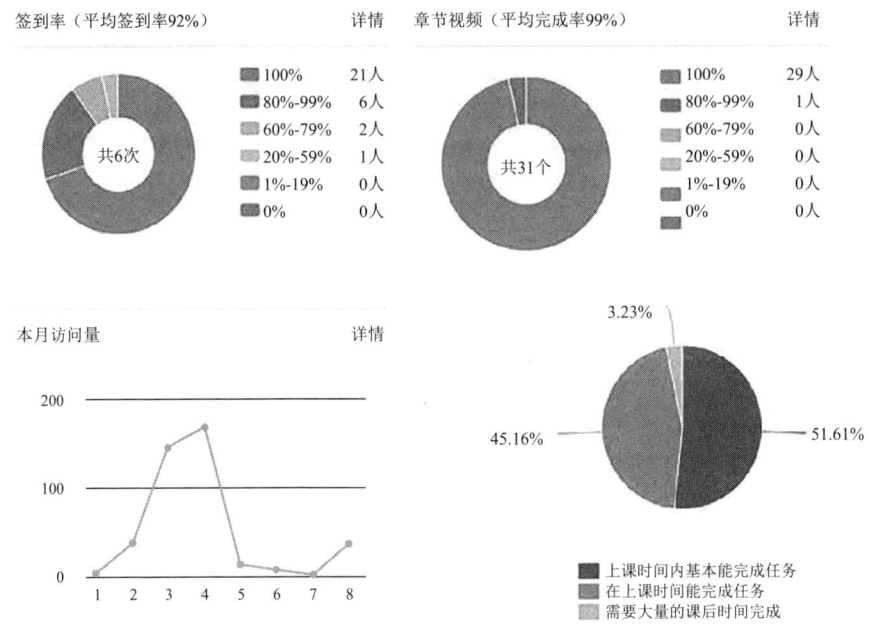

图 9　学生平台学习统计

四、学生反馈

为了解开展线上教学的各种实际情况，课程组分别就教学安排与教学管理、授课方式、学习过程、学习效果、存在问题等几个方面展开问卷调查，共收回学生调查问卷 146 份，占学生总数的 83.2%，并结合学生学习数据做了质量分析，根据学生教学质量评价系统中的学生评价，课程受到了广大学生的认可，普遍评价课程质量很好，课程知识性和实用性强。

图 10　学生评价词语

本课程在充分借鉴超星平台示范包课程的基础上建立在线课堂，并在原有课程的内容上进行了习题、作业等的补充，更加突出对学生掌握知识情况的考察。课堂练习题紧随教学内容，及时检验学习成效；根据讲授内容，设置拓展资料，供学生课后扩充知识面使用，扩展学生知识视野。对课程整体评价很满意和满意的同学占比为85%。

■满意 ■很满意 ■一般 ■不满意

图 11　学生满意度

在授课过程中都涉及一定比例的直播，因此我们对教师讲课语速进行了调查，认为老师讲课语速正常的占到78.59%，反映出老师过硬的讲课基本功，并未因授课形式改变受到任何影响。从课堂效果来看，"能听懂，掌握60%~80%内容"及"掌握80%~100%内容"的占比分别为77.18%和13.2%，数据表明教学效果良好。

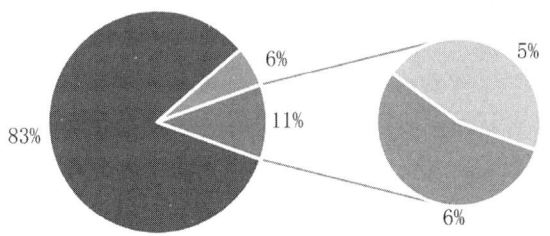

■正常 ■有些快 ■过快 ■不过快

图 12　讲授语速评价

课堂练习及课后作业的题目设置合理，紧跟知识点，对内容进行及时回顾，在"大数据经济学课程的测验和作业布置情况"调查中，87.03%的学生认为作业布置情况合理。

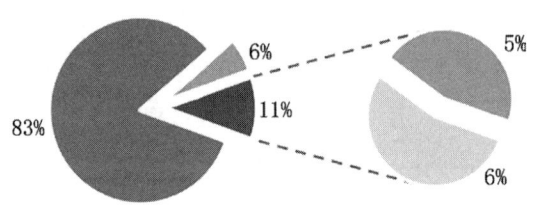

图 13　学生作业任务评价

本课程以学生思想水平提升为重要目标,将经济学理论与党和国家推进的经济政策和微观市场秩序相结合,以经济学理论解释我国推进共同富裕,推进社会主义新农村建设,推进双循环的现实意义和理论依据。突出育人导向,以令学生信服的经济数据讲述我国改革开放的伟大事业,引导学生树立起道路自信、制度自信、理论自信和文化自信。

根据学习通平台数据:学生课前观看视频完成度高达 100%,课堂任务完成度达 92.8%,课后作业完成率呈递增趋势。学生学习积极性和主动性明显增强。

五、反思改进

(一)特色与创新

1. 紧扣大数据,丰富经济学课程内容

顺应时代发展潮流,突出大数据和人工智能对消费者行为、生产者行为和资源配置工具的影响,丰富经济学课程内容。根据旅游管理工作要求和学生职业发展需要,制定课程标准、确定教学内容、制定评价考核标准等,有双师素质的本校教师共同实施教学,对学生进行评价考核。整个教学实施过程不仅紧贴职业需求,而且让学生从世界观、人生观和价值观层面上真正理解大数据对人类发展的意义,为培养适合旅游管理专业需求的人才奠定坚实基础。

2. 案例教学和角色扮演,提高学习兴趣

经济学相关概念的内涵丰富,外延理解难度大。部分经济学理论的推演难度大。本课程以经济现象为抓手,导入经济理论;以经济决策案例为应用场景,实现微观与宏观的融合,理论与实践的融合,经济常识与经济学专业术语的融合。

3. 深度思政融合,从理性上提高学生思想境界

经济是政治的基础。从这个角度来说,经济学是思政教育的根基。经济学教育能从根本上帮助学生建立正确健康的人生观、世界观和价值观,从理性上接受如何协调个人利益与集体利益，看穿资本主义与消费主义，真正理解社会主义的优越性与共产主义的终极梦想。该课程自始至终将微观经济学与宏观经济学深度融合，在潜意识上让学生将个人利益与集体利益融为一体。在讲授行为经济学的过程中让学生意识到大脑的理性边界，为社会主义接班人超越其大脑局限性打下良好的基础。

（二）反思与改进

1. 大数据与经济学知识还需进一步融合

通过经济学理论的学习，学生建立了经济学理论框架。但就如何运用经济学理论解释经济现象，如何基于微观经济学理论，根据微观经济主体运营情况制定恰当的经营决策仍有很大的提升空间。针对以上问题，在以后的课程中，扩充经济学课程教学案例素材，在课堂中增加案例讨论。

学生对于大数据对经济发展的影响缺乏认识和理解，在后续教学中，拟增加相关网络资源，提供智能工厂、智能工程、智能营销、电子政务等案例素材，帮助学生建立起对大数据应用的认知。

2. 宏观经济学与微观经济学还需进一步融合

为了在潜意识上让学生将个人利益与集体利益自然地融为一体，本课程在宏观与微观经济学的融合上做了相当大的努力。但是毕竟宏观与微观的分裂在经典经济学研究中已经持续了相当长的时间，能够真正地把这两个学科方向有机地融合起来还有一条较长的路要走，但是这样的有机融合可以实现我国社会主义接班人在意识形态上的突破，为我国的乃至世界的经济可持续发展和命运共同体的建设作出真正的贡献。

3. 线上教学资源还需持续丰富

本课线上教学资源主要来源于学习通平台的相关资源。但该平台的资源还不够完善，针对各经济案例资源做得不够具体细致，后期还需与合作企业共同完善资源的开发和运用；学习通平台依托省级在线开放课和自建的课程学习包，后续课程组将持续完善丰富线上教学资源，加强本课在线开放课程的建设。

"会展项目管理"课程设计与教学实施

张艳楠[①]

上海师范大学 旅游学院

上海旅游高等专科学校 会展与经济管理学院

摘 要：在会展行业中，会展工作的开展大部分以项目制形式完成。作为高校会展专业的核心课程，"会展项目管理"课程需要从理论和实务层面深化教学内容。首先，本文对"会展项目管理"课程进行专业定位，分别从理论层面和实务层面提出课程的设计思路。其次，通过项目驱动丰富课程实践内容、课外实践活动提升综合专业素养，从而创新教学模式，使学生掌握会展项目管理的基础知识，具备运用项目思想指导会展实践的能力。最后，设立科学合理的课程学习评价体系、课程教学保障机制，培养和提高学生的策划与管理的综合素养，从而为学生在展会策划与管理实践等方面提供相关支持。

关键词：课程实训；项目驱动；实践活动

自20世纪90年代开始，会展行业作为新兴服务产业在世界市场范围内逐渐兴起，并成为衡量经济发展水平的晴雨表。为满足会展行业发展对专业人才的迫切需求，全国高校开设会展专业、建设会展课程，高校以高标准的会展教育为会展行业的可持续发展贡献力量。与此同时，会展专业作为理论与实践高度结合的专业类型，在专业人才教育培育方面需要高度重视行业实操技能以应对会展行业发展的实际需求。因此，在学科建设和课程设置方面，把提高学生的专业基础能力和行业综合素养作为教学的重点。

在会展行业实际工作中，会展工作的开展大部分以项目制形式完成。作为高校会展专业的核心课程，"会展项目管理"课程需要从理论和实务层面深化教学内容，"以项目驱动"创新教学模式，使学生掌握会展项目管理的基础知识，具备运

[①] 作者简介：张艳楠，女，博士，上海师范大学旅游学院副教授。主讲课程：会展项目管理、公司活动管理、生态旅游等。研究方向：会展经济与管理、机制设计与制度设计、城市生态建设等。联系方式：zhangyn@shnu.edu.cn。

用项目思想指导会展实践的能力，培养和提高学生的策划与管理的综合素养，从而为学生在展会策划与管理实践等方面提供相关支持。

一、课程的专业定位

在会展行业实际策划、组织、管理过程中，无论是处于核心业务的展览、会议，还是更为广范的节事、演艺、体育赛事活动，项目管理的基本理论始终作为会展人开展相关工作的重要指导思想，并将其作为专业的管理工具融入会展实践过程中。

从项目管理的角度，会展项目管理包括启动、计划、执行、控制和收尾五大过程，从会展管理的角度大体分为立项、展前、展中和展后四大阶段，主要工作内容涉及立项审批、市场调研、服务和产品设计、供应商合作、营销与推广、现场管理、评估总结等。因工作内容较为广泛，对会展人才的专业能力提出了更高的要求。

伴随着项目管理学在会展实践中的发展和运用，会展项目管理的理论和实践也在不断的丰富和完善。"会展项目管理"课程逐渐成为会展策划与管理专业的专业基础课程，要求学生在掌握理论知识的基础上，具备把理论知识应用到会展项目的策划、组织与管理过程中，对管理实践提出了更高的要求。因此，作为一门理论与实践相结合的综合性专业课程，需要将项目管理的框架与会展运营的流程进行整合，将会展项目的理论基础与会展实践的专业技能进行结合，形成一个统一的整体，从而满足会展行业对专业人才的实际需求。

具体来说，在理论层面系统地阐述会展项目从启动、计划、执行、控制到结束全过程的项目管理知识，在实践层面全面展示展览会主题选择、产品服务设计、宣传与推广、组织与筹备、现场管理、维护客户关系等方面的内容。通过理论与实践教学、案例与实例教学、模块与项目制教学、小组分析讨论，使学生掌握会展项目管理的基础知识，具备运用项目思想指导会展实践的能力，培养和提高学生的策划与管理的综合素养，从而为学生在展会策划与管理实践等方面提供相关支持。

二、理论和实务层面的设计思路

为应对会展行业对专业人才的高要求，"会展项目管理"课程需要从理论和实务层面深化教学内容，"以项目驱动"创新教学模式，不断完善课程的教学任务、授课方式、内容结构。首先，本课程从会展—项目系统的视角，全面讲授会展项目管理的概念、体系结构和主要分类，以及会展项目管理对于组织战略、管理和决策的支持性作用及对管理模式的创性性作用。其次，结合管理实践，在理论层面重点介绍了会展项目从启动、计划、执行、控制到结束全过程的项目管理知识。最后，从最新发展趋势的角度，在实践层面介绍展览会主题选择、产品服务设计、宣传与推广、组织与筹备、现场管理、维护客户关系等方面的内容。

（一）理论知识体系

"会展项目管理"课程教学内容，充分结合项目管理的知识体系，重点阐述适用于会展活动策划、组织、管理相关的专业知识。为保障课程教学顺利开展，使用的教材为高等教育本科国家级规划教材/中国旅游业"十三五"高等教育教材。以遵循专业基础能力提升和行业综合素养为培养目标，以会展项目开展流程为标准，教学过程涉及的主要理论内容包括：绪论、会展项目的启动与论证、会展项目计划、组织管理、筹资与成本管理、产品和服务设计、服务商的选择与管理、宣传与推广、招展与观众组织、实施与控制、现场管理、客户关系管理、沟通与冲突管理、会展项目评估等。

第一章《绪论》部分，介绍会展管理的基础知识和项目管理的过程与方法。第二章《会展项目的启动与论证》，讲授会展项目的识别、可行性研究、立项工作。第三章《会展项目计划》，重点介绍会展项目的范围、进度、资源三大计划。第四章《组织管理》，主要包括会展项目的组织结构、项目团队特点。第五章《筹资与成本管理》，主要包括资金规模预测、筹资渠道与方式、成本控制。第六章《产品和服务设计》，详细阐述展位、活动、广告、赞助、门票、服务等方面的设计工作。第七章《服务商的选择与管理》，详细阐述展位搭建商、运输代理商、安保服务商、旅游服务商、餐饮酒店合作商等第三方合作。第八章《宣传与推广》，讲授目标对象、资料准备、载体选择等营销工作。第九章《招展与观众组织》，讲授产品和服务定价策略、观众管理、代理商的选择。第十章《实施与控制》，讲授进度控制的工具与方法。第十一章《现场管理》，重点阐述现场管理侧重的内容、对应的管理方法。第十二章《客户关系管理》，主要包括客户构成、关系评价、管理方式。第十三章《沟通与冲突管理》，主要包括常见的有效沟通方式、冲突解决方案。第十四章《会展项目评估》，主要包括评估的核心要素、方法与过程。

（二）实务操作体系

为了提高学生的学习兴趣、提升学习的专业效果、培养综合专业素养，"会展项目管理"课程在教学过程中，充分结合会展行业对专业人才的实际需求，创新教学模式，积极探索理论教学与实践教学相结合的有效途径。

1. 传统教学与模块教学相结合

在传统的篇章教学的基础上，创新性地引入模块教学方式。课程中具体的一个章节是一个基本模块，具有相互关联的若干个章节形成的篇章是一个功能模块，不同的篇章根据学习内容和教学目标的需要集合成一个教学模块。同时，会展行业的高速发展需要课程内容与时俱进，模块教学模式可以快速匹配行业需求，随时更新教学内容，使得课程教学更具有柔性特征。会展业的快速发展，对会展项目管理的教学内容形成了巨大挑战，课程的教学内容需要根据行业的发展进行更新和调整，采用模块化的教学内容设计具有很强的适应性。

在内容上，模块A由第一章组成，介绍会展管理的基础知识和项目管理的过程和方法。模块B由第二章到第五章组成，介绍会展项目管理的展前准备工作，包括计划、组织、财务等方面内容。模块C由第六章到第十一章组成，介绍会展项目管理的展中管理工作，包括设计、服务商、营销、控制等。模块D由第十二章到第十四章组成，介绍会展项目管理的展后工作及其他相关方面，包括评估、客户、沟通等。不同的理论知识点，按照项目管理的基本流程、会展运营的主要阶段串联起来，使学生在宏观层面全面把握核心内容，形成对课程内容的全面认知。

在功能上，模块A课程学习的基础和核心，指导模块B、C、D的建设；模块B、C、D帮助学生进一步理解模块A的知识，是模块A的延伸，它们共同构成了会展项目策划与组织的核心流程。学生掌握会展项目管理的基础知识，具备运用项目思想指导会展实践的能力，从而为开展其他相关专业教学实践活动夯实了基础。

2. 案例教学与实例教学相结合

为了挖掘学生理论学习过程中的深度，加强理论学习与实践学习的联系，在"会展项目管理"教学中广泛开展案例教学、实例教学，全面提升学生的分析能力、策划能力、组织能力、操作能力等综合实践技能。

案例教学是一种受欢迎程度较高、专业学习效果较好的重要教学方式。通过案例教学，可以让学生在真实的案例中提炼实践经验、思考决策方式，从而把理论知识内化为思想理念。在每章学习之初均引入一个"先导案例"，在每章学习的过程中均结合具体的案例、实例丰富对理论知识的学习。为了丰富学生的课外专业学习，将课程中讲授的经典案例编写成案例集，同时鼓励学生课外积极搜集与课程内容相关的会展项目案例，将其纳入案例集中。案例范围包括：项目决策、项目组织管理与范围管理、项目进度管理与质量管理、项目沟通管理等。学生在搜集与阅读案例的过程中，不断强化专业技能，深入掌握会展项目管理的基本思想和主要方法。

作为对案例教学的重要补充，实例教学主要借助专业实习实训实验室，模拟展示会展项目管理过程中的关键流程。会展实习实训实验室结合培养方案、行业市场需要设置实习实训环节，以模拟仿真为主要途径，深入强化理论与实践的互动，增强学生对知识体系的深入理解以及对专业实践技能的充分掌握，使学生在实习实训过程中充分发挥会展策划创意、全面展示设计技能。

三、项目驱动丰富课程实践内容

应用性与实践性强是"会展项目管理"课程的一大特点，也是教学过程中需要注意与强调的地方。为了大力促进理论与实践相结合，使课程教学内容得以内化和提升，我们基于项目驱动理念进行教学方式的革新，丰富课程实践活动。

（一）项目驱动教学法的特点与优势

项目驱动教学法指的是老师根据课程大纲要求布置相应的项目任务，学生在老师的指导下，组成不同的项目小组，经由搜集资料、沟通与讨论、计划与设计等一系列流程，最终在课堂上进行小组的项目展示。在以小组为单位的项目完成过程中，学生不断内化所学的理论知识，其专业能力、合作能力、沟通能力都得到了有效的提升。

在实施项目驱动教学法的过程中，学生作为主体，依托项目任务，主动搜集相关信息，完成对已有课程知识的全新构建。同时，在小组内部，学生进行分析与论证，其逻辑推理能力、解决问题能力得以强化，能够更好地运用专业知识指导实践应用。与此同时，老师在指导学生小组合作的过程中，可以充分挖掘学生的潜能，调动学生的积极性和创造能力。

相较于传统的教学模式，项目驱动教学法以学生为中心，以知识应用为目标，以能力提升为途径。其优势在于，一方面，在巩固理论知识的基础上，深入挖掘学生的学习迁移能力、自我学习能力、实践应用能力。另一方面，充分尊重学生意愿、高度赋予学生自主权利，给学生提供一个充分的自主探索的空间，在自我驱动能力的促进下，高效率高质量地完成小组的项目任务。

（二）项目驱动教学法的实施过程

1. 任务设计与人员安排

老师根据专业培养方案和课程教学大纲，结合会展项目管理的主要实施环节，依托会展行业的发展动态，定期发布项目任务。在告知学生任务内容的基础上，同时配以任务所需的专业知识、能力要求、考核方法。学生之间自由组合，按照任务要求，保质保量完成项目工作。

例如，任务包括：博物馆特展的主题选择与可行性分析、校园文化活动的方案策划、广交会志愿者招募流程、家博会展位设计与门票设计、奥运会资格赛的宣传与推广方案等。

2. 制定计划与项目实施

学生根据任务要求，自由组合成小组，小组人数以 5~6 人为主。既可以避免人数过少无法进行充分沟通和交流，也可以避免人数过多造成任务分配不充分，甚至出现搭便车的现象。

在任务实施过程中，学生可以通过头脑风暴确定大体框架，并进行任务分配。老师鼓励学生记录项目实施过程，确保每位同学都能充分、深入地参与到项目小组的实施过程中。老师可以随时抽查小组项目实施进度，给予相应的指导，确保项目工作的顺利进行。该项目实施过程记录也是后期小组考核的重要依据。

考虑到部分任务工作涉及多个会展流程，对于较为复杂的任务，为了确保任务能够顺利完成，老师可以将任务进行拆解。学生可以在关键节点汇报项目的进展情况，老师对于学生遇到的问题进行点评、分析和讨论，使得任务按照原进度继续开展。学生在合作的过程中，提出问题、分析讨论，在过程中牢固掌握会展活动及项目管理的相关知识。

3. 成果展示与小组评价

小组成员在规定的时间内进行成果展示，详细阐述其设计理念、方案规划、预期效果等内容。在成果展示的同时，小组自身也可对最终成果进行自评，成员内部也可对各个成员在任务实施过程中的实际表现进行互评。小组自评和成员互评既是对已有任务完成情况的总结，也是发现实施过程中的不足之处，加以完善和提升的重要过程。

此外，其他学生以小组为单位对进行展示的小组进行学生评分，老师根据小组任务实施过程及项目成果进行教师评分。自评与互评、学生评分、教师评分，共同建立起客观、科学、有效的评价机制。

四、课外实践活动提升综合专业素养

作为"会展项目管理"课程教学内容的重要补充，学院、学校积极搭建实践平台，开展多种不同形式的课外实践活动，积极提升学生的实践技能和专业素养。目前，广泛开展的会展项目课外实践活动主要包括：会展行业专家进校园、参观会展项目与活动、参与会展专业比赛、自主举办会展活动等。

（一）会展行业专家进校园

为培养更多具有良好专业知识、实际操作技能和职业素养的高素质、高技能的应用型人才，秉承"优势互补、资源共享、互惠双赢、共同发展"的原则，学院、学校与多家会展企业建立校企合作关系。

例如，作为会展行业翘楚的英富曼企业管理（上海）有限公司，已经与我校建立校企实践教学合作基地，英富曼公司的行业专家和课程老师共同开发课程、合作授课，以行业讲座、技能培训等方式对学生进行专业技能和职业素养的培养，这一举措也有助于为企业提供满足行业发展需求的高端人才。

（二）参观会展项目与活动

上海作为国内大型城市，既是经济高度发达的地区之一，也是全国的会展之都。在上海，不仅有国家会展中心、新国际博览中心大型会展场馆，也分布着大大小小多种规模、多种用途的场馆，各种会展项目和活动在这些场馆中开展，为学生提供了一个个丰富的参观体验平台。

在一些大型的展览项目，如中国国际进口博览会、上海国际车展等，学生可以作为志愿者，参与到大型规模的展览活动项目中，极大地提升了专业实践技能。在展会参观的过程中，学生可以深入感受现场的产品和服务，在了解现场运营管理模式的基础上，对会展项目形成更加直观、全面的认知，加强学生的职业认同感，提高对专业进一步学习和探索的意愿。

（三）参与会展专业比赛

积极鼓励学生参与会展专业的比赛活动也是将课堂内容学以致用的重要途径之一。全国范围内举办的涉及会展专业的学科竞赛主要是全国高校商业精英挑战赛会展专业创新创业实践竞赛。

在老师的指导中，学生通过参与比赛，既是对所学知识的回顾与深化，也是专业素养培养的重要过程。同时，参与比赛、获取名次，也会极大提升学生对专业的学习兴趣和认可度。

（四）自主举办会展活动

作为一种会展专业的实践体验活动，学生通过自主举办会展活动，在具体组织架构中担任岗位一员，充分了解和熟悉会展项目流程。在多次参与多种主题的会展活动过程中，学生的岗位角色可以进行动态调整，每位学生可以拥有多个实践机会，积累多种实践技能。因此，相较于观展活动聚焦现场运作，自主举办活动可以使学生在掌握基本展会认知的基础上，深入熟悉展会策划与组织的各项流程。尤其是在展前筹备阶段，学生也可以参与到具体的实践过程中。

为全面展示实践教学改革成果，搭建实践教学交流平台，每年学院均会组织学生举办海湾旅游文化节系列活动。在老师的指导下，从策划、招展、招商、宣传，到活动成功举办等，由学生独立完成，充分展现学生的专业素养。

五、课程学习评价体系

作为会展策划与管理专业的专业基础课程，"会展项目管理"课程要求学生在掌握理论知识的基础上，具备把理论知识应用到会展项目的策划、组织与管理过程中的能力，对管理实践提出了更高的要求。传统的考核方式以闭卷考试为主，这种单一的评价标准是片面的。在"会展项目管理"课程教学过程中，教学内容包括理论知识和实践技能两个方面，课程的评价体系需要与教学内容相对应，并在全面衡量方面有所创新。

在传统的课堂学习评价基础上，需要对实践教学进行评价，全面衡量学生的学习态度、学习行为和学习效果。其中，传统的理论知识学习评价包括出勤率、作业、期中期末测试等。实践技能评价包括对课内小组项目、课外实践活动的综合考核。这种学习专注过程的评价方式，可以全面评定学生在整个学习过程中的参与程度、体验程度以及学习成果。与此同时，也可以使学生不再简单地为了考试而学习，在综合学习过程中充分体验会展行业的市场、感受会展职业的魅力，学习变得轻松、充满乐趣。

在过程评价体系中，需要注重对实践技能的评价。考虑到实践技能中课内小组项目、课外实践活动涵盖的时间较长、范围较广，老师可以通过建立工作日志、项目活动记录手册等，综合记录每个学生的学习态度、参与程度、成果绩效，作为过程评价的重要参考。部分课外实践活动，如果有校外行业专家参与，也可以将课外评价作为参考之一。

六、课程教学保障机制

（一）行业引领发展机制

作为一门理论与实践高度结合的核心课程，"会展项目管理"课程需要紧密联系社会实际，时刻跟随会展行业前沿趋势，将该领域的新知识、新方法、新技术展示给学生。作为老师，需要保持不断学习的状态，通过多种途径把握会展行业市场的发展方向，调整、完善、丰富课堂教学内容。鼓励老师参加相关组织培训，获得双师型证书。同时，学院、学校积极搭建校企合作平台，建立课堂与会展行业沟通渠道，通过多种不同的形式，邀请企业、专家参与到课程教学的各个方面。

（二）多纬竞争激励机制

按照理论与实践相结合的目标，充分利用学校内外优质资源，"会展项目管理"教学过程大体包括"课堂学习、项目驱动、课外实训"三种模式。为更好地提高学生的专业基础能力和行业综合素养，科学、全面地提升学生在多个教学环节中的学习效果，可以适当分类引入竞争机制，达到正向激励的促进作用。

一是班级之间的竞争激励，一般相同专业有多个教学班级，在统一的教学进度中可以将班级的教学成果作平行比较，可以有效激发班级的凝聚力，提高学生的学习能力。二是团队小组的竞争激励，在同一班级内部实践技能学习过程中，学生以团队或小组的形式参与课外实践活动、会展项目任务。其评分依靠团队、小组成员的共同努力，这种内部竞争可以大大激发成员的策划创意和组织活力，以及成员之间相互学习的热情。三是学生个人的竞争，为了全面地衡量学生的学习成果，老师通过建立工作日志、项目活动记录手册等，综合记录每个学生的学习态度、参与程度、成果绩效，作为过程评价的重要参考。每个学生需要在课内学习、课外实践的整个过程中，保持积极的学习态度，展示优秀个人成果，作为横向比较的参考。

（三）学习时间保障机制

"会展项目管理"教学过程涉及多种形式、学习内容涉及多个方面，对学生的学习能力提出了更高的要求。作为一门专业核心课程，除了给予充足的教学课时加以保障外，也需要留出足够的课外时间进行学习上的延伸和拓展。如部分课外实践活动可以作为专业课程学习的配套实践学习课时，将课外学时的具体内容和要求补充在培养方案或教学大纲上。学生在完成课内学时的基础上，需要按时按量完成课外学时，将课内学时、课外学时共同作为最后考评的参考。

（四）过程全面记录机制

"会展项目管理"教学既包括传统的理论知识学习，也包括实践技能学习，如课内小组项目、课外实践活动。为了全面衡量学生最终的学习效果，需要老师在过程评价体系中进行全面记录。建立工作日志、项目活动记录手册等，综合记录每个学生的学习态度、参与程度、成果绩效，作为过程评价的重要参考。部分课外实践活动，如果有校外行业专家参与，也可以将课外评价作为参考之一。

尤其是部分项目任务、实践活动，可以配有相关的资料、照片、视频，编辑成学生学习成长记录册，印刷分发给学生保留。记录册既是一种学习成果的重要保存形式，也可以作为丰富课程教学案例的一手资料，更是对学生努力过程的珍视，对专业成长的见证。

参考文献

[1]许欣，朱文娅，蔡灵灵.基于就业能力提升的会展专业混合式教学路径优化研究［J］.中国会展（中国会议），2024（04）：60-63.

[2]丁南，王韵甜.产教融合背景下应用型本科会展专业项目式教学实施探索［J］.商展经济，2024（01）：189-192.

[3]甘丽.基于全产业链的会展专业课程实践教学体系改革与研究［J］.科教导刊，2023（23）：75-78.

[4]王芳.基于职业化教育趋势下会展专业实践教学研究［J］.教育与职业，2021（19）：108-112.

基于业、财融合模式的财务会计教材建设新路径

徐 涛[①]

上海旅游高等专科学校 会展与经济管理学院

摘 要：随着"大、智、移、物、云"等新技术在财经领域的广泛应用，传统的财务会计教材体系对现代高素质专业技术技能人才培养方面的支撑力度越来越弱。本文以财经类专业核心课程之一的"财务会计"课程为例，在仔细梳理"职教二十条"发布以来高职院校在"三教改革"研究成果的基础上，结合多年实践教学经验，提出了新时代背景下的财务会计教材建设新路径，以期为新时代高质量专业技术技能人才培养提供更有力的支撑。

关键词：业、财融合；财务会计；报表流；资金流

引言

"财务会计"课程是高职院校财会专业的一门专业必修课，是"基础会计"的后续课程。以我校大数据与会计专业为例，学生在第一学期了解会计基本假设和会计信息质量方面要求，掌握会计基本技能和基础方法后，在随后的"财务会计"课程中需要熟练掌握各大会计要素增减变动的核算技巧，每个会计期末，都需要将采集的财务数据重分类后以财务报表的形式披露企业的财务状况和经营成果。在企业实际运营管理中，无论是预算的编制，各项投、融资决策，乃至对企业各级管理者进行绩效考核与评价，大多采用财务会计提供的数据与信息。可以说，"财务会计"课程在整个财会专业的课程体系中发挥着承上启下的作用，是学生掌握会计实践操作技能最为重要的奠基石[1]。

---

① 作者简介：徐涛，男，硕士，上海旅游高等专科学校会展与经济管理学院讲师。主讲课程：基础会计、财务会计、小企业会计制度及实务、财经法规和会计职业道德、经济法基础等。研究方向：财务会计、纳税策划。联系方式：cjxu_wang@126.com。

一直以来，"财务会计"课程教材的内容均依照资产负债表和利润表的框架结构进行设定，六大要素的内容依次展开，整套核算体系在传统手工记账及电算化会计模式下发挥了应有的作用。但在大数据、人工智能、移动互联网等新兴技术在财务领域广泛应用的当下，在传统核算型会计向管理型会计转型进程日益加快的今天，传统核算模式下的会计教材能否为财务会计职能从事后向事中、事前延伸提供足够的支撑，能否继续为我国现代职业教育培养更多符合企业实际需求的应用型技术技能人才保驾护航，值得我们去研究和探索。

一、财务会计教材建设现状

　　自"职教二十条"明确提出了推动"三教改革"的具体任务以来，各高职院校围绕"教师、教材、教法"改革开展了一系列的理论研究与实践探索。在人才培养模式改革方面，王雪琪[2]对"1+X"证书制度下大数据与会计专业人才培养路径进行研究；杨群芬[3]在总结中国产教融合经验，借鉴国外产教融合合作成功典范基础上提出了相关建议；匡孟秋[4]、张仲雯[5]等从产教融合的角度出发，探讨了高职会计实践教学体系的困境并提出了相应的优化策略；韩建清[6]等人则对高职会计专业现代学徒制运行机制进行了重新设计。

　　在教师队伍改革建设方面，张静[7]针对双师型教师培养过程中存在的问题，分别从政府层面、学校层面和教师层面提出解决的对策方案，以期促进"双高计划"实施，建设高素质双师型教师队伍。胡明琦[8]研究分析了双师型教师的概念和特点，并针对高职会计专业教师双师能力提升对策展开分析。

　　在教材改革建设方面，罗施、周德新[9]指出现行财务会计教材内容体系存在着条块分散、关联性较差的缺陷。中南财经政法大学的季华、施先旺老师基于"业财合一，流程管控"指导思想[10]编著的面向本科层次教育的《中级财务会计》教材出版后，这种新型教材编著的指导思想得到了杨焕云、孙玉芹和黄丽丽等人的赞同。前者认为这种新型教材更有利于提升学生对企业经济业务的全面把控能力[11]；后者则认为高职院校企业财务会计课程需深度融合X证书内容，设计"业财合一、流程管控"教学内容[12]。

　　鉴于此，笔者总结、提炼了多年财务会计教学工作的实践经验，设计了基于业、财融合模式的财务会计教材建设新路径，以期达到抛砖引玉的效果。

二、目前财务会计教材存在的不足

财务会计教材种类虽多,但大都属于按财务报表框架结构编排内容的传统教材,本人在教学实践中将该类教材称为"报表流"会计教材。以资产负债表为例,我国会计准则规定企业资产负债表的编报应当采取账户式结构,报表分为左右两方,左边列示资产各项目,反映全部资产的分布及存在形态;报表右方列示负债和所有者权益各项目,反映全部负债和所有者权益的内容及构成情况[13],大部分报表流财务会计教材在内容设计上基本与资产负债表对应,后续收入、费用和利润的核算内容编排则与利润表结构模块相对应。我校大数据与会计、大数据与财务管理等专业在财务会计教学中使用的初级会计师考试指定教材——《初级会计实务》也属于"报表流"会计教材。

传统的"报表流"会计教材结构清晰,逻辑性强,在保持会计理论知识的系统性和会计思想严谨性方面做得相当出色。但传统"报表流"财务会计教材过于注重会计数据的事后核算,业、财融合度不够,章节内容的编排并不能很好对接企业实际岗位。整体而言,传统"报表流"会计教材存在以下方面的不足:

(一)"报表流"会计教材在业、财融合方面存在一定的欠缺

以存货模块的业务核算为例,一般来说,该模块内容通常按以下逻辑线展开(如图1所示),"报表流"会计教材基本只讲授最后财务部门应当如何借贷处理,至于采购业务是如何执行的,依次需要经过哪些环节,各环节会产生哪些单据,单据下一步会传递到哪个环节,各环节将会产生哪些财务数据,"报表流"会计教材基本不会涉及。

图1 存货业务核算内容逻辑线

但在企业实务中,企业获取存货(如外购)往往有一整套完整的业务流程(如下图2所示),从存货的请购到订单生成,从采购存货验收入库到最后付款,整个业务流程处理过程中至少涉及采购部门、仓管部门、财务部门,如果采购金额超过相关主管的审批权限,还会包括更高层级的主管部门,并非只是财务人员根据最后汇总的单据记账而已。

在图2所示采购结算流程中,当企业与客户签订的合同中有预付部分货款条

款的，相关工作人员系统中填写、生成预付款单据并审批，财务对收到的经审批后的预付款请求后即可付款，并在系统会生成"借：预付账款，贷：银行存款"的会计分录。学生们如果能够在学习存货采购业务核算的同时通过相关实践平台了解采购业务的业务操作流程，他们就能对整个采购业务执行流程和会计核算过程有更加直观的认识，清楚哪个环节产生的单据应当如何处理，不至于在最后会计核算时一头雾水了。如果在教材编撰中适当加入相应业务处理流程，也能让学生更加深刻地领会会计的两大基本职能：核算和监督。

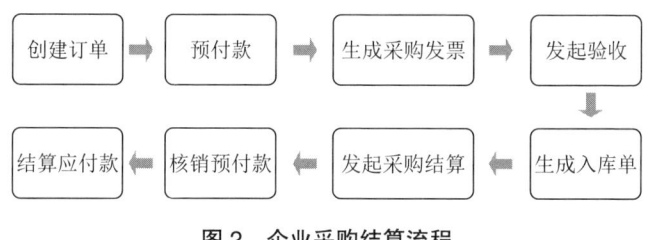

图 2　企业采购结算流程

注：本流程根据中联业财融合实训平台供应链—采购流程整理

（二）"报表流"会计教材过于重理论、轻实务，岗位凸显不强

财务会计虽说是实践性很强的课程，但只要学生能熟练地从各种原始单据中提炼出增减变动的会计要素，后续的核算处理相对就比较容易，毕竟企业日常业务的财务核算工作是有章可循的规范性重复操作，这也是 RPA 财务机器人能在企业日常财务核算中得以广泛应用的主要原因。"报表流"会计教材中虽然有大量的例题，但这些例题多是以文字描述为主，且前后相关案例往往并不关联，也没有对案例发生对应岗位的阐述。但在企业实务中，相关经济业务发生后并没有一段以文字描述的案例，而是以各种原始单据呈现。如制造业职工薪酬核算任务中（相关单据如下图 3 所示），通常由人事部门根据员基本工资、绩效工资和考勤记录等编制职工薪酬汇总表，接下来由成本会计将薪酬总额按照适当的标准分配到各产品成本并完成职工薪酬分配表的编制（相关单据如下图 4 所示），最后由总账会计根据这两张原始单据完成会计核算。传统"报表流"会计教材并不能体现具体业务在相关岗位之间的流转协作。

职工薪酬汇总表

2022 年 03 月 31 日　　　　　　　　　　　　　　　　　　　　　　　　　　　金额单位：元

部门		短期薪酬						离职后福利		合计
		应付工资	缴费基数	医疗保险	工伤保险	住房公积金	工会经费	养老保险	失业保险	
				10.80%	0.20%	12.00%	2.00%	16.00%	0.80%	
生产车间	生产工人	466558.82	355600	38404.8	711.2	42672	9331.18	56896	2844.8	617418.8
	管理人员	36570.59	33000	3564	66	3960	731.41	5280	264	50436
管理部门		95875.29	93000	10044	186	11160	1917.51	14880	744	134806.8
研发部门		61085.29	52200	5637.6	104.4	6264	1221.71	8352	417.6	83082.6
销售部门		63405.88	58000	6264	116	6960	1268.12	9280	464	87758
合计		723495.87	591800	63914.4	1183.6	71016	14469.93	94688	4734.4	973502.2

审核：李春梅　　　　　　　　　　　　　　　　　　　　　　　　　　　　　　制单：杜文涛

图 3　职工薪酬汇总表单据

职工薪酬分配表

2022 年 03 月 31 日　　　　　　　　　　　　　　　　　　　　　　　　　　　金额单位：元

受益对象		分配标准（工时）	分配率	分配金额
生产车间	H113 单肩女包	3800.00		
	H213 挎包	4950.00		
	M115 大号背包	5250.00		
	M215 中号背包	5400.00		
	小计	19400.00		
车间管理人员				
管理部门				
研发部门				
销售部门				
合计				

审核：李春梅　　　　　　　　　　　　　　　　　　　　　　　　　　　　　　制单：杜文涛

图 4　职工薪酬分配表单据

注：上述图 3、图 4 素材节选自网中网会计技能竞赛平台案例

如果不能在日常学习中大量接触并熟悉企业实务中的原始单据，学生对各种原始单据的阅读和识别能力很难有实质性提高；如果在日常业务处理中业务和岗位能很好对接，学生在未来就业时就能很快独立上手相关业务，大大缩短岗位的适应期。

（三）"报表流"会计教材部分内容存在重复的现象

传统"报表流"会计教材由于过于注重会计理论知识的系统性和完整性，在内容编排上很容易造成重复。以企业在日常购、销业务内容为例，企业与供应商（客户）在日常一般购、销业务中由于资金流转、实物流转及信息流转很可能不同步而产生赊购（赊销）、预付（预收），由此而产生的应付账款（票据）、应收账款（票据）等业务内容在资产模块、负债模块和收入核算模块中均会重复出现。笔者以为类似于上述多次重复出现的内容完全可以重新分类（归纳）到性质相同的业务模块，使教材整体上更加精练。

三、财务会计教材建设的新路径

基于传统"报表流"会计教材存在的不足，笔者在教学实践中将传统"报表流"教材的内容打散后，根据企业资金流转方向设计了一套基于资金流的教学模式，即教学内容按照企业资金流转方向进行重组，在开展会计理论教学的同时尽量通过相关的实训（竞赛）平台展示业务的执行流程，引导学生对业务执行流程中的关键内部控制点进行分析，最后总结业务会计核算的规律。教学实践中使用的平台包括用友U8ERP财务软件、网中网会计技能竞赛平台、中联业财税融合大数据应用技能竞赛平台和融智国创RPA财务机器人实训平台等。

（一）资金流教学模式的优点

笔者认为，按照资金流模式开展教学，存在着以下四个方面的优点：

第一，能让学生在学习会计业务处理时对企业相关的业务执行流程、会计信息传递流程和财务数据核算业务有全面的认识，尽量做到业务、财务的融合，在保持业务系统性和理论完整性的同时也具有较强的实践指导意义。

第二，较之于传统"报表流"教材，资金流教学模式由于能够将业务流程与财务流程有机地融合，在教学实践中能更好地引导学生通过对业务流程的分析强化对会计监督职能的领会，从而提升课堂思政教学效果。

第三，在教学时能帮助学生建立本课程与其他相关课程之间的内在联系，如在出纳岗位的实践教学环节带领学生再次温习前导课程中支付结算法律制度的相关内容，在学习后续相关课程如ERP会计核算系统、ERP供应链系统、内部控制与风险管控等时也能更快建立这些课程内容与本课程之间的联系，帮助学生做到相关专业知识的融会贯通。

第四，目前，许多高职院校都在开展"1+X证书"制度试点工作，我校财会专业也组织学生参加相关考试并取得证书，如财务共享、业财融合和金税财务应用等，此外每年还组织学生参加"会计技能""星光杯赛""智能财税"等相关赛项，这些证书和大赛赛项内容基本都融入了新时代财务共享理念、大数据技术、国家金税工程等新技术在财务领域的应用的元素。资金流的教学模式可以在一定程度上做到岗证课赛的有机统一，为学生参加相关赛项提供较为有力的支撑。

（二）以资金流转方向为主导的财务会计教材建设路径

从已毕业学生的反馈来看，学生对这种资金流教学模式的认可度还是很高的，他们普遍认为这种教学模式"在理论教学环节能举一反三，实践教学环节很有意思，感觉是学到了东西"。因此笔者认为，未来高职财务会计的教材或许也可以按照资金流的模式设计编排，在此，暂且将按照资金流模式设计编排的会计教材命名为资金流会计教材。资金流会计教材的设计思路如下：

1. 一级模块划分

就财务会计而言，其核算的内容繁多，既有各项资产取得时的初始计量、各项资产要素在企业营运中增减变动的核算和期末计量，也有各项债务的形成和清偿，还有损益的结转和股东权益的变动等。但从资金流转角度来看，企业上述业务发生所导致的资金运动实际就分为三块：

（1）筹资活动——包括企业实务中常见的两大类融资方式，即通过负债方式融资和通过所有者权益方式获得长期资本。

（2）日常运营活动——该部分内容相对繁杂，以制造业为例，整体上涵盖了企业供应（采购）、生产和成本核算、销售环节的各项活动等。

（3）投资活动——主要包括企业资金对外投放所产生的相关业务，如各种长短期投资等。

资金流会计教材完全可以根据资金流转将整个内容划分为三个大模块，即筹资模块、日常经营模块和投资模块。这三大模块其实体现的就是现金流量表的三大主体结构。从之前笔者对于文中"报表流"会计教材的定义，资金流会计教材的模块划分在某种程度也可称得上"报表流"，只不过依据的不是资产负债表和利润表，而是现金流量表。

2. 业务子模块重组

本校财会专业人才培养方案将培养方向定位为面向小微企业。小微企业的特点是业务繁杂度远不及大中型企业，日常业务发生量相对较少，财务制度及内部控制相对不是十分健全。笔者认为，学生未来在这些企业就业，更需要在业务流转全面性和财务核算的系统性上下功夫，以期在日后工作中早日独当一面。因此资金流会计教材在内容设计上要充分考虑上述因素，在教学案例设计上化繁为简，在具体业务子模块重组时，尽量做到"理实结合、业财融合"的同时兼顾"岗证课赛"的需求。

在具体业务子模块内容重组环节，笔者认为应当遵循以下基本原则：

（1）突出岗位职责，融合新技术在企业实务中的应用

如传统"报表流"会计教材在资金要素核算时首先讲授"货币资金核算"内容。货币资金在企业各项资产中流动性最强，因此该项目在资产负债表—资产类要素中排在第一位。该部分涉及到的具体业务核算内容较少，如"库存现金核算"模块主要是介绍企业库存现金的相关管理制度等，"银行存款核算"模块主要是介绍银企对账。但是如果仔细梳理这两个小模块的内容，可以发现其实与企业出纳岗位工作职责融合度较高，因此，在资金流会计教材内容体系中，笔者将其命名为"出纳岗位核算"。

在"出纳岗位核算"子模块具体内容设计上，可以通过相关平台设计如票据填制与审核、商业汇票贴现计算等实操案例，这样一方面可以培养和提高学生的实际动手能力，让《支付结算法律制度》枯燥的法律条文变得生动起来。

再如在移动互联网广泛应用的当下，小、微企业大量的资金收付都是通过各大银行网银平台办理（网银仿真实训平台如下图5所示），传统手工处理不仅繁琐且容易出错。在讲授该子模块内容时，可以安排学生在手工操作的同时，可以制作、播放RPA财务机器人处理诸如网银对公（对私）付款、银企对账等业务的小视频，在后期相关生产性实训中带领他们一起编写相关业务的财务机器人。这样的内容安排，相信学生在日常学习中不仅能理论联系到实践，还能切身体会人工智能等新技术在日常财务工作应用的魅力，激发他们探索新知识的动力，可为后续相关实训课程的开展埋下伏笔。

（2）课证融合、去繁就简

初级会计师资格证书（简称为"初会证书"）是高职财会专业学生可以考取的第一个证书，很多企业在财务岗位招聘时也将取得初会证书作为基本条件之一，资金流会计教材在课证融通方面，可以参考初会考证指导用书对具体内容进行筛选，使得教材内容在匹配企业具体业务内容的同时满足学生考证的需求。

图 5 网银仿真实践教学平台截图

注：该网银仿真实践教学平台节选自融智国创 RPA 财务机器人教学实训平台

如金融资产，2017 版的会计准则中将原有的四大类金融资产重分为三个大类，但初会教材只讲了其中列入流动资产项目的那一类金融资产（即以公允价值计量且变动计入当期损益）的账务处理。该项目与初会在非流动资产项目中讲述的企业另一项投资——长期股权投资，都是企业资金对外投放行为，只不过二者的投资形式与目的、投资期限及具体账务处理原则不同，在设计资金流教材框架结构时，可以将这两种投资归并到"融投资业务—投资模块"，会计准则中剩余的其他两类金融资产则可以根据初会证书的考试大纲决定是否需要将其内容收录在教材中。

（3）业财融通、"求同存异"

根据资金流转方向和业务特征，"日常经营活动"一级模块业务可以分解成"采购及付款业务循环""生产管理业务循环"和"销售及收款业务循环"三个子模块。在设计具体业务内容时，可以将存货采购及付款业务流程、职工薪酬和库存管理及成本核算流程和销售及收款业务流程分别穿插到上述三个模块中。这样，学生在学习会计核算技巧的同时能对日常购销业务的业务执行过程有更加全面且直观的认识，了解企业具体业务执行过程中各部门协同配合的重要性，培养与提高他们的团队协作意识。具体实施教学时，教师还可以针对这些业务流程设计相关案例，引导学生对上其中的关键控制点进行讨论和分析，提高他们内部控制意识和风险防范意识。

另外，本处所述"求同存异"，是指在具体模块内容设计上，尽可能将有共性的核算内容安排在同一个知识单元。如在固定资产、无形资产等非流动资产的取得，虽然也是企业资金的一种投资方式，但这两类资产在取得过程中办理款项支付业务时同样区分现购和赊购等不同情形，交易处理原则与存货采购付款等基本相同，把这两项非流动资产的外购和研发等一起归并到"采购及付款循环"业务模块也是可行的。

按这种思路进行业务子模块内容重组不需要单独开设负债业务核算的章节，避免相同业务的重复阐述。

3. 设计教材的框架结构

根据上述基本原则设计的资金流教材框架结构及有关岗证课赛对应图谱如下图 6 所示：

模块名称	具体内容	相关岗位	对应证书
融投资业务—筹资	企业负债融资和股东投入资本的核算	融资业务岗	初级会计师、1+X智能财税、1+X财务共享
出纳岗位核算	费用报销、票据制单、网银收付、银企对账	出纳岗	
采购及付款循环	各项资产购入、建初始计量、验收入库、无形资产研发及增值税进项相关	购销业务岗、成本岗	
生产管理业务循环	制造业产品三大成本项目的归集和分配	成本岗、综合业务岗（一）	
销售及收款循环	制造业一般销售业务、特殊销售业务及增值税销项相关等，商品流通企业毛利率法和售价金额核算法	购销业务岗	
融投资业务—投资	交易性金融资产、长期股权投资业务处理	投资业务岗	
税费计缴	应缴各项税金的核算及期间费用归纳总结	综合业务岗（一）	
其他业务	初级会计教材中其他内容，如投资性房地产等		
利润形成和分配	利得及损失业务处理，期末各损益项目结转、留存收益相关等	综合业务岗（一）	
财务报告	三大报表编制	综合业务岗（二）	

图 6　资金流会计教材框架结构及岗证课赛对应图谱

注：除出纳岗，图谱中其他岗位参照业财税融合大数据应用技能竞赛平台题库设置

四、结束语

"教师、教材和教法"这三个教育的核心要素从来都是相辅相成的,没有"教师"和"教法"的支持,单纯新体系教材的改革终究是无源之水。囿于笔者个人能力及对岗证课赛的认知,资金流会计教材新体系中对业财融合、岗证课赛贯通的种种设想是否合理,具体业务子模块内容重组是否恰当,可能还需要更多的实践去检验。期待着对此感兴趣的同行能不吝指教,大家相互交流,共同进步,一起为推动我国高职教学水平的提高作出应有的贡献。

参考文献

[1]吴亭忆."十四五"规划下"财务会计实务"课程建设探索[J].林区教学,2022(07):50-53.

[2]王雪琪.基于"1+X"证书制度下高职院校大数据与会计专业产学研融合的人才培养模式研究[J].中国乡镇企业会计,2023(11):196-198.

[3]杨群芬.基于会计行业转型升级需要的行业指导型产教融合模式探讨[J].江苏商论,2024(01):119-121+141.

[4]匡孟秋.产教融合视域下高职会计实践教学体系的困境与优化[J].经济师,2022(06):214-215+231.

[5]张仲雯.新专业目录下高职会计专业群产教融合、校企协同育人模式创新研究[J].中国乡镇企业会计,2022(01):192-194.

[6]韩建清,李秀丽,陆玉梅.职业院校会计专业现代学徒制的构建研究[J].财会通讯,2021(21):168-172.

[7]张静.产教融合背景下的高职会计专业"双师型"教师培养研究[J].内蒙古财经大学学报,2022,20(04):10-13.

[8]胡明琦,张祖荻.高职会计专业教师"双师"能力提升对策分析[J].中国商论,2021,(04):180-181+189.

[9]罗诗,周德新."三教改革"背景下高职会计专业课程建设探索——以《财务会计》课程为例[J].江苏商论,2024,(04):132-135+141.

[10]施先旺,季华.中级财务会计[M].大连:东北财经大学出版社,2021.

[11]杨焕云,孙玉芹.人工智能背景下应用型高校"财务会计学"金课建设的思考[J].潍坊工程职业学院学报,2023,36(02):45-49.

［12］黄丽丽.X证书背景下企业财务会计课程改革与实践［J］.中国管理信息化，2022，25（18）：229-232.

［13］中国注册会计师协会.会计［M］.北京：中国财政经济出版社.2024.

"商务文案写作"教学方法的探索研究

孙景然 [①]

上海旅游高等专科学校 会展与经济管理学院

摘 要： 随着电子商务行业的迅速发展，商务文案已成为企业市场营销和品牌传播的重要组成部分。有效的商务文案不仅能够传递信息，还能激发消费者的购买欲望和情感共鸣。"商务文案写作"课程已成为文化创意与策划专业一门重要的课程，这门课具有很强的实践性和应用性。然而，传统的教学方法往往侧重于理论知识的传授，未能有效培养学生的实际写作技能和创意思维。笔者根据这门课的教学特点，以及当前高职院校商务文案写作教学存在的问题，提出了融入课程思政元素、优化教学内容及采用多样化的创新教学方法等建议，并结合当前新媒体营销的环境，进行教学探索，以此提升教学效果和学生的实际应用能力，为高职院校商务文案写作的教学提供借鉴和参考。

关键词： 商务文案写作；教学方法；课程思政；案例分析；实践教学

当今，互联网迅速发展，商务文案已成为新媒体营销的重要组成部分。高职院校肩负着培养高素质技能型人才的重任，应注重培养学生的实际运用能力。"商务文案写作"这门课程是我校文化创意与策划专业开设的一门专业必修课程，旨在提高学生的写作能力和创意思维，帮助学生在未来的职业中胜任各种商务文案的撰写工作。然而，传统的教学方法往往局限于理论知识的传授，缺乏实际操作和创新思维的培养。本文通过对现有教学方法的研究和分析，结合具体的案例，探索对于这门课的教学策略，用以提升商务文案写作的教学质量。

[①] 作者简介：孙景然，女，博士，上海旅游高等专科学校会展与经济管理学院讲师。主讲课程：消费者行为、服务营销、商务文案写作、跨文化沟通。研究方向：消费者行为与心理、服务营销。联系方式：sunjingran@shnu.edu.cn。

一、"商务文案写作"课程的基本情况

"商务文案写作"这门课程主要培养学生在电商、广告、营销等相关行业中撰写创意文案的能力。通过理论知识探讨和实践训练，学生将掌握文案写作的基本原则、电商文案基础知识、不同类型文案策划与写作所需的知识和技能、创意激发方法以及行业实践经验，有效引导学生进行文案策划与写作的学习，为创意文案撰写提供坚实的基础和指导。通过理论学习和实践训练，全面提升学生创意文案写作的能力，培养创造性思维和应用能力，为学生在电商、广告、营销等领域的职业发展奠定坚实基础。

这门课程的教学内容主要包括：文案写作的基础知识，包括文案的特征、常见类型、策划流程、写作方法、创意思维培养等；掌握电商文案策划与写作的准备工作，包括认识和分析市场、认识商品、分析目标受众和提炼商品卖点；学习广告策划与写作、电商文案、微信微博营销文案、短视频与直播文案等，并运用创意方法激发学生创造力，通过小组或个人作业撰写创意文案，培养创造性思维方法，提升创意文案写作水平。

通过对"商务文案写作"这门课程的学习，学生可以掌握创意文案写作基础知识和常用方法，培养创造思维能力，激发创意灵感，了解不同类型文案特点和要求，如电商文案、微博营销文案、广告策划、新媒体文案、直播文案等。通过案例分析和创作任务，提升学生创意，培养学生在电商、广告、营销等相关行业中撰写创意文案的能力。引导学生形成严谨、实事求是、精益求精并不断创新、追求卓越的科学态度和精神；增强学生的创新意识、责任意识，培养学生的团队协作精神；强化专业伦理和职业道德，提高学生的职业素养。

"商务文案写作"课程的教学难点在于如何将理论与实践结合，培养学生的创意思维和实际操作能力，以及掌握多样化的文案类型和市场分析技能。教学重点在于通过系统的教学方法和多样化的考核方式，帮助学生全面掌握文案写作的基本概念、策划流程和各种类型文案写作技巧，提升学生的综合素质和实际应用能力。通过有效的教学设计和实施，能够培养出具有创新能力和实际操作能力的商务文案写作人才。

由此可见，"商务文案写作"课程需要具备综合素质，培养逻辑思维能力、沟通能力以及写作能力，使学生理解基础理论，有效应用于文案写作的实际情境，达到理论与实践的有机结合。这门课的教学并非单向的传递，而应是一个双向的、交互的过程。然而，目前这门课程的教学现状还存在一些问题，教师需要更加重视学生的参与，鼓励他们发表观点，提高学生的积极性，从而提升教学效果和学

生的实际应用能力。

二、当前"商务文案写作"教学现状分析及存在的主要问题

（一）教学过程思政内容薄弱

在当前"商务文案写作"的教学中，容易忽视这门专业课在思想政治教育中的作用，"商务文案写作"课程往往缺少对社会主义核心价值观、职业道德素质和法律意识教育。学生对社会主义核心价值观的认识不足、诚信意识不够以及对电商法的相关法律条款不了解等缺陷，以致学生不能很好地适应公司的发展和需求。

商务文案作为商业活动中传递信息、沟通策略和实现营销目标的重要工具，其教育应不仅仅局限于技能和技巧的传授，更应涵盖思想政治教育，使学生在掌握专业技能的同时，树立正确的价值观和职业道德。通过融入思政内容，可以帮助学生在文案创作中注意诚信、尊重和社会责任，避免出现夸大其词、虚假宣传等不良现象；深入地理解企业在环保、公益等方面的责任，在今后的职业生涯中坚守诚信和专业精神。

（二）理论教学偏多，缺乏实践训练

"商务文案写作"课程的教学内容主要涵盖商务文案的基本概念、文案类型、写作技巧及注意事项。课程通常从基本概念入手，帮助学生理解文案写作的定义、目的和重要性。文案的特征和类型是基础知识部分的重要内容，包括广告文案、市场调查报告、企业新闻、社交媒体文案、电商文案等。每种类型的文案都有其独特的写作方法和策略，这些内容是学生必须掌握的基础知识。尽管学生的理论基础较为扎实，但实际操作部分相对薄弱，学生在面对实际工作任务时，往往缺乏信心和技巧。对于文案的写作技巧，课程通常会讲授如何确定文案的主题、如何设计结构、如何使用语言和风格来吸引目标受众等。然而，这些知识往往停留在理论层面，缺乏具体的实践指导和实操练习，导致学生在实际操作中难以灵活运用。

（三）教学方法较为单调

传统教学方法以讲授为主，辅以少量的案例分析和模拟写作练习。课堂上教师多为知识的传授者，学生被动接受，互动性较差。此外，考核方式也以理论考试为主，难以全面评估学生的实际写作能力。具体来说，讲授法是目前"商务文案写作"课程中最常用的教学方法。教师通过课堂讲授，将理论知识传授给学生。

这种方法虽然系统性强，但缺乏互动，学生容易产生疲劳感和被动学习的态度。案例分析在"商务文案写作"课程中较为常见，但数量和深度往往不足。通过分析实际案例，学生可以更好地理解理论知识的应用。由于案例分析的数量有限，学生难以从中获得全面的实践经验。另外，实操训练是帮助学生掌握写作技巧的重要方法。如果缺乏系统的指导和针对性的点评，学生会难以发现和改进自己的问题。

（四）教材内容较为陈旧，教学资源不够丰富

有些高校在"商务文案写作"课程中使用的教材较为陈旧，内容更新速度慢，难以反映最新的行业动态和技术发展。甚至少数教材中的理论框架和案例分析停留在数年前，这些内容已经不能反映当今快速变化的商业环境和消费者行为。例如，早期的商务文案案例涉及新媒体的内容不多，尤其是近年来迅速发展的新媒体平台如社交媒体、短视频平台等的文案需求应该得到重视。随着技术的飞速发展，数字营销、人工智能、大数据分析等新兴技术在文案写作中的应用日益广泛。陈旧的教材往往缺乏对这些新技术的介绍和实践指导，导致学生无法掌握最新的文案创作工具和方法。例如，现有教材中很少涉及如何利用大数据进行用户画像分析，从而精准设计广告文案等。

另外，教师在教学中往往依赖固定教材，缺乏多样化的教学资源，难以满足学生多样化的学习需求。教学辅助资源的匮乏也是一个重要问题。目前，很多高校的"商务文案写作"课程缺乏丰富的多媒体资源，教学中还应配备丰富的辅助资源，如最新的行业报告、市场分析、最新案例、优秀的文案作品等，使学生接触到最新的研究成果和行业动态，形成全面的知识体系。

三、提升商务文案写作教学的有效策略

（一）融入课程思政元素

在"商务文案写作"课程教学中，对于课程导论部分，通过学习本课程对促进消费升级，助推高质量发展的意义，帮助学生树立专业自信；在文案促进消费者购买章节，通过宣传节约意识和绿色低碳理念引导学生树立正确的消费观。将勤俭节约的优良传统与绿色低碳的生活方式结合，教育学生在购买时注重环境保护，合理利用资源，做到满足需求且不浪费，培养责任意识和可持续发展的理念；在讲授消费者购买决策过程中，强调风险意识，提升文案工作者的社会责任感；在课程教学过程中结合中华民族传统文化展开思政元素的教学，弘扬中华民

族传统文化；在星巴克文案案例中，讲授亲社会亲环境行为，强化学生环保意识；针对营销组合知识点，讲述顺丰快递服务案例，以行业榜样人物为融入点，增强爱岗敬业、服务意识和奉献精神；最后，结合新商科背景，在消费升级和大数据时代中，强调文案创新，增强学生的创新意识，倡导科学理性可持续的消费理论，促进经济发展。

（二）增加案例教学法

案例教学法是将实际的市场商业案例引入课堂，通过具体的分析和讨论案例，帮助学生理解和掌握文案写作的实战技巧。教师可以选择经典的商业文案案例，如知名企业的营销策划文案、成功的广告文案等，引导学生进行深入分析和讨论。选择的案例应具有代表性和实用性，能够反映文案写作的关键技巧和策略。同时，案例应多样化，涵盖不同类型和行业，以帮助学生全面了解文案写作的应用场景。

在案例分析环节，教师需要详细介绍案例的背景、目标和受众。详细分析文案的内容、结构和语言特点。在讨论文案的策略和效果的过程中，注重分析其成功和不足之处。之后教师组织学生进行分组讨论，提出自己的看法和改进建议。

（三）注重实践环节

实践环节在"商务文案写作"课程教学中至关重要，直接关系到学生能否将所学理论知识应用于实际操作，提升其实际写作能力。传统的以理论为主的教学方法，虽然可以让学生掌握基本概念和框架，但缺乏实战经验的学生在面对真实工作任务时往往缺乏信心和技巧。因此，通过丰富多样的实践环节，能够有效培养学生的实际操作能力和应变能力。教师需要让学生参与实际的文案写作任务，如设计广告文案、撰写市场调查报告、编写企业新闻稿等。同时，教师应给予及时反馈，帮助学生改进和提升写作水平。

首先，教师可以组织学生进行分组模拟广告公司的创意团队，小组负责为某一品牌设计广告文案。从市场调研、受众分析、创意构思到文案撰写和最终展示，学生需要经历完整的广告策划流程。这不仅培养了他们的写作能力，也锻炼了团队合作和项目管理能力。

其次，锻炼学生撰写市场调查报告的能力。市场调查报告的撰写是商务文案写作的重要组成部分。学生可以模拟市场调研公司的项目组，进行市场调研，包括设计问卷和撰写调查报告等。在此过程中，学生不仅能提升文案写作能力，还能掌握市场调研的方法和技巧。

再次，学生需要掌握品牌市场细分与定位，这是进行文案写作的基础。通过调研具体品牌的市场细分和定位过程，学生可以学习如何根据市场分析进行品牌定位、确定目标市场，对目标受众进行分析，并制定相应的营销策略。学生可以模拟市场分析师的角色，利用二手市场数据进行细分，并撰写品牌市场定位报告，从而针对性地提升文案写作效果。在此过程中，学生还需要掌握企业的营销战略，包括产品、价格、地点、促销战略，这是市场营销的核心内容。学生模拟营销团队，针对某一产品制定详细的营销战略，并为其撰写相应的文案。这一过程不仅提高了学生的写作能力，也加深了他们对市场营销策略的理解，有利于进一步提升商务文案写作技能。

最后，新媒体文案写作是当前商务文案写作的重要内容。学生可以针对不同的社交媒体平台，撰写创意文案，如微博短文、微信朋友圈文案、公众号推文、短视频文案创作、抖音平台直播文案等。通过实际发布和数据分析，学生可以评估文案的传播效果，调整文案写作策略。课余时间，教师组织学生进行实地调研，如参观企业、参加商业活动等，帮助学生了解实际的商业环境和需求，提升其写作的实战能力。

（四）及时提供指导和反馈

教师应在教学和实践环节中给予学生充分的指导和反馈，帮助学生发现问题并改进。通过及时的反馈和评估，学生可以逐步提升写作水平和创意思维。首先，教师定期与学生进行一对一的交流，针对每个学生的作品进行详细点评，指出优缺点，并提供具体的改进建议，这种个性化的指导能够帮助学生更快地提升写作水平。其次，教师可以指导学生进行小组互评，调动学生积极性进行互相点评和讨论作品。在互相评审中，学生不仅能听取教师的意见，学习其他同学的优点，还能从同学的反馈中获得新的视角和启示。最后，教师可以在每个教学实践项目结束后进行阶段性总结，依据评分标准，对学生的作品进行打分，并提供详细的点评意见。通过点评整体情况，表扬优秀作品，指出其中的优点和普遍存在的问题，并总结改进方法。这样可以有效帮助学生明确改进方向，提升整体写作水平。

（五）运用多媒体资源丰富教学内容

多媒体教学资源的运用可以增强课堂的生动性和互动性。在互联网时代下，获取信息非常方便。因此，借助互联网资源丰富教学内容至关重要。教师可以利用视频、音频、图片等多种媒体形式，展示优秀的文案作品和写作技巧。通过网络平台，组织学生进行在线讨论和分享，拓宽学生的学习渠道。首先，对于视频教学，播放广告视频、企业宣传片等，帮助学生直观了解文案的实际应用。通过分析视频中的文案内容和表现手法，学生可以更好地理解文案的创作过程和表达技巧。在播放这些广告视频的广告中，教师引导学生分析创意构思、文案语言、视觉效果和情感传递。其次，充分利用学习通、雨课堂、超星等在线教学平台资源，通过在线平台进行教学资源的分享和讨论，有效拓宽学生的学习渠道。另外，教师也可以在在线平台上发布教学视频、文案案例和写作作业，学生提前进行内容预习，随时进行学习和交流。

（六）创新课程考核方式

考核方式的多样化有助于全面评估学生的学习效果，包括课堂作业、案例分析、课堂讨论等，系统评估学生的实际写作能力和综合素质。平时，教师通过对学生在学习过程中的表现进行评估，如平时表现、课堂参与、案例分析等，了解学生的学习情况。同时，通过期末考试和项目评审等方式，对学生的整体学习效果进行评估。课程考核应注重实际操作能力的考核，如撰写完整的商业文案、进行文案项目展示等。此外，应全面考察学生的综合素质，包括创意、写作和演讲能力。例如，教师布置一个综合性考核项目，为某一品牌设计营销文案，包括广告宣传文案、市场调研报告、热点新闻稿、促销文案等。教师也可以组织学生进行短视频与直播文案的实战演练考核。随着短视频和直播平台的兴起，文案写作在其中的作用越来越重要。在短视频与直播文案课程中，教师带领学生进行实战演练。学生根据选定主题撰写短视频脚本，包括场景、对白和镜头设计。之后，学生创作直播文案，包括开场白、互动环节和结束语等，并进行短视频拍摄和直播演练。在学生进行成果汇报时，教师提供指导和建议，通过平台播放和互动，评估短视频和直播文案的实际效果，进行总结和反思。

学生可以选择分组完成项目，各组成员分工合作，完成不同部分的内容创作。各组在规定时间内完成项目，并在课堂上进行展示和演示，教师对各组的项目进行评分并提供反馈。考核方式多样化，意味着对学生能力的考查不能仅仅停留在理论的掌握上，还有沟通能力、语言表达能力、小组合作能力等素养的考核。

四、"商务文案写作"课程教学未来探索与展望

（一）融合多学科知识

商务文案写作是一项综合性较强的技能。商务文案写作不仅需要文学和语言学的知识，还需要市场营销和心理学等多学科的知识。未来的教学应注重融合多学科知识，帮助学生全面提升文案写作能力。其一，对于文学和语言学，学生需

要掌握基本的写作技巧和语言表达能力，包括语法、修辞、风格等。同时，学生还需要学习如何用语言塑造品牌形象，讲述品牌故事，以打动目标受众。其二，市场营销知识是商务文案写作的重要组成部分。学生需要了解市场细分、市场定位、目标市场、营销战略等基本概念。通过这些知识，学生能够准确把握市场需求和消费者心理，撰写出有针对性的、具备销售力的文案。其三，心理学知识帮助学生理解消费者行为和心理动机。通过学习心理学，学生可以掌握如何在文案中运用心理策略，例如利用情感共鸣、制造稀缺感、激发购买欲等，以增强文案的说服力和吸引力。通过多学科知识的融合，学生不仅能掌握文案写作的基础技能，还能具备更高层次的创意和策略能力，为未来的职业发展奠定坚实基础。

（二）应用新技术

随着数字技术的发展，大数据、虚拟现实、增强现实、人工智能等新技术在文案写作中的应用越来越广泛。这些技术不仅改变了传统文案的呈现方式，也为文案创作带来了全新的可能性和挑战。未来的教学应注重新技术的应用，帮助学生掌握最新的文案写作工具和技术。教师可以组织校企合作，通过与电子商务等知名企业的合作，感受当前科技的发展与变革，为学生提供实操性的文案项目，让学生参与市场营销中真实的项目策划中。通过系统的教学，学生不仅能拓展创意思维，掌握前沿技术，在实际工作环境中锻炼和提升自己的文案写作、商业策划、语言表达与沟通能力，还能在未来的数字化商业环境中脱颖而出，成为具备前瞻性和创新能力的专业文案人才。

（三）个性化教学

注重个性化教学是未来"商务文案写作"课程发展的重要方向。每个学生的兴趣和能力各不相同，未来的教学应注重个性化，针对不同学生的特点，制定个性化的教学计划和方案，帮助他们最大限度地发挥自己的潜力。为了实现个性化教学，教师首先需要深入了解每个学生的兴趣和能力，通过问卷调查、个人访谈、能力测试等多种方式完成。通过这些方法，教师可以掌握学生在文案写作中的强项和弱点，了解学生对哪些类型的文案更感兴趣，以及学生在创意思维、语言表达和市场分析等方面的特长和不足。设计不同难度和类型的写作任务，满足不同学生的学习需求。另外，教师可以推荐相关书籍、在线课程和学习资源，帮助学生进一步拓展知识和技能。通过自主学习，学生不仅能更好地掌握商务文案写作技能，还能培养自我管理和终身学习的能力，为未来的职业发展打下坚实的基础。

（四）全球化视野

随着全球化进程的加快，商务文案写作需要具备国际视野。未来的教学应注重培养学生的跨文化交流能力，帮助他们适应全球化的商业环境。在全球化的商业环境中，企业的市场不仅局限于本国，还扩展到全球各地。因此，商务文案写作不仅需要考虑本地市场，还要具备国际视野，能够在不同文化背景下进行有效沟通。不同国家和地区有着不同的文化背景、价值观和消费习惯。学生需要学习和理解不同文化的特点和习惯，掌握跨文化交流的技巧，以便在撰写文案时避免文化冲突，增强文案的接受度和影响力。另外，学生需要了解国际市场的动态，掌握全球商业环境的基本知识，包括各国的市场准入、消费者行为、竞争策略等。更准确地定位目标市场，制定有效的传播策略。学生不仅能在国际市场上胜任文案写作工作，还能为企业的全球化发展贡献力量。未来的教学要帮助学生更好地适应全球化的商业环境，提升在国际市场中的竞争力。

五、结语

对于"商务文案写作"课程，可以使用课前线上预习+课中线下互动实践+课后教学评估反思的教学模式，针对专科职业教育的特点，运用信息化手段，实施启发式教学，充分调动学生独立思考和自主学习的能力。对于课程混合教学方法，在课前部分，进行案例导入，融合思政元素，并设计教学目标，包括知识目标、能力目标和思政目标，之后进入学前评估，通过收集问卷、调查访谈评估学生需求；在课中部分，进行知识讲授、互动交流、文案实践等；在课后部分，将进行教学评估反思，主要评估学生的掌握情况，进一步提升教学能力和水平。

总之，"商务文案写作"课程是一门实用性很强的课程，教师应该紧密结合新媒体营销的环境，不断进行教学方法的探索。通过系统的知识传授、多样化的教学方法、深入的案例分析和丰富的实践环节，有效提升学生的文案写作能力和创意思维。未来的"商务文案写作"课程教学应进一步优化教学内容和方法，帮助学生取得进步，培养优秀的广告文案从业人员。

参考文献

[1]白东蕊.电子商务文案策划与写作[M].人民邮电出版社，2022.

[2]胡书云.电子商务广告文案写作教学改革研究[J].国际公关，2022（08）：57-58.

[3]马跃.移动新媒体时代下广告文案的分类及相应广告策略[J].电视指南,2018(05):139.

[4]郑伶俐.社会化媒体语境下广告文案课程设计的创新[J].艺术教育,2018(04):105-106.

[5]陈仙都.高职电子商务文案写作教学研究[J].长江丛刊,2020(29):62+64.

[6]房柔谕.互联网时代高校应用文写作教学创新路径研究[J].甘肃教育,2021(02):38-40.

案例教学法在"财务会计"课程教学中的运用

张慧娟[①]

上海旅游高等专科学校 会展与经济管理学院

摘　要：本文主要讨论了案例教学法在"财务会计"教学中的应用，案例教学法是通过案例教学实现教学目的的教学方法。本文主要以高职财务会计课程为分析依托，以此论述教师如何将案例教学法高效地融入"财务会计"课堂教学之中。通过改进会计教学方法，可以提高教学质量，实现"财务会计"课程教学的优化。

关键词：案例教学法；财务会计；高职

在传统的"财务会计"课程教学中，教师是教学过程的主体，是知识的灌输者，学生是知识的接受者，处于教学中的被动地位，这种以教师为中心的"灌输式"的教学模式，不利于调动学生学习的积极性和主动性，更无法培养出高素质的会计人才。教学方法是整个教学过程的关键环节，从教学方法创新的层次来提高"财务会计"课程教学的实效性、吸引力和感染力，符合当前教育改革和发展的趋势。案例教学自 20 世纪初被美国哈佛商学院倡导用于管理学教育以来，已被越来越多国家的教学实践证明是一种行之有效、具有特殊效果的教学方法。所谓案例教学法即是在学生学习和掌握了一定的理论知识的基础之上，通过剖析案例让学生把所学的理论知识运用于实践活动中，以提高学生发现、分析和解决实际问题能力的一种教学方法。与传统的以教师为中心的教学方法不同，案例教学以学生为中心，是一种理论联系实际、启发式、教学相长的教学方法。

---

① 作者简介：张慧娟，女，硕士，上海旅游高等专科学校会展与经济管理学院讲师。主讲课程：基础会计、财务会计、财务会计实训、财务共享服务等。研究方向：业财税融合、大数据与会计等。联系方式：zhanghuijuan0214@163.com。

一、"财务会计"课程引入案例教学法的意义

财务会计是一门集应用性、实践性和综合性于一体的专业核心课程，在整个会计课程体系中具有举足轻重的地位。在财务会计教学中，教师不仅要向学生传授理论知识，而且还要使这些会计理论知识转化为会计技能和技巧，并在此基础上发展学生分析问题和解决问题的能力。只有将理论性和实践性有机结合起来，才能够真正学好这门课程，而案例教学正好能将这两者进行完美融合。

采用案例教学可以通过案例将某一个真实的单位的财务会计活动引入课堂，向学生呈现出该单位所面临的问题或需要作出的决策，使学生身临其境地将自己置于决策者的位置，运用所学知识进行分析和决策。传统的会计课程教学大多注重于会计科目信息的汇总、处理和编制财务报表的方法，忽略了会计科目信息在企业管理和投资决策中的重要作用，这种教学模式培养出的会计人员可以作为优秀的记账人员，但很难成为具有信息分析能力的管理型会计人才。案例教学法将理论与实践相结合弥补传统会计课程教学方法的不足，有利于培养既具有扎实的理论功底，又具有实践分析能力的综合性会计人才。

（一）案例教学是联系理论与实践的桥梁，有利于提高财务会计课程的教学效果

案例教学法是一种具有启发性、实践性，有利于提高学生应用能力和综合素质的新型教学方法。将案例教学法应用到财务会计教学中，促使教师既注重理论教学环节，又注重实践教学环节，以会计案例情节为线索，让学生自觉融入到财务工作的情境中，扮演其中的角色，使晦涩难懂、枯燥乏味的会计准则、会计理论知识变得生动形象，便于学生理解，同时有助于训练学生的思维方式，达到寓教于乐的效果。教学实践证明，这种实用有效的启发式教学方法明显地提高了会计教学的实际效果。

（二）案例教学是增进教学互动的重要纽带，有利于改变单向性传授的传统教学模式

案例教学要求教师改变传统教学方式中"权威者"和"灌输者"的角色，教师由居高临下的权威转向平等参与者，成为学生学习的合作者、引导者，使得教师的单向传授转化为师生之间的双向交流以及学生之间的多向交流。从教学过程看，案例教学更容易激发师生互动；从学生参与的角度看，案例教学法使学生间的互动性大大加强，案例教学要求学生从智力和感情两方面积极参与到教学过程

中，营造出人人动脑、共同参与、轻松和谐的学习氛围。

（三）案例教学是锻造学生综合素质的战场，有利于提高职业判断能力和分析能力

在会计案例教学过程中，教师将企业的财务会计场景呈现在学生面前，要求学生分析经济活动的实质，灵活和恰当地运用会计技术和方法，权衡案例中涉及的各项因素，在课堂上表述自己的观点，并作出职业判断，提出令人信服的理由。这些都有助于锻炼学生的应变能力和逻辑思维能力，有助于培养学生的会计职业分析能力和判断能力，也有助于提高学生的沟通交流能力和会计理解能力。

（四）案例教学是强化教师技能素质的训练场，有利于提高教师的业务水平和科研能力

采用案例教学法，对教师的教学能力提出了更高的要求，教师不仅要对课程内容非常熟悉，而且必须具备丰富的实践经验和广泛的社会阅历。这促使他们深入企业进行广泛的调查研究，对搜集的会计实务资料进行科学合理的加工、整理，选编出适用于教学需要的经典案例，并依据实际经济活动的发展变化，及时进行必要的修正和更新。通过上述活动，教师一方面可以结合理论知识提高业务水平，另一方面可以通过实际业务发现科研线索，从而使科研工作变得有理论价值和实际指导意义。

二、案例教学实施的要点

"财务会计"课程所具有的应用性、实践性和综合性的特质，决定了"财务会计"课程案例教学要区别于其他课程案例教学。根据近年来教授"财务会计"课程总结的经验，笔者认为"财务会计"课程案例教学的实施应把握好以下四个环节：

（一）课前准备

在这一环节，教师主要是根据教学内容、教学进度选择案例。通常财务会计教学案例的类型主要有单一性案例和综合性案例两种。

1. 单一性案例教学准备

单一性案例是指教师在讲授某一理论知识重点、难点的同时，选择某一典型的会计事件作为案例进行分析，旨在帮助学生更好地理解与掌握有关的教学内容。单一性案例教学不同于传统举例教学法，教师根据课堂需讲授的内容选取一个小而精的案例并设计若干问题，课前将相关资料分发给学生，要求学生认真阅读案例资料及教材内容，并对问题进行思考。

2. 综合性案例教学准备

综合性案例是指选择一些具有开放性、综合性的重大事件分析，学生在教师指导下分组对案例展开讨论，运用所学的会计知识分析案例，旨在提高学生分析、解决问题的能力。综合性案例教学需要教师和学生做好大量的准备工作，教师确定好综合性案例类型后，要收集和整理会计案例的背景资料，剖析会计案例涉及的相关理论知识，对案例有比较全面、透彻的了解。在进行课堂讨论分析之前，教师对课堂讨论情况如何引导与控制事先应有一个预测，并确定向学生呈现案例的方式。为了让学生有充足的时间查阅更多的资料以了解相关的理论，教师应提前一周将案例印发给学生，并进行一些必要的指导。学生则应认真阅读教师布置的案例，将案例中的各项内容了解清楚，查阅相关参考资料以获取更多的案例背景信息，并做好预案，通过笔记的方式写下自己的观点或问题解决办法，以便在案例讨论时进行发言。由于财务会计是会计学原理的后续课程，主要阐述企业财务会计的基本理论与基本方法，是成本会计、财务管理、税务筹划、审计、财务分析等后续课程的 先行课，因此，学生的知识水平和能力范围都有限，如果案例内容太复杂、难度太大，可能会让学生无法下手。所以在案例选择上应注意单一性案例和综合性案例相结合，并以单一性案例为主，以难易适中的综合性案例为辅。

（二）小组讨论

学生个人在对综合性案例进行分析的过程中往往会遇到一定的困难，并且个人分析难以全面，甚至找不到解决问题的思路，因此，在课堂讨论前先进行小组讨论显得十分必要。教师应将学生分成若干小组，各小组通过相互交流和讨论，制定最优方案或可行性方案。经过相互交流和启发，学生就可能较顺利地解决个人在准备案例中的困难，汇集小组内各成员的智慧，使其观点更加全面，方法更周详。如果是单一性案例教学，这一环节可以省略。

（三）课堂讨论与总结评价

该环节是集聚班级智慧的阶段，是形成教学结果的重要环节，也是全班学生分享经验和知识的过程。

1. 单一性案例课堂讨论与点评

在开始讲授教材内容时，让学生自由发言，讨论案例，回答教师课前提出的问题。教师对学生讨论的答案进行初步的汇总后,再讲解教材内容相关知识点,之后回到案例讲授,对案例进行总结、点评。

2. 综合性案例课堂讨论与点评

经过小组讨论,由每个小组派出代表陈述其小组的共同观点,其他成员也可以将自己的不同意见予以发表,同时不同小组成员之间可以相互质疑,在问答中不断吸收各种观点的可取之处,形成各种有效解决案例问题的方法。这样一方面活跃了课堂气氛,另一方面可以促使学生踊跃发言,取长补短,共同提高。教师在课堂讨论过程中,要始终扮演引导者的角色,通过各种办法激发学生的表达欲望,在适当的时候提供各种理论支持和背景资料,在讨论出现偏差的时候迅速予以纠正。课堂讨论后,教师应归纳学生有价值的发言,以补充观点的方式进行总结,引导学生从显性问题中逐渐触及隐性问题,让学生对案例及问题在课后进行更深入的思考。

(四)撰写案例分析报告

学生针对综合性案例的课堂讨论情况撰写案例分析报告,提出观点,分析、论证观点。会计案例报告要求做到:问题界定清晰,原因分析深刻,对策具体可行,说理充分,逻辑性强。以此加深学生对会计知识的理解,锻炼学生的文字表达能力和综合分析能力。单一性案例教学则可省略这一环节。

三、单一性案例的选择

财务会计教学的内容多与资本市场相关,因此笔者在资本市场中选了一些经典案例,举例如下(见表1):

表1 财务会计教学单一性案例

教学内容	案例
货币资金	蓝山科技全链条造假虚增银行存款案
应收款项	ST科龙案例、四川长虹案例
存货	美国法尔莫公司存货舞弊案
投资	中行美国次债投资案例
固定资产	乐凯胶片及钢铁行业折旧变更案例
无形资产	承德露露和南方露露商标之争、王老吉商标之争案例
负债	渝钛白事件、ST美雅债务重组案例

续表

教学内容	案例
收入费用利润	东方电子、美国施贵宝等操作收入的案例，浙江某企业偷逃企业所得税案例
财务会计报告	美国安然、世通、德隆财务报告舞弊案

案例教学中选用的案例内容也会根据资本市场出现的新情况实时更新。

四、综合性案例的选择

综合性案例不能仅仅局限于资本市场，要和社会经济生活的方方面面相结合。比较有代表性的案例如下：

（一）资产减值舞弊的经典案例

（1）学习目的：通过案例的学习，了解并分析上市公司资产减值的核算以及影响。

（2）案例资料：①四川长虹之"大洗澡"案。2005年4月，四川长虹公布的2004年报报出亏损37亿元，成为中国历史上首个发生巨额亏损的上市公司。根据年报披露，其发生巨亏的主要原因是该公司一次性计提了37亿元的资产减值准备，包括：对APEX公司按个别认定法计提的坏账准备25.97亿元，对存货计提的存货跌价准备10.13亿元，对南方证券公司委托理财项目全额计提的委托理财投资跌价准备1.828亿元。但长虹公司究竟是"真亏"还是"假亏"？②中国银行（601988）2007年由于处置部分美国次级住房贷款抵押债券以及与美国次级住房贷款抵押债券相关的全部债务抵押债券，产生155.26亿元投资损失，此外中行集团全部的美国次级住房贷款抵押债券被分类为可供出售及持有至到期日的美国次级住房贷款抵押债券，各计提了人民币104.51亿元和人民币16.12亿元的减值准备，其中为年末持有的美国次级住房贷款抵押债券计提了人民币94.61亿元的减值准备。③东方航空之"利润操纵"案。东方航空股份有限公司（600115）2008年度净亏损为140.46亿元，占到2008年民航亏损总额的55.45%。东航2009年扣除全部公允价值变动损益与营业外收支后主营亏损约为47.24亿元，担当扭亏主力并非主营业务，而是航油套期保值冲回和民航建设基金，分别贡献37.7亿元和8.3亿元，尽管东航2009年两次定向增发净资产转负为正，但其净资产仅为31.04亿元，且资产负债率高达95%，基本每股收益仅为0.0839元。导致这种现象的一个重要的内部原因就是其计提了大额的资产减值准备。

（3）对学生的学习要求：①基本层次：坏账计提的方法，存货可变现净值的计算，全额计提资产减值准备的依据。②提升讨论：三家上市公司巨额损失的原因分析，资产减值计提的影响分析。③经验总结：现行各具体准则对资产减值的规定，新旧准则关于资产减值的变化比较；国际化经营中应收账款的风险管理及投资风险管理问题。④终极思考：滥用谨慎性原则的判断与对策，如何完善会计准则等。

（4）案例设计和选择的意义：本案例把分散在中级财务会计各章的各种资产减值内容串联起来，比较资产减值的现实运用及负面影响，促进学生体会会计信息对财务管理及企业管理的服务作用。

（二）应付职工薪酬的核算案例

（1）学习目的：通过本案例，了解公务员、事业单位和企业薪酬制度的差异及改革趋势。

（2）学习资料：应付职工薪酬、企业年金会计准则，公务员工资制度改革方案实施办法，事业单位工作人员收入分配制度改革方案等。

（3）学习要求：①基本层次：企业的工资计算，五险一金的规定及计提等核算。②提升讨论：比较目前国内公务员、事业单位职工、企业职工及企业高管等各种薪酬体系的基本构成、差异及原因分析。③经验总结：收入分配体制改革的动态及趋势。④终极思考：学生在他们的职业规划中，应如何合理考虑收入薪酬问题，怎样摆正收入薪酬的位置。

（4）案例设计和选择的意义：财务会计课程学习时间一般都是在大一下学期，这段时间也正是学生思考未来、进行学业和职业规划的关键时期，该案例的运用，可以很好地将应付职工薪酬的会计核算和目前收入改革等社会经济热点结合起来，促使学生将现实和理想结合起来考虑。

（三）长期借款、分期收款发出商品核算案例

（1）学习目的：通过本案例，了解负债和销售中资金时间价值等有关知识及运用。

（2）学习资料：收入确认和计量会计准则；资金时间价值的计算；住房按揭贷款的有关规定，房贷计算器等。

（3）学习要求：①基本层次：长期借款、分期收款发出商品会计核算。②提升讨论：在资产负债等计量中，资金时间价值的确定及影响分析。③经验总结：不同筹资方法及还款方式对筹资成本的影响，税收挡板的作用等。④终极思考：

资金的成本及控制对筹资决策及投资决策的意义。

（4）案例设计和选择的意义：本案例能合理地应对会计改革变化给现行课程体系带来的挑战，较好地解决前后学科知识交叉对教学的影响，将各课程的教学内容很好地融合与拓展。

五、财务会计案例教学的拓展：与其他课程相结合

财务会计作为财会专业的核心课程，与其他课程存在千丝万缕的联系，既要做到"承前"，也要做到"启后"。采用案例教学法时，这一点体现得更为明显。一个庞大的案例往往涉及很多内容，因此通过一个案例，将财务会计与先期课程和后续课程相结合，使学生对专业知识活学活用。以存货为例，在财务会计课程中，对存货的日常核算与期末计量这一知识点，引入《獐子岛10亿存货消失之谜》这样一则网上流行的案例，引发学生对存货期末计价问题的思考，与此同时，对水产品这类特殊的存货如何进行审计，确定存货跌价准备的计提是否合理等问题也对学生有所启发。因此，通过一些鲜活的案例将财务会计与审计课程的相关知识点相结合，为后续课程学习进行很好的铺垫。

六、高校财务会计案例教学应注意的问题

（一）传统教学与案例教学应相辅相成，保持必要的张力

传统教学方式具有传授知识系统性、严谨性的优点，有助于学生打下深厚的理论功底，培养学生的抽象思维能力，缺点是纯粹单向授课，容易忽视学生个性的发展以及求异思维的培养，可能制约学生的主动性及创造潜力的发挥；而案例教学可以从教学内容和教学方法上弥补传统教学的不足，更适用于实践性强的知识点。同时我们也应注意到，案例教学虽然能有效地培养学生分析问题、解决问题的能力，但在传授系统知识方面效率较低。因此，必须正确处理好传统教学与案例教学之间的关系。应当认识到，财务会计课案例教学是必要的，但案例教学法并不能取代传统教学法，案例教学与传统教学是相辅相成的，教师应根据专业特点、课程特点、教学内容，将传统教学和案例教学有机结合起来。例如，对于财务会计中"存货的发出计量"教学就可以先通过案例呈现，然后使用传统教学法讲授基本的理论知识，最后对案例进行分析、讲解，使学生对存货发出计价方法的选择有更全面、更深刻的理解。

（二）会计教学案例的选择应符合我国经济环境，并实时更新

案例教学成败的关键在于案例的选择，即要选择恰当、典型的案例。虽然我国部分高校已经开展了会计案例教学，但在案例选材上形态各异，有选用教材的，有自编讲义的。同时，由于财务会计课程案例教学的开展还不普遍，可供教师选择的经典案例太少，特别是缺乏能够反映当代我国企业会计管理实践的新案例，使得一些过时的案例还在反复使用。这些问题都直接影响了会计案例教学的效果，在一定程度上阻碍了会计案例教学法在我国高校的推广。因此，开发出既能体现我国现行会计实务及新会计准则，又能与我国现有高教体系相匹配的会计教学案例库迫在眉睫。

案例编选应突出以下特点：一是一致性，即教学案例与教学内容相一致，并力求突出教学重点与难点。如"货币资金"这部分内容中，其具体的教学目标是要求学生掌握货币资金的核算方法和管理控制制度，仅仅向学生讲授货币资金的管理原则、方法，既枯燥无味，又不易于理解，而如果针对这一内容选取某一实际发生的案例，引导学生从案例的分析中总结出钱账分管、互相牵制等原则，对于其深刻理解和把握这一内容是非常必要的。二是实务性，即选取案例的基本内容应以会计实务为蓝本，将实务资料进行必要的概括和整理，以激发学生兴趣，提高其认知能力。三是典型性，在实际的经济活动中，存在着种类繁多、错综复杂的业务，要从众多的业务中选取那些能够起到示范作用的会计案例，通过掌握典型会计案例的要求和特点，使学生能够归纳总结出会计实际经济活动发展变化的一般规律。四是时效性，即所选会计案例应反映我国会计理论与实务的最新发展，这一点在我国目前实行新企业会计准则的情况下更是如此。此外，由于案例教学运用的案例形式多样，内容涉及面广，而且案例教学的基本目的之一是引导学生从对单一知识点的了解转化为对问题的综合分析和判断，因此，在单一性和小型案例开发的同时，还应重视综合性案例的开发，在有针对性地分析问题的基础上，将其涉及的问题予以综合分析，通过综合运用所学的会计、内部控制、税务、理财知识，加深对所学课程的理解。如在财务会计教学中，教师一般是分章节和单元阐述存货、投资、应收账款等会计核算知识点，由于企业会计实务具有综合性和复杂性，如何引导学生透过业务单元的核算把握这种综合和复杂的业务是财务会计教学中必须解决的问题，而反映企业全貌的综合性案例的解剖和分析是解决这一问题的有效途径。

（三）正确把握学生与教师在案例教学中的角色

在案例教学法中，教师和学生是案例教学活动中的两个主体，这两个主体应

以案例为中心,形成一个互动体系。在这一体系中,教师是组织者和引导者,学生才是主角。因此,教师应打破传统教学模式,如对案例进行罗列与讲解或以自己的结论代替学生的分析讨论,而是应以课堂教学组织者的身份积极为学生服务。老师不进行判断,而且通常应以提问的方式表达出来,以便学生继续讨论。教师要尽力营造一种让学生身临其境,积极参与讨论,乐于表达自己的判断和看法的氛围,引发学生的学习兴趣,挖掘学生的思维潜能。

(四)财务会计课程考核模式应与新型教学模式相适应

目前,财务会计课程的成绩评价方法一般是根据总评成绩进行判定,总评成绩为平时成绩和考试成绩的加权平均。平时成绩主要是根据学生出勤率、上课回答问题情况以及课后完成作业情况来评定,一般占总评成绩的30%,考试成绩则占70%,是评价学生学习效果的主要指标;在考试内容上,着重考核学生对会计理论知识的掌握,忽视获取会计知识能力的考核。显然,这种单一的考核方式与当前素质教育的理念背道而驰,不仅导致了"高分低能"的现象,而且容易挫伤学生的学习积极性。因此,我认为,在实行案例教学的同时,应积极探索与新型教学模式相适应的考核模式。具体而言,在考核内容上,应突出学生能力的训练与考核。平时成绩考核应该全面考虑个人接受知识、理解知识、运用知识的综合素质,加大平时成绩的考核比重,如在常见的课后作业、出勤状况等考核项目以外,加大课堂表现、案例分析参与度、案例分析报告撰写质量的考核力度,并合理设置其权重比例;考试内容则应结合具体会计理论知识,着重考核学生对知识的理解能力、分析能力及综合能力。以这种方式对学生进行考核,更有利于体现学生的真实水平,有效抑制"临时抱佛脚"的现象,督促学生培养踏实的学习作风,促进学生的全面发展。

高等数学在财务管理中的应用及其教学探究

莫君慧[①]

上海旅游高等专科学校　会展与经济管理学院

摘　要：高等数学作为一门基础课程，对财务决策、风险评估和投资分析等财务管理核心内容起着重要的支撑作用。本文首先通过具体案例，探讨了微积分、线性代数及概率统计等相关概念及模型在财务分析中的应用，并进一步分析了矩阵论、随机过程与数值分析等内容如何应用于财务风险管理。其次剖析了高等数学在财务管理专业中的重要性，最后从教学方法和教学手段两个方面，探讨了财务管理专业人才培养中高等数学教学的优化问题。

关键词：财务管理；高等数学；案例教学法；翻转课堂

引言

随着经济全球化和市场经济的深入发展，财务管理在各行业中扮演着越来越重要的角色。特别是在高等教育领域，财务管理专业的发展得到了前所未有的关注。财务管理专业旨在培养具备管理、经济、法律、理财和金融等方面的知识和能力，能在工商、金融企业、事业及政府部门从事财务、金融管理以及教学、科研方面工作，具有文献检索科研能力的工商管理学科高级复合型、应用型经营管理人才。

高等数学作为一门基础学科，对于财务管理专业学生的专业学习来说具有非常重要的意义。高等数学包括微积分、线性代数、概率统计等内容，同时涉及数学软件使用，具有高度的抽象性、严密的逻辑性和广泛的应用性[1]。它不仅为学生提供了多种分析和解决问题的方法，还为他们在财务管理领域的深入学习和实践打下了坚实的基础。高等数学不仅为财务管理专业相关课程提供基础理论支撑，

---

① 作者简介：莫君慧，女，硕士，上海旅游高等专科学校会展与经济管理学院副教授。主讲课程：高等数学、应用数学等。研究方向：应用数学、大数据与旅游管理等。联系方式：mojunhui@sitsh.edu.cn。

而且在财务决策、风险评估和投资分析等关键业务环节中发挥着重要作用。简而言之,财务管理专业涉及到大量的数据分析和处理工作,这些都需要扎实的数学知识作为支撑。

一、高等数学在财务管理中的应用

财务管理是企业运营中的一个重要方面,它涉及资金的筹集、分配、使用和监管等多个方面。其内容主要包括财务分析、财务规划、成本控制、风险管理等,下面主要从财务分析和财务风险管理两方面谈谈高等数学在其间的应用。

(一)财务分析中的应用

财务分析是企业管理和投资决策中的关键环节,是财务管理中的重要部分。通过对财务报表的深入分析和解读,可以评估企业的盈利能力、偿债能力、运营效率等,为企业管理层提供重要的决策支持。然而,随着企业财务数据的不断增加和复杂化,传统的财务分析方法已经难以满足现代企业的需求。高等数学作为一种强大的工具,为财务分析提供了新的思路和方法。利用微积分、线性代数、概率统计等高等数学工具可以帮助财务分析师更准确地理解财务数据、预测市场趋势,并作出更明智的决策。

1. 微积分在财务分析中的应用

通过微积分的连续性和变化率,可以对企业的盈利能力进行更深入的分析。例如,利用导数计算企业利润的增长率,从而评估其盈利能力的变化趋势。又如,通过分析历史成本和收入数据,可以构建预测模型,并利用微积分进行趋势分析和预测。假设企业的收入函数为 $R(x)$,成本函数为 $C(x)$,其中 x 代表生产量。企业可以通过设置总利润函数 $L(x) = R(x) - C(x)$,然后求导 $L'(x)$ 来找到使利润最大化的生产量。当 $L'(x) = 0$ 时,对应的 x 值即为最优生产量。这种方法需要考虑到多种因素,如市场需求、原材料价格、生产成本等,通过微积分进行定量分析,可以为企业提供更精确的决策依据。

此外,还可以利用定积分计算企业在一定时间内的累积利润,为企业的长期盈利能力评估提供依据。在成本分析中,利用边际成本概念分析企业增加或减少生产量对总成本的影响,帮助企业制定更合理的生产计划。通过求成本函数的导数 $C'(x)$,我们可以得到边际成本,即每增加一单位生产量所增加的成本。这有助于企业确定在何种生产量下,成本的增加是最小的。类似地,对于收入函数 $R(x)$,求导得到 $R'(x)$ 即边际收入,表示每增加一单位生产量所增加的收入。

比较边际成本和边际收入，可以帮助企业确定最优生产量。

积分是导数的逆运算，通过积分企业可以精确地计算出在某个生产量范围内，总成本和总收入的具体数值，为企业成本控制和效益分析提供有力支持。

2. 线性代数在财务分析中的应用

线性代数中的矩阵和向量运算为投资组合优化提供了强大的工具。通过构建投资组合的收益率和风险矩阵，利用线性规划方法实现投资组合的最优化，平衡收益和风险，实现资产的多元化配置。在投资决策中，线性代数可以帮助确定投资组合中各个资产的权重，以最大化收益或最小化风险。投资者可以将投资组合中每个资产的权重表示为向量，并定义投资组合收益和风险的函数。通过解决线性规划问题，可以得到最佳的投资组合权重。

线性代数中的矩阵运算也可以应用于财务报表分析。例如，利用矩阵运算对财务报表中的各项指标进行整理和归纳，分解报表中的各项指标，以找出各个因素对总体指标的影响程度，形成更具可比性的数据表格，便于进行比较分析。例如，使用线性代数中的矩阵运算方法，可以将资产负债表各项指标表示为一个向量，并建立一个系数矩阵，以权重分析各个指标对总体财务状况的影响。

3. 概率统计在财务分析中的应用

概率统计方法为市场趋势预测提供了有力的支持。通过对历史数据进行时间序列、多元回归、趋势外推等方面的分析等，可以预测未来市场价格的走势和波动情况，为企业的投资决策提供重要参考。

概率统计在风险评估与管理中也发挥着重要作用。通过计算风险指标如方差、协方差等，评估不同投资项目的潜在风险；利用蒙特卡洛模拟等方法进行风险模拟和预测，帮助企业制定更有效的风险管理策略[2]。

综上可知，高等数学在财务分析中具有广泛的应用前景。通过运用微积分、线性代数、概率统计等高等数学工具，可以更深入地分析企业的财务数据、预测市场趋势、评估投资风险，并为企业管理和投资决策提供更准确、更全面的支持。

（二）财务风险管理中的应用

随着全球经济的不断深化和金融市场的日益复杂化，财务风险管理已成为企业运营中不可或缺的一部分。高等数学作为一门基础且强大的学科，在财务风险管理中也发挥着至关重要的作用。

1. 概率统计在财务风险管理中的应用

概率论和数理统计是高等数学的重要分支，它们在财务风险管理中具有广泛的应用。通过概率论，可以量化风险事件的概率，进而对可能的风险进行预测。数理统计则提供了对大量数据进行分析和解读的工具，帮助企业更好地理解市场动态和趋势。例如，企业可以使用统计方法来评估不同投资策略的回报率和风险水平。通过对历史数据的分析，可以建立投资组合的预期收益率和风险模型，从而指导企业的投资决策。

2. 线性代数与矩阵论在财务风险管理中的应用

线性代数和矩阵论在财务风险管理中的应用主要体现在投资组合的优化上。这些工具可以帮助理解和分析资产之间的相关性，以及如何通过资产配置来降低风险。通过线性代数的方法，可以计算资产组合的协方差矩阵和相关系数矩阵，进而了解不同资产之间的相关程度。这些信息对于制定有效的风险管理策略至关重要。例如，如果两个资产的相关性较低，那么将它们纳入同一投资组合可以降低整体风险。

3. 随机过程在财务风险管理中的应用

随机过程理论是研究随机现象的数学工具，它在金融衍生品定价和风险管理中发挥着重要作用。通过对金融市场的随机过程进行建模和分析，可以更好地理解市场波动和价格变化的原因。例如，Black-Scholes模型是一种基于随机过程理论的金融衍生品定价模型。它假设股票价格遵循几何布朗运动这一随机过程，并据此推导出股票期权的定价公式。这种模型为金融机构和企业提供了有效的风险管理工具，帮助他们更好地管理衍生品风险。

4. 数值分析与优化技术在财务风险管理中的应用

数值分析和优化技术在财务风险管理中的应用主要体现在资产配置和风险管理策略的优化上。这些技术可以找到最优的资产配置方案，以及最有效的风险管理策略。例如，马科维茨的均值－方差模型是一种基于数值分析和优化技术的资产配置模型。它通过计算资产组合的期望收益率和方差来找到最优的投资组合。这种模型为企业提供了有效的资产配置工具，帮助他们实现收益最大化和风险最小化的目标。

高等数学在财务风险管理中的应用广泛而深入。通过概率论、数理统计、线性代数、矩阵论、随机过程以及数值分析和优化技术等工具的应用，企业可以更加科学、精确地评估和控制风险，为企业的稳健发展提供有力保障。未来，随着金融市场的不断发展和创新，高等数学在财务风险管理中的应用将会更加广泛和深入。

综上所述，高等数学在财务管理专业中的重要性不容忽视。它不仅是完成日常财务工作的基础工具，更是提升财务决策质量、进行风险管理和优化投资策略的关键。因此,对于财务管理专业的学生来说,深入学习和掌握高等数学知识,将为其未来的职业生涯打下坚实的基础[3]。

二、高等数学在财务管理专业教学中的重要性

由上文分析可知,高等数学在财务管理专业人才培养中起着至关重要的作用。高等数学作为一门基础学科,为财务管理专业的学生提供了扎实的数学理论基础,有助于培养他们的逻辑思考能力和解决实际问题的能力。

首先,高等数学能够帮助财务管理专业学生掌握必要的数学工具和方法。财务管理涉及到大量的数据分析、模型建立和决策制定,这些都需要具备一定的数学基础。通过学习高等数学,学生可以熟悉各种数学概念、定理和公式,从而能够运用这些知识来解决财务问题。例如,概率论和统计学的知识可以帮助学生进行风险评估和预测;线性代数和微积分的知识可以帮助学生建立和分析财务模型[4]。

其次,高等数学有助于培养学生的逻辑思维能力。财务管理专业要求学生具备清晰的逻辑思维能力,能够分析和解决问题。在高等数学的学习过程中,学生需要通过逻辑推理和证明来理解和掌握各种数学概念和定理。这种逻辑思维训练有助于培养学生在财务管理领域中分析和解决问题的能力,提高他们的决策水平。

此外,高等数学还有助于培养学生的抽象思维能力。财务管理专业中的许多概念和模型都是基于数学理论的抽象表达。通过学习高等数学,学生可以培养对抽象概念的理解和应用能力,从而更好地理解和应用财务管理中的抽象概念和模型。

最后,高等数学还可以帮助学生培养团队合作和沟通能力。财务管理专业中的项目通常需要团队合作来完成,而数学问题的解决往往需要与他人合作和交流。通过学习高等数学,学生可以培养与他人合作解决问题的能力,提高他们的团队协作和沟通能力。

由上文分析可见,高等数学在财务管理专业中的重要性不可忽视。它为学生提供了必要的数学工具和方法,培养了他们的逻辑思维和抽象思维能力,同时也提高了他们的团队合作和沟通能力。因此,高等数学对于财务管理专业学生的学习和发展有着非凡的意义[5]。

三、高等数学在财务管理专业教学中的探索

鉴于高等数学在财务管理专业中的重要性,加之高等数学理论性强,概念高深难于理解,如何学好高等数学,掌握好数学工具,对于财务管理专业的学生来说就显得尤为重要。

高等数学作为一门抽象性较强的课程,需要学生掌握较强的逻辑思维和推理能力。然而,许多学生在学习初期缺乏这些能力,往往感到数学知识难以理解和消化,容易陷入被动学习的状态,无法主动思考和理解问题。而且由于高等数学教学内容繁多、抽象,学生需要掌握较多的概念、定理和公式,如果学生不能掌握行之有效的学习方法就很难记住这些知识点,更难于运用到解决实际问题中[6]。此外,由于高等数学内容涉及面较广,学生在学习过程中需要对其有全面的认识和了解,否则就容易导致知识点孤立,无法形成完整的知识体系。加之高等数学教学常常以传统的"讲、练、做"为主,即教师讲解、学生练习、课堂做题为主,这种教学方式缺乏针对性,学生在学习过程中容易出现一知半解、过度死记硬背等问题,无法真正理解数学的本质[7]。为了让财务管理专业的学生更好地掌握高等数学的理论与方法,下面将从教学方法和教学手段两方面,探讨如何优化针对财务管理专业的高等数学教学问题。

(一)教学方法

1. 案例教学法

案例式教学法通常是以小组形式展开的,学生需要在小组内共同合作解决问题,可以培养学生的合作能力,让学生在集体中发挥个人智慧和力量,同时也能够增进学生之间的交流和理解,增强学生的团队协作能力[8]。案例教学法通过引入实际财务案例,将抽象的数学概念与具体的财务问题相结合,使学生能够在解决问题的过程中掌握数学知识。例如,投资组合分析是财务管理中的一项重要任务,它涉及到评估不同资产组合的风险和收益。通过使用概率论和统计工具,可以更准确地评估投资组合的表现[9]。通过参与实际案例的问题探讨与解决,学生可更容易地理解概率统计在实际工作中的运用。

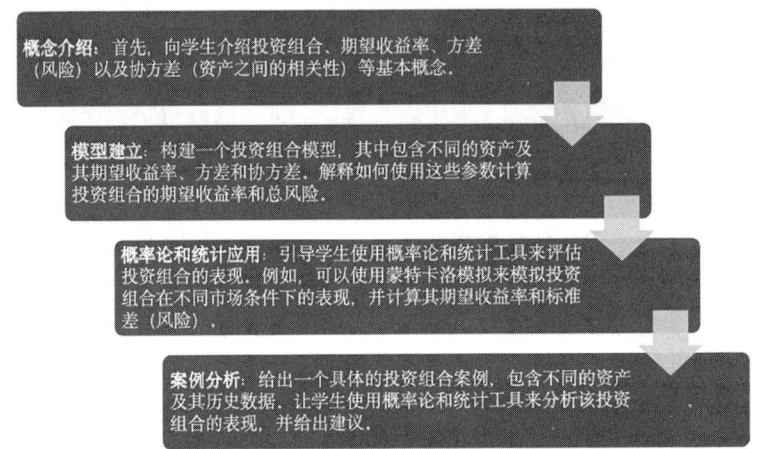

图 1　教学案例：使用概率统计工具进行投资组合分析

2. 互动式教学

互动式教学强调学生的参与和讨论，通过小组讨论、角色扮演等方式，激发学生的学习兴趣和主动性，有助于教师及时了解学生的学习状况和思想动态。在高等数学教学中，可以设置一些与财务管理相关的数学问题，让学生在小组内进行讨论和解答，最后进行全班分享和研讨，让学生理解数学在财务管理中的应用，在互动中提高自己的思维能力和表达能力，并学会将实际问题转化为数学模型[10]。

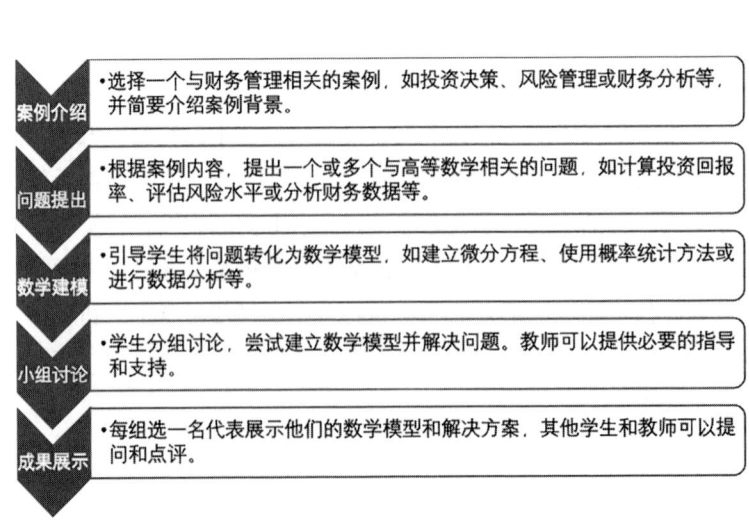

图 2　课堂互动案例：财务案例分析与数学建模

3. 翻转课堂

翻转课堂是一种颠覆传统课堂模式的教学方法，将知识的传授和内化过程进行颠倒，可以有效地结合理论与实践，帮助学生更好地理解和应用数学知识。在高等数学教学中，教师可以提前录制教学视频或提供在线资源，让学生在家自主学习；课堂上则进行问题解答、讨论和拓展练习等活动。这种教学方法可以提高学生的自主学习能力，同时增加课堂的互动性和深度[11]。

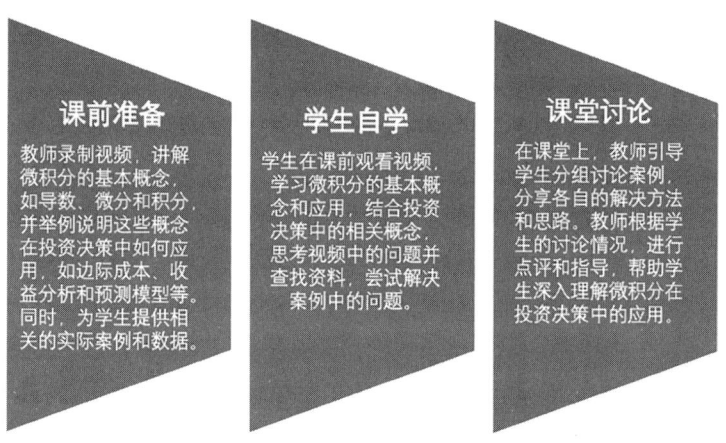

图3　翻转课堂案例：微积分在投资决策中的应用

（二）教学手段
1. 多媒体辅助教学

在财务管理专业的高等数学教学中，利用多媒体辅助教学可以极大地提升教学效果，帮助学生更好地理解和掌握数学知识在财务管理中的应用。

利用多媒体设备展示数学公式、图表和动画等教学资源，可以使学生更加直观地理解数学概念和方法，可以利用动画展示函数的变化过程，彩色和多样化的图表在展示数据方面更显直观[12]。比如，资本结构中的固定成本经营杠杆是较难理解的知识点，可以做一个跷跷板动画，一头是产量，另一头是息税前利润，支点是固定成本，让其靠近产量一头，动画展示产量的微小变动便会引起息税前额度的较大幅度变动，这就是固定成本经营杠杆的效用。学生通过这个动画，可以更容易地理解这一企业生成经营的边际效用问题。

2. 数学软件应用

引入数学软件（如 MATLAB、Excel 等）辅助教学，使学生能够更直观地理解复杂的数学概念，并应用于财务分析中。同时可以提高学生的计算能力和数据处理能力。通过软件演示和实操练习，学生可以更加深入地理解数学方法的应用过程，并学会利用软件进行数据分析和模型建立[13]。比如，在资产评估问题上，目前的评估理论中由于无法得到具体的解析式，大多采用拉格朗日多项式插值法来估算折现率，估算资产价值。然而利用 MATLAB 即可得到更为精确的评估值。可将已知条件与求解的目标函数转化为其几何意义，进而通过图形的交点得到准确的折现率，代入到原资产评估公式，即可得到精确的评估值[14]。此外，还可以适当增加一些与财务管理相关的数学建模案例，提高学生的应用能力和综合素质。

总之，针对财务管理专业的高等数学教学应该注重与财务管理案例分析的结合，采用多种教学方法和手段，激发学生的学习兴趣和主动性。通过案例教学、互动式教学和翻转课堂等方式，可以提高学生的应用能力和综合素质；通过多媒体辅助教学和数学软件应用等手段，可以提高学生的计算能力和数据处理能力[15]。最终目的是使学生能够更好地掌握高等数学知识，为未来的财务管理工作打下坚实的基础。

四、结语

随着全球经济一体化发展的不断深入，对企业经营管理的专业化和科学化也有了更高的要求。高等数学作为一门以逻辑思维和数理分析见长的基础课程，可为企业财务管理中的投资收益估算、经营风险测评及未来绩效模拟等方面提供重要的理论与方法支持[16]。因此，高校的财务管理专业的人才培养要重视高等数学相关课程的设置，教师在财务管理专业教学中应克服传统数学课堂教学模式的弊端，考虑财务管理信息化和网络化的变革现实，注重数学基础理论与财务管理业务流程的衔接与融合，尤其是要结合当下大学生的学习和知识接受特征，采用案例分析、软件实操、高频互动等多样化教学方法与手段的组合，为学生提供更加丰富、实用和有趣的学习体验，切实提升财务管理专业学生学习高等数学的兴趣和效率[17, 18]。

参考文献

[1] 任华英.高职院校财务管理教学中高等数学的基础教育研究[D].华中师范大学，2017.

[2] 王玉法.基于蒙特卡罗模拟随机抽样的财务报表分析[J].统计与决策，2017（12）：182-185.

[3] 朱红英, 秦斌. 高等数学课程内容设置与会计学专业融合初探——以广西财经学院为例 [J]. 教育教学论坛, 2016 (20): 193-194.

[4] 孙海军. 高职高等数学校本课程开发的实践研究——以财会专业为例 [J]. 考试周刊, 2015 (73): 55.

[5] 王爽. 单招背景下财务管理专业高数课程改革探究 [J]. 中国管理信息化, 202124 (17): 221-223.

[6] 李林锐, 庄需芹, 王艳秋, 等. 基于OBE理念下应用型人才培养的大学数学公共基础课教学改革与实践研究——以地学类"高等数学"为例 [J]. 科技风, 2024 (13): 131-133.

[7] 张春英, 张玲, 陈永强. 教育信息化背景下"高等数学"多目标教学模式探究 [J]. 天津城建大学学报, 2024, 30 (02): 143-147.

[8] 周永花. 高职教育中高等数学教学的困境与对策研究 [J]. 现代职业教育, 2023 (22): 129-132.

[9] 乔岚. 基于双引擎驱动的BOPPPS教学模式之探索与实践——经济类高等数学课程教学创新成果报告 [J]. 科技风, 2023 (05): 85-87.

[10] 李元敏. 经管类专业的数学建模案例教学认识与实践 [J]. 高教学刊, 2022, 8 (27): 111-114.

[11] 郭连红. 数学建模案例融入高等数学教学的实践探讨 [J]. 数学学习与研究, 2022 (04): 9-11.

[12] 董慧. 基于翻转课堂的经济数学教学改革路径分析 [J]. 科学咨询(科技·管理), 2022 (01): 120-122.

[13] 关丽红, 朱天晓. "互联网+"时代高等数学课程混合式教学改革的探讨 [J]. 长春大学学报, 2021, 31 (10): 101-104.

[14] 张建华. 高等数学课程教学中应用案例教学的分析 [J]. 江西电力职业技术学院学报, 2021, 34 (05): 89-90.

[15] 曾亮. 信息化环境下应用型本科高校经管类高等数学教学改革探究 [J]. 中国管理信息化, 2020, 23 (19): 222-224.

[16] 董慧. 经管类专业高等数学混合式教学模式研究 [J]. 数学学习与研究, 2020 (14): 12-13.

[17] 卢丑丽, 安丽霞, 燕扬. 以应用为导向的经管类"概率论与数理统计"教学研究 [J]. 数学学习与研究, 2019 (16): 5-6.

[18] 夏明, 崔恩洁, 燕花花. 高职院校高等数学模块化、分层教学改革与研究 [J]. 科教导刊, 2024 (11): 105-107.

信息化背景下数字影音编辑技术的课程思政探索与实践

周奕珺[①]

上海旅游高等专科学校　会展与经济管理学院

摘　要：为落实"三全育人"的重要要求，本研究在信息化背景下，以学习平台为载体，立足专业特点，运用教育信息化思维探索数字影音编辑技术专业课如何做好专业知识讲授与思政教育的有效融合。本研究将思想政治教育的相关内容融入学科教学之中，对"数字影音编辑与合成"课程体系进行二次开发，挖掘思政元素与专业知识的融合点，由点到面进行教材重构、教学内容改革，设计与视频剪辑工作流程相适应的教学，设置了"工匠之魂——追求卓越"、"红色烙印——传承与发扬"、"劳动最光荣——职业素养"、"自然与人——环保意识"、"志愿精神——公民责任"等项目的教学实践，并在实践中加以总结、反思，实现专业技能传授与价值引领的有机融合，充分体现"数字影音编辑与合成"课程的思政价值属性，达到润物细无声的育人功效。

关键词：教育信息化；课程思政；数字影音编辑与合成

引言

在信息技术日新月异的今天，数字影音编辑技术以其强大的视觉呈现能力和丰富的创意表达手段，已然成为现代服务业中学生不可或缺的一项核心技能。对于未来将从事文化创意产业的学生而言，熟练掌握数字影音编辑技术不仅能够增强自身的职业竞争力，更是个人创意才华施展与个性表达的工具。然而，技术的精湛并不是教育的终极追求，当代教育更需关注学生的全面发展，培养他们具备

[①] 作者简介：周奕珺，女，博士，上海旅游高等专科学校会展与经济管理学院讲师。主讲课程：会展危机管理、会展场馆运营与管理、数字影音编辑技术等。研究方向：会展教育、职业教育等。联系方式：yijunmyx@163.com。

高尚的职业道德和社会责任感。因此，将思政教育有机融入数字影音编辑技术课程，使学生在精进技艺的同时，能够树立正确的世界观、人生观和价值观，成为了当下教育领域不可忽视的课题。

课程思政强调"课程承载思政"与"思政寓于课程"，注重在价值引领中讲解知识，在知识传播中强调价值引领。课程思政的目的在于以理念传递、引领思考与解决问题为主要目标[1]。然而，数字影音编辑技术课程则具有较强的技术性和实操性，课程的内容强调对学生使用影音编辑技术软件的训练，并通过实践操作来增强学生的技术应用能力。因此将课程思政融入数字影音编辑技术的课程学习具有一定难度。一方面，实践操作导向的课程性质往往会忽视对价值观念的引导，可能形成工具理性的教育效果；另一方面，硬性地向将课程思政内容引入专业课程，也可能降低学生对实操技能学习的兴趣和积极性[2]。因此数字影音编辑技术的课程思政探索，需要重构课程内涵，注重建立价值观念指导与技术实操的有机联系，以"技术实践"为载体，融入思想政治内容，既能够培养学生的技术技能，也能引导学生形成正确的社会观念和价值观。

本文立足于"数字影音编辑与合成"这门课程，深入探讨在信息化大背景下，如何有效结合思政教育与专业教学，充分挖掘课程中的思政元素，完善课程教学体系，将价值引领贯穿课程教学始终，主动适应国家、行业、企业对人才培养的相关要求，落实立德树人教育根本任务，实现对学生专业技能培养与思想道德塑造的有效融合，让学生在掌握技能的同时提高人文素养，于潜移默化中增强学生的学习热情和学习动机，使学生成长为德技兼备的复合型技术技能人才。

一、"数字影音编辑与合成"课程简介与学情分析

（一）课程简介

"数字影音编辑技术"课程（以下简称"本课程"）是文化与创意专业的核心课程，旨在让学生掌握数字视频后期处理的方法和步骤，了解数字影像剪辑与后期镜头合成的基本原理与技巧，熟练运用非线性编辑软件进行音视频素材的采集、剪辑及合成，注重培养学生音视频的美化与编辑制作的能力。本课程的特点在于：**首先，课程的实践操作性强**。课程需要学生基于对视频制作流程和技术的一定了解，深入学习PR软件的操作，其中涉及一系列较为繁琐和重复的技术步骤，如视频音频剪辑、混音、修复、特效处理等，所有步骤都需要学生在电脑上进行操作学习[3]。**其次，课程的实用性强**。数字影音编辑是多个行业、职业急需的岗位技术，在媒体制作、广播电视、电影制作、广告制作、文化创意、网络媒体等多个

领域都具有高度实用价值的技能，能够增强学生将来就业竞争力[4]。**再次，课程的学科交叉性强**。数字影音编辑不仅需要软件操作的技术知识，还需要学生掌握视频叙事、素材采集、脚本制作的视频编辑基础知识。涉及的基础学科有艺术美学、心理学、设计学等知识，这就要求学生能跨学科学习和思考。**最后，课程的创新性强**。课程不仅教授视频的影音编辑技术，更重要的是激发学生的创新思维，使学生完成课程学习后可以通过音频设计和视频特效的应用，表达出个人的思想与感受，通过视频载体展示自己的创新能力。

基于以上特点，课程设置在文化与创意专业一年级下半学期。从课程在人才培养方案中的设置来看，学生在一年级上半学期已经学习了美学、创意思维训练、文化产业导论等课程，这为他们在下半学年学习数字影音编辑技术打下了良好的基础。美学课程赋予学生艺术鉴赏力，让他们在创作过程中能够秉承艺术原则，创新思维训练则激发了学生跳出常规，勇于尝试的精神。通过第一学期的学习，使得学生对于影音编辑中涉及的艺术元素和创新概念有了一定的理解，为学习数字影音编辑技术提供了思维角度和知识基础。而数字影音编辑技术则为之后的设计基础课程和文化产业项目管理等专业课程学习提供了视觉与媒体创作的思维与技术。通过课程在人才培养方案中的前后衔接可以看出，数字影音编辑技术课程是服务于培养从事文化与创意专业的人才，因此需要特别注重与创意产品、产品营销思维的结合，尤其注重在旅游产品中的应用。

（二）学情分析

本课程以上海旅游高等专科学校的文化与创新专业为授课对象，主要针对一年级的学生进行教学。一方面，这一群体的学生特点是思维敏捷、充满好奇心、对新事物的接受速度较快，但对于自我学习的驱动力和信心欠缺。这就需要教师根据学生的实际情况，以贴近学生学习生活的案例，深入挖掘他们对课程学习的兴趣，创新教学手段，在传授基本知识和操作技能的同时，激发学生的学习兴趣，使他们的实践技巧和基本的职业修养同步提升。另一方面，由于自媒体和互联网的普及，学生对影视作品、短视频等比较了解，部分同学本身已经具有了一定的影音软件操作和使用经验，但学生对企业的运作流程和企业对人才的职业素养要求理解不足。因此，教师需要在课程中加入行业、企业、工作岗位等信息，以项目为主导的工作过程来组织课程，使学生在毕业后能更好地适应职业岗位的需求。与此同时，根据人才培养方案的设定，文化与创意专业的同学将来更多的可能性是从事旅游行业的文创相关工作。因此落脚于旅游中的文化产业、旅游产品设计与营销，是本课程的重点。

二、"数字影音编辑与合成"课程思政实践探索

（一）教学设计——教材重构有维度，思政内容有深度

本课程使用的教材《数字影音编辑与合成（Premiere pro CS6）》，其中的内容大多以知识和技巧阐述为主，不仅不符合视频剪辑的工作流程，而且思政元素很难融入课堂。为了优化课程内容与实施流程，同时让思政元素能够有机融入课堂，必须重新设计教学内容。因此，基于原有教材，本课程在授课流程和授课单元上依据学生导向和工作流程导向为原则进行了重新设计。一方面，基于学生的学情和认知规律，本课程采用**任务驱动和案例教学的行为导向教学法**，以学生熟悉的校园生活为主线，将本课程设计成有连续性的系列环节，充分利用学生前期拍摄的校园照片、生活视频等素材，让学生学以致用，在实践中应用之前所学的理论知识，使学生获得学习的成就感，为其日后工作打下扎实的基础。另一方面，笔者通过对视频剪辑专业人员进行访谈，厘清了视频剪辑的一般工作流程，从熟悉和整理素材，到搭建结构、粗剪、精剪，再到配音配乐和检查输出，并且将流程化的思维和操作引入到教学中，形成了**工作流程导向的教学法**，帮助学生理解并掌握视频剪辑的完整流程。

根据以上课程实施原则与调研情况反馈，本课程重新对教学内容进行了设计。在教学内容上，本课程以学生学习、生活、旅行的素材为基础，对教材中较为零散的知识点进行了重构。选取贴合学生生活的素材资料，如学生的校园生活照片、活动视频等，以真实的、贴近生活的案例进行教学，提高教学的亲和力与实用性，从而增强学生的学习兴趣和参与感；在教学流程上，课程将每节课组织为一个小作品的完整剪辑，但每节课分别有技巧侧重，分别为导入与解析项目、基础剪辑、高级剪辑、切换效果、调色、加特效、制作字幕、编辑音频及呈现项目作品；在课程思政上，课程设计了五个主题实践项目："**工匠之魂——追求卓越**"、"**红色烙印——传承与发扬**"、"**劳动最光荣——职业素养**"、"**自然与人——环保意识**"、"**志愿精神——公民责任**"。课程将班级同学组成为5个小组，分别进行与主题相符的题材拍摄和素材收集。学生在自己的旅行过程中拍摄并记录下旅行中的点点滴滴，通过行走和观察，更深入地了解和接触到红色文化和历史。将这些素材制作成宣传片，以此推广红色旅游，让更多的人了解和关注红色文化。

（二）教学实施——基于线上线下混合教学模式的自主、互动、拓展教学

1. 课前：平台来辅助，预习有成效

课前需要学生在数字化教学平台上对本节课所需要使用的素材进行提前预习。

课程充分利用平台的便捷性，提前发布预习任务并配备充足的学习资源和教学视频。这种课前预习的方法旨在鼓励学生在课前自主学习，独立获取知识，进一步锻炼他们的自主思考和独立解决问题的能力。同时为了调动学生的积极性，课程设置了相应的积分机制。学生通过观看教学视频可以累积积分。这样的机制旨在引导学生深入课前学习，激发他们的求知欲望，使学习变得更加有意义和有趣，从而提高学生的学习动力和竞争意识，调动他们的学习积极性，帮助他们在课前获取更充分的知识准备，为接下来的课堂教学做好充分准备。虽然目前课程平台的机制还未十分完善，但此后的设想是教师能通过教学平台实时获取学生的学习数据，了解学生的学习进度、知识掌握情况以及学习中遇到的难点。通过对这些数据的分析，教师可以理解学生的学习需求，针对学生存在的问题和困难，进行有针对性的教学设计和施教，进一步提升课堂教学效果。

2. 课中：学生为主体，教学共相长

本课程注重学生的主体性和学习需求。在课堂中，学生是学习的主体，教师是学习的引导者和促进者。课程的实施不仅要注重对教材内容的授课，更应了解学生的认知规律、知识结构，并根据这些进行有效的教学设计，实现教学相长。因此课程的实施是以小组合作和项目的形式开展，鼓励学生积极参与到课堂学习活动当中。这种全员参与的教学形式能切实提升学生的学习主动性，通过小组协商，激发他们的思维活力，帮助他们从不同角度理解和掌握知识。在此基础上，教师也会关注到每一个学生的学习情况，针对他们课前预习的结果和发现的问题，进行有针对性的教学，以帮助他们理解和消化新的知识。在课堂上，教师的角色不仅是知识的传递者，更是引导者和陪伴者，通过学生的反馈及时调整自己的教学策略，以此不断优化自己的教学方法，达到提升教学质量的目的。

在这种教学相长的模式中，教师可以挖掘出教材中的思政元素，通过"案例引入—明确重点—分析难点—解决重点—突破难点—强化重点"的教学路线进行教学。在这一过程中，学生会按照"是什么—做什么—怎么做—自主做—要做好"的顺序完成课堂任务，逐步完成对思政元素的学习和理解，然后在具体的项目中付诸实践，使知识得到真实的应用。

3. 课后：评价有方法，"技"与"品"相融合

在教育评价过程中，"技"与"品"并重、相融合的方式是指，既注重学生的专业技能熟练度，又重视学生的艺术表达和创新能力，体现了教育评价的全面性和深度。"技"指的是学生运用影音编辑专业知识于视频剪辑中，评价时不仅要看他们能否熟练地运用各种剪辑技术，比如剪辑手法的选择和运用、效果的合理搭配等；同时，还要考察他们是否能够对原始素材进行有效的筛选和搜集，以及是否能合理地规划整个视频的故事线和节奏。这些都是衡量学生视频剪辑专业技能水平的重要标准。而"品"则体现在学生的艺术素质、逻辑思维和创新能力上。在进行视频剪辑时,学生要兼顾视频的美观性和信息传递的准确性,这就需要他们具备出色的镜头语言运用能力和故事设计能力。此外,他们是否能结合自身观点和感受,通过自己的作品传达出独特的信息或者引发观众的共鸣,也是评价学生"品"质的重要方面。

此外,为了更好地实施指标评价,课程采取了教师评价和学生互评相结合的方式,使评价过程更为全面和公正。以小组为单位的课程作业,例如视频剪辑项目,完成后,教师会将所有作品上传到专门的教学平台上。组织学生进行匿名评价。这种师生公评的方式不仅减少了评价的偏见,同时也能让学生从他人作品中更清楚和直观地了解视频剪辑中的误区与不足,从中反思,提高自己的认知水平和专业技能。更重要的是,自评和互评的过程使学生更深入地理解和实践社会主义核心价值观,加深他们对公正、公平、诚信等原则的认识,塑造他们的品格。

三、"数字影音编辑与合成"课程思政教学的实践成效

(一)以工作流程为导向,培育工匠精神

本课程采用的是以工作流程为导向的教学模式,这一模式突破了传统知识体系的局限,以真实的视频编辑工作流程为导向,注重技术在工作任务中的应用和实践操作。课程学习设置从最初的视频策划,到素材的搜集与处理,再进一步到剪辑拼接、特效制作、音频控制,以至于最后的成片验证,每个环节都与实际工作紧密相连,能够让同学更直观、更深入理解和掌握每个步骤的专业知识和技术,同时也帮助他们对整个视频编辑工作流程有一个全面的认识。视频剪辑工作除了使用软件进行视频编辑之外,更考验的是视频编辑人员的耐心与细心。视频剪辑工作中有许多需要反复调整、仔细琢磨的细节。比如,视频的色彩校正和匹配,这是一个需要细心观察和逐帧调整的过程,以保证场景间的无缝切换。又或者,音频编辑,需要耐心地剪辑和混合配乐、配音、音效,以确保音频与视觉内容的协调。剪辑节奏也是一个极度考验耐心和细心的工作,视频编辑人员要反复试验,找到保证故事连贯性和动态平衡的最佳剪辑节奏。这种精益求精的过程是培养学生的耐心和细心的过程,也是培养工匠精神的过程。

工匠精神体现在对工作每一个细节都持有极高的专注度和严谨态度,在追求至善至美的过程中,崇尚精益求精,不畏艰辛,乐于投入更多的时间和精力。在视频剪辑中,工匠精神体现在每一帧画面的处理和选取,每一次剪辑的精准,每

一段音频的混合，每一个特效的运用。这些都需要同学足够的专注和熟练，甚至需要去挖掘并创造出一些新的内容和表现形式。优秀的视频作品需要同学怀抱工匠精神去对待每一处细节，去探索和挑战自己的极限，在追求技术精熟的同时，内化个人职业品德。

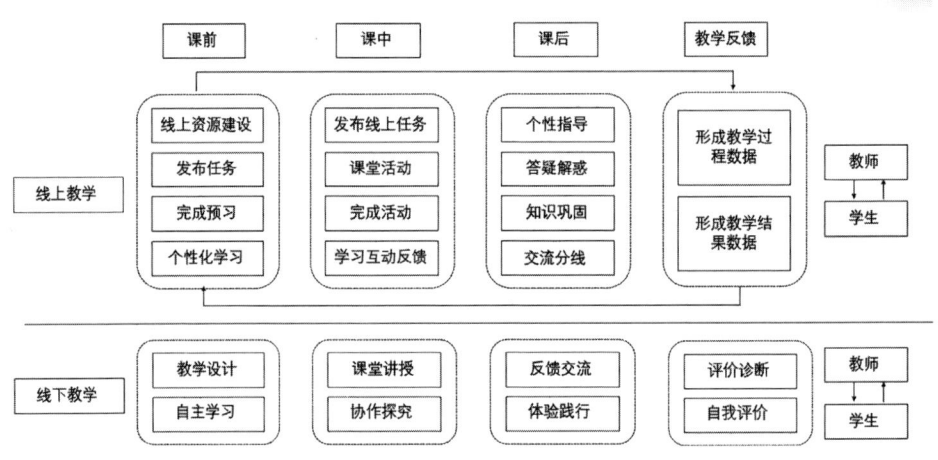

图 1　课程实施流程

（二）以合作学习为路径，提升探究能力

本课程的实施方式采用小组分工合作。每个小组由 4~5 位学生组成，所有的项目成果都以小组为提交单位。在视频制作的过程中，学生需要共同策划视频，讨论素材的搜集以及视频剪辑技巧，还需要探讨特效制作和音频控制的技术方法。这样的小组协作，让学生在实践中深入理解每一个环节，并通过彼此交流讨论，学习不同的观点和方法，进而激发出新的思维和创新潜能。

学生之间的交流与分享是提升探究能力和创新能力的重要方式。在小组合作的过程中，学生通过频繁的讨论促进信息的流转，通过碰撞出新的思维火花，不断地完善他们的设计思路、流程以及剪辑方法。在摸索与探寻的过程间，学生有充分的机会展现自身的才华和创新能力。他们独立思考，自由选择，形成自己的独特见解，自主找到解决办法，这样的自由探索过程无疑将极大提高他们的创新水平，也使得团队的氛围充满活力与和谐。

教师在本课程中起到引导和辅导的作用。在为学生提供视频制作基础技能教学之余，更注重对学生分析问题和解决问题的能力进行引导和训练，解答学生在学习过程中的困难和疑惑，提供个性化的教学指导，旨在保障学生的学习进度，并激发他们的想象力和创新能力。

以合作学习为路径的教学模式，使得学生不仅在技术层面得到了提升，更关键的是，在问题解决、团队合作、信息交流等方面也得到了显著的提高，这些都将对他们未来的职场生涯产生深远影响，帮助他们养成职业素养，使他们在未来的工作环境中更加从容应对。

（三）将课程思政融合，实现"三全育人"

课程思政是通过课程、教材、教学等全过程、全方位地实施思想政治教育，而"三全育人"则是以全员、全过程、全方位育人为指导，更为全面、深入地进行思想政治教育[5]。

首先，要实现全员育人。专业课教师要树立育人为先的意识，主动将思想政治教育元素融入专业课教学，在传授专业知识技能的同时，注重学生思想道德修养的培养。在课程设计的过程中，教师对视频制作专业人员、思政课程教师、学生等群体进行了访谈，充分了解视频剪辑的要求，以及可能融入的思政元素和学生的兴趣点。在课程实施的过程中，不断根据学生反馈修正课程进度，邀请多方人员参与视频编辑课程建设，充分发挥学生主体作用，鼓励学生在制作视频的过程中相互启发、相互影响，体现正能量主题[6]。其次，要实现全过程育人。在视频编辑的项目内容中引入爱国主义、集体主义等主题，激发学生的家国情怀。在视频拍摄环节，要求学生理解遵守诚实守信、遵纪守法等道德品质的重要性。在视频剪辑阶段，传递正能量价值观，如坚韧不拔的奋斗精神等。在视频成品展示时，突出视频主题对社会发展的贡献，引导学生树立远大理想。最后，要实现全方位育人。在评价和反馈过程中，深入挖掘视频编辑专业课程中蕴含的职业操守、审美追求等思政元素，并结合视频编辑行业发展阐述新时代对从业者综合素质的要求。之后，本课程还计划组织学生参与公益视频制作的实践活动和学生比赛，将所学知识运用于实践中去，提高社会责任感。在视频编辑课程中贯彻"三全育人"理念中，需要教师、学生、行业专家、企业人员等多方通力合作，将思想政治教育元素融入课程全过程，促进学生在知识、能力、素质等方面的全面发展，使学生在技能提升的同时，也得到思想上的熏陶，为全面提升他们的素质和水平打下坚实的基础。

四、结语

具有实践性、实用性、交叉性和创新性特征的"数字影音编辑技术"课程，在学生群体和用人单位之间受到欢迎。然而，传统的教学模式过于关注对专业知识的讲解及技能的机械性训练，却较少关注对于学生的家国情怀、劳动精神、红色文化的传承以及勤俭节约等价值观的引导与培养。因此，在课程实施的设计中，需摒弃机械化的教学方式，而转向以工作流程为导向的项目教学方法。通过对课程思政元素的充分发掘，对教学内容进行充分优化和重构，来发挥课程应有的育人功能。

"数字影音编辑技术"课程是文化与创意专业的骨干课程，担当着承前启后的重要职责。课程的目标主要是让学生从软件技术角度出发，掌握视频制作所需的关键技术，并在此基础上为后续的全流程视频制作工作打下坚实的基础。

然而更重要的是，通过视频编辑，不仅增强学生的操作技能，塑造他们的职业素养，更应该注重培养他们的实际工作品质，例如脚踏实地、勇于探索、团结协作的精神，以及追求卓越、一丝不苟的工匠精神，积极勤奋的努力态度。同时培养工匠精神和爱国情怀，通过课程中以具有中华文化内涵的主题作为创作素材，以数字影音作品的形式将传统文化和爱国情怀以更直观的形式呈现出来，能够让学生深入了解国家历程和社会发展变革，内化他们对我国传统文化的尊重，传承爱国情怀。

参考文献

[1]高德毅,宗爱东.课程思政：有效发挥课堂育人主渠道作用的必然选择[J].思想理论教育导刊,2017(01)：31-34.

[2]高燕.课程思政建设的关键问题与解决路径[J].中国高等教育,2017(Z3)：11-14.

[3]胡海燕.浅析Premiere视频剪辑课程教学中任务驱动教学法的应用[J].计算机产品与流通,2020(05)：225.

[4]李雅峰.《视频剪辑》课程改革与教学实践[J].中国新通信,2023,25(04)：129-131.

[5]舒曼,曾影.系统论视域下高校思政教育"三全育人"体系构建研究[J/OL].系统科学学报,2025(01)：1-6[2024-05-23].http://kns.cnki.net/kcms/detail/14.1333.N.20240516.1553.040.html.

[6]韩宪洲.深化"课程思政"建设需要着力把握的几个关键问题[J].北京联合大学学报（人文社会科学版）,2019,17(02)：1-6+15.

"双导"思维导向下"体育赛事策划与管理"课程线上线下混合式教学改革建设

朱小川[1] 周奕珺[2]①
1. 上海师范大学 旅游学院
2. 上海旅游高等专科学校 会展与经济管理学院

摘 要:"体育赛事策划与管理"课程是会展经济与管理专业的核心课程,孕育着丰富的理论和实践价值。然而,当前该课程在院校中的开设相对稀少,且教学方式存在着以教师为主导,过于注重理论教学等问题。这种现象在一定程度上制约了学生的主动性和创新思维的发展,以及对应用能力的培养。针对这些问题,本研究提出了"双导"思维的教学改革,将教师的角色重新定位为引导者和促进者,鼓励学生成为学习的主导者。该教学模式的实施旨在提高教学质量,培养出更多的高素质体育赛事策划与管理人才,以推动我国体育赛事产业的进一步发展,为我国体育事业作出积极贡献。

关键词:体育赛事策划与管理教学;教学改革;双导思维

一、课程教学改革背景

随着我国经济社会的快速发展和人民生活水平的不断提高,体育产业作为新兴产业迅速崛起,特别是体育竞赛表演产业,已经成为推动经济增长、提升国家软实力、丰富人民群众精神文化生活的重要力量。在这一背景下,国家对体育竞

---

① 作者简介:朱小川,男,博士,上海师范大学旅游学院副教授、硕士生导师。主讲课程:学术规范与论文指导、旅游数据分析与管理、旅游大数据分析(研究生)、体育赛事策划与管理、城市会展与旅游大数据分析(本科)等。研究方向:区域、城市与旅游大数据分析,城市群与城市网络分析等。联系方式:zhuxiaochuan@shnu.edu.cn。

周奕珺,女,博士,上海旅游高等专科学校会展与经济管理学院讲师。主讲课程:现代饭店管理、文化产业项目管理、网络舆情与公关策划等。研究方向:文化生产、文化遗产活化、文旅融合等。联系方式:wshroc@126.com。

赛表演产业的发展给予了高度重视,并出台了多项政策。《关于加快发展体育竞赛表演产业的指导意见》(国办发〔2018〕121号)明确提出,到2025年,我国体育竞赛表演产业总规模要达到2万亿元,这为我国体育竞赛表演产业的发展指明了方向,也为体育产业人才的培养提出了新的要求。

(一)体育竞赛表演产业发展与人才需求的契合

"体育强国战略"和"全民健身计划"等战略的提出,不仅体现了国家对体育事业发展的高度重视,也预示着我国体育及体育赛事产业将迎来前所未有的发展机遇。在这一背景下,体育赛事策划与管理人才的需求将大幅增长。然而,当前我国高素质的体育产业人才相对匮乏,这已经成为制约体育竞赛表演产业发展的瓶颈之一。因此,培养具有扎实理论基础和突出实践能力的应用型体育赛事策划与管理人才,成为当前高等教育面临的紧迫任务。

(二)"体育赛事策划与管理"课程的重要性

"体育赛事策划与管理"作为会展经济与管理专业的重要课程之一,具有理论性、综合性和技术实践性强的特点。它不仅是支撑大会展MICE课程体系的重要一环,也是项目管理、市场营销、财务管理、风险管理、人力资源管理、城市营销等课程在体育赛事领域的实践性运用。通过这门课程的学习,学生可以全面了解和掌握体育赛事策划与管理的全过程,培养分析问题和解决问题的能力,提升实践能力和创新思维。

(三)当前"体育赛事策划与管理"课程教学中存在的问题

当前开设"体育赛事策划与管理"课程的院校相对较少,且在教学方式上普遍存在一些问题。一方面,传统的教学方式以教师主导讲授为主,学生被动听讲,缺乏主动参与和思考的机会;另一方面,教学内容模块设置偏重理论解析而轻实践,导致学生难以将理论知识与实际应用相结合。这些问题严重影响了学生的积极主动性和创新思维,更是忽略了对学生应用能力的培养。因此,对"体育赛事策划与管理"课程进行教学改革势在必行。

(四)双导思维导向下的教学改革思路

针对当前"体育赛事策划与管理"课程教学中存在的问题,教学团队提出了"双导"思维导向下的教学改革思路。所谓"双导"思维,即教师引导学生思考、学生主导自我学习的教学模式。在这种模式下,教师不再是知识的唯一传授者,而是学生学习的引导者和促进者;学生也不再是知识的被动接受者,而是成为学习的主体和主导者。通过引入线上线下混合式教学方式,教学团队可以充分利用现代信息技术手段,打破传统课堂的时空限制,为学生提供更加丰富多样的学习资源和学习方式。同时,教学团队还可以结合体育赛事策划与管理的实践特点,设计具有针对性的实践教学环节,让学生在实践中学习和成长。

可见,"体育赛事策划与管理"课程教学改革具有重要的现实意义。通过"双导"思维导向下的教学改革建设,教学团队可以有效提升课程的教学质量和效果,培养出更多符合社会需求的高素质体育赛事策划与管理人才,进一步推动我国体育竞赛表演产业的快速发展,为我国体育事业的繁荣作出积极的贡献。

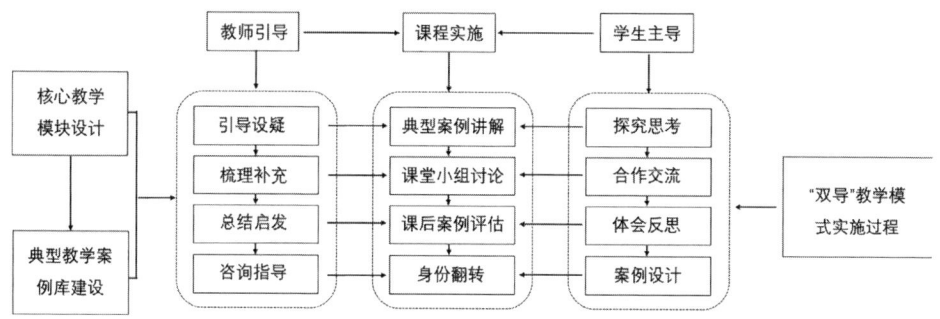

图1 "双导"教学模式导向的体育赛事策划与管理课程实施

二、教学改革目标

在数字化和互联网技术迅猛发展的时代背景下,教育领域正经历着前所未有的变革。传统的"教师讲、学生听"的教学模式已无法满足当前社会对于创新型人才的需求。特别是在"体育赛事策划与管理"这一课程中,其实践性和创新性要求更高,需要学生具备扎实的理论基础、良好的实践能力和创新思维。因此,基于"双导"思维(教师引导、学生主导)开展线上线下混合式教学改革,不仅是对传统教学模式的革新,更是对学生创新能力、自主学习能力、实践问题解决能力全面提升的重要途径。

(一)教学改革目标的设定

教学改革目标的设定是教学改革成功的关键。针对"体育赛事策划与管理"课程的特点,结合"双导"思维的要求,教学团队设定了以下教学改革目标:

1. 总体目标

通过线上线下混合式教学改革，实现教学方式的根本转变，即由传统的教师"单导"模式转变为师生"双导"模式，使学生成为学习的主体，教师成为学习的引导者和促进者。同时，通过教学改革，提高学生的创新能力、自主学习能力、实践问题解决能力，为学生未来的职业发展奠定坚实的基础。

2. 具体目标

（1）秉持"双导"思维，转变教学模式

通过教学改革，实现由传统的教师"单导"模式向师生"双导"模式的转变。在教学过程中，教师应注重启发学生的思考，引导学生自主探究问题，鼓励学生提出自己的观点和解决方案。同时，学生也应积极参与学习过程，主动思考、主动探索、主动实践，成为学习真正的主人。

（2）强化学生主体地位，提升自主学习能力

在教学改革中，应充分尊重学生的主体地位，鼓励学生自主学习、自主探究。通过在线课程建设和线下课堂成果展示，为学生提供丰富的学习资源和实践机会，让学生能够在教师的引导下，自主选择学习内容、学习方式和学习进度。同时，教师也应加强对学生的指导和辅导，帮助学生解决学习中遇到的问题和困难，提高学生的自主学习能力。

（3）加强实践教学环节，提高实践问题解决能力

"体育赛事策划与管理"课程是一门实践性很强的课程，需要学生具备较高的实践问题解决能力。因此，在教学改革中，应加强对实践教学环节的设计和实施。通过综合在线课程建设、学生主导案例研究、企业专家案例分享、课堂模拟实训、赛事实地参与调研及策划方案撰写等多种方式，实现产学研一体化，让学生在实践中学习和成长。同时，教师也应加强对学生的实践指导，帮助学生掌握实践技能和方法，提高实践问题解决能力。

（4）培养学生创新能力，激发创新创造潜能

创新是现代社会的重要特征之一，也是"体育赛事策划与管理"课程的重要教学目标之一。在教学改革中，应注重培养学生的创新能力，激发学生的创新创造潜能。通过引导学生关注体育赛事策划与管理的最新动态和发展趋势，鼓励学生提出新的想法和解决方案、开展创新实践活动，培养学生的创新意识和创新精神。同时，教师也应加强对学生的创新指导和支持，帮助学生将创新想法转化为实际成果。

（5）优化课程体系设计，提高教学质量

教学改革还应关注课程体系的优化和设计。在课程体系设计中，应注重理论

与实践相结合、知识与技能并重、基础与创新兼顾的原则。通过合理设置课程内容和教学模块，使课程内容更加贴近实际需求和学生兴趣；通过加强课程之间的衔接和融合，提高课程体系的系统性和完整性；通过引入新的教学方法和教学手段，提高教学效果和教学质量。

（二）教学改革目标的实施策略

为实现上述教学改革目标，教学团队制定了以下实施策略：

1. 加强教师培训，提高教师素质

教师是教学改革的关键。为提高教师的素质和能力，教学团队将加强教师培训，使教师熟悉和掌握线上线下混合式教学的方法和技巧；同时，鼓励教师参与教学改革实践和研究活动，提高教师的创新意识和创新能力。

2. 完善在线课程资源建设

在线课程资源是线上线下混合式教学的重要基础。教学团队将加强在线课程资源建设，包括教学视频、课件、案例库、在线测试等资源的制作和更新；同时，积极引入优质在线课程资源平台，深化与服务提供商的合作，为学生提供更加丰富多样的学习资源。

3. 加强实践教学环节的组织和实施

实践教学环节是教学改革的重要内容之一。教学团队将加强实践教学环节的组织和实施，包括制定实践教学计划、设计实践教学项目、安排实践教学时间等；同时，积极与企业合作开展实践教学活动，为学生提供更多的实践机会和平台。

4. 加强学生的参与和互动

学生的参与和互动是教学改革成功的关键。教学团队将通过多种方式鼓励学生参与和互动，包括设置学生主导的讨论环节、开展小组协作学习、举办赛事、策划大赛等活动；同时，加强对学生的引导和支持，帮助学生克服学习中的困难。

5. 加强教学评价和反馈

教学评价和反馈是教学改革的重要环节之一。教学团队将建立完善的教学评价和反馈机制，包括学生评价、教师评价、课程评价等多个方面；同时，加强对学生学习过程和成果的跟踪与评估，及时发现并解决问题；最后，将教学评价和反馈结果作为教师改进教学和学生改进学习的依据。

通过本次教学改革建设，教学团队期望能够实现"体育赛事策划与管理"课程的根本性变革，推动学生从被动学习者转变为主动探索者。

三、实现目标所进行的教改措施

"双导"思维下的线上线下混合式教学，正在引领一场教育领域的革新。它彻底打破了传统课堂的界限，不再局限于单一的教室环境，而是充分利用线上资源，并将线下课堂转变为以学生为主导的自主学习空间。这种教学模式不仅赋予了教师和学生全新的角色定位，而且极大地提高了教学的便捷性和学生的主动性，从而全面升华了"教学"的内涵。

"体育赛事策划与管理"课程本身就强调实践性和创新性，而"双导"思维下的线上线下混合式教学恰好能够为其提供一个完美的舞台。在线上，学生可以自主获取丰富的赛事策划与管理理论知识，通过视频教程、在线讨论和案例分析等方式，不断拓宽视野，提升理论素养。同时，线上平台也为他们提供了实时互动的机会，学生可以与教师和其他同学进行深入的交流，共同探讨问题，启发创新思维。

线下课堂则成为学生实践探索的乐园。在教师的引导下，学生将线上所学的理论知识应用于实际项目中，进行体育赛事的策划与管理实践。他们可以组队合作，共同制定策划方案，开展市场调研，进行风险评估等，通过亲身参与，不断锻炼自己的实践能力。此外，线下课堂还为学生提供了展示成果、交流经验的机会，让他们在实践中成长，在交流中进步。

具体的教学改革步骤分为以下三个方面。

（一）打造线上理论课堂，铺垫线下实践课堂

在"体育赛事策划与管理"课程的教学改革实践中，教学团队首先将目光聚焦在打造线上理论课堂这一关键环节。课程内容的重新规划是这一环节的基础。教学团队深入分析课程的特性，将需要理论阐释的知识点按照逻辑关系和重要性进行模块化划分，确保每个模块的内容既相对独立又相互关联，形成一个完整的知识体系。

在模块化的基础上，教学团队组织了一支由资深教师组成的团队，针对每个模块进行线上课程的录制。录制过程中，教学团队注重知识点的精讲和案例的解析，力求让学生在观看视频时能够充分理解和掌握理论知识。同时，教学团队采用多种教学方式，如视频讲解、PPT展示、动画演示等，以提高学生的学习兴趣和效果。

除了课程视频外，教学团队还在每堂线上课程的最后为学生提供了基于MOOC平台、SPOC平台等的网络学习资料。这些资料包括相关书籍、文献、案

例等，旨在帮助学生进一步巩固和拓展所学知识。此外，教学团队还为学生设置了思考问题及建议分析研讨的案例对象，引导他们积极思考和探索，为后续的线下实践课堂做好准备。

线上课堂在相应线下课堂开始之前进行，为学生打下坚实的理论基础。通过线上学习，学生能够在课前对课程内容有一个大致的了解和把握，从而更加有针对性地参与线下课堂的学习。同时，线上课堂还能够帮助学生养成自主学习的习惯，提高他们的学习效率和质量。

为了确保线上课堂的有效实施，教学团队建立了一套完善的教学管理系统。该系统能够对学生的学习进度、学习成果等进行实时监控和评估，为教师提供及时的教学反馈和指导。同时，教学团队还建立了一个线上交流平台，方便学生之间以及学生与教师之间的交流和互动。

通过打造线上理论课堂，教学团队为"体育赛事策划与管理"课程的教学改革奠定了坚实的基础。线上课堂不仅为学生提供了丰富的学习资源和便捷的学习方式，还为教师提供了更多的教学资源和手段，使教学更加灵活和高效。同时，线上课堂还为后续的线下实践课堂做好了充分的铺垫和准备。

（二）强化线下课堂实践，反哺线上理论课堂

在"体育赛事策划与管理"课程的教学改革中，线下课堂的实践环节同样重要。完成了线上理论课堂的学习后，学生需要将所学知识应用于实践中，通过实践来检验和巩固所学知识。同时，线下课堂实践还能够反哺线上理论课堂，为线上课堂提供更加丰富和生动的案例和素材。

首先，在线下课堂中，教学团队引导学生以小组汇报、小组互评等方式进行赛事策划案例研究汇报。学生需要自主选取赛事策划案例，对案例进行深入分析和研究，并总结出相关的理论和经验。在汇报过程中，学生需要清晰地阐述案例的背景、问题、解决方案等关键内容，并接受其他小组和教师的点评和建议。通过这种方式，学生不仅能够加深对理论知识的理解和掌握，还能够锻炼自己的表达能力和团队协作能力。

其次，在策划者经验分享相关章节中，教学团队邀请具有丰富赛事策划与管理经验的企业老师"走进来"给学生分享实践案例。企业老师通过分享自己的亲身经历和成功案例，让学生更加直观地了解赛事策划与管理的实际操作和技巧。同时，学生还可以向企业老师请教相关问题，并基于网络资料查询和理论应用提出自己的解决方案。在这个过程中，教师主要扮演企业导师和学生间互动沟通的桥梁角色，为学生提供必要的指导和帮助。

最后，在体育赛事策划与管理实践相关章节中，教学团队带领学生"动起来"，选取具有代表性的体育赛事进行调查、详细记录、诊断问题并提出合理的策划与管理优化方案，让学生亲身体验赛事策划与管理的全过程，从而更加深入地理解相关理论和知识。在实践过程中，学生需要运用所学知识分析问题、解决问题并创新理论。同时，教师还需要对学生的实践活动进行组织和指导，确保活动的顺利进行和质量的提升。

通过强化线下课堂实践环节，教学团队不仅能够帮助学生将所学知识应用于实践中，还能够让他们在实践中发现理论知识与实践之间的差距，从而更加深入地理解和掌握相关知识。同时，线下课堂实践还能够为线上理论课堂提供更加丰富和生动的案例和素材，使线上课堂更加生动和有趣。

（三）以"赛事策划实践"为依托，构建体育赛事策划与管理的 SMD 评价体系

在"体育赛事策划与管理"课程的教学改革中，教学团队构建了以"赛事策划实践"为依托的 SMD 评价体系。这一评价体系旨在全面评估学生的理论水平、实践能力和综合素质，为学生的学习和成长提供有针对性的指导和帮助。

SMD 评价体系包括三个维度：Strategy（战略维度）、Management（管理维度）和 Development（发展维度）。在战略维度方面，教学团队主要评估学生对体育赛事策划与管理的基本理论、方法和策略的理解和掌握程度；在管理维度方面，教学团队主要评估学生在实际赛事策划与管理过程中的组织、协调、沟通等能力；在发展维度方面，教学团队主要评估学生的创新能力、团队协作能力和自我提升能力等。

在构建 SMD 评价体系的过程中，教学团队充分考虑了课程的特性和教学目标。教学团队基于"赛事策划实践"建设项目的要求，结合学生的实际情况和意愿，将他们分成不同的小组，模拟体育赛事策划与管理过程中的不同利益相关团体。每个小组都需要在教师的指导下完成一系列的赛事策划与管理任务，如市场调研、策划方案制定、预算编制、风险评估等。在任务完成过程中，教师将根据 SMD 评价体系对学生的表现进行综合评价，见图 2。

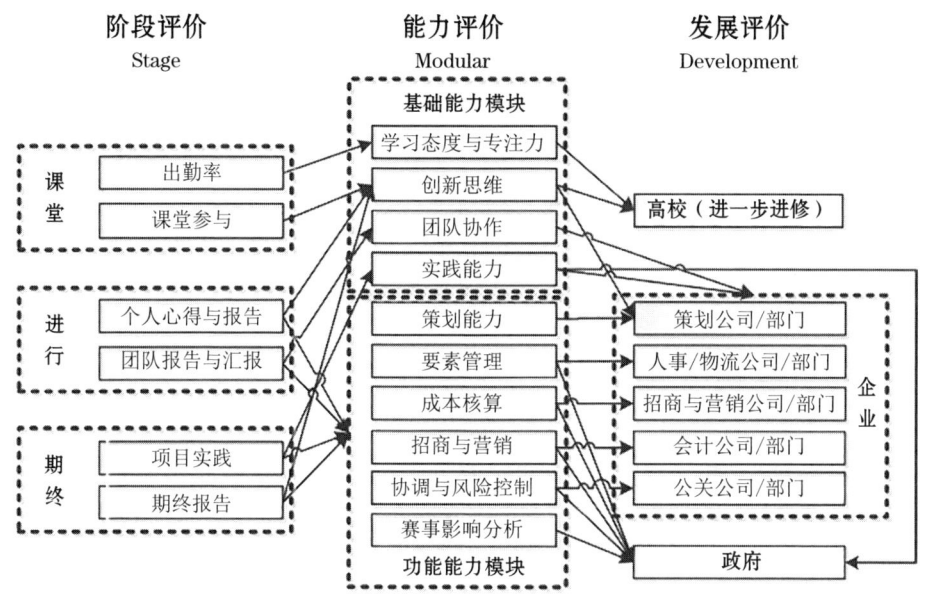

图 2 体育赛事策划与管理的 SMD 评价体系

考察的主要能力包括：

策划能力主要考察学生的体育赛事的空间环境选择、空间功能设计、空间情境设计以及进行活动项目设计的能力。

要素管理能力主要考察学生对体育赛事中现场集群人员管理的要素与策略的熟悉程度，和对体育赛事运营中物流管理的特征与服务模式的理解程度。

成本核算能力主要考察学生对成本构成（结构）、成本的估算方法以及成本控制常用手段方面的知识的理解程度。

招商与营销能力主要考察学生对体育赛事的收益来源，特别是体育赛事媒体转播权销售的了解程度；在报告中是否能使用几种体育赛事财务管理的常用工具；是否能在考虑买卖双方利益的基础上拟定《赞助商招商指南》；是否能运用"7Ps体育赛事市场营销策略组合"，了解赞助商所获得的权益类型以及赞助商的层次结构问题，理解赞助商"排他性"权益的保护问题；是否能结合案例理解体育赛事市场营销评估的主要内容与相关指标。

协调与控制能力主要考察学生是否能将利益相关者理论应用到体育赛事领域，了解主要利益相关者的"利益"诉求，并能在冲突时进行有效协调；是否能够运用常用工具进行风险识别与分析，熟悉风险的应对策略。

赛事影响分析能力主要考察学生是否能够从经济、环境、社会文化等方面分析体育赛事对举办地（国家、地区或城市）形象的影响。

四、教学改革特色

（一）线上线下相结合，课堂更具效率

在《体育赛事策划与管理》课程的教学改革过程中，教学团队采用了线上线下相结合的混合式教学模式，旨在提高课堂教学效率，培养学生的自主学习和主动思考能力。

1. 线上课堂的优化与利用

线上课堂作为教学改革的重要组成部分，其优势在于能够突破时空限制，为学生提供更加灵活的学习时间和空间。教学团队将理论精华部分的讲解通过线上课堂的方式呈现，利用视频、PPT、动画等多种形式，使知识点更加生动、直观。同时，线上课堂还提供了丰富的网络学习资源和案例分析，帮助学生深入理解理论知识，为线下课堂的学习打下坚实基础。

2. 线下课堂的引导与互动

线下课堂是教学改革中的另一个重要环节。在线下课堂中，教师主要扮演引导者和组织者的角色，通过小组讨论、案例分析、角色扮演等方式，引导学生积极思考和表达，培养他们的创新思维和实践能力。同时，线下课堂还借助网络工具，如社交媒体、在线论坛等，与学生进行课后互动，解答疑惑，提供指导，使学习更加深入。

3. 线上线下融合的教学效果

通过线上线下相结合的混合式教学模式，教学团队实现了教学效果的显著提升。一方面，线上课堂为学生提供了丰富的学习资源和便捷的学习方式，使他们能够充分利用课余时间进行自主学习；另一方面，线下课堂通过教师的引导和互动，可以帮助学生将理论知识转化为实践能力，提高了课堂的教学效率。这种融合的教学方式不仅使学生的学习更加高效，还培养了他们的自主学习和主动思考能力，为未来的职业发展奠定了坚实基础。

（二）理论与实践相结合，课堂更具效度

在"体育赛事策划与管理"课程的教学过程中，教学团队注重理论与实践相结合的教学方式，通过实践活动深化学生对理论知识的理解，使课堂更具效度。

1. 理论知识的铺垫与引导

在理论教学中，教学团队注重知识的铺垫和引导。通过线上课堂和线下课堂

的结合，教学团队将理论知识进行模块化划分，按照逻辑关系和重要性进行精讲和解析。同时，教学团队还结合案例分析、实践操作等方式，帮助学生理解理论知识的实际应用和重要性。

2. 实践活动的组织与实施

在实践教学方面，教学团队组织了多种形式的实践活动。首先，教学团队引导学生以小组为单位进行案例研讨和赛事策划实践。学生需要自主选取案例和赛事项目，进行深入的调研和分析，提出切实可行的策划方案。其次，教学团队邀请具有丰富赛事策划与管理经验的企业导师走进课堂，与学生进行互动交流，分享实践经验和成功案例。最后，教学团队还组织学生参与实地考察和赛事策划实践等活动，让学生在实践中亲身体验和感受体育赛事策划与管理的全过程。

3. 理论与实践相结合的教学效果

通过理论与实践相结合的教学方式，教学团队实现了教学效果的显著提升。一方面，学生在理论学习中能够深入理解相关知识点和理论框架；另一方面，在实践活动中能够运用所学知识解决实际问题，提高实践能力和创新思维。这种教学方式不仅使课堂更具效度，还培养了学生的实践能力和创新精神，为他们未来的职业发展提供了有力支持。

（三）项目实施后预期将会达到的效果

1. 参与项目学生的收获

通过此次教学改革，教学团队预期参与项目的学生将能够有以下收获：

（1）对"体育赛事策划与管理"课程满意度进一步提升；

（2）通过理论与实践相结合的方式学习，对体育赛事策划与管理的整体过程及其细节有非常清晰的认知；

（3）通过 SMD 评价体系建设，学生能够明确不同维度的能力及适合的就业领域；

（4）学生能够撰写具有一定创新性和可行性的体育赛事策划方案。

2. 项目的影响辐射

鉴于当前开设相似课程的院校较少，代表性教材有限，教学团队拟通过开展公开课、出版教材等形式提升项目的影响辐射。通过公开课展示教学团队的教学改革成果和特色，吸引更多院校和教师的关注和借鉴；通过出版教材的方式，总结和分享教学团队的教学经验和理论成果，为相关课程的开设提供有力支持。同时，教学团队还将积极与相关企业合作，推动产学研深度融合，为体育赛事策划与管理领域的发展贡献智慧和力量。

因爱而"生"，为爱而"教"——"婚庆策划与管理"课程教学设计

刘德艳[①]

上海师范大学　旅游学院

摘　要："婚庆策划与管理"课程是在婚庆服务市场的巨大需求与行业服务水准的较大差距的背景下而开设的。笔者2009年首创开设这门课程的教学理念就建立在不能只是教会学生策划和组织一场定制化的主题婚礼，而是要建立在对爱情和人生的探讨与理解基础上，为爱而"教"这门因爱而"生"的课程。为了能教出既能满足行业当下对人才的需求，又能培养出能引领行业未来发展的前瞻性人才，笔者对于"婚庆策划与管理"课程进行了全方位的教学设计和持续的教学改革。在教授这门课时，采用了"基于问题的学习方式"，并对 PBL 教学法在"婚庆策划与管理"课中实施的基本流程设计了五个阶段，将课程的教学内容设计分为了四个板块，且在"婚庆策划与管理"课程教学中积极融入了思政的设计，最后分享了笔者在婚庆教学中开展的课程实践活动案例。

关键词：婚庆策划与管理；基于问题的学习方式；课程实践活动

一、"婚庆策划与管理"课程的开设背景

对共浴爱河的新人来说，举办一场心仪的婚礼是组建一个幸福家庭十分向往的一个环节。年轻的恋人想要在亲朋好友的见证下，展示彼此相爱一生的承诺。随着百姓生活水平的日益提高，一场富有创意、追求个性、风格鲜明、精美别致的婚礼，已然成了新人期许已久的美好愿望。

[①] 作者简介：刘德艳，女，博士，上海师范大学旅游学院副教授。主讲课程：管理学原理、活动管理原理、方法与实践、会议策划与管理、婚庆策划管理、奖励旅游策划与管理等。研究方向：文旅深度融合、旅游目的地管理与活动策划、旅游企业营销与创新管理、旅游演艺、研学旅游、婚庆策划、会展经济、乡村旅游、滨水旅游等新业态研究等。联系方式：624248161@qq.com。

一方面，作为贴近大众生活的文化产业，婚庆市场蕴含巨大空间。然而，面对巨大的婚庆市场，纵观当前婚庆行业内，却普遍存在着"人才学历不高、草台班子走穴、流程不规范、品质参差不齐"等现象，这些都制约束缚着婚庆行业的健康长远发展。

另外一方面，近年来"大学生就业"成了全社会最关心热议的话题之一。不少高校为应届生谋划未来的就业出路绞尽脑汁。笔者认为：受过高等教育的大学毕业生，可将平日积累的人文艺术底蕴注入婚礼策划，赋予婚庆产品更多的内涵衍生与审美情趣。因此，自2009年起，笔者在上海师范大学旅游学院以及划归上海师范大学旅游学院管理的上海旅游高等专科学校的旅游管理专业、会展经济与管理、会展策划与管理专业中首创开设了"婚庆策划与管理"课程，旨在培养学生婚庆实践操作与创意策划方面的能力，为我国的婚庆行业的健康发展和长远的产业规划培养人才。同时，也希望能借此拓宽学生的就业视野与渠道。因为较之于其他行业领域，除了投资较大的"一站式婚礼会馆"外，婚庆市场中的中小婚庆企业的入门门槛相对不高，很多婚庆的相关业务可以外包，因此，介入起来相对容易一些。如今，也有越来越多的高校毕业生涉足了婚庆行业，婚庆行业也为大学生就业开辟了新的空间。

二、"婚庆策划与管理"课程的教学理念设计

从笔者从教的第一天起，就暗下决心要做一个有教育理想的老师。因此，每当开发出一门新课时，都会思考这个问题：如何能教出既能满足行业当下对人才的需求，又能培养出能引领行业未来发展的前瞻性人才呢？

从2009年开设"婚庆策划与管理"课程至今，笔者不断地在培养的每一届学生身上进行一些新的教学理念设计。笔者认为：高校培养的婚庆产业的人才，不能只教会他们如何从技术层面上学会去做一场婚礼，"婚庆策划与管理"课程是因爱而"生"的行业，就应该围绕着"美好爱情的样子"，或者"美好爱情应该有的样子"，用专业水准为新人奉上令人难忘的量身定制的婚礼。这样的"婚庆人"出品的婚礼，才是笔者花了大量的时间和精力来编著《婚庆策划与管理》的教材和教授"婚庆策划与管理"这门课程的理念与初衷。为爱而"教"，通过一场为新人量身定制的个性化婚礼，为新人的爱情加冕，为新人踏入婚姻生活助力启航。

"婚庆策划与管理"作为一门深受学生喜爱的课程，目的是在活动管理的思维及背景下，使学生了解婚庆策划与组织的全过程，最终将学生培养成为掌握婚庆基础知识和未来发展趋势的婚庆公司的策划人、司仪、经理人、现场执行和督导

等婚庆行业发展所需的专门人才。

笔者在开设"婚庆策划与管理"的过程中，系统地构建了"婚庆活动策划与管理"的理论与实践的专业知识教学框架，系统地阐述了"婚庆活动策划与组织"的全过程、方法与技巧。通过本课程不仅可以了解一场个性化主题婚礼的策划与组织落地，还能通过婚庆公司婚礼的举办提升和引领新人对爱情及婚姻生活的理解与憧憬。

三、"婚庆策划与管理"课程的教学方法设计

婚俗观念在随着时代的发展不断演变，婚庆行业实践也在不断地发展。因此，根据"婚庆策划与管理"在培养学生时既需要强调理论素养又需要强调实践操作的特点，笔者在教授这门课时，采用了"基于问题的学习方式"并在教学过程中获得了令人满意的教学效果。

（一）基于问题的学习方式

所谓基于问题的学习方式是指基于问题的学习（problem based learning，PBL）。它是以问题为起点，学生在教师的引导下，以小组为单位，通过讨论、协作与自主探究，寻找解决问题的途径，实现对知识的深层理解。其目的在于提高学生主动学习能力、分析和解决问题能力及独立思考能力。

（二）PBL 教学法与 LBL 教学法

PBL 教学法因其具有促进理论与实践相联系的教学优势而备受关注。传统上，中国高校教师擅长运用的是 LBL（lecture based learning），即基于讲授的学习方法。LBL 教学忽视了对学生自我探究能力的培养，压抑了学生学习的主动性和积极性，以致学生难以有效地把课堂所学到的知识灵活地应用于具体的实际情境中。

"婚庆策划与管理"课程应着重培养学生对婚庆知识的综合运用能力及解决婚庆产业中实际问题的能力。如果仅仅靠 LBL 教学法，要求学生记忆多个国家的婚俗和礼仪禁忌，以及婚礼的流程及其执行等，不仅枯燥，而且当学生就业后，面对婚庆市场上客户不断变化的要求会产生能力不足的苦恼。因此，"婚庆策划与管理"课应以培养学生解决婚庆业运转中各种问题的能力为教学目标，学生就业后面对的多是情境复杂、结构不良的问题，为 PBL 教学法在"婚庆策划与管理"课中的实施提供了必要性与可能性。

（三）PBL 教学法在婚庆课中实施的五个阶段

（1）第一阶段是提出问题。为了充分发挥问题对学习过程的引导作用，教学所提出的问题应该与婚庆产业密切相关，同时具备适当的难度，从而激发学生的学习兴趣与创造性。如在有关"婚庆市场"章节的学习中，提出了"婚庆市场的'蛋糕'究竟有多大"这一问题，目的在于引发学生学习的热情。教师可要求学生分小组收集各地民政部门及婚庆行业的相关资料交流讨论，并进行总结与归纳。

（2）第二阶段是组织小组。PBL 教学法要求学生以小组为学习单位，既独立又协作地进行学习。例如通过小组对婚庆公司进行走访，实现教学内容与小组实践活动同步，巩固、加深学生对婚庆产业知识的理解，同时引导学生由被动到主动学习，挖掘学生的潜能，全方位、多层次锻炼和提高实践能力，提高分析问题、解决问题的能力。

（3）第三阶段是自主学习。学生在组建小组自主学习解决问题的过程中，笔者作为任课教师需同步全流程给予引领与指导，不断激发学生自主学习的热情。例如，在"婚庆司仪的培养"模块的学习中，引导学生将所学习的内容与平时自己主持节目的经历联系起来，与媒体上看到的节目主持人的主持结合起来，对这些主持与婚庆司仪主持一场婚礼的异同点展开讨论，再去查找资料以及对婚庆公司司仪进行走访。

（4）第四阶段是汇报展示。各小组汇报展示的形式可以多种多样，如角色扮演、多媒体演示、书面报告、口头报告等。如在"主题婚礼的策划"模块的学习中，学生以角色扮演的方式呈现一场主题婚礼，同时配以 PPT 演示，阐述这场主题婚礼的策划思路、过程，以及效果演绎。小组汇报展示结束后，还需接受其他小组成员的提问。这一过程有利于学生发现问题、提出问题和解决问题的能力的培养与提高。

（5）第五阶段是评价总结。评价总结的形式包括教师评价、同伴评价和自我评价。评价的内容一般包括自我学习能力、成员合作能力、解决问题能力、汇报展示的表达能力、回答提问的应变能力等。

通过对学习婚庆课的学生的教学效果访谈和问卷调查的分析显示，采用 PBL 教学法后，婚庆课的教学取得了较显著的效果。首先，通过设计核心问题为学生搭起了婚庆课程的知识架构和内在联系；其次，90% 的学生认为调动了他们学习婚庆课程的兴趣与积极性；再次，进一步提高了学生的学习热情、学习的主动性和学习能力，而这恰恰是 LBL 教学法难以解决的、相对薄弱的环节；最后，进一步提高了学生的自学能力、沟通能力、表达能力及团队合作能力。

四、"婚庆策划与管理"课程的教学内容设计

（一）教学内容设计的四个板块

1. 第一个板块：婚庆业历史

主要围绕着我国婚庆业的产生、演变与发展来展开：从黄帝婚礼到中式婚礼的婚俗嬗变历史；由"文明结婚"到集团婚礼；婚庆业的现状及存在的问题；影响现代婚庆业发展的因素与发展趋势；一站式婚博会的认知。

2. 第二个板块：婚庆业基础知识

主要围绕着婚礼策划与婚礼类型选择来展开，内容包括：中式婚礼、西式婚礼、中西合璧式婚礼、主题婚礼、集体婚礼五种婚礼的历史传承，传统习俗、道具、流程、花销、优缺点及适合的新人。

3. 第三个板块：婚庆公司各项具体业务与人员配置

重要围绕着四个方面来展开：

（1）婚庆司仪与婚庆风险管理：婚庆司仪的概念、变迁、人员构成；类型、职责、职业特点、职业道德、基本素质；主持词、注意事项与风险管理技巧。

（2）婚庆花艺与现场布置：常用花及花语、用花原则、用花类型；现场布置及常用道具的分类和选用。

（3）婚庆化妆、服饰、摄影与摄像：婚庆服饰包括新娘礼服、新郎礼服及伴娘、伴郎礼服；婚庆化妆包括新娘化妆、新郎化妆以婚庆化妆的问题；婚庆摄影包括婚礼跟拍、专业跟拍、非专业跟拍、跟拍的价位及内容、后期制作、跟拍攻略；婚庆摄像包括要点、技巧及摄像师须知。

（4）婚礼音乐、游戏与婚礼督导：婚礼音乐的起源、作用、特征、分类及选择技巧；东西方婚礼音乐的使用；婚礼游戏的功能和常见的游戏种类；婚礼督导的含义、分类、工作原则及作用、督导职责和应具备的工作能力。

4. 第四个板块：婚庆公司的创业与经营

主要围绕着婚庆公司的行业认知、开业筹备与经营管理来展开。涉及婚庆公司的开业筹备，以及成立后的各类经营管理问题。

（二）教学内容设计与场景沉浸式模拟婚礼的实操设计相贴合

教学内容的设计能有效地与"婚庆策划与组织"课堂教学的场景沉浸式模拟婚礼的实操设计相贴合。四个板块的内容对婚庆活动的全要素、全样式、全流程、全员式展开了阐释，使得学生不仅可以对教学内容设计有全面的了解，还可以展开对教材纵向式的逐一章节的学习，也可以对教材内容展开横向式的跨越章节的

使用。如学生对"婚庆司仪"章节感兴趣时，可以直接学习教材第四个板块中的司仪章节，还可以同时结合教材第二板块的婚礼的五种类型的不同特色，来构思不同风格的司仪词，以训练自己不同的婚庆司仪主持风格。

五、"婚庆策划与管理"课程教学的思政的设计

"婚庆策划与管理"课程的教学贯穿思政的主要形式是将思想政治教育的理论知识、价值理念以及精神追求融入到婚庆的教材和课程中去，潜移默化地使学生在学习婚庆知识时，传承和创新中华优秀传统文化，引导学生树立正确的国家观、民族观、历史观、文化观、爱情观，如在开展婚庆业务和进行婚庆公司经营时，注意弘扬中国的传统文化，积极引导新人互敬互爱、尊老爱幼等传统中华美德。

六、婚庆教学中的实践活动案例分享

自2009年笔者首创了这门"婚庆策划与管理"课程后，笔者带领每届学生都进行了不同形式的婚庆实践活动。

以下略举和分享几个笔者教学活动中设计和实施过的婚庆实践活动：

（一）婚庆课堂实践活动：模拟婚礼

1. 课堂实践

上海师范大学2014级本科会展经济与管理专业的赵唯宏同学曾经这样描述：最幸福的课堂——上师大2014级会展专业婚庆策划课堂实践：

大三下学期，我们专业开设了一门课——"婚庆策划与管理"。一个学期下来，诞生了11组课堂模拟婚礼，可以说是全国最幸福的大学课堂。我是第十一组的成员，负责"婚礼"摄影：记录精彩瞬间，与您分享。

最后一组主题——最好的我们。我们小组布置模拟婚礼现场。提前一天进教室布置，历时九小时的成果。我们还去奶茶店借了小黑板，作为迎宾牌放在教学大楼门前。婚礼现场的全景——盖茨比风格主题婚礼：

我愿倾尽一生

只为伊人一笑

"新郎"喜欢美术

"新娘"喜欢音乐

婚礼现场道具的摆放都是精心设计的，背景的绸布是借了7个寝室的窗帘做成的，婚礼logo也是"新郎"亲手设计的。

图1　婚庆实践课堂上的模拟婚礼

"伴娘伴郎"入场，他们都是"新郎新娘"的室友，见证了他们"爱情"的发展。"新郎新娘"进场啦！看同学们笑得特别开心！

切结婚蛋糕。连蛋糕的装饰等都与婚礼主题契合；半世浮华、鎏金、霓裳……道具是真正的高脚杯，我们在淘宝上租来的。

爱的宣誓，我想对你说……"新郎"爱的告白，讲出他们一路走来的点滴故事，既有浓浓的同学情谊，又非常温馨感动。

"证婚人"刘德艳老师。老师手里拿的证婚词，也是组员们认真撰写的，精心设计排版并印刷，每一个细节都不放过。

图2　婚庆实践课堂上同学们亲手搭建的婚礼现场布置

"伴郎"逗笑全场,气氛特别嗨!"伴娘"温情讲述新人的故事,全班同学就是新人的亲友团。

声势浩大的课堂实践吸引了许多路过的老师驻足观看,"教室婚礼"吸引了许多其他班级的同学前来观摩,没有座位只好站在后排观看。

婚礼互动环节。"新郎"好友献唱并送上祝福。婚礼小游戏暖心有趣,"亲友们"积极互动,非常热闹!我们还请了广播电视学专业的同学外援助阵,向学校借来了摄像机拍摄全程,感恩,感谢!

小组成员扮演新人父母致辞,婚礼全程都有小提琴与钢琴伴奏,非常有仪式感和庄严感。在此也感恩两位来帮忙的同学。我们提前一个月就开始筹备,还专门请喜欢人像摄影的同学帮忙拍婚纱照。

特别值得一提的是婚礼现场800多朵金色花朵,都是我们和几位帮忙的同学一片一片叠的,再自己喷上金漆,前前后后制作了三周时间。

刘老师对模拟婚礼做现场总结点评。

最后小组成员开心地合影留念。

2014级会展专业全体同学合影留念。

最好的我们,最幸福的婚庆课。

(注:赵唯宏同学特别鸣谢:刘德艳老师、李曙、肖正昊、田辉、傅嘉豪、姚舜、解之柳、贾雨薇、陆佳怡、叶天、李簇、丁晖轩、赖怡锹、袁一凡、张颖等2014级会展专业的全体同学。)

2. 实践经验积累

这个专业的学生在校期间积累了丰富的"结婚经验"。

上海旅游高等专科学校的柯嘉璐同学在2017年12月11日的学校的论坛"水竹村落"里这样写道:

作为新兴产业,婚庆业的发展可谓是方兴未艾,自然对专业人才的需求量也比较大。在上海旅专,刘德艳老师结合"活动策划与管理"等课程,推出了"婚庆策划与管理"这门课,作为应用型本科转型的成功课程实践,这门课深受大家的喜爱。

对于婚庆课,有人这样说:

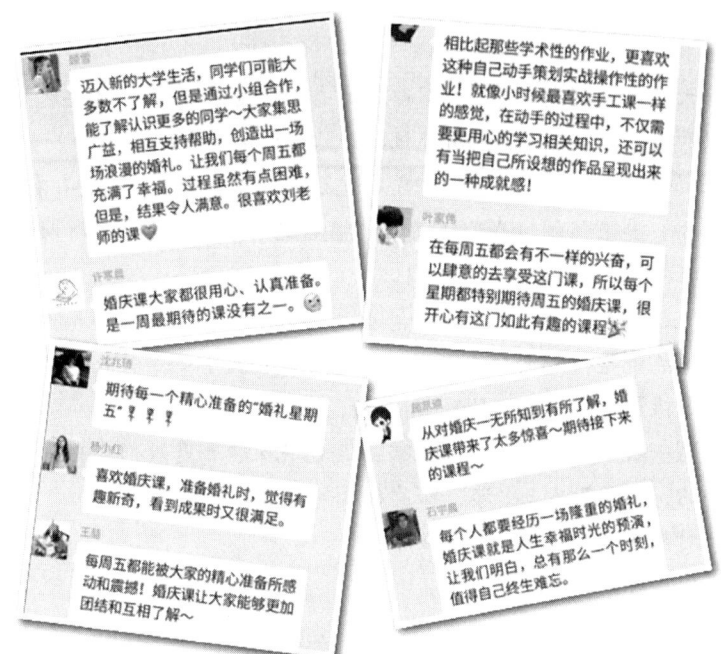

图3　婚庆实践课堂上同学的"有感而发"

还有的人这样说：

> 对于婚礼策划这门课对大家来说都是很新颖的，上课方式更是特别而有新意，不但使我们同学每节课都能观看不同主题、不同形式，甚至还有不同国籍的婚礼，还让同学们在准备过程中相互之间多了交流和合作，加深同学的友谊。这门课是使人快乐的课程，没有传统课堂的枯燥无味，还多了实践和创新，更重要的是看见小组的成员为了给大家呈现一个更好的婚礼所做的准备和努力，这是最让人感动的。不管怎么说，这门课给一百分！也希望这门课以后可以在刘老师的带领下越来越好，越来越被更多的人所熟知！

图4　婚庆实践课堂是加深了"友谊与快乐"的课堂

在这个课堂上，每个人学到的东西，获得的感悟都不尽相同。但无疑，每个人都是幸福快乐的。

每一节婚庆课，大家都期待着谁是今天的新郎新娘，会有哪些创意。

同学们都喜欢婚庆课，不仅仅是因为有趣、快乐，更多的是背后的付出所带来的学习体悟。

模拟婚礼所涉及到的元素，包括婚礼主题、婚礼LOGO、婚礼现场布置、新娘捧花等都是同学们自己设计的。在策划之前，同学们还要走访婚庆公司进行了解交流。毕竟是新人，很多时候同学们虽然知道婚礼的具体流程，但是落到实处还是会有偏差，所以只有真正举办的时候才会知道很多细节具体怎么处理，这也是这堂课的最大意义所在。

对于婚庆课，大家都融入在其中，每个人都很快乐，和老师也更像是朋友。在婚礼过程中有不恰当的，老师都会给他们指出来，比如新娘新郎的挽手礼，新娘爸爸跟新郎交接的时候应该注意什么，新郎入场应该怎么走，老师都会给同学们当场演示。

在刘德艳老师的"婚庆策划与管理"课上，学生首先通过自主学习课本知识，然后以实践的方式表现出来，这样不仅打破了传统授课的形式，更能够让学生牢牢地记住并掌握知识点，在学习中开心地动起来！

很多时候，大学生都在吐槽老师上课很枯燥，很无聊，老师在讲台上讲得热血沸腾，而讲台下的同学们却在低头忙着自己的事。但在这个婚庆课上，同学们却是切实实现了理论与实际相结合，从婚礼的策划到婚礼的举行再到落幕，他们亲力亲为，并从中收获到了友谊和快乐。

最后，小编柯佳璐作为婚庆课上的一分子，也祝愿我们可爱的刘德艳老师越来越好，婚庆课越上越成功。

（二）走出校门的婚庆实践活动："星侣奇缘，爱在海湾"千人相亲大会和集体婚礼

在 2014 年第五届星座文化博览会上，在笔者的全程指导下，由学生自己策划方案、主动寻求与上海师范大学奉贤校区所在地的奉贤区总工会及南桥镇的一家婚庆公司合作，策划和实施了"千人相亲大会活动和举办集体婚礼"。第五届星座文化博览会于 2014 年 5 月 24 日上午在上海市奉贤区海湾旅游区渔人码头艺海湾广场隆重开幕。该届星座文化博览会由奉贤区文广局、奉贤区旅游局、海湾旅游区管委会和笔者所在校（院）联合主办，会展管理系具体承办，《中国旅游报》、《旅游时报》、奉贤区电视台、《奉贤报》等媒体支持，众多兄弟院校团委协办，并得到百脑汇商城等众多实力伙伴战略合作支持。该届博览会策划了数量众多的特色活动。其中人气最高的当数吸引了数千名青年男女参与的"星侣奇缘，爱在海湾"千人相亲大会和集体婚礼。学生亲手演绎了在课堂上学习到的婚庆知识。

（三）积极参与婚庆行业实践："2017 中国·上海首届国际婚礼时尚周"

正是基于一届又一届婚庆课堂的不断设计和教学改革，笔者荣幸地在 2017 年

12月7日至12月10日在上海举办的"2017中国·上海首届国际婚礼时尚周"上，获得了"受行业欢迎教学奖"，同时，因为笔者积极组织上海师范大学的本科生参与了"首届国际婚礼时尚周"，与各方的努力使活动取得圆满成功，上海国际婚礼时尚周组委会特别为上海师范大学颁发了感谢牌匾。

图5 "上海国际婚礼时尚周"组委会为上海师范大学颁发的感谢牌匾

（四）增设"我的爱情宣言+教师点评"板块

近年来，笔者在独立编著的教材《婚庆策划与管理》第二版中，以及"婚庆策划与管理"的课堂教学中，又增设了学生自述板块"我的爱情宣言"，这是笔者近年来对这门课程所做的不断深化的教学改革中的又一次新的教学尝试。这个板块的教学目的就是希望学生能体察新人的爱情观和婚礼上可能的心情，然后再去策划、设计、引领一对新人的爱情在婚礼上升华成"为爱加冕"的仪式，并从此走向新的人生阶段。

《婚庆策划与管理》第二版在修订时，也在每章前增加了一个"我的爱情宣言+刘德艳博士的点评"这一新的板块，意在给学习婚庆课程的学生、婚庆公司的从业人员、准新人这三类读者，分享一些对爱情及婚姻生活的看法。在《婚庆策划与管理》第二版教材中，提出自己这些爱情观的就是学习笔者课程的大三学生，年龄大多在20~23岁。他们中有的已经有了男朋友或者女朋友，有的还在憧憬爱情的过程中。也许他们不能代表所有年龄段人的爱情观，但是也许他们的年龄能让读者想起自己"爱情初心"的样子，也许，正是每每忆及这些"爱情初心"，才支撑着我们在婚姻生活遇到了琐碎和困难的时候，能有勇气相互支持与陪伴着彼此，在人生的路上继续幸福地走下去。

一起来看看下面这组爱情宣言：

秦同学：凡是最登对，必定各独立。
吴同学：若不是一起变好，不如一个人终老。
徐同学：爱情是细水长流的平静和稳定。
李同学：爱情是人生的惊喜，婚礼是生活的考验，长路漫漫，希望有人同行。
朱同学：我觉得爱情是陪伴，是一起做饭。
钱同学：应该能经得住时间的考验，抵得住流年，经得住离别，能够忍受思念，惊艳了时光，温柔了岁月。

刘德艳博士的点评：他们不要互相依附，要各自独立；他们不要互相将就，要一起变好；他们知道热恋之后是平静和稳定；他们渴望爱情给人生带来惊喜，但也深知婚姻生活的长路漫漫；他们懂得将爱恋化为一餐一饭的陪伴；他们希望自己的爱情能经得住离别，抵得住流年。

当我们了解了这些同学的爱情观，是不是看到了婚俗观念正在随着时代的发展在不断演变？带着这些新的婚俗观念来进行婚庆活动的策划和管理，是不是会让我们更有新思路？因此，笔者在每一章前增加的这个新板块，在课堂教学中也增设了这一环节，就是意在让学生带着对爱情、婚姻和人生的思考来开始每一章的阅读和学习。

七、"婚庆策划与管理"教学所获得肯定与荣誉

在《婚庆策划与管理》第一版出版后，因为突破了过去"无婚庆教材可用"的局面，加上笔者在一些教学研讨会上的课程教改经验推广，很多学校也陆续地开设了婚庆课程，很多的婚庆公司和新人在购买和使用了笔者编著的教材后，也给出了许多的积极反馈。

笔者本人也荣幸地在"2017中国·上海首届国际婚礼时尚周"上获得了"受行业欢迎教学奖"。

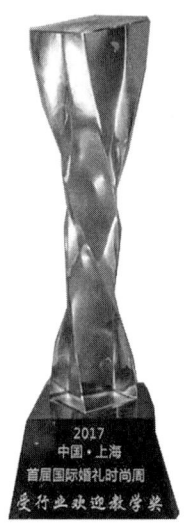

图 6　刘德艳老师获得"受婚庆行业欢迎教学奖"

2020年7月,笔者独立编著的《婚庆策划与管理》一书,又荣获了第十二届中国会展经济研究会二级成果和"改革开放四十周年会展经济研究优秀成果奖"三等奖。

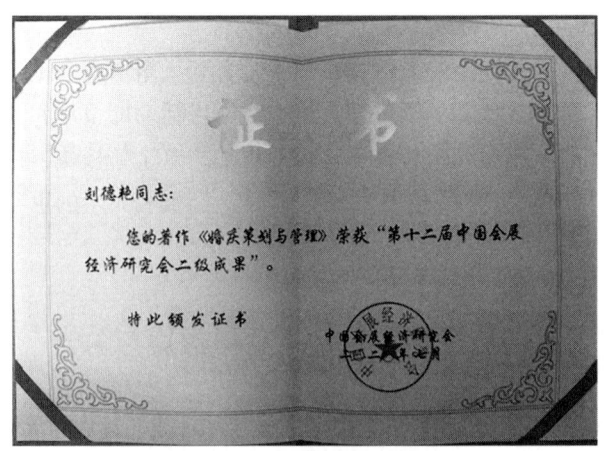

图 7　《婚庆策划与管理》教材荣获中国会展经济研究会二级成果

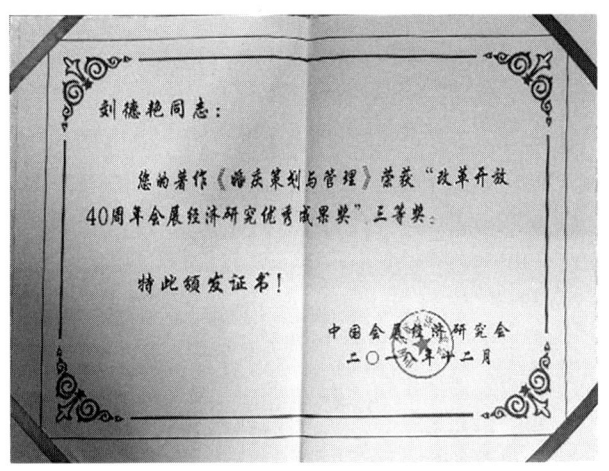

图 8 《婚庆策划与管理》荣获改革开放四十周年会展经济研究优秀成果奖三等奖

每年实习和毕业季，笔者都有学生尝试婚庆行业兼职、就业和创业，他们带着笔者对于婚庆行业人才培养的理想，进入婚庆行业实践中去，为中国的婚庆产业良性发展做出努力。

最后，笔者想送给所有参与了"婚庆策划与管理"课程的同学和朋友们：

来过，爱过。人间，值得。

"婚庆策划与管理"的教学：

因爱而"生"，为爱而"教"！

教育教学思考与探索

协同育人新模式：建设会展产教融合共同体的院校作为

王 磊[①]

摘 要：本文探讨了高校如何推动会展产教融合共同体的建设与发展。首先介绍了产教融合共同体的概念及其重要性，分析了建设过程中的难点，并提出了解决策略。其次通过成功案例分析，分享了高校、政府、行业协会和企业如何协作推进共同体建设的经验。文章着重讨论了高校在推动会展产教融合共同体建设中的角色和策略，强调了高校应如何发挥自身优势，主动参与并推动共同体的发展。最后展望了未来会展产教融合共同体的建设将是一个持续的过程，需要高校、政府、行业协会和企业的共同努力和智慧。

关键词：会展产教融合共同体；高校角色；解决策略；多方协作；人才培养

自我国实施改革开放政策以来，会展业发展迅猛，在现代服务业和国民经济社会运行中的作用日益凸显，对高素质会展专业人才的需求也日益增长。本文旨在探讨如何通过高校的积极作为，推动会展产教融合共同体的建设与发展。文章首先概述了产教融合共同体的概念及其重要性，其次分析了建设过程中的难点，并提出了解决策略。通过介绍成功案例，文章分享了高校、政府、行业协会和企业如何协作推进共同体建设的经验。最后，文章着重讨论了高校在推动会展产教融合共同体建设中的角色和策略，强调了高校应如何发挥自身优势，主动参与并推动共同体的发展。通过这篇文章，我们期望为读者提供对会展产教融合共同体建设的全面认识，并激发更多相关方的参与和贡献。

[①] 王磊，男，博士，上海旅游高等专科学校会展与经济管理学院教授。主讲课程：管理学、会展营销、文化市场营销、服务管理、演艺活动策划与组织等。研究方向：旅游经济、会展经济与管理、绿色评价等。联系方式：leiwang0225@126.com。

一、产教融合共同体概述

（一）产教融合共同体的发展演变

（1）"教育与生产劳动相结合"阶段（大约从 1949 年至 1977 年）。新中国成立以后，我国主要借鉴苏联在教学中注重与生产实际相联结的特性，广泛构建了校内外生产实习基地。1958 年《关于教育工作的指示》规定"教育必须与生产劳动相结合"，要求学校内部开工厂、办农场等。后来刘少奇同志在《我国应有两种教育制度、两种劳动制度》中，研究了半工半读制度，这对产教融合来说是初步的一种摸索，也为产教融合的进一步发展提供了实践经验。

（2）产教结合阶段（大约从 1978 年至 2013 年）。党的十一届三中全会之后，中国开始大力推行改革开放政策，全面发展经济，职业教育逐步开始面向生产和服务的前沿。1991 年《国务院关于大力发展职业技术教育的决定》正式出现"产教结合"的提法，"产教结合"、"校企合作"成为产教关系的新样态。《面向 21 世纪教育振兴行动计划》指出"职业教育和成人教育要走产教结合之路"。

（3）产教融合阶段（大约从 2014 年至今）。时代进步促使职业教育与社会经济、生产的联系更为紧密。2014 年提出"产教融合、特色办学"（《国务院关于加快发展现代职业教育的决定》），2017 年《国务院办公厅关于深化产教融合的若干意见》指出"深化产教融合"，"强化企业关键主体作用"，激励企业、行业组织积极参与产教融合。2019 年《国家职业教育改革实施方案》要求加强校企合作、做深产教融合，实施双元育人等。促使职校和行业企业构建命运共同体。由此，产教融合逐渐成为顺应时代需求的职业教育发展的关键方向。

新修订的《中华人民共和国职业教育法》已于 2022 年施行，要求职校、职业培训机构必须注重产教融合、校企合作。企业要成为办学主体，深度参与职业教育，国家鼓励企业举办高质量职业教育。

2022 年 12 月，中国政府发布《关于深化现代职业教育体系建设改革的意见》，倡导建立市域产教联合体和行业产教融合共同体。该政策鼓励行业领军企业与高水平院校合作，创建跨区域的教育与产业融合平台，整合资源，制定教学评价标准，并开发核心课程与实践项目。同时，根据产业链需求，实施校企联合培养模式，提供行业员工培训与继续教育，确保人力资源供应。此外，建设技术创新中心，培养技术技能人才，支持企业技术升级。

2023 年 6 月，国家多部门联合发布《职业教育产教融合赋能提升行动实施方案（2023—2025 年）》，重申构建产业园区为基础的产教融合联合体，旨在提升人才培养质量，推动高质量就业，进一步深化产教融合，服务行业发展。

(二)产教融合共同体构建的目标、基础和方向

1. 共同培养适应产业需求的技术技能人才是目标

产教融合共同体的构建旨在实现教育与产业的有机结合,其核心目标是共同培养适应产业需求的技术技能人才。这一目标要求我们不仅要关注人才与产业需求的匹配度,更要确保教育方案的实施能够严格遵循校企共同培养的原则。在这一过程中,校企双方不再是单一的主体,而是作为育人共同体的两个重要部分,共同发挥着育人的主体作用。通过实现全方位的"双元"育人模式,我们能够确保教育内容与产业实践的紧密结合,从而培养出真正符合市场需求的高素质技术技能人才。

2. 教育和产业资源的共建共享是产教融合共同体构建的坚实基础

在国家政策方面,如《国务院办公厅关于深化产教融合的若干意见》(〔2017〕)提出,鼓励职业教育与优势企业共建共享生产性实训基地和技术技能实训设施,这为产教融合提供了政策支持和方向指引。从现实实践层面来看,学校拥有丰富的教育资源,如办学场地、专业师资和教育教学经验;企业则掌握着资金、生产资源、前沿技术和工艺以及产业技术技能人才等关键要素。政府和行业协会也各自拥有独特的资源和优势。这些资源的互补性,为产教融合共同体的构建提供了坚实的逻辑基础和实践支撑。

3. 加强多方深度融合是产教融合共同体发展的重要方向

职业教育产教融合的核心在于"融",即政行校企等各方需要实现全方位、深层次的相互融入和紧密合作。只有当各方真正打破壁垒,形成利益共同体,产教融合才能发挥应有的作用和价值。这种深度融合不仅能够促进教育资源与产业资源的有效对接,还能够激发创新活力,推动教育内容和教学方法的改革,最终创造出更大的社会效益和经济效益。通过不断探索和实践,我们有理由相信,产教融合共同体将为社会培养出更多高素质的技术技能人才,为国家的经济发展和社会进步作出重要贡献。

二、产教融合共同体建设的难点

(一)政府支持力度不够

政府在产教融合共同体的建设中扮演着重要的角色。虽然政府陆续颁布了不少政策文件,然而,对产教融合共同体的支持力度还不够,政策支持、资金投入等尚需加强。这可能导致会展产教融合共同体的建设缺乏必要的资源和支持,难以实现预期的目标。

例如,《职业教育产教融合赋能提升行动实施方案(2023—2025 年)》提出:探索创新激励措施,完善"金融、土地、财政、信用"组合激励,支持地方制定适用政策,加大金融支持产教融合。引领保险机构研制产教融合有关的保险产品。支持满足条件的产教融合型企业进行上市融资。这些实施方案多属于指导性,尚难以落地实施。

(二)行业协会存在履职阻碍

相关政策文件对行业组织在产教融合共同体中的职责进行了明确表述。如 2018 年《关于深化产教融合的若干意见》强调行业主管部门需引导产教融合,支持行业组织制定计划,提供人才预测、校企对接等综合服务。然而,行业组织在实际履职过程中,由于仅有相关政策指导,缺乏专项法律保障,没有具备高度的独立性和权威性,普遍存在着有责无权、统筹协调能力不足等问题,在产教融合中常常处于边缘地位,很难发挥出真正的作用。

(三)校企合作机制不健全

高校与企业之间的合作机制是会展产教融合共同体建设的基础。然而,目前高校与企业之间的合作机制还存在一些问题,如缺乏长期、稳定、深入的合作机制,合作内容不够丰富,合作形式不够多样等。

学校和企业作为产教融合共同体内最重要的两个主体,基本诉求和出发点本身就存在差异,在某些方面甚至是矛盾对立的。学校以育人为目的,经费主要来自财政拨款,体现公益性;企业以盈利为目的,关注投入产出比,强调效率性。

(四)协同育人机制不完善

企业作为市场主体,需要根据市场环境的变化调整经营行为甚至是业务方向,而高职院校作为教育主体,又需要企业能够稳定持续地为实践教学活动提供场地、设备、原材料等资源要素的支持。企业参与产教融合共同体协同育人的目的,是为企业自身培养或储备人才,但在现实中,高职院校的育人机制与企业的用人机制没有很好地衔接、兼容,学校人才培养与企业选人用人工作脱节,共同体培养的人才只有少部分会进入相关企业就业,使得企业参与共同体协同育人的动力不足。

(五)利益分配机制不清晰

由于高职院校与企业在科研创新、生产实训、人才培养等各项工作中的贡献难以进行量化，导致利益分配较为困难。通常依靠各成员单位的事先约定以及事后协商，由于缺乏完善的利益分配标准和规范，一旦产生较大的利益分配分歧，共同体各成员单位之间很容易产生摩擦甚至纠纷，不利于共同体的长远健康发展。

（六）人才培养与产业需求脱节

高职院校存在培养能力阻碍。高职教育"大而不强"的问题依然存在，很多高职院校事实上缺乏培养出高级技术技能人才的能力。职业教育中教师理论化、教材空泛化和教法流程化与企业实际需求脱节，导致"合而不融"现象普遍。

三、产教融合共同体的实践与探索

（一）以龙头企业为主牵头组建

2023年，国家轨道交通装备行业产教融合共同体成立，首批成员包括22省份的9所高校、34所职业院校、中国中车及其49家子公司，以及5个教育行政部门。这一共同体的跨区域特色明显，依托产业链，联合上下游企业，推动跨学科、跨领域、跨专业合作，促进产学研用协同创新，加速行业高质量发展。

常州信息职业技术学院的周海英研究员指出，与以往相比，共同体的融合内容更广泛，不仅包括专业建设、课程开发、教材编写、教学、实训和协同创新平台建设，还扩展到继续教育、企业国际化发展和思想政治教育等新领域。

该共同体实力雄厚。由中国中车以及相关的高水平大学和职业院校共同引领。普通高校成员诸如西南交通大学、同济大学、北京交通大学、常州大学等著名普通高校，这些高校的加入会给产教融合共同体的建设提供充裕的学术资源和人才支撑。职业院校成员包含湖南铁道职业技术学院、南京铁道职业技术学院、常州铁道高等职业技术学校等。这些职业院校的加入将为产教融合共同体的建设注入更多的实践和技能支撑。

（二）以行业协会为主牵头组建

2023年5月29日，全国鞋服行业产教融合共同体在温州职业技术学院成立。由中国纺织工业联合会发起，核心成员包括纺织服装教育学会、温州职院等，联合政府、行业团体、科研机构、高校、企业等多方，共同推动行业发展。全国新一代信息技术产业产教融合共同体，由中国电子学会担任理事长单位，联合11家重点职业院校和9家领军企业组建而成，并成立了20个工作组，推出了23个开放性项目，每个项目都确定了牵头单位，并欢迎其他学校、企业等参与。

（三）以职业院校为主牵头组建

2023 年 7 月 29 日，长三角新能源汽车行业产教融合共同体成立。该共同体由安徽交通职业技术学院牵头成立，成员单位包括 37 家新能源汽车相关企业、35 家汽车专业类高职院校以及相关组织机构，覆盖长三角区域。针对以往职教改革中存在的学生发展受限、校企合作不深、人才供需不匹配等问题，共同体通过统筹资源、加强技能引领，探索人才共招、共育、共评的培养新模式。该举措使得职业教育能够应对和服务新能源汽车产业技术井喷式发展过程中的高技能人才需要。在育人、研发、服务三方面打造共同体，培养服务于智慧交通、新能源汽车、智能网联汽车等世界级产业集群的创新型高技能人才。

（四）经验总结

上述行业产教融合共同体典型案例的实践经验表明，行业产教融合共同体须联合行业组织、产业链上下游企业、学校、科研机构，跨区域聚集教育产业政策资源。应鼓励大型企业与共同体行业领域相契合的高水平院校等牵头，跨区域广泛联合并扩大成员单位。

通过资源共建、多主体共治、成果共享实体化运行机制，探索各类培育培训方式，提升人才培养质量，支撑全行业发展。共同体需通过政策探究、大数据剖析、问卷调研、走访调查等多样方式来知悉人才需求状况，把产业应用的工艺、技术融入教学实践当中，共同探寻多元化培养模式，增添实习和就业职位，从而契合产业链分工对于人才的需求。共同体应致力于推动和引领行业产业技术创新，这要求多元主体协同开展技术攻关，共建技术创新中心、重点实验室等，狠抓重大科技成果产出，推动行业企业技术升级。

四、产教融合共同体的发展策略

（一）建立健全实体化运行机制

构建适宜的产教联合组织架构极为必要，应当构建起由政府、企业、学校、协会、科研机构等多方面参与的理事会，协商确定建设规划，清晰界定组织架构与职责分工。要构建起规范化且合理的利益共享体制等，明确责任与权利的分配，促使共同体从松散型合作朝着紧密型合作转变。

（二）构建产教供需对接机制

大力开展针对行业发展趋势、人才需求状况等诸多方面的深入调研工作。通过全面细致的调研，形成详尽的行业发展分析报告、具有前瞻性的行业人才需求预测报告，同时列出明确的行业人才供需清单以及技术供需清单。促进产教供需之间实现更加高效、精准的对接，从而为产教融合的进一步发展奠定坚实基础。

（三）联合开展人才培养

按照产业链分工对于人才的需求状况，校与企进行联合招生，实施委托培育、订单式培养以及学徒制培养等，推进人才培养模式的创新之举。在共同体内推行校企师资的相互兼任和互聘，共同构建并共享高水准的"双师型"教师团队。共同体内的企业在招工方面应向共同体内的学校有所侧重，加大实习和就业岗位的提供力度。共同体内的学校要开放培训组织和继续教育机构，针对行业企业员工展开岗前培训、岗位培训以及继续教育等活动。

（四）协同开展技术攻关

为解决企业面临的生产和技术挑战，需组建科研团队，专注于实际问题。建设方应大幅增加投资，共同建立技术创新中心、产学研用平台和先进实验室，以促进资源整合和成果转化，推动持续创新和技术进步。

（五）有组织开发教学资源

构建一支卓越的教育与科研团队至关重要，该团队需紧密结合人才培育、学科发展和技术创新的现实需求。将产业界的先进工艺与技术整合入教学之中，旨在打造核心专业课程和提升实践技能的项目。利用高校的专业优势与企业的技术创新能力，紧跟行业的最新技术、工艺、方法和标准。同时，致力于开发高质量的教学设备，并推动其广泛应用。

（六）强化支持保障力度

各组织应出台专门措施，以扶持联合体的构建与发展。企业需将联合体的事务纳入其长期发展战略及年度评估体系。教育机构则应推动科技革新与产业的紧密结合，为联合体输送坚实的人才和技术支持。

五、会展产教融合共同体概述

（一）会展产教融合共同体的定义

会展产教融合共同体是一种将会展产业与教育事业相结合的新型组织形式，

旨在促进会展专业教育与产业实践的深度融合，提高会展人才培养质量，推动会展产业的发展。

会展产业是一种以展览、会议、节庆等活动为主要形式的产业。会展产业自身具有的一些特点会给会展产教融合共同体的建设带来挑战，如业态多样、类型众多、差异较大、企业规模普遍不大，另外产业波动性较大、市场竞争激烈、对人才需求多样化等。这些特点可能导致会展产教融合共同体的建设面临更多的不确定性和风险。

（二）会展产教融合共同体的构成

会展产教融合共同体的机构组成主要包括高校、政府、企业和其他相关机构。其中，高校是共同体的核心机构，负责会展专业人才的培养和科研工作的开展；政府是共同体的支持机构，为共同体的建设和发展提供政策支持和资源保障；企业是共同体的核心机构，为共同体的建设和发展提供实践经验和资源支持；其他相关机构也可以参与到共同体的建设中来，为共同体的建设和发展提供更多的支持和帮助。

会展产业链上的企业种类繁多，以下是一些主要的企业类型：

（1）会展主办企业：这些企业负责组织和举办各种类型的会展活动，包括展览、会议、研讨会等。他们负责策划、宣传、招商、场地租赁、物流等方面的工作。

（2）会展服务企业：这些企业为会展主办企业提供各种服务，包括展台设计、搭建、装饰、物流、翻译、礼仪、设备租赁等。

（3）会展场馆企业：这些企业拥有或经营各种类型的会展场馆，包括展览馆、会议中心、体育馆等。他们负责场馆的租赁、管理和维护。

（4）广告宣传企业：这些企业为会展主办企业提供广告宣传服务，包括广告设计、制作、发布等。

（5）物流企业：这些企业为会展主办企业提供物流服务，包括展品运输、存储、装卸等。

（6）旅游服务企业：这些企业为参展商和观众提供旅游服务，包括酒店预订、交通安排、旅游咨询等。

（7）金融服务企业：这些企业为会展主办企业提供金融服务，包括保险、信贷、投资等。

（8）信息技术企业：这些企业为会展主办企业提供信息技术服务，包括网站建设、电子商务、在线展览等。

这些企业在会展产业链上相互合作，共同推动会展产业的发展。

（三）会展产教融合共同体的作用
1. 增强高校与企业的交流与合作

高校和企业可以共同制定人才培养方案，开展实践教学和科研合作等活动，实现资源共享和优势互补。

2. 提高会展人才培养质量

促进会展专业教育与产业实践的深度融合，提高会展人才培养质量。高校可以借助企业的实践经验和资源，更好地了解市场需求和行业动态，调整和优化人才培养方案；企业也可以通过与高校的合作，获得更多的人才支持和智力保障，提高自身的竞争力和创新能力。

3. 推动会展产业转型升级

在共同体的合作下，高校和企业共同开展科研合作，推动科技成果的转化和应用，提高会展产业的科技水平和创新能力；促进会展产业与其他相关产业的融合与发展，推动产业间的协同创新和转型升级；为会展产业提供更多的人才支持和智力保障，增强产业的创新能力和综合竞争力。

4. 促进区域高质量发展

一方面，带动区域内的企业和机构参与会展产业的发展，扩大会展产业的影响力和辐射力；另一方面，为区域内的企业和机构提供更多的人才支持和智力保障，推动区域经济的转型升级和创新发展。此外，会展活动丰富区域群众精神文化生活，提高生活质量。

（四）会展产教融合共同体存在的问题
1. 会展产教融合共同体的现状

在会展产教融合共同体的构建过程中，高校与政府、行业协会及企业之间的合作是实现教育与产业深度融合的关键。然而，这一过程中存在的问题不容忽视。高校期望得到政府的支持、行业协会的关怀以及企业的积极参与，但现实中，这种理想化的合作模式往往难以达成。政府通过文件表达支持，行业协会在院校活动中提供建议，而企业则主要在需要临时服务人员时与院校接触。这种"校热企冷"的现象，实际上可能掩盖了更深层次的问题。院校经常抱怨，表示会展产教融合校热企冷。真实情况也许是这样：院校并不是真的热，而是"战术性热"和"战略性冷"。

2. 院校"战术性热"剖析

首先，高校在产教融合中表现出的"局部热"与"阶段热"及"浅层次热"现象，反映了合作的局限性和表面性。"局部热"通常指的是教学副校长、副院长、副主任、专业负责人等特定群体的热情，而这种热情往往局限于个别部门或个人，缺乏全校范围内的广泛参与和支持。"阶段热"则体现在特定时期，如评估、报奖、论证等活动，这种热情具有时效性，缺乏持续性。而"浅层次热"则表现在一些形式性的活动上，如召开大会、签订协议、拍照和撰写材料，这些活动虽然能够展示学校的积极形象，但往往缺乏实质性的内容和深度。

3. 院校"战略性冷"剖析

与此相对的是"全局冷"与"长期冷"及"深层次冷"的现象。"全局冷"表明大多数部门和教职工对产教融合缺乏足够的热情和参与度，这种冷漠态度可能会影响产教融合的整体效果。"长期冷"则反映了在大部分时间内，产教融合并没有得到持续的关注和投入，这可能导致合作项目缺乏长期规划和稳定性。而"深层次冷"则是指在课程开发、教学改革、实践基地建设等实质性建设活动方面，缺乏深入的合作和创新，这可能会限制产教融合的深度和广度。

六、高校如何积极主动，推动建设会展产教融合共同体

（一）激发院校内部活力

高校在推动会展产教融合共同体建设中，首先需要激发内部活力。这包括制定和完善相关政策，鼓励教职工，尤其是专业负责人和广大教师，积极参与到共同体的建设中。为此，高校应：

1. 制定激励政策

高校应设立产教融合专项经费，这不仅能够为教师提供必要的物质支持，还能体现出学校对于产教融合项目的重视。专项经费可用于资助教师参与共同体建设的各项活动和项目，确保教师在资源上得到充分的保障。

2. 建立奖励制度

高校需要建立一套公正的评价机制，对教师在产教融合共同体建设中的贡献进行客观评价。通过设立奖励制度，如在职称评定、荣誉申请、争先评优等方面提高产教融合工作的权重，可以显著激励教师积极参与并取得更好的成果。

3. 建立参与机制

为了使教师能够更加便捷地参与到产教融合共同体建设中，高校应建立相应的参与机制。例如，可以设立教师发展委员会或产教融合委员会等机构，为教师

提供参与的平台和机会，确保他们的声音和建议能够得到充分地听取和考虑。

4. 制定培训计划

高校应制定详细的产教融合人才培养计划，明确教师参与共同体建设的基本要求和目标。同时，高校还需制定相应的培养措施和方法，加强教师培训和管理，提供更多的培训机会和资源支持，以提高教师的专业素养和技能水平。

5. 建立校企合作机制

高校应与政府、企业、行业协会等建立紧密的合作关系，为教师提供更多的实践机会和平台。通过校企合作，可以实现资源共享、互利共赢的目标，促进共同体的共同发展。

6. 加强宣传和推广

高校需要加强产教融合共同体建设的宣传和推广工作，通过多种渠道和方式，让更多的教师了解其重要性和意义。这不仅能够激发教师的积极性和主动性，还能够在校园内形成良好的产教融合氛围，为共同体的建设打下坚实的基础。通过宣传，教师能够更加清晰地认识到自己在共同体中的角色和责任，从而更加积极地投身于共同体的建设之中。

（二）争取政府支持

高校在推动会展产教融合共同体建设中，争取政府的支持是至关重要的一环。以下是一些高校可以采取的对策措施，以促进政府在相关方面的进展：

1. 加强政府沟通

高校应加强与政府部门的沟通交流，主动了解政府在会展产教融合共同体建设方面的政策和规划。通过定期的会议、报告和建议书等形式，高校可以更好地理解政府的意图和需求，为政府提供更加有针对性的政策建议和服务。这种持续的沟通有助于建立信任，确保双方的目标和行动能够保持一致。

2. 参与政策研究

高校可以利用自身的学术优势和专业知识，为政府会展主管部门提供行业调研和政策研究支持。通过深入研究会展行业的发展趋势、市场需求和潜在问题，高校可以提出完善税收优惠、财政补贴等政策的建议。这不仅有助于政府制定和调整会展相关政策，还能为政府提供科学依据和建议，推动政府出台更加有利于会展企业和高校合作发展的政策措施。

3. 协助战略规划

高校应积极参与政府会展主管部门的行业规划和发展战略制定工作。通过提供专业的意见和建议，高校可以帮助政府制定会展行业中长期发展规划，确保规划的科学性和前瞻性。这种参与不仅能够提升政府规划的质量，还能确保高校的需求和期望得到充分地考虑。

4. 辅助监管评估

高校可以协助政府会展主管部门开展行业监管和评估工作。通过提供专业的分析和评估，高校可以帮助政府规范会展行业的发展，提高服务质量。这种辅助监管和评估工作，有助于确保会展行业的健康有序发展，同时也能够为政府提供宝贵的反馈和建议。

5. 提供专业培训

高校应为政府会展主管部门提供人才培训和支持。通过开设专业课程、研讨会和工作坊等形式，高校可以帮助政府提高会展行业从业人员的专业素质和能力水平。这种培训不仅能够提升从业人员的专业技能，还能够促进政府与高校之间的交流和合作。

6. 制定产业标准

高校应与会展企业、行业组织等合作，共同推动会展行业的标准制定和规范管理。通过参与行业标准的制定，高校可以帮助提升会展企业的管理水平和市场竞争力。这种合作不仅能够促进会展产业的健康发展，还能够确保行业标准的科学性和实用性。通过这种方式，高校可以为会展产业的标准化和规范化作出积极的贡献。

（三）动员协会参与

高校在动员会展行业协会参与会展产教融合共同体建设的过程中，可以采取以下对策措施：

1. 建立合作关系

高校应主动与会展行业协会建立稳固的合作关系，共同致力于推动会展产教融合共同体的建设。通过与行业协会的紧密合作，高校不仅可以提升自身的行业知名度和影响力，而且能够更深入地了解会展行业的最新需求和发展趋势。此外，高校可以利用行业协会的网络和资源，为学生提供实习、实训等实践机会，增强学生的行业适应性和竞争力。

2. 共享资源信息

高校与会展行业协会之间应实现资源共享和信息互通。高校可以向行业协会提供最新的人才培养方案和课程设置，以满足会展行业对高素质人才的迫切需求。同时，行业协会可以向高校传递行业的最新动态和发展趋势，为高校的教学和研究提供宝贵的参考和支持。通过这种资源共享和信息互通，双方可以实现互利共赢，共同促进会展产业的发展和人才培养质量的提升。

3. 参与行业活动

高校应积极参与会展行业的各类活动，如行业论坛、研讨会、展览等，与会展企业、行业组织等建立广泛的联系和合作。通过参与这些活动，高校不仅可以更好地了解会展行业的最新动态和趋势，而且能够展示自身的优势和实力，吸引更多的企业加入会展产教融合共同体的建设中来。这种参与有助于高校与行业协会之间建立更紧密的联系，共同推动会展产业的发展。

4. 提供咨询服务

高校可以利用自身的学术优势和专业知识，为会展行业协会提供技术支持和咨询服务。高校的专家学者可以就行业发展、市场趋势、技术创新等方面的问题，为行业协会提供专业的意见和建议。通过提供这些咨询服务，高校可以帮助行业协会解决实际问题和发展难题，同时也能够增强高校与行业协会之间的合作关系。

5. 加强宣传推广

高校应通过各种渠道加强宣传和推广，吸引更多的会展行业协会参与会展产教融合共同体的建设。高校可以举办论坛、研讨会、展览等活动，邀请行业协会的代表参与讨论和交流。通过这些活动，高校不仅可以展示自身的优势和特色，而且能够增强行业协会对产教融合共同体建设的认识和兴趣。此外，高校还可以利用媒体、网络等平台，加大对产教融合共同体建设的宣传力度，提高其在行业内的知名度和影响力。通过这些宣传和推广活动，高校可以吸引更多的行业协会参与到共同体的建设中来，共同推动会展产业的发展。

（四）联合企业共建

当前会展企业在会展产教融合共同体建设中缺乏参与的动力，而建设共同体的主要目的之一就是充分发挥企业在职业教育活动中的重要主体作用。从高校视角出发，以下是一些可能的对策措施：

1. 建立激励机制

高校应致力于建立和完善激励机制，以激发会展企业参与产教融合共同体建设的积极性。具体措施包括协助企业联合申请政府的政策优惠或支持，如税收减免、资金补贴等，以及在人才招聘中给予企业优先权。此外，高校可以与政府合作，制定一系列激励政策，如提供研究与发展资助、项目合作机会等，以此鼓励企业积极参与共同体建设。

2. 加强合作沟通

高校需要加强与会展企业的沟通与合作，深入了解企业在人才需求、技术革新、市场发展等方面的真实需求和期望。基于这些需求，高校可以为企业提供定制化的人才培养方案，如开设行业特色课程、实训项目等，以及科研合作项目，帮助企业解决实际问题，促进企业技术创新和人才培养。

3. 搭建合作平台

高校应积极搭建会展产教融合共同体的合作平台，这不仅能够加强与企业的互动交流，还能为企业提供展示自身优势和推广品牌的机会。通过举办行业交流会、技术展览会、创新竞赛等活动，高校可以促进企业之间的交流合作，同时为学生提供接触行业、了解企业的窗口。

4. 创新合作模式

高校应不断创新与会展企业的合作模式，探索新的合作领域和方式。例如，可以采取"产学研"一体化模式，将人才培养、科研合作和企业发展紧密结合起来。通过这种方式，高校可以更有效地将理论知识与实践技能相结合，为企业培养出更符合市场需求的高素质人才。

5. 加强人才交流

高校应加强与会展企业的人才交流，通过多种方式促进人才互通和共享。例如，高校可以邀请企业专家来校授课或开设讲座，让学生直接了解行业的最新动态和趋势。同时，学校教师也可以为企业提供培训、职业发展指导等方面的支持，帮助企业提升员工的专业技能和职业素养。通过这种双向交流，高校和企业可以实现资源共享，共同促进会展行业的发展。

七、总结

在深入探讨了会展产教融合共同体的概述、建设难点、实践探索以及发展策略之后，我们对如何构建一个高效、协同、创新的会展产教融合共同体有了更清晰的认识。高校作为这一过程中的关键参与者，其积极主动的推动作用不容忽视。通过与政府、行业协会、企业的紧密合作，高校不仅能够为学生提供更加丰富的实践学习机会，还能为会展行业的持续发展注入新的活力。

面对建设过程中的挑战，高校需要不断探索和创新，从内部激发活力，争取政府支持，动员协会参与，联合企业共建，形成多方共赢的局面。通过建立激励机制、加强合作沟通、搭建合作平台、创新合作模式以及加强人才交流等策略，高校可以有效地推动会展产教融合共同体的建设。

展望未来，会展产教融合共同体的建设将是一个持续的过程，需要高校、政府、行业协会和企业的共同努力和智慧。随着共同体的不断成熟和发展，我们有理由相信，它将成为推动会展行业和教育事业共同进步的重要力量，为社会培养出更多高素质、创新型的会展专业人才，为会展行业的繁荣发展贡献力量。让我们携手共进，共同开创会展产教融合共同体的美好未来。

参考文献

［1］胡新岗，黄银云，李莹．行业产教融合共同体实体化运行的具象表征、实践逻辑与推进策略［J］.教育与职业，2024（07）：78-84.

［2］黄亚宇，冯用军．教育法治视野下行业产教融合共同体：核心要义及其法律规制［J］.河北师范大学学报（教育科学版），2024，26（02）：93-102.

［3］汤慧芹，周斌．产教融合共同体建设：形态演进、现实审视与路径优化［J］.中国职业技术教育，2024（03）：21-27.

［4］李梦卿，陈姝伊．行业产教融合共同体建设的问题防范与推进策略［J］.教育发展研究，2024，44（01）：42-48.

［5］谭玉林．跨界合作：行业产教融合共同体的组织结构和治理模式探讨［J］.武汉交通职业学院学报，2023，25（04）：62-67.

［6］李玉倩．新质生产力视角下行业产教融合共同体建设逻辑与路径［J］.南京社会科学，2023（12）：122-129.

［7］宋雅兵，陈永．中国式现代化视域下产教融合共同体构建：价值意蕴与践行路径［J］.中国高等教育，2023（23）：57-60.

［8］许世杰，崔发周，张帅．构建行业产教融合共同体服务中国式现代化建设——全国产教融合共同体建设工作研讨推进会综述［J］.中国职业技术教育，2023（30）：58-63.

［9］崔发周．行业产教融合共同体：基本功能、制度设计与推进策略［J］.职业技术教育，2023，44（28）：6-12.

［10］罗汝珍，陈玉红，唐小艳，等．行业产教融合共同体视域下的责任共同体构建［J］.职业技术教育，2023，44（28）：13-19.

［11］邓琳佳，宋志平．高职产教融合共同体建构的价值逻辑、实践难点及推进路径［J］.职业技术教育，2023，44（28）：20-27.

［12］雷世平．如何理解行业产教融合共同体的"实体化"［J］.职业技术教育，2023，44（28）：1.

［13］湛年远，谭永平，刘燕．欠发达地区高职产教融合共同体构建的意蕴、困境与对策［J］.中国职业技术教育，2023（28）：42-47.

[14] 段文忠.行业产教融合共同体打造：现实困境、实践路径与发展路向[J].教育与职业,2023(13):50-54.

[15] 赵建峰,陈凯,戎成."双高计划"视域下高职院校产教融合共同体的建设路径[J].中国职业技术教育,2023(15):61-67.

[16] 王强,赵岚.职业教育产教融合共同体中利益相关者话语权的逻辑、困境与进路[J].黑龙江高教研究,2023,41(01):138-143.

[17] 李振华,谢颖.本科职业教育产教融合共同体模式构建研究[J].中国高校科技,2022(Z1):115-119.

[18] 张晞,张根华,钱斌,等.行业学院模式的产教融合共同体——以常熟理工学院光伏科技学院为例[J].高等工程教育研究,2021(05):128-133.

[19] 贺书霞,冀涛.基于共享发展理念的职业教育产教融合共同体建构[J].职业技术教育,2021,42(04):35-41.

[20] 詹华山.新时期职业教育产教融合共同体的构建[J].教育与职业,2020(05):5-12.

[21] 杨伊静.跨区域汇聚多方资源 支撑全行业产教融合创新——教育部发布行业产教融合共同体建设指南[J].中国科技产业,2023(08):22-23.

[22] 杨院,许晓芹,连晓庆.新中国成立70年来职业教育产教融合政策的演变历程及展望[J].教育与职业,2019(19):26-31.

建构主义视角下的酒店财务管理课程中思政元素的融合策略研究

陈安萍[①]

上海旅游高等专科学校　会展与经济管理学院

摘　要：本研究以建构主义理论为指导，探索酒店财务管理课程中思政元素的融合策略。通过教学实践和质性研究，构建了思政元素与专业知识相结合的教学模式。研究表明，情境创设、问题驱动、合作学习及反思评价等策略能有效融入思政元素，培养学生的职业道德、社会责任感和创新精神。本研究不仅丰富了酒店财务管理教育的理论与实践，也为酒店财务管理课程思政教育提供了有益的借鉴和启示，对培养既有专业能力又有良好职业道德的酒店财务管理人才具有重要意义。

关键词：建构主义；课程；思政元素；融合策略

引言

随着全球化和市场经济的发展，酒店业作为服务行业的重要组成部分，其财务管理的重要性日益凸显。酒店财务管理不仅是酒店运营的关键环节，也是推动酒店业发展的重要支撑。因此，无论在理论还是实践领域，对于酒店财务管理的研究都受到了广泛的关注（王小萍，2020）[1]。然而，现有的研究主要集中在酒店财务管理的具体操作和策略上，而对于酒店财务管理课程中思政元素的融合策略研究却相对较少。尽管有学者提出在酒店财务管理课程中融入思政元素的重要性（桑智慧，2021）[2]，但对于如何具体融合，以及融合的策略和路径却并未进行深入探讨。因此，本文试图填补这一空白，并尝试回答以下研究问题：如何在

---

① 作者简介：陈安萍，女，博士，上海旅游高等专科学校会展与经济管理学院副教授。主讲课程：酒店财务管理、财务决策模拟演练、数字化财务管理、会计准则变化及企业财务管理专题等。研究方向：旅游企业财务管理、旅游职业教育等。联系方式：chenanping@shnu.edu.cn。

酒店财务管理课程中融合思政元素？如何设计有效的融合策略？本文结合在上海旅游高等专科学校的教学实践，采取质性研究方法，通过案例研究，深入探讨酒店财务管理课程中思政元素的融合策略。

本文将从建构主义视角出发，探讨酒店财务管理课程中思政元素的融合策略，并对酒店财务管理课程思政元素有效融合的实施建议进行具体分析。同时，本文的研究贡献主要体现在提供了一套系统的酒店财务管理课程中思政元素融合策略框架，为酒店财务管理教育提供了新的理论和实践指导。

一、文献综述

（一）建构主义理论的起源与发展

建构主义理论起源于 20 世纪初，经过皮亚杰（Jean Piaget）、科尔伯格（Lev Vygotsky）等学者的发展，逐渐成为一种重要的教育理论。皮亚杰的认知发展理论认为，儿童是在与周围环境相互作用的过程中，逐步建构起关于外部世界的知识，从而使自身认知结构得到发展，该理论是从内因和外因相互作用的观点来研究儿童的认知发展，在此基础上，建构主义学习理论逐渐形成并发展。维国斯基（Lev Vygotsky）在认知结构的性质与认知结构的发展条件等方面作了进一步的研究，创立的"文化历史发展理论"则强调认知过程中学习者所处社会文化历史背景的作用，进一步丰富了建构主义学习理论的内涵；斯腾伯格和卡茨等人研究发现建构认知结构过程中起到关键作用的是个体，并对认知过程中如何发挥个体的主动性进行探索（罗玉红，2004）[3]。

建构主义理论强调学习者的主体性，认为学习是学习者主动建构知识的过程，这一过程发生于个体与外部环境的互动之中。在此框架下，教师的角色由传统的知识传递者转变为学习的促进者。基于这一理念，提出了"以学生为中心"的建构主义教学模式，该模式包括以下几个核心要素（侯燕红，2019）[4]：①问题驱动的学习（Problem-Based Learning，PBL）：此方法通过呈现真实世界的问题，激发学生的学习兴趣，并引导他们主动探索和建构知识；②合作学习（Collaborative Learning）：这种学习方式鼓励学生之间的合作与交流。通过小组讨论、资源共享和反思，学生共同完成学习任务，培养团队协作能力；③情景模拟（Scenario-Based Learning）：通过模拟真实情境，学生能够在具体环境中解决问题，从而提高解决实际问题的能力；④项目式学习（Project-Based Learning，PBL）：学生通过完成具体项目，通过实践中学习，培养学生的创新能力和实践能力，并促进知识被深入理解得以灵活应用。

(二)建构主义在教育领域的应用

建构主义理论在教育领域的应用逐渐广泛,尤其在教学方法、教学设计和教学评价等方面表现明显。建构主义将学习视为一种主动建构的过程,学生通过与外部环境的互动,构建自己的知识体系。该理论为课程中如何融合思政元素提供新的视角和思路。目前,学者们已经开始关注将思政元素融入专业课程的教学实践。例如,魏少玲(2019)提出在财务管理课程中融入思政元素,这有助于学生形成良好的职业道德和价值观[5]。赵素娥(2017)从建构主义的角度出发,探讨了在财务管理课程中如何创设有利于学生主动建构知识的情境[6]。

在教学方法上,建构主义倡导以学生为中心的教学模式,例如探究式学习方式。在教学设计上,建构主义强调真实情境的创设,让学生在实际情境中解决问题,从而提高解决问题的能力。然而,目前的研究仍存在一些不足。首先,研究视角较为局限,大部分研究聚焦于课程设计与教学方法,而对课程思政元素融合的策略研究则相对较少。其次,针对酒店财务管理这一特定领域的思政元素融合研究更是鲜有人问津。最后,现有研究大多停留在理论层面,缺乏结合教学实践的案例分析,这使得研究成果的实用性和有效性受到一定程度的影响。

针对以上不足,本研究旨在提出基于建构主义的酒店财务管理课程思政元素融合策略,以期为酒店财务管理课程思政教育提供有益的借鉴和启示。

二、基于建构主义的酒店财务管理课程思政元素融合策略

在酒店财务管理课程中,融合思政元素有助于培养学生的坚守准则、不做假账的职业道德;恪守信用,秉承明礼诚信的经营意识;敬业爱岗,树立正确的人生观和价值观。基于建构主义的课程设计可以采取以下策略:

(一)情境创设

首先,深入挖掘财务管理专业课程中的思政元素。课程教学不仅传授专业知识,也应致力于培养学生的职业道德和团队合作能力。具体来说,思政元素如诚信、敬业和团队合作等,均可与酒店财务管理课程内容有机结合。通过精心统筹和规划课程设计,明确专业课程中思政元素的融入点,实现思想政治教育与专业课程的无缝对接。此外,结合专业核心课程,遵循思想政治教育和专业教育相长的原则,深入挖掘酒店财务管理专业课程中的思政元素,包括职业道德教育、创新精神培养和团队协作能力培养等。这些思政元素的融入,旨在构建一个融专业能力培养、人文精神培育为一体的教学模式。

其次，模拟酒店财务管理实际场景。为了更有效地将思政元素融入酒店财务管理课程，可以通过模拟实际酒店财务管理的场景，让学生在解决财务问题的过程中自然地接触到思政元素，如诚信、公平和敬业爱岗等。在此过程中，教师需要充分了解学生的实际情况，并引导学生积极参与基于建构主义的教学设计。通过师生共同创设的真实情境，学生在解决实际问题的过程中，能够自然而然地理解和吸收思政元素。例如，在讲解酒店财务管理中的风险控制时，引入真实案例分析，可以帮助学生理解在困境中如何坚守诚信和勇于担当的重要性。

（二）问题驱动

以实际酒店财务管理问题为驱动，引导学生主动探索和建构财务知识，同时引导他们对问题从伦理和道德层面进行思考。如讲授筹资管理问题时，引入校园贷案例，分析校园贷产生的原因，帮助学生树立正确的金钱观、价值观，并通过资金成本的计算，确定自身最佳的资本结构。在当前社会背景下，商业活动不仅要追求经济效益，还要关注社会责任。因此，结合当下学生关注的身边事，将其引入酒店财务管理课程教学，可以帮助学生树立正确的价值观，增强他们的社会责任感。

教师还可以通过小组讨论、角色扮演等方式，引导学生主动思考思政问题，提高他们的思辨能力。例如在讲授酒店财务人员应具备的职业操守时，引导学生恪守道德底线与职业操守。以上市公司中的财务造假、资金链断链导致退市等现象为案例进行分析，通过启发式教学的方法，使学生意识到"坚持准则"的重要意义，养成知法、守法的良好职业品质。在讲授酒店利润管理时，注重培养学生纳税光荣、偷税可耻的观念。以明星等公众人物正反两方面的实例分析，强调遵循法律法规、依法纳税的重要性。

另外，利用学习平台、新媒体等工具对大学生关注的时事、热点问题进行深入剖析，引导大学生树立正确的政治观念，提高其明辨是非、分析与解决问题的能力。

（三）合作学习

组建学习团队，培养学生的团队协作能力。这些团队将负责完成财务案例分析项目，以此锻炼学生的合作精神和沟通能力。同时，通过小组内部的深入讨论，引导学生思考职业道德和社会责任的重要性。

鼓励学生积极参与各类全国性竞赛，如会计技能和财务决策技能大赛，以及"挑战杯"和"互联网+"创新创业比赛。通过这些竞赛，学生不仅能够在实践中提升自己的创新创业技能，还能进一步增强团队合作能力。

建立校企合作的育人机制。定期邀请成功的企业家和经验丰富的酒店财务经理来访课堂，分享他们的经验和见解。这样的交流将使学生能够直观地感受到企业文化和企业精神，并理解团队合作和敬业精神的重要性。为了让学生更深入地体验职场环境，利用"财务决策"和"财务共享"等平台开展情景模拟和角色扮演活动。在这些活动中，学生将扮演不同岗位的角色，了解各自的职责，从而增强团队合作意识并提升团队效率。

（四）教学评价

在教学评价中，教师应注重学生的全面发展，运用多样化的评价手段，例如过程性评价和结果评价等。过程性评价主要关注学生在学习过程中的表现，如团队合作、创新实践等方面；而结果评价则关注学生在课程学习结束后的知识和应用能力的掌握。评价内容应全面覆盖学生的专业知识、思想政治素质、创新能力等方面，同时要充分考虑学生的个体差异。可以适当采用增值性评价，针对学习基础薄弱，但学习行为表现积极，且有明显进步的学生以奖励赋分方式进行增值性评价。

在评价体系中，需要将思想政治教育内容纳入到课程评价体系中。这不仅包括传统的对学生知识掌握和技能运用的评价，还应增加对学生价值观、道德观和恪守信用、诚信守信的评价。这可以通过课堂表现、课堂互动、主题讨论、分组任务、小组作业、期中期末考试、实战演练等多种形式来实现。

教师在教学过程中，应积极引导学生进行自我反思，评价自己在财务管理和职业道德方面的进步，从而进一步巩固所学知识和价值观。通过以上策略，我们可以将思想政治教育与酒店财务管理课程有机结合，有助于培养出既有专业能力又有良好职业道德的酒店财务管理人才。

三、酒店财务管理课程思政元素有效融合的实施建议

（一）提升教师队伍的专业素质和教学能力

基于建构主义的酒店财务管理课程思政元素融合策略研究，需要教师在课程目标、内容、方法和评价等方面进行系统的思考和设计，以实现专业知识教育和思政教育的有机结合，培养出既有专业能力，又有良好思政素质的酒店财务管理专业人才。

第一，注重教师培训与发展。教师应不断提升自身专业素养和教学能力，学校和教育部门也应加强对教师的培训和指导，鼓励教师参与学术交流和课题研究，以提高教育教学水平。教师应熟练掌握思政元素与专业知识的结合，使教学游刃有余。

第二，注重课程设计与实践。在课程设计方面，教师需深入挖掘酒店财务管

理课程中的思政元素，并与专业知识有机结合。例如，在讲解酒店财务管理基本原理时，引入国家宏观调控政策、社会责任等概念，让学生了解企业在追求经济效益的同时，还需关注社会效益和环境保护。这既体现了教师的知识宽度与深度，又能在教学过程中结合多种教学方法，激发学生的参与热情。

（二）实现思政元素的基因式融入

在当前教育背景下，将思政元素融入各类教育课程已成为主要趋势。对于酒店财务管理课程面临改革，如何在建构主义教学理念的引导下，有效识别并融入思政元素，是提高课程教育质量的核心所在。

基于建构主义的酒店财务管理课程思政元素识别，要求教师首先要深刻理解建构主义的教学理念，即学习者通过主动建构知识，以自己的经验、信念为背景来解释和理解信息。在此基础上，教师应识别并挖掘课程中的思政元素，这些元素既可以是课程内容中涉及到的社会主义核心价值观，如公正、公平、诚信等，也可以是教学过程中需要培养的职业道德，如责任感、敬业精神、诚实守信等。在酒店财务管理课程中，思政元素的识别需要与课程的具体内容紧密结合。例如，在讲解财务报表分析时，可以引导学生理解诚信编制和发布财务报表的重要性，讨论违反诚信原则可能带来的社会及经济后果。在讲述投资决策时，着重讨论如何坚持科学发展观，实现经济效益与社会效益的统一。通过这些具体的案例分析，让学生在掌握专业知识的同时，自然地接受和领悟社会主义核心价值观。

思政元素的融入应注重适度原则。由于课时数的限制，每周授课时数不超过3节，因此，教师不可能将所有思政元素都在课堂教学中涵盖，即使这样做也会引起学生的反感。因此，教师要合理梳理各思政元素与授课内容之间的关联性，系统化地融合各知识点。具体方法包括：①案例教学：通过分析酒店财务管理实际案例，引导学生关注职业道德和创新发展。②小组讨论：结合财经法规、新闻报道、历史人物、影视作品，组织学生就酒店财务管理中的伦理道德、创新实践等问题进行讨论，培养团队协作能力。③实践教学：开展酒店财务管理实训项目，让学生在实践中感受职业道德和团队协作的重要性，运用思政元素来历练学生心智，以培养学生的专业素养和社会主义核心价值观。

（三）持续优化教学的内容，不断改进教学策略

在基于建构主义的酒店财务管理课程中，融入思政元素是一项长期且具有挑战性的任务。教师必须深刻认识到其重要性，并积极探索有效的融合策略。为确保思政元素的深度融合，教师需进行持续的教学反思与调整。通过反思，教师可

以发现融合过程中的不足,并有针对性地进行改进。同时,教师还可以借鉴其他学科的思政教学经验,以不断完善自己的教学策略。

教师需要不断创新教学方法。建构主义教学理念强调学生的主体地位和教师的引导作用。教师应深入分析酒店行业的特点和现状,提炼出与行业发展紧密相关的思政内容,如社会责任、可持续发展等,结合学生未来职业发展的需求,将创新意识、团队协作、终身学习等职业素养融入课程,以培养学生的全局观念和战略眼光。在具体的教学策略上,可以采用案例教学法,让学生通过分析真实酒店财务管理案例,来理解和内化思政元素;同时,通过角色扮演、小组讨论等形式,激发学生的主动性和创造性,使他们在实践中形成正确的价值观和职业行为准则。此外,利用现代信息技术手段,如在线课程、云平台等,开展翻转课堂,以有效提升学生对思政内容的学习兴趣和参与度。

同时,教师还需关注学生的个体差异,给予不同程度的支持和指导,确保每个学生都能在课程中得到充分的发展。

由于酒店财务管理课程的实践性较强,学生难以接触到企业核心的财务内容。因此,学校与企业应共同构建长效的实践课程体系,配置相应的课程资源,将专业知识的传授与酒店实际运营的人才需求相互对接。借助共建的实践课程资源,让学生多途径在思政素质的提升、专业技能水平提高等方面获得训练,在增加学生专业知识储备的同时,培养其良好的职业品格。

参考文献

[1]王小萍.酒店财务管理的新趋势以及人才培养对策[J].财会学习,2020(18):82+84.

[2]桑智慧,潘晓婷,和晓萍.财务管理课程教学模式创新实践研究——以丽江文化旅游学院财务管理课程为例[J].当代会计,2021(20):145-147.

[3]罗玉红.运用建构主义理论设计专业课教学的尝试[J].中国职业技术教育,2004(14):31-33.

[4]侯燕红,曹文君.建构主义理论在人体解剖学教学中的实践[J].教育理论与实践,2019,39(27):19-21.

[5]魏少玲.课程思政:应用型本科院校实现三全育人的教学改革研究——以《财务管理》专业课程为例[J].教育现代化,2019,6(47):56-57+59.

[6]赵素娥.建构主义学习理论在财务管理教学中的应用[J].现代商贸工业,2017(31):177-178.

关于高校传统文化课程场景教学的思考

王 爽[①]

上海旅游高等专科学校 会展与经济管理学院

摘 要：党的十八大以来，以习近平同志为核心的党中央高度重视弘扬中华优秀传统文化，中国传统文化课程也逐渐在各高校普及。然而，随着数智媒介技术的发展和应用，人们的注意力变得越来越稀缺，传统的教学场景和教学模式难以达到良好的教学效果。场景教学的本质是教师、学生与周围景物之间关系的总和，数智媒介技术应用打破了传统教学场景中的场所、知识与实践教学的间隔以及教学活动时间等维度。拓展数智技术在传统文化课程教学场景中的辅助性应用、搭建虚拟仿真教学场景、打造时空交叠的沉浸式教学以及大数据分析支持下的媒介群信息推送等，是数智媒介技术赋能传统文化课程场景教学的主要路径，对于更高效地提升当代大学生的文化素养和社会责任感具有重要现实意义。

关键词：数智媒介技术；传统文化课程；场景教学；赋能路径

中华优秀传统文化是中华民族的精神命脉，是涵养社会主义核心价值观的重要源泉。随着媒介技术更迭与媒介生态环境变革，中华优秀传统文化创造性转化和创新性发展中出现了诸多新业态，高校传统文化课程教学在内容、形式和效果上都面临多重挑战和机遇。而能否抓住机遇、攻克挑战的关键在人，既能内化于心，又能外化于行的高效的传统文化课程教学，对于培养新时代"五有"青年具有重要意义。在人才培养过程中，培养者与被培养者需依附特定媒介和场景实现知识传输和交流。传统媒介时代，物理时空是传统文化课程教学场景的基础。"数字媒介的产生和发展制造出虚拟世界情境、镜像世界情境、生活记录情境、增强现实情境"[1]，知识传输、交流的介质和场景都发生了重大变革。本文基于场景理论，在探索中国传统文化课程特色和传统教学场景的基础上，系统分析如何充

[①] 作者简介：王爽，女，博士，上海旅游高等专科学校会展与经济管理学院副教授。主讲课程：中国传统文化、文化产业项目管理、网络舆情与公关策划等。研究方向：文化生产、文化遗产活化、文旅融合等。联系方式：wshroc@126.com。

分利用数智媒介技术为中国传统文化课程场景教学带来的机遇，创新数智媒介技术在传统文化课程教学场景中的应用路径，对于当前传统文化教学改革和新时代人才培养均具有重要的现实紧迫性。

学者将中国传统文化高校通识教育的相关研究主要分为三类：一是中国传统文化融入高校通识教育的必要性和意义研究，普遍从建设新文科号召和立德树人要求（张亮等，2022）、中国传统文化的认知、教育和实践应用功能（李红等，1998）、挖掘传统文化价值和引领社会主义核心价值观（马晓，2017）、传承传统文化（高竞艳，2022）、增强文化自信等角度进行论述；二是传统文化融入通识教育的困境研究，包括更新教学理念（吴琼，2018）、教学活动和形式单一（高竞艳，2022）、对教学目标把握不足、对传统文化内容挖掘不够（李莉，2023）等；三是将传统文化融入高校通识教育的路径分析，包括将传统文化纳入人才培养方案和实践教学（习龙，2020）、专题式、推广问题式教学（李莉，2023）、直观化教学（魏玮，2024）、开设传统文化第二课堂（丛海霞，2024）等。这些成果将传统文化与高校通识教育之间的逻辑关联和实践总结做了比较全面的梳理，为本文分析中国传统文化课程的特色提供借鉴，但这些成果较少关注数智化时代高校传统文化课程教学中场景的重要性。

一、场景教学理念溯源及传统教学场景的特征

"场景"一词最早被广泛用来指代文学、影视作品中的场面或情景，现在逐渐进入到各行各业的发展策略和发展模式中。"场景"的概念由美国全球科技领域资深记者罗伯特·斯考伯（Robert Scoble）和技术专栏作家谢尔·伊斯雷尔（Shel Israel）在《即将到来的场景时代》一书中首次提出，是指人与周围景物的关系总和，其核心是场所与景物等硬要素，以及空间与氛围等软要素。[2]场景理论的提出源自场景的五种技术趋势，也就是构成场景的五种技术力量（简称"场景五力"），即移动设备、大数据、传感器、社交媒体、定位系统。[3]场所、景物等硬因素和氛围、空间等软因素共同构成了场景的两大要素，场景理论将关注点从场景的硬件设施转移到"软件"领域，由实体的"景"转移到人们心中的"景"，由物理空间的搭建转移到情感互动等。随着可穿戴设备、大数据、云计算、传感器、定位系统和社交媒体等的应用，场景五力由愿景逐渐成为现实，场景得以由客观实体场景转向虚拟故事场景，由搭建者主导转向用户数据主导，由固定场景转向全场景，由硬件场景转向氛围场景。场景理论多用于解释经济、社会和文化现象。

"场景教学"理念是将"场景理论"应用到教学过程的一种思路和方法，其核

心是将传统教学活动所处的单一的以硬件设施为基础的物理空间，转向既兼顾硬件设施和物理空间等硬指标，又兼顾主观图景和情感互动等软指标。在场景教学理念实施过程中，数智媒介技术发挥着重要作用。当前，传统文化课程教学场景更倾向于教室、实验室等硬指标建设，例如桌椅、电脑、投影和多媒体设备等。这种硬指标搭建下的空间不具备可变性、可移动性和适应性，空间氛围也以严肃的教师讲授和学生听课为主，无法兼顾课程内容以及师生对空间氛围的个性化需求和沉浸式参与需求。一定程度上，当前的传统文化课程教学活动与场景教学理念之间存在较大差距，而场景教学理念恰恰可以满足这种硬指标建设的不足。

二、以物理时空为依托的传统教学场景遭遇发展困境

1994年原国家教委印发了《关于在高等学校开设中国传统文化课的通知》，部分高校陆续开设了中国传统文化必修或选修课程。党的十八大以来，以习近平同志为核心的党中央高度重视弘扬中华优秀传统文化，中国传统文化课程也逐渐在各高校普及。以山东省为例，仅2018年，本科高校层面，山东高校普遍在必修课和选修课中开设了优秀传统文化相关课程，并设置了相应学分；64所省属本科高校共开设优秀传统文化课程2200多门，其中必修课800余门，选修课1400多门；学生选修传统文化课程的积极性非常高，上课总人数达到了50.6万人。[4]与此同时，为深入贯彻落实习近平总书记关于教育的重要论述和全国教育大会精神，推进中华优秀传统文化全方位融入高校教育，教育部还组织评审认定全国普通高校中华优秀传统文化传承基地，鼓励落实中国传统文化课程建设、社团建设、工作坊建设、科学研究、辐射带动、展示交流等。我国传统文化课程体系呈现出课程性质多元、课程内容细分又广泛等特征。其中，当前高校中国传统文化课程性质包括通识必修、公共选修等；课程内容既有偏重于宏观的概论课程，又有细分且广泛的专项课程，如26个2020年度全国普通高校中华优秀传统文化传承基地就分别以传统金属工艺、民族民间舞蹈、篆刻、中国书法、武术等细分门类优势获评。以教室、实验室、实习单位等为代表的现实物理时空是当前高校中国传统文化各类课程的主要教学场景。

现实物理时空是依托于客观物理时间和空间一致性和连续性形成的。然而，"每一种新的传播媒介都以其独特的方式操纵着时空"[5]，社会公众对时空、真实和意义世界的认知已经和正在随着媒介技术的迭代发生重要变化。中国传统文化课程教学内容、教学模式等受媒介建构时空及其发展趋势的影响愈加凸显，其教学场域也面临着由客观物理时空教学场景向虚实结合媒介时空场景教学转型的挑战。

"教学场景"与"场景教学"各有侧重，教学场景更偏向教学活动发生的场所与景物等硬要素；场景教学则更强调情境和场域在教学活动中的应用，以及场所等硬要素与氛围等软要素的融合。当前以物理时空为依托的教学场景面临以下困境：其一，教学环境的物理时空单一性与传统文化创造性转化、创新性发展实践的媒介建构时空多元性之间矛盾日益突出，导致教学内容、教学目标、教学模式与业界实践需求之间差距日益增大；其二，虚拟空间中相关专业知识的积累与圈层化传播，进一步加速了教与学的主体多元化、过程碎片化和接受生活化，以课堂教学为代表的集中式、传与授教学面临较大挑战；其三，以大数据、云计算、虚拟现实等为代表的人工数智技术在信息传播场景建构中的应用，为传统文化课程的教学场景搭建提供了新的启示。场景理论从技术发展趋势出发探索了构成场景的五种技术力量，为当前和未来教学活动发生场景的硬要素与软要素融合提供了重要指导，新科技赋能场景创新在传统文化课程教学实践中的应用是大势所趋。

三、数智媒介技术打破传统教学场景的维度局限

"线性"的时间与"面性"的空间是构成教学场景的立体坐标，也是媒介技术革新的重要动力源泉。根据伊尼斯"传播的偏向"理论，媒介可以分为时间偏向的媒介（如语言交流等）和空间偏向（如书籍等）的媒介，人类传播活动经由一代又一代"新媒介技术"逐步跨越时间和空间限制。媒介依赖线性时间流动记录和传播实时信息，同时也可跨越时间的线性局限；与此同时，"媒介与空间在社会关系框架内达成了一致，即空间具有媒介性质，媒介也具有空间属性"[6]。媒介技术对人类机体功能的延伸使传播摆脱了时空限制[7]，"未来的传媒形态，将是'智能化媒介'与'沉浸式媒介'并行的时代"[8]。基于大数据和人工智能的数智媒介技术的广泛应用，正在全面重塑和再造新闻与资讯的生产、分发、用户互动与评价等全部流程环节。[9]与此相应，高校传统文化课程教学活动所发生的场景也应当逐步打破传统的维度局限。

教学活动所发生的场所、知识教学与实践教学的连接以及教学活动所发生的时间等是数智媒介技术为教学场景带来变革的主要维度。首先，数智媒介技术的应用有助于打破传统文化课程教学活动发生场所的物理时空界限。传统教学场景中，历史事件、文化遗产等需要教师以描述、图片、音视频等方式向学生呈现。而借助虚拟仿真、数字孪生等可将事件或文化遗产发生场景搬到课堂教学中，促使教师教学和学生学习在现实场景与虚拟场景交互中实现双重沉浸，进而打通课堂教学与业界实践长期以来存在的间隙，5G、大数据、云计算、虚拟现实、物联

网、交互技术等数智媒介技术革新不断推动传统文化课程教学场景现实世界与虚拟世界的连接。其次，数智媒介技术的应用有助于打通理论教学与专业实践的区隔，使二者无缝连接。传统教学场景中理论教学与实践教学多是割裂开的，虽然近年来随着教学改革的推进，各高校通过案例解析、项目教学等方式加强理论教学与实践教学的连接，但由于二者分属不同的细分课程类型，从任课教师、教学方法、教学内容到教学时空均差异明显。数智媒介技术可以实现理论知识与实践要点的融合性切换、教学主体的多元化、教学方法的灵活适用以及教学时空的多时空嵌套等，能更有效地推动理论教学和实践教学场景的有机融合。再次，数智媒介技术的应用有助于打通界限，使集中教学场景与日常生活场景相融。传统教学场景具有时间和空间集中性，教师"教"、学生"学"与日常生活中的其他活动之间的界限分明，"教学活动"和"学习行为"作为严肃的、具有一定仪式感的专业活动总是独立于工作、娱乐等日常生活状态的。互联网、移动终端设备、5G、大数据、云计算等数智媒介技术不仅改变了知识的呈现形式、教和学的主体构成，更重要的是将教和学的场景与人们日常生活中的各类场景贯通，基于此只要拥有主动性，人们可以在娱乐中、出行途中、就餐时、入睡前等均可通过移动终端进行相关知识的学习。

综上，数智媒介技术不断延展传统文化课程教和学的时空环境，学习体验也由知识传输转向具身实践体验，多元知识传输主体冲击了教师在传统文化课程教学中的独特地位，泛在式学习正在成为当代大学生获得传统文化相关知识的重要途径，学生在专业学习中被赋予更大的主动权。在这样的背景下，如何充分利用数智媒介技术推动传统文化课程教学场景向多样性、生动性、全景性、引导性和沉浸性改革，以提升教学效果、缩小教学内容与现实的新业态实践的适应性以及增强学生的学习主动性和效率，是培养新时代既具有社会责任感和历史使命感，又具有对传统文化资源进行适应性创新能力的社会主义现代化建设人才的必要尝试。

四、数智媒介技术在高校传统文化课程场景教学改革中的应用路径

场景是人与人、人与环境、人与事物之间，乃至人与智能机器等人工物之间，基于新的信息与媒介技术，可以虚拟或真实地融合实现智能性"超链接"，并在社交平台进行多方互动的数字化情境。[10]场景教学的本质是教师、学生与周围景物之间关系的总和，它既包括场所、设施等硬要素，也包括空间、氛围等软要素。

场景教学应用的发展，也完成了三步的递进：以黑板模式的课堂为起点，逐步历经长焦投影、多媒体教学和交互式电子白板三个阶段，实现了教学内容电子化、教学资源多样化、教学活动互动化的转变。[11]数智媒介技术不断拓展传统文化课程场景教学的硬要素和软要素，在时间、空间和氛围营造中作用尤为突出。高校传统文化课程场景教学在数智媒介技术支撑下逐步趋于碎片化、社交化、空间交叠化和移动化。

数智媒介技术在传统场景教学中的辅助性应用主要表现为5G、移动终端等技术支持下的将各类平台上文字、图像、音视频等不同形态文本进行超链接组合，推动教学资源与教学过程的深度融合，教师与学生、学生与学生、师生与教学资源环境等之间的连接。借助多媒体、物联网、云计算和多屏共享技术打造的传统文化智慧教室，"利用信息技术升级教学设施、科研设施和公共设施，促进学校物理空间与网络空间一体化建设"[12]。在高校传统文化课程教学中，除虚拟现实技术外，借助智慧教室进行案例评析、课堂讨论、知识点串联等教学互动活动，借助智慧教室进行分组作业、选题讨论、作品点评等常规教学活动等均是教学实践中的有益尝试。作为数智媒介技术在传统教学场景中的创新应用，以智慧教室等为代表的线上线下融合的新型教学支持平台持续推动实现全网教学资源的整合共享、教师讲授与学生互动的教学情境连接互动、教和学的全过程监控、教学过程的痕迹记录与数据分析、基于数据分析的教学效果反馈和教学活动引导等动态教学生态。

依托于融合的数智媒介技术搭建虚拟仿真场景教学，包括虚拟传统文化推广直播间、虚拟现实传统手工艺操作与体验、虚拟现场、虚拟非遗场景复原参与等。融合媒介是属于偏向空间的媒介，能够借助各种符号（文字、图片、声音、视频等）来实现信息的快速传播，呈现现实世界，营造出与现实世界不同的媒介空间。[13]"虚拟现实"的概念从一开始就被赋予了模拟真实的使命[14]，随着虚拟现实技术不断拓展中华优秀传统文化创造性转化、创新性发展实践的边界，其在高校传统文化课程教学中的应用对于构建仿真民俗空间、切换教学空间、增加教与学沉浸体验具有重要意义。虚拟传统文化直播间是在计算机模拟系统、跟踪技术和场景合成技术支持下，将学生主持活动、物理空间中道具和虚拟背景有机结合，并使三者达到同步变化，从而实现以虚拟场景与客观场景之间的完美结合。同样的，借助数字特技、数字孪生、传感跟踪和场景合成进行传统手工艺操作与体验，不仅可以引导学生还原传统手工艺原生态的生存现场，还可以将当代流行场景与传统民俗场景进行深度融合，使传统文化课程的教学方式由传统单一的信息整合、填鸭式输出转向现场还原、沉浸体验和内化认知，教学形式也由传统的文字、图片、音视频转向多重空间交叠。

依托于时空交叠的沉浸式教学和大数据分析支持下的媒介群信息推送，传统文化课程场景教学建构在知识传授和观点说服中的效果更加隐性。现实教学时空与虚拟教学时空的交叠，辅之以传感技术带来的动作捕捉，使教师和学生在教学过程中对教学场景的"身临其境感"增强，高校传统文化课程相关知识点的掌握就在沉浸式教学和体验中由传统教学场景时期的理性认知转向感性体验、情感诉求与理性认知相结合，而这种转向不仅有助于增强知识传授效果，还有助于提升学生的学习主动性和对教学内容的内化。数智媒介技术赋能下的教学过程监控，对于教学内容讲授重点分布、学生答疑侧重、学生参与度、师生互动频率及分布等均有详细的数据分析。结合每位同学的学习效果数据，通过重组教学场景、调整分组和精准推送等方式弥补学生学习过程中的薄弱环节，这种方式对于提升教学效果、强化知识点和学生内化吸收等方面的作用更有针对性而且更具隐藏性，学生往往在优化后的教学场景中不自觉地关注到自己的弱项，并更容易因为场景感性吸引力而增强学习主动性。

五、媒介化生存推动传统文化课程场景教学的知识价值共享共创

数智媒介时代的到来使媒介边界被进一步消弭，媒介即万物，万物皆媒介。纵观媒介技术史及媒介技术的物质发展历程可以发现，媒介技术进化与媒介形态的演变相辅相成，技术的发展演进主要遵循着"组合进化"和人性化趋势。[15]人们日常生活方式对人工智能、互联网、物联网等的依赖程度越来越深，虚拟现实和客观现实正在全面融合。在虚拟世界里，作为传播介质的媒介成为世界本身，每个人对所处世界的主导权使人们的自我价值不断凸显，人类逐步进入媒介化生存、数据化生存状态。媒介应用越广泛深入，人越脱离其存在的情境，从而减弱了沟通和社会生活的教育性。[16]在这样的背景下，高校传统文化课程教学的目标就由传统的了解、认知、理解和研究文化发展的规律，转向媒介技术变革对文化新业态、传统文化创新性发展方向的理解、预判和应用。高校传统文化课程教师的专业性、权威性地位，也随着数智媒介时代学生和社会上其他人被赋予的权力越来越大而遭遇挑战。人类的数智媒介化生存方式不仅推动着客观世界与主观世界有机融合，也推动着传统文化课程场景教学的全面改革和中华优秀传统文化知识当代价值的多元主体共创共享。

数智媒介技术时代中华优秀传统文化知识当代价值的构建主体主要包括人工

智能机器人、教师、学生、业界人士和社会人士等。以数据作为最核心的生产资料，人工智能机器人具有更高文化内容生产效率、更充分的用户体验、更便利的把关和更精准的目标投送等特征，国内的内容生产机器人，如腾讯旗下的"Dreamwriter"、辽宁EXROBOT公司的仿生机器人、新华社发布的"媒体大脑"平台及其旗下的"快笔小新"、今日头条旗下的"xiaomingbot"等。传统意义上，基于中国文化发展规律和相关理论研究成果，高校传统文化课程教师向学生讲授中国传统文化的发展历程、一般规律、文化类型、社会影响和现当代发展等内容；但教师的专业性、主导性地位以及学生的注意力很快被高速迭代的技术、快速发展的新业态以及越来越丰富的文化娱乐内容所打破，要保持这种知识传授的角色预期，教师需要掌握的新媒介技术操作技能、前沿实践经验和新研究成果等知识储备越来越多。源于互联网上海量信息的支持，学生可以通过自学掌握大量技能和知识（如音频、视频、图片处理技术等），还可以获得更多样的实践和体验机会（如线上实习记者、微信公众号运营等），学生的知识储备和技能技巧在这样的过程中不断积累并反哺于传统文化相关知识的学习和实践。以青年学生群体乐见的媒介内容形式和体验方式，让传统文化知识在学生"用而不自觉"的流行娱乐生活中不断内化于心，并最终实现认知和实践中的外化于行。媒介化生活方式下，非专业的社会人士对于媒介及其内容的关注和依赖程度不断增强，社会公众对新流行媒介内容投以的关注或见解是高校传统文化课程教学中的重要风向标。

伴随着知识体系建构的开放性、包容性，"资源整合、知识共享和互动协作"[17]赋能多元主体以不同方式参与或影响着高校传统文化课程场景教学的知识价值共创共享。首先，多元主体共同发起传统文化课程教学场景的知识价值，无论是人工智能机器人、文化相关领域从业者，还是从事文化发展规律研究的学者、高校教师、学生、社会公众，都在参与、互动和创作的过程阐释着中国传统文化知识体系及其当代价值应当是怎样的，以及传统文化课程教学场景应当如何贴近当代文化方向和文化新业态实践。其次，数智媒介时代，多元主体共建共享相关资源和痕迹将被更系统地保存、检索和共享，不断充实着高校传统文化课程教学场景的资源体系价值。再次，在圈层化传播和社群连接推动下，不同类型传统文化知识价值构建主体之间的圈层化现象突出，持续推动各自圈层纵向的专业化程度；同时，基于不同维度的共同价值点，社群之间的连接又横向地拓展着不同圈层主体之间的互动。构建主体间从纵向和横向两个维度不断拓展传统文化课程教学场景当代价值的深度和广度。最后，平台融合和目标导向的利益协调使不同主体在中国传统文化知识体系价值共建中不同程度地、有意或无意地共同探讨数智媒介时代高校传统文化课程教学场景的建构和改革方向。

六、结语

授人以鱼不如授人以渔，数智媒介技术赋能下的高校传统文化课程场景教学改革方向正是对这一教学理念的有益探索。数智媒介技术在传统文化课程场景教学中的应用，不断突破传统物理时空与现代虚拟时空之间的入口限制，在场教学逐步取代现场教学的限制性，感性与理性相融的具身认知逐步取代单一的理性认知，教师、学生与民俗现场、业界前沿和主观世界之间的连接变得更加紧密。关于数智媒介技术在传统文化课程教学场景中应用的探索是一项系统性研究，除了上述议题外，知识价值共建机制、效果把关以及媒介机构场景与场景教学如何共享等诸多问题都值得我们在实践和理论探索中进行深入研究。

参考文献

［1］赵炼，王治东.数字化休闲：缘起、优势、情境表现与发展路径〔J〕.湖南广播电视大学学报，2020（01）：51.

［2］郜书锴.场景理论的内容框架与困境对策〔J〕.当代传播，2015（04）：38.

［3］罗伯特·斯考伯，谢尔·伊斯雷尔.即将到来的场景时代：移动、传感、数据和未来隐私〔M〕.赵乾坤，周宝曜译.北京：北京联合出版公司，2014：11.

［4］魏海政.六十四所高校开设传统文化课程两千两百多门，山东五十万大学生浸润传统文化课堂〔N〕.中国教育报，2018-06-19，http://www.moe.gov.cn/jyb_xwfb/s5147/201806/t20180619_340228.html.

［5］詹姆斯·罗尔.媒介、传播、文化——一个全球性的途径〔M〕.董洪川译.北京：商务印书馆，2005：44.

［6］李彬，关琮严.空间媒介化与媒介空间化——论媒介进化及其研究的空间转向〔J〕.国际新闻界，2012（05）：38.

［7］魏奇锋，唐川，赵长轶.国内知识链研究的知识图谱分析〔J〕.情报科学，2016（07）：7-13.

［8］马梅，梁伟.智能与沉浸：两种媒介技术的作用逻辑与实践路径〔J〕.传媒观察，2021（11）：13.

［9］吴璟薇，郝洁.智能新闻生产：媒介网络、双重的人及关系主体的重建〔J〕.国际新闻界，2022（02）：80.

［10］阎峰.场景即生活世界——媒介化社会视野中的场景传播研究〔M〕.上

海：上海交通大学出版社，2018：5.

［11］马卉芳.5G赋能场景教学项目的应用策略研究——以人文历史课程为例〔D〕.北京邮电大学硕士学位论文，2020：4.

［12］中华人民共和国教育部.教育部等六部门关于推进教育新型基础设施建设构建高质量教育支撑体系的指导意见.http://www.gov.cn/zhengce/zhengceku/2021-07/22/content_5626544.htm.

［13］姜卫玲，陈长松.融合媒介的空间特性及其社会影响〔J〕.新闻战线，2011（11）：66.

［14］许睿.真实边界、情感控制与价值规范：虚拟现实对传统新闻的挑战〔J〕.中国记者，2022（06）：67.

［15］李沁.媒介化生存——沉浸传播的理论与实践〔M〕.北京：中国人民大学出版社，2019：7.

［16］周廷勇.人的媒介化生存与教育的澄明〔J〕.现代传播（中国传媒大学学报），2018（11）：164.

［17］周锦.数字经济推动文化产业价值共创：逻辑、动因与路径〔J〕.南京社会科学，2022（09）：165.

"新工科"理念下展示设计的问题驱动式教学探究

黄立萍[①]

上海师范大学旅游学院

摘　要：本文旨在探讨在"新工科"理念驱动下，如何通过问题导向式教学（PBL）改革"展示设计"课程，以培养适应第四次工业革命时代到来的会展设计人才。通过分析会展行业的现状与挑战，本文提出了一系列教学改革策略，旨在构建一个跨学科、技术驱动、实践导向的教学体系。

关键词：新工科；问题导向；展示设计；教学

背景

第四次工业革命浪潮汹涌而至，知识生产新模式展现出以应用语境为导向、跨学科性、主体异质性、生产场域弥散性、质量评价多元化及社会问责与反思性的特点[1]。为积极应对新一轮科技革命与产业变革，推动创新驱动发展，我国于2017年提出了"新工科"的工程教育重大改革战略，旨在推动注入创新动力，以多元视角推进跨学科工程人才的培养。

当前时代背景下的会展产业格局发生了翻天覆地的变化，会展行业面临的问题错综复杂，会展人才培养的重担也更加艰巨。新的经济格局需要培养新型知识结构性人才，会展作为一门强应用型的"文理兼备"的综合性学科，需要基于现实问题进行深度的教学改革，才能真正回应产业之需。尽管会展专业是一门综合型学科，已经建立了具有"复合性＋技术性＋实践性"特点的课程体系，但现实情况是多数课程仍然各自为战，尤其体现在不同专业方向下的一门课程教学工作。

[①] 作者简介：黄立萍，女，博士，上海师范大学旅游学院讲师。主讲课程：展示设计、文创产品设计、设计基础等。研究方向：可持续设计、可持续城市管理与教育、非遗文创产业与设计。联系方式：ping2003@shnu.edu.cn。

由于缺乏明确的课程定位，导致教学成果未能最大化其课程价值，服务于专业背景下的人才培养需求。"展示设计"课程作为一门偏艺术类的文科课程，在会展与经济管理专业下如何开展教学工作？这是当前教学中面临的一大难题。本研究尝试以"新工科"思维的方式，以问题为导向，进行本课程的教学思考。

一、新工科背景下的问题驱动式教学

（一）新工科的六问

2017年4月8日，教育部联合60余所高校在天津召开会议，共商新工科建设的愿景与行动。与会代表一致认为，为了未来新兴产业和新经济的需要，培养造就实践能力强、创新能力强、具备国际竞争力的高素质复合型新工科人才迫在眉睫。会议通过决议，倡导探索建立工科发展新范式，并从六个重要问题出发全面推进教学改革：问产业需求建专业，构建工科专业新结构；问技术发展改内容，更新工程人才知识体系；问学生志趣变方法，创新工程教育方式与手段；问学校主体推改革，探索新工科自主发展、自我激励机制；问内外资源创条件，打造工程教育开放融合新生态；问国际前沿立标准，增强工程教育国际竞争力[2]。

（二）问题导向（PBL）教学法

PBL教学法，又称为问题式学习或项目式学习。此教学法最早起源于20世纪50年代的医学教育。以问题为导向的教学方法，是基于现实世界以学生为中心的教学方法。课程设计主要包含以下环节：问题情境、问题导入、问题的转化[3]。

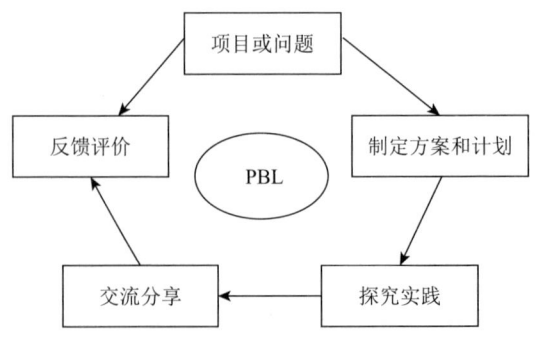

图1　问题驱动教学法

（三）问题导向式培养会展设计人才的迫切性

教育领域即将迎来重大转变。中国工程院院士、华中科技大学教授李培根认为，未来教育的改革将更加深刻，包括知识传播主体、学习空间、学生能力培养以及评价方式等方面都将发生重大变化。传统的注重知识传授的教学模式将会发生转变，而知识获取的方式也将与过去截然不同。他还指出："教育最重要的转型应该是从'知识导向'到'问题导向'，当然，更为重要的是对于教育本质理解需回归到人文意义上。"

会展行业是面向大会展的商务专业人员、会议及展览服务人员等职业群体。会展管理专业课程包含组织管理类、文化创意传播、设计类等文化创意类课程，也包括顺应时代发展的大数据应用的课程。总体来看，会展管理专业课程体系是文理兼并的交叉学科类型，培养具有综合性素养的中高端复合型人才。在会展管理专业下的"展示设计"课程一般被定位为专业选修课或选修课，多数处于不被重视的境遇。大多数院校的"展示设计"课程教学还是停留在单一学科的内容上，存在着文科与工科割裂、实践中专业应用范围相对狭窄、评价体系不规范、教学主体多元性选择不足等问题。因此，不同的专业主体下，需要采用不同的教学模式来设定相关课程。特别是在会展管理专业背景下的展示设计课程，目前仍不能完全满足社会对文理兼备的高层次人才的需求。因此，在偏文科领域的展示设计中加入"工科思维"，并且在综合性专业背景下（如会展经济管理）更为重要，以便为适应大数据时代带来的新趋势提供技术性人才储备力量。

二、新工科六问与展示设计教学探索

（一）问行业，构建艺术 + 工程技术 + 管理结合的课程新结构

展览展示设计行业问题复杂而多元。展示设计搭建项目是一个复杂的系统工程，涉及多部门、多环节和多类型人才的合作，主要包括以下阶段：创意设计阶段、设计施工阶段、展台搭建阶段、展台维护和撤展阶段。这些过程顺利进行与否，需要一个良好的设计管理团队来开展工作。因此，反映在展览展示设计行业中的问题是多方面的。一是在艺术设计方面，存在以下问题：观念的落后导致设计缺乏个性化和时代审美的表达；忽视观众的体验感；未能体现企业品牌形象和产品特征；资源浪费和不可持续性等。二是设计管理方面，包括以下问题：协调沟通问题，未能清晰理解甲方参展目的导致方案重大修改；时间管理不当致使未能按时完成工作；合同权责不清晰，未遵循行业规定引起的纠纷；团队选择与合作的问题，未能协调设计与搭建团队之间的矛盾，未能对搭建过程进行规范监督

和检查导致展台质量出现问题等。三是在设计工程方面，存在着结构稳定性影响安全，经验缺乏导致进度延误，缺乏顺应时代数字化、智能化技术应用等问题。

构建文化艺术＋工程技术＋项目管理结合的课程新结构。在会展管理专业的"展示设计"课程教学中，既需要回答行业之问，也要注重会展管理专业的总体教学目标，以此进行课程结构上的重大调整，即展示设计课程应该站在艺术＋管理＋工程的高度进行内容创新建设，三方面的内容同等重视并建立多学科交叉的课程体系。具体而言，在文化艺术方面包括：定义、发展历史、设计流派、设计法则、展示专项设计（空间、光与色彩、视觉传达）。工程技术方面包括：工程材料与工艺、设计报价、设计与施工安全及新技术应用等。项目管理方面包括：项目合同、设计调研、设计流程与时间表制定、甲乙双方多层面沟通以及项目评价收尾等工作。

（二）问技术，课程新结构下的智慧技术型人才知识体系

展示设计人才培养持续面临技术更新的困境。在新知识体系下，展示设计涵盖的内容广泛，涉及设计、管理和工程等多个方面，都存在着新技术不断迭代的问题。特别是随着互联网和人工智能技术的应用，展示设计领域不断出现新的技术和工具，已经对设计行业产生了深远影响。因此，设计师感受到了强烈的危机感，需要不断学习以保持自身技能的现代性和竞争力。

展示设计表现方面：对于效果图的表现，不仅需要熟悉传统软件如 photoshop、3Dmax 和 AutoCAD，还需要了解更新更便捷的软件，比如 SketchUp 草图大师、MacType（字体美化工具）以及 VRay 渲染等。随着客户对效果展示需求的提高，还需要了解 Blender、Enscape 等建筑动画软件，并且为了宣传目的所使用的剪映、YOGA 和 Pro 系列等视频软件。

展示工程技术方面：在传统的模块化标准搭建技术基础上，设计师需要了解不断创新采用可持续的环保材料和多模块的标准搭建结构，如：铝型材框架结构、面板式展架、卡槽式展架、球节点连接结构、插接式展架、折叠式展架、组合式展架、悬挂式展架、层叠式展架、可伸缩式展架以及集成式和自由组合等技术。随着虚拟化趋势日益增强，设计师还需了解虚拟现实（VR）、增强现实（AR）、3D 打印以及互动触摸屏技术、大屏幕投影技术、人工智能（AI）技术、全息投影技术、iBeacon 室内导航技术、超宽带（UWB）技术和智能建造等新技术。这些新技术不仅通过提高展示质量和效率为观众带来更加丰富的互动体验，同时表明在展示设计行业中新兴科学与工程领域所取得的进步。

展示设计项目管理方面：设计管理项目中会应用到多种管理软件，这些软件

可以帮助设计团队更有效地规划、组织、执行和监控设计项目。设计项目管理中的常用软件类型包括：①项目管理软件。这类软件通常用于规划项目、分配任务、跟踪进度和管理资源，如简道云、Worktile、Asana、Trello 和 Redmine 等。②设计协作软件。专门针对设计团队开发的软件，支持设计文件的共享、审阅和反馈，如 Figma、Adobe Creative Cloud 等。③建筑信息模型（BIM）软件。这类软件允许设计团队在三维环境中创建、共享和协作建筑项目，例如，Autodesk Revit、ArchiCAD 等。④客户关系管理（CRM）软件。用于管理客户信息和互动，帮助设计公司维护客户关系并提高客户满意度，如，Salesforce、HubSpot 等。⑤资源规划和调度软件。帮助设计团队优化资源分配和调度，确保项目按时完成，如 Microsoft Project、Smartsheet 等。⑥敏捷开发工具。对于采用敏捷方法论的设计团队，这类工具可以帮助管理迭代和看板，如 Jira、PingCode 等。⑦文档管理系统。用于存储、管理和共享设计文档和资料，如 Confluence、Google Workspace 等。⑧时间跟踪和计费软件。帮助设计团队跟踪工作时间，并与计费系统集成，如 Toggl、Harvest 等。⑨在线协作平台。支持远程工作和团队协作的平台，如 Slack、Microsoft Teams 等。云存储服务：⑩文件存储和共享服务，如 Google Drive、Dropbox 等。选择适合的设计管理软件时需要考虑团队的具体需求、项目的复杂性、预算限制以及团队成员的熟悉程度等因素。

智慧技术型人才知识体系。而随着 AI 大模型技术的迅猛发展，各个领域涌现出许多新的技术应用，如 Madjourney、Stable-diffusion 等 AI 绘画模型，Sora 视频大模型，及各种用于管理和工程方面的大模型应用。这些新技术已经开始颠覆会展设计行业的各个环节。在这个巨变的时代，"展示设计"课程教学必须紧跟时代步伐。除了理解传统基础知识外，更要将新技术运用到设计教学中，并形成新工科的教学模式。因此，在会展设计技术学习过程中系统地融入新技术教学是至关重要的，以培养智慧技术型设计人才为目标之一。

（三）问学生，建立创新开放共享的系统化教育模式

经过对学生的访谈和调查发现，这门课程普遍存在以下问题：①理论与实践脱节。课程的理论教学固然重要，但会展是一门应用型学科，目前教学过于侧重理论，导致学生难以将所学知识用于实践。②内容更新速度没有跟上行业变化。会展行业发展迅速，尤其是近年来的技术更新，使得会展发展趋势出现了重大改变。如果教学的内容不能及时更新，那么学生无法学习到前沿知识，从而影响就业竞争力。③跨学科知识的教学缺乏。会展设计不仅仅涉及艺术和设计领域，还涉及市场营销、管理学、心理学、工程学等多个领域。缺乏跨学科知识可能会限

制设计人才的全面发展。④创新能力不足。设计人才需要具备创新思维和能力，但传统的教育方式可能过于强调模仿和遵循规则，限制了学生的创新能力。⑤教学方法单一。每一届的学生处于不同的年代，学习的兴趣点和心理素质并不相同，故找到教学方法激起他们的兴趣点是老师时刻面临的问题。⑥评估方式不够科学。通常情况下，教学评估主要依赖期末和单次课程作业，设计类课程的评价标准过于主观，无法全面评估学生的学习成果和设计能力。

建立创新、开放共享的系统化教育模式。目前的教学问题涉及到方法、行业、内容、教学主体和客体感受等多个方面，具有广泛性。因此，展示设计课程教学需要建立一套可以不断更新的教学系统，这个模式具备开放性、迭代创新性、共享性、个性化和系统性特征。在这样的教学模式下，所有的教学内容和方法都是动态的、开放的、个性化的，并构成一个科学的教学系统。这样的教学模式非常适合大会展专业包含的不同专业方向，如管理类、策划类、设计类、传播类等。不同专业方向下的展示设计课程呈现出不同的倾向性，并且同时具有各个专业方向之间跨学科特点，形成具备个性特征的多元共建格局。

（四）问学校，探索无限宽度+有限深度的系统性课程定位

不同专业方向的教学定位模糊。目前，"展示设计"课程主要在两大类学院开设：一类是设计类学院，包括艺术设计学院、建筑学院或传媒学院等，课程大多涉及环境设计、视觉传达、工业设计三个不同专业领域的跨学科设置。一类是会展经济与管理类学院、旅游学院、新闻传媒学院等，课程多以会展策划、会展管理、会展传播等不同专业方向为基础进行跨学科设置。由于不同专业的学生在知识体系和创意思维体系的基础和人才培养目标上存在较大差异，因此不同专业的展示设计课程在教学定位上也有所区别。在设计类学院环境设计专业的学生注重展示空间规划布局、材料选择与施工；视觉传达专业的学生则强调设计形态表达，在展览空间形态和品牌形象传播方面具有优势；而工业设计专业专门从产品主线索出发思考陈列空间如何服务于优质产品。而在管理传播类学院中，会展策划与管理专业强调对设计策划的能力和设计项目进展和组织协调能力的培养；传播类专业尤其注重展示设计的策划能力、新媒体技术应用以及媒体传播能力。然而，在实际的展示设计项目中，设计师需要具备品牌策划、艺术设计、工程技术、媒体传播和设计管理等多学科知识素养。因此，在大型会展应用型专业型前提下，针对不同专业背景开设展示设计课程需要兼顾各个学科特色，并突出显示其适用性和融合性[4]。

从学校层面来看，本课程存在以下教学问题：①课程定位不明确。不同专业

背景的学生对课程目标有不同需求，需要明确定位，比如是培养设计师、设计项目经理，还是展览设计策划者。②师资力量不足。缺乏具备前沿知识与实践技能兼备的老师。③部分教学资源匮乏。主要包括设计软件、模型材料、展示空间等，导致复杂项目完成具有一定难度。④课程教材及授课内容更新不及时，尤其在新技术方面的教学提升存在欠缺。⑤深度参与实践机会有限。需要解决多门课程之间的衔接问题，并且增加学生参与校园周边社区及城市展台设计项目的机会。⑥评估体系单一，与本课程需求存在差异。⑦学校提供的跨学科教学支持和国际化交流机会不足。⑧行业合作与交流的机会受限。

探索无限宽度＋有限深度的系统性课程定位。"展示设计"课程具有跨学科特征，课程广泛，要求老师的知识讲授有尽可能的宽度。然而作为大专业方向下的一门课程，不能解决所有问题。不同专业背景的学生需要针对性、有深度的教学内容，而非统一模板式泛泛而学。因此，建议采取以下措施：明确课程目标，调研学生需求、老师为主导、与学院教学委员会协商共同制定课程大纲；招聘或合作具有行业经验的兼职讲师，并提供实际案例分析和工作坊项目合作；投资购买教学软件和材料或与企业合作获取资源；建立更新机制以保证课程内容与行业发展同步；与展览公司合作提供实习和实践机会；设计多元化的评估体系，包括项目设计、同行评审、口头报告等；鼓励跨学科合作，设计联合课程项目以促进不同学科间的交流；引入国际教学资源，如国际设计案例、海外讲师等；建立行业合作伙伴网络，为学生提供交流和学习的机会。

（五）问资源，打造产学创研的开放融合新生态

丰富的教学资源是课程建设的基础，展示设计课程资源包括校内资源和校外资源。

校内资源存在以下问题：教学设施不足，缺乏专业的展示空间和实验室；专业教师与行业导师合作教学不流畅；教材内容更新缓慢；校内外真实展示项目的实践机会有限；用于课程开发、教学设施更新和师资培训的资金有限；校内外、国内国际的真实项目合作有限。

校外资源存在以下问题：行业合作不充分，专业展览和活动参与度低，学生难以真正进入设计项目中；有利于增强社会责任感的社区资源未被充分利用于教学实践，政府对展示设计教育的政策支持和资金投入有限，企业合作建设的校外实践基地管理运营不规范不持续；行业信息保密，学生难以获取最新的行业资讯和趋势。

开展展示设计课程教学资源的多元化建设。解决这些问题需要学校、教育部

门、行业企业以及社会各界的共同努力。通过建立校内外合作机制，增加教学资金投入，更新教学设施，丰富课程内容，加强师资培训，并提高学生的实践机会，可以有效地提升展示设计课程的质量和效果。

（六）问趋势，动态更新课程内容，接轨国际标准

展示设计行业正在经历以下一些重要的趋势改变：①数字化与技术集成：科技发展带来的多项数字技术的爆发，如何将技术集成到展示设计中，以提供更加沉浸式和互动性的体验变得越发重要。②环境可持续性。展览业的资源浪费严重，解决问题已经刻不容缓，设计师和搭建商在材料的可回收、技术节能和减少废物等方面必须开展设计项目。③个性化定制。随着市场细分的深入，客户对展台设计的需求开始呈现个性化和定制化。设计师需要根据品牌的独特性和目标受众来定制展览。④故事化叙述。展示设计不再是单纯地展示产品，而是讲述品牌故事。设计师通过创意和叙事技巧来吸引观众，使他们与品牌建立情感联系。⑤多感官体验。展览设计正在融入多种感官元素，如声音、光线、触觉和气味，为观众提供难忘的体验。⑥灵活和模块化设计。展览空间需要适应不同规模和类型的活动。模块化设计允许快速和灵活地调整展览布局，以适应不同需求。⑦数据驱动的决策：数据分析在展览设计中变得越来越重要。通过收集和分析观众行为数据，设计师可以优化展览布局和内容，以提高参与度和效果。⑧全球合作。随着全球化进程，展览设计行业也在寻求国际合作和交流，以获取新的设计灵感和市场机会。⑨安全与健康。比如特殊疫情期间，设计师需要考虑保持社交距离、提供清洁和消毒设施。设计师对展台结构力学的考虑，工程师确保搭建工程规范，消除工程安全隐患。⑩品牌体验中心式。许多品牌正在将展览转变为品牌体验中心，这些中心不仅展示产品，还提供教育、娱乐和社交活动，以增强品牌忠诚度。

及时关注行业发展前沿，才能使展示设计教学保持旺盛的生命力。当前趋势下，展示设计教学更新如下：①培养新技术应用型设计人才和技术集成型人才。②从材料、技术和管理等方面增强可持续教学内容。③培养学生协调沟通能力，准确理解和提升客户参展需求，为个性化和定制化设计提供支持。④培养学生故事化设计创意和表达的能力。⑤开设声音、光色、空间、色彩、材料等专项课程，并提供相关实践体验课程。⑥组织学生参观搭建工厂，让他们了解展台模块化搭建过程。⑦与参展企业合作，收集分析观众行为数据并将其与设计结合。⑧关注全球展览设计动态平台及交流讲座。⑨加强对于展台设计搭建安全知识的内容学习。

三、以问题驱动的工科式教学案例实践

在会展经济与管理学院，本人承担的"展示设计"课程属于专业选修课，共36个学时2个学分。该课程是此专业唯一的环境设计类课程，存在一些教学困难。其一，未来职业发展中设计相关的专业知识愈发重要，但学生对此重视不够；其二，课程涉及内容庞杂，目前的课时量远远不够；其三，在满足会展经济管理专业方向需要方面，教学内容需呈现出大专业特色，并且定位仍不够清晰；其四，会展设计与搭建行业变化剧烈，基础教学和新技术新材料教学时间分配上存在困难；其五，课程教学未能积极参与到校内外会展活动的设计工作中，这既是产学研合作的问题，也是教学质量的问题；最后，如何提高教学质量，既有老师水平有限，也有学生主观能动性问题。以上问题长期存在，教学处于瓶颈期，难以突破。

从问题出发，教学实践作出了系列化探索。在内容设计上强调设计策划和主题性表达，以故事的方式推动空间设计，并表达企业的品牌诉求。同时，强调设计项目管理，包括制定项目工作流程（含范围管理、时间管理、成本管理、质量管理）、合同的签订、设计团队的组成、设计沟通、设计工作计划、搭建计划、撤展计划、资料整理等。在设计表达上关注设计经典和设计前沿，并以设计欣赏的方式开展教学；注重自由的创意表达，避免过多纯粹的软件技术教学，并通过模型搭建的方式完成作品。在工程技术表达上不拘泥于搭建工程细节，而是强调现场参观的场景式学习；积极拥抱新技术，运用最新技术（SD大模型）呈现设计作品。在课程传播上将线下教学与线上平台链接，并通过主流传播平台播放学生作品。

为了实现以上教学改革的可持续性并取得积极的教学成果，需要设计一个科学系统性的教学大纲。目前的教学虽然涉及到了上述方面，但未能呈现科学的教学体系。在未来的课程设计中，需要引入"新工科"思维，让课程严谨有序地开展，并在科学体系下满足专业方向的教学要求。

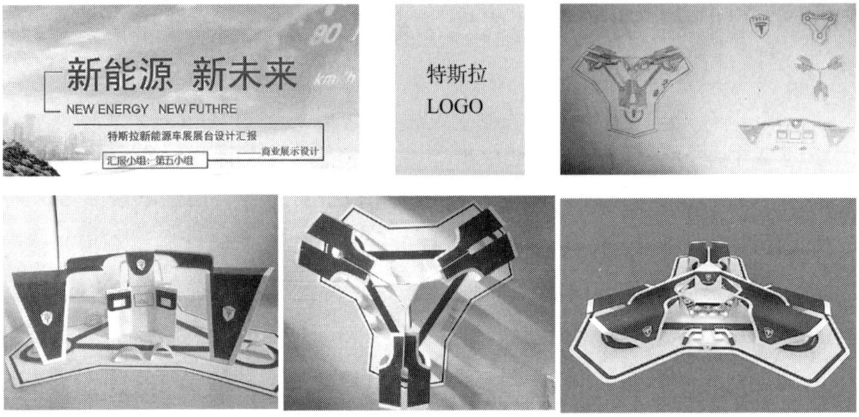

图 1　19 级特斯拉展台设计作品

设计说明：本次设计主题为"新能源，新未来"，从品牌历史背景出发，以品牌标志为原型，通过手绘、模型搭建和电脑 3D 效果图的方式呈现展台空间创作。该作业涵盖了设计调研、策划、专项设计知识（如空间、色彩灯光、材质等）、手绘效果图、模型搭建和电脑绘图等多个环节，体现了教学过程中的全面性。

参考文献

［1］迈克尔·吉本斯（英）.知识生产的新模式：当代社会科学与研究的动力学〔M〕.北京：北京大学出版社，2011.

［2］新工科"建设行动路线（"天大行动"）.http://eee.tju.edu.cn，2017-04-18.

［3］问题驱动教学法.百度百科.

［4］曹国章.共享与互生——展示设计课程协同创新应用型人才培养的教学改革研究〔J〕.艺术科技，2019，32（04）：236-237.

新媒体广告创意策略研究

徐若然[①]

上海旅游高等专科学校　会展与经济管理学院

摘　要：计算机和信息通信技术的发展正在使信息传播的方式发生着巨大的变化，新媒体技术的产生和应用对各行各业都有着深远的影响。广告作为信息传播的重要形式之一，对新媒体技术的发展有着天然的敏锐性。广告创意作为广告的核心要素，更需要顺应新媒体发展的趋势，在形式和内容上作出变化。本文在分析新媒体广告发展历史和特点的基础上，探讨当前新媒体广告创意存在的问题，提出新媒体广告创意的策略。

关键词：新媒体；广告创意；对策研究

新媒体是相对于传统媒体而言的概念，主要指以计算机、信息通信技术为依托，利用手机、电脑、数字电视等设备终端向外传递信息的媒体形式。新媒体也被称为传统四大媒体（电视、广播、杂志、报纸）之外的"第五媒体"。新媒体广告是利用新媒体技术的多种广告形式的组合。新媒体广告虽然发展时间较短，却发展势头迅猛。近年来，新媒体广告收入（新媒体广告收入指广播电视和网络视听机构通过互联网网站、计算机客户端、移动客户端等取得的广告收入）不断上升。国家广播电视总局网站发布的《2023年全国广播电视行业统计公报》显示，2023年新媒体广告收入为2698.34亿元，同比增长12.09%，相反，传统广告的收入则呈现下降趋势（如图1）[1]。由此可见，新媒体广告在整个广告产业中已经占据非常重要的地位。相比于传统广告，新媒体广告在广告的内容和形式上都提出了更多新要求，因此，新媒体广告创意也应跟随新的变化，适时作出调整。

---

① 作者简介：徐若然，女，博士，上海旅游高等专科学校会展与经济管理学院讲师。主讲课程：广告实务、会展文案写作、会展礼仪、会展英语等。研究方向：会展管理、智慧会展与旅游等。联系方式：xuruoran@shnu.edu.cn。

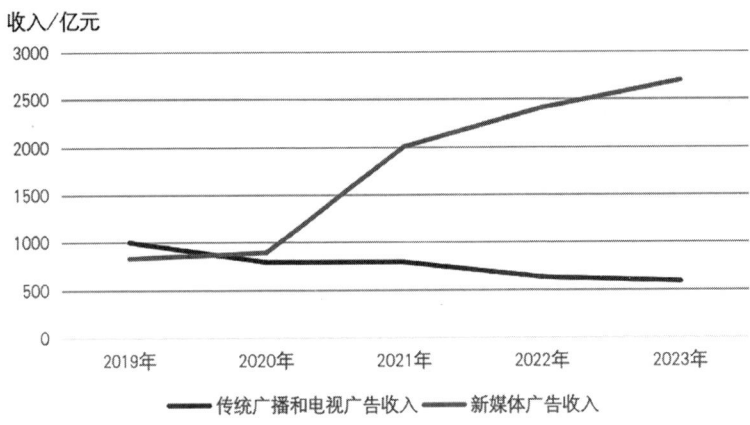

图 1　2019–2023 年传统广播电视广告收入和新媒体广告收入

数据来源：国家广播电视总局网站

一、新媒体广告的发展历史

1994 年位于美国亚利桑那州的一家律师事务所通过邮件发送了 7000 多条关于法律咨询服务的广告，虽然这次互联网广告宣传最终以失败告终，但却拉开了网络广告的序幕，是现代互联网广告的雏形。经历 30 年的发展，新媒体广告在技术手段、内容创意、播放载体上都发生了许多变化，虽然新媒体广告各发展阶段的界限并不十分清晰，但仍可以根据不同时期新媒体广告的趋势性特征，总结出新媒体广告发展的三个阶段。

（一）以信息提示为主要形态的阶段

第一阶段是新媒体广告的探索时期。在这一阶段中，新媒体广告主要以静态或动态的信息提示为主要呈现方式，主要包括横幅广告、信息流广告、弹窗广告、文字链广告、按钮式广告、漂浮广告等。这些广告以图像或文字传递主要广告信息，目的是吸引消费者注意，获得更多的点击率。用户通过点击广告可以直接链接到广告主的销售或营销页面，从而实现从营销到销售的转化。和传统广告相比，新媒体广告对用户的影响更小，同时用户拥有了对广告信息的部分自主选择权，灵活性更高，受到了广泛的关注。

（二）以增强用户参与感为核心的阶段

在新媒体广告发展的第一阶段中，广告已呈现出较为明显的"以用户为中心"的特征，如用户可以通过喜好或需求选择是否点击广告页面。但是，这种互动形式还停留在比较简单的阶段。随着市场经济更加活跃，广告业的竞争也日趋激烈，简单的用户互动性已不足以吸引用户的注意，产生购买力的转化。广告需要增加更多提升用户体验性的设计，使用户在广告信息获取中拥有更多的主动权，同时各种交互式技术的出现也为这一阶段广告的发展提供了必要的技术保障。在这种背景下，互动性更强的广告形式逐渐诞生，如搜索引擎广告、植入式广告、话题广告、沉浸式体验广告等，这些广告为用户提供了更多参与的可能性，用户认为自己在筛选广告信息时拥有了更多的主动性和决策权，提升了广告信息的接受程度，广告更好地完成了营销目标。

（三）以个性化为理念的阶段

新媒体广告发展的第二阶段主要强调用户的体验感，但面对新媒体时代下产生的海量广告，用户时常因过于庞大的广告信息而感到迷茫，反而降低了广告效率。因此，第三阶段的发展中，广告主和广告从业者更关注如何将广告信息更有针对性地投递给相应的广告受众，而大数据、云计算等技术的进一步成熟和发展为实现这一目标增加了可能性。在新媒体广告发展的第三阶段，对用户按年龄、性别、收入、所在地域、爱好等特征进行分类并存储相关信息，再与合适的广告主要求或商品的特征、性能、功效等进行匹配，实现广告的定向投放，达到精准营销的目的。这类广告实践层出不穷，许多互联网巨头公司，如网易等均已有不错的尝试。

总体来说，新媒体广告的发展是以技术进步为依托，以更好地满足客户需求为目的，以最大化实现广告的营销效果为准绳，呈现出发展迅速、形式多样、运用灵活的特征。

二、新媒体广告创意的特点

新媒体广告最大的特征之一，是广告信息的传递已不再是从广告主到广告受众的单向传播模式，而是广告主、广告受众、广告管理者、广告媒介、广告服务提供者等广告活动的各方参与者之间立体的、交叉式的信息传递过程（如图2、图3），并且，广告主和广告受众之间的身份界限越发模糊。因此，对于新媒体广告创意来说，一定要深入分析并理解这种广告信息传递的新模式，突破传统广告创意的思维，实现创新性、开拓性的发展。当前，新媒体广告创意主要呈现出下面几种特点。

图 2　传统广告的信息流动方式

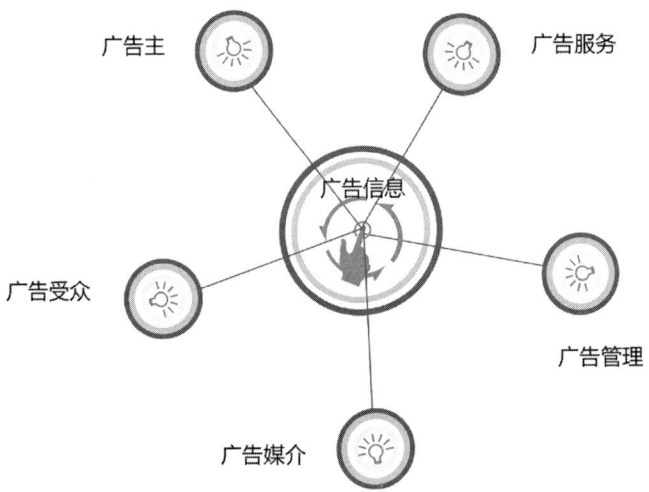

图 3　新媒体广告的信息流动方式

（一）互动性强

与传统媒体广告不同的是，在新媒体广告创意中，广告受众不再是被动的信息接受者，观众通过筛选、转发、评论、分享等操作与广告主进行实时的互动与交流，与此同时，广告主也获取到更多用户反馈的信息，用于对广告效果进行监督和评价，及时调整广告营销策略。新媒体广告创意的互动性为广告受众提供了前未所有的参与感和体验感，使观众在广告营销中占据更多主动性的地位[2]。如一直以"滋养"作为产品核心卖点的品牌多芬，曾在微博发布话题广告"多芬滋养挚爱分享"。以微电影广告作为切入点，讲述闺蜜之间互相鼓励的日常，赋予"滋养"更多延伸性内含。观看广告的消费者可以前往指定合作电商平台购买定制多芬礼盒赠予闺蜜，同时品牌还在礼盒中附赠"惊喜"：将购买者和闺蜜之间互相鼓励的对话打印出来，记录"滋养"的日常。收到礼盒的消费者可以通过在微博或微信等平台分享使用感受，并添加#多芬滋养挚爱分享#标签参与抽奖活动。活动一经推出就获得了广泛的讨论和关注，很好地实现了话题营销的目标。

#多芬滋养挚爱分享#有没有一份礼物能收藏你和闺蜜间的回忆？打开礼盒仿佛开启闺蜜情：微信里24小时聊天不掉线；手机里她笑着说"我们八十岁时还要一起逛街、聊天、旅行。"如果你也有这样一个闺蜜，看多芬再次带来最滋养的闺蜜故事，今冬最感人，送给世界上每个比情人更暖心的闺蜜 🎁多芬沐浴乳致闺蜜II–有闺蜜者必看！含泪秒懂📷查看图片

图4 多芬"多芬滋养挚爱分享"话题广告

资料来源："多芬爱美丽"微博

（二）注重消费者的感性需求

理性需求是用户对某种产品或服务的实际需求，而感性需求是相对于理性需求而言的概念，指用户在某种感情的驱动下对产品或服务产生的需求。物质生活的丰富使人们不再只关注对理性需求的满足，而更关注和精神发展相关的感性需求。因此，新媒体广告创意也不再局限于向消费者简单地传递产品或服务的功能、特征、性能等信息，而更注重挖掘产品和特定消费群体精神需求之间的关系，以建立广告创意和消费者之间的情感连接。如2022年的"三八"妇女节，化妆品品牌珀莱雅推出了其创意广告《醒狮少女》，未提及任何有关产品特性的信息，而是深入阐释了品牌对"性别不是边界线，偏见才是"这一核心洞察的理解，聚焦性别平等的问题，并提出了对此问题的解决办法，形成了有效的社会呼唤。广告一经推出便在社交媒体平台引发了热烈的讨论，截至2024年5月微博话题#性别不是边界线，偏见才是#获得了3.5亿的阅读量。这则广告正是抓住了其主要消费群体——女性对于社会地位公平性的关注点，满足了女性对追求男女平等、消除性别歧视的精神诉求，获得了成功的广告效果。

表1 珀莱雅#性别不是边界线 偏见才是#微博话题数据

统计内容	数值
阅读量	3.5亿
讨论量	27.9万
互动量	39.4万

资料来源：新浪微博。查询时间：2024年5月14日

（三）形式和内容多样化

不同的新媒体广告创意在形式和内容上差异巨大，形成了多样化的广告创意类型。如故事式的广告创意、戏剧式的广告创意、植入式的广告创意、场景式广告创意、体验式广告创意等，这些广告创意不仅可以使用传统的文字、图片要素，还可以使用动画、游戏、视频、音频等多种形式，达到满足用户多样化需求的目的。如肯德基和必胜客在游戏 Crazy Taxi 中的一款植入式广告，游戏玩家会被要求在游戏中将乘客带往肯德基或必胜客，而在另一款游戏 Everquest Ⅱ 中用户甚至可以直接通过点击屏幕进入到必胜客的网站购买披萨。这种沉浸式的体验能带给观众极大的新鲜感、冲击感，使观众对广告内容印象深刻，进而产生对广告产品或服务的购买欲望。另外，新媒体广告创意还可以通过塑造三维空间，还原购物场景，为消费者打造线上立体购物空间，使消费者能真切感受到广告产品的特性。如服装品牌美特斯邦威就在其网站上建立了一个包含模特试穿体验、面料质地说明、消费者互动等内容的虚拟试穿空间，为用户提供了丰富的广告服务[3]。多样化的广告创意丰富了广告市场，带给了广告主更好的广告投放体验，同时也创造了更多的产品需求。

（四）创意范畴更加广泛

传统的广告形式对信息的承载力有限，而新媒体广告由于具有"富媒体"与"流媒体"的性质，对信息的表现力更强。因此，新媒体广告创意要在呈现方式、诉求表现、展现时机、内容设置、互动设置、媒体联动方案等方面有更多的创新性表现，而这也大大拓展了传统广告创意性的范畴，使新媒体广告创意呈现出更多的可能性[4]。如可口可乐就曾推出一款试衣广告，用户通过扫描二维码进入虚拟试衣间，利用手机操作换衣，试穿不同的可口可乐 T 恤，然后再通过社交媒体分享试穿体验。广告推出之后吸引了大批消费者参与，并在社交网络平台上形成了广泛的传播效应。这种多方面的内涵延伸使得广告创意不再局限于对文案、表现形式的创新，而是从广告要素的各个层面实现综合性、全面性的创造性突破。

（五）对技术的依赖性更强

与传统广告相比，新媒体广告创意的实现更有赖于技术的保障[5]。如利用 AR、VR 等技术构建虚拟场景以增加广告的体验感；大数据技术帮助建立用户画像，使广告的"一对一"精准投递成为可能；重力感应技术使消费者可以通过"摇一摇"功能参与到广告互动中；二维码识别技术则可使用户轻松地通过扫描二维码与广告主进行互动。可以说，技术的发展为新媒体广告创意提供了各种可能性,同时技术的发展又是各种新型的广告创意产生的催化剂。如2010年,日本电通广告公司利用AR技术以及LBS和摄像头成像功能推出了一个有趣的"捉蝴蝶"APP应用"iButterfly"。用户使用带有摄像头和GPS定位功能的手机下载该APP后,将摄像头对准现实场景,在该场景中就会出现飞舞的蝴蝶。对准蝴蝶按下快门,蝴蝶就会以标本的形式被存储下来并生成一张带有该标本蝴蝶的优惠券。优惠券中包含有可使用商家的信息,用户可使用优惠券到对应商家进行消费。

新媒体广告创意表现出许多传统广告创意没有的新特征、新特点,这既与技术的进步密不可分,又与当下用户诉求重点的变化相关。新媒体广告创意要把握住这些变化的新趋势,并深入分析造成这些变化的原因,并在此基础上提出新的广告创意。

三、新媒体广告创意存在的问题

新媒体广告在经历过膨胀式发展之后,其创意内容和形式更加多样,广告创意经验更加丰富,广告创意的方向更加明确,但是,不可否认的是在快速的发展中也存在一些需要被重视的问题。

(一)新媒体广告创意质量参差不齐

新媒体传播速度快、范围广、不受时间地点限制、制作传播成本相对较低的特点使得新媒体广告的数量不断扩张,消费者每天都会主动或被动地接受各类新媒体广告。在数量庞大的新媒体广告中,不乏好的广告创意,这些创意具有较强的独创性、新颖性,形式灵活、内容丰富,能有效吸引消费者的注意,在众多广告中脱颖而出。但是,也正是由于新媒体广告数量众多,我国的广告行政管理部门很难做到全覆盖式的监管,同时,我国在新媒体广告的立法方面也存在滞后的现象,因此,在广告创意中出现打擦边球甚至是抄袭的广告创意,造成新媒体广告创意质量良莠不齐的现象[6]。如2022年5月,宝洁在其公众号上发布了一篇题为《女人脚臭是男人的5倍?不信闻一下!》文章,在没有任何科学证据的情况下,使用刻薄的语言丑化女性,制造焦虑甚至引起性别对立,本意是想推销产品,却导致网友群起而攻之,最后只能以出面道歉收尾。低质量的广告创意一方面会引起广告受众的反感,另一方面会使受众对新媒体广告的预期降低,不利于行业的可持续发展。

（二）虚假与欺诈性的广告信息

部分广告为了达到"博人眼球"的目的，不惜在广告创意中添加一些虚假的或欺诈性的信息。如虚构使用产品或接受服务的效果、以虚假或者误解的内容误导消费者等[7]。这些信息的存在会极大地降低消费者对广告的信任度，也是造成当前受众对新媒体广告评价较低的重要原因之一。虽然传统媒体广告也存在这类问题，但是由于新媒体广告数量多、入门门槛低，监管工作更为困难，监管效果有限。为了解决这一问题，减少这类广告尤其是新媒体广告中的虚假性、欺诈性广告的存在，我国现在正逐步完善广告监督体系的建设，对广告施行由广告行政管理、广告行业自律、广告社会监督三级监管的管理制度，对于新媒体广告而言，社会监督将成为对虚假、欺骗性广告创意的重要监管力量之一。

（三）用户到达率及信息转化率不高

在传统广告环境下，广告信息在短时间内集中曝光，用户对是否接受广告及广告内容均不具有自主选择权，因此，广告信息的到达率相对较高。而新媒体环境赋予用户更多的决策权，广告受众可以自主选择是否接收广告信息以及接收广告信息的程度。例如，对于许多插入式的视频或图片广告，视频播放平台会设置"会员特权"，充值会员的用户拥有跳过广告的权利，部分消费者为了不受广告"侵扰"开通会员服务，这就降低了新媒体广告创意的到达率。另外，由于新媒体广告创意更注重产品或服务与受众间的情感连接，因此很多创意会选择较为隐晦的表现手法，将产品或服务信息隐藏于创意的整体框架中，如果消费者提前关闭广告或选择只接受部分的广告内容，将很难知晓广告内容指向的产品或服务具体是什么，造成广告创意的信息转化率不高。

四、新媒体广告创意的策略

当前，新媒体广告创意形式多样、内容丰富，对广告信息的传播起到了促进和推动作用，为消费者接收广告信息、购买商品或服务提供了更多选择，但是新媒体广告创意仍存在创意质量参差不齐、包含虚假或欺诈性信息的问题，导致用户对新媒体广告的认可度偏低。同时，由于新媒体广告信息传播方式的变化，用户对是否接收广告有更多自主性权利，因此，新媒体广告创意的到达率和信息转化率较低。围绕新媒体广告的特点和问题，结合相关理论，提出如下几点策略。

（一）提升整体创意质量，增加观众认可度

质量是新媒体广告创意生存的根本保障，只有注重创意质量的提高，才能使观众对新媒体广告创意的期待值增加，对新媒体广告创意的接受意愿增强。当前，新媒体广创意已呈现出一些共性特征，未来，应紧扣新媒体广告创意的特点从以下几个方面进一步加强质量建设。

1. 挖掘消费者的"隐性需求"

物质生活质量的提升使消费者对产品的物质化需求降低，转而更注重精神世界的建设。因此，在进行广告创意时应关注与消费者内心活动相关联的"隐性需求"，激发观众的情感共鸣。在此基础上，建立品牌形象，同时将特定的广告信息与品牌形象联系起来，形成品牌影响力的立体传播效应，在目标对象中产生移情连锁效果，使目标对象看到某种信息就可以和品牌关联在一起，增强消费者对产品或服务的忠诚度[8]。例如，在设计一款口红产品的广告时，不能简单传递口红能增加面部美感、使双唇更美丽的功能性信息，而应以这款口红是如何帮助女性建立自信，展现女性独立精神为线索进行创意构思。这样，口红就不仅仅只具有物质属性，转而变成了与女性精神相关联的纽带，架起了产品与女性间的情感沟通桥梁，使广告创意内容更易于被观众认可，实现购买力的转化。

2. 增加与环境的共融性

新媒体广告创意应构建集内容环境、媒介环境、营销环境"三位一体"的融合模式。在融入内容环境方面，新媒体广告创意应更加"自然"、"原生"，成为视频、文章、游戏的一部分，以一种潜移默化的形式影响观众的购买决策；在融入媒介环境方面，新媒体广告创意应充分利用不同媒介的特点，打造与传播平台相适合的传播形式和内容；在融入营销环境方面，新媒体广告创意应基于对受众心理的深入分析和解读，了解消费者在何种环境下会产生何种情绪，这些情绪和购买行为间的关系以及购买的时间、地点等，并以此来创设广告情境。创意人员应以消费者视角为出发点，与观众建立共情关系，深入思考消费者需求。运用当下最流行、最新奇、最能吸引消费者注意的元素设计广告，激发观众的潜在购买兴趣，实现产品营销效果。

（二）持续创新，以实力搏"出位"

在信息爆炸的新媒体时代，依靠夸大的、虚假信息企图吸引观众注意的方式注定是行不通的，只有坚持创新，才能实现新媒体广告的可持续发展。

1. 捕捉热点事件

在新媒体环境下，信息能以更快的速度传播。因此，一些社会事件或热点话

题，往往会在极短的时间内在网络环境下迅速引发关注，例如，新浪微博中每小时就能产生数个热门话题。新媒体广告创意就要充分利用这些热点事件，挖掘广告对象与这些事件的关联点，抓住语义拓展和撬动传播势能的可能性，实现借势传播效应。新媒体广告创意既可以借助整个事件，阐述产品与该事件的关联性，也可以只借助事件中的某一关键要素，利用该要素完成创意设计。如儿童玩具产品就可以和"关注青少年心理健康"的话题相结合，以"给孩子放一天假"为主题完成广告创意设计构思。

2. 寻找独特的创意视角

在激烈的广告竞争市场中，新媒体广告创意要在海量广告信息内容中脱颖而出、吸引观众的注意，就要有突破重围的独特视角。独特视角的广告创意需要设计人员跳出传统广告的垂直式设计思路，转而采用一种发散式的、水平扩张式的设计思维，从多方位、多角度观察和解决创意问题，不严格强调设计的逻辑性，尝试打破原有词语和概念的界限，力求以独特的角度找到更多创意的新路径、新方法。

（三）以技术为支撑，增强创意的观众吸引力

技术的发展是保障新媒体广告实施的要素，新媒体广告创意也应充分利用技术，深度挖掘用户需求，生产更多更具吸引力的创意形式，延长观众注意力，提升观众选择广告的意愿，增加新媒体广告创意的曝光度、转化率。

1. "一对一"式的广告创意策略

在信息爆炸的时代，消费者每天都会接触大量的广告信息。网站广告、电子杂志广告、APP广告、H5广告、系统推送广告、二维码广告等各类新媒体广告充斥着消费者的生活。如何在海量的新媒体广告中脱颖而出是实现广告营销效果的关键。在新媒体环境下，只有更契合用户需求的广告才能受到关注，拥有较高的信息转化率。新媒体广告创意应加大对不断发展和进步的大数据、云计算、人工智能等技术的使用力度，全方位分析广告信息、用户特征、购买意愿、购买行为等之间的关系，精准刻画用户画像，在不同用户间实施"一对一"的广告创意形式。例如对于价格敏感型的消费者，可通过在广告中设置观看广告后领取优惠券的方式吸引其观看完整的广告内容，提高广告创意的转化率。

2. "体验式"的创意情境设计

科技的进步使广告传播的形式和媒介都发生着剧烈的变革。新媒体时代的广告创意应时刻关注技术的变化，并将其与广告创意巧妙结合起来。例如新媒体广告创意可以利用VR、AR等技术为观众打造沉浸式的广告体验环境，最大限度地

赋予观众参与权，让广告受众切实感受到自己在购买商品时的主导地位。从根本上改变用户思维，让消费者认识到广告信息是为其更好地做消费决策而服务的，不是利用强制性的视觉冲击而强迫用户购买的。除此之外，含有ZD及3D技术视频、音频、超文本链接、矢量动画、动态文本链接等全媒体表现形式的富媒体广告也逐渐受到关注，为建立广告创意体验式情境提供了更多可能性。

参考文献

［1］国家广播电视总局．"全国广播电视行业统计公报"［R］.http://www.nrta.gov.cn/，2024-05-08.

［2］房雪，边微．新媒体广告的创意与传播［J］.采写编，2024（04）：171-173.

［3］汪海波．新媒体广告发展面临的问题与对策［J］.湖南医科大学学报（社会科学版），2010，12（04）：91-92.

［4］白会会．新媒体时代信息流广告创意策划策略［J］.采写编，2021（07）：183-184.

［5］刘炜心，李宇凡．泛广告传播下新媒体创意传播管理的意义表达［J］.采写编，2022，（07）：102-104.

［6］王琰．浅析新媒体广告传播中的问题及对策［J］.新闻传播，2018（23）：63-65.

［7］吴志刚．"先付费后听课"有风险虚假广告隐性消费套路深［N］.广西法治日报，2024-04-09（A03）.

［8］奚宝赟．新媒体环境下的快速消费品广告创意研究——以江小白为例［J］.新媒体研究，2020，6（24）：45-48.

文化消费发展与创意文化人才培育研究

季雯婷[①]

上海师范大学　旅游学院

上海旅游高等专科学校　会展与经济管理学院

摘　要：文化与创意人才决定了我国优秀的文化能够被表达的高度，以及文化何以成为滋养国民生活，提升国民幸福感与获得感的关键。在当下，文化消费朝着优秀传统文化元素，数字化，以及场景化、体验化等方向发展，由此催生了新的文化与创意人才需求。然而，在现阶段，我国复合型的文化人才需求难以得到满足，存在较大的文化与创意人才缺口。为此，需从国际化以及区域间人才的引进与流转，形成文化与创意的知识溢出与学习效应，以及加强高等教育的文化与创意人才的培养，并从文化素养的全民提升等方面进行文化人才培育等路径出发，为我国的文化强国建设与文化消费市场的繁荣进行文化与创意人才的培育。

关键词：文化消费；人才缺口；高品质文化需求；公共文化服务；文化素养；优秀传统文化

对于国家经济来说，消费是经济发展的主要推动力之一，消费带来经济的增长，继而提升国家实力与社会整体的福利水平。就目前而言，中国拥有14多亿人口，以及超过4亿的中等收入群体，人均国内生产总值已达1.27万美元，是全球最大规模和最有潜力的消费市场（郭威，2023）。因而，充分发挥我国的人口优势，全力满足国内需求，释放居民消费潜力，提高消费对于经济的贡献度，满足人民群众对美好生活的需求，就成为了我国当下经济发展的着力点之一。

对于个体来说，消费是个体奋斗的目的，是个体获得幸福与满足感的最终体现。特别是在文化消费领域，文化消费是居民个体进行发展与享受型消费的主要内容，也是居民积极向上的生活需求之一。因此，高品质的文化消费供给，是居

[①] 作者简介：季雯婷，女，博士，上海师范大学旅游学院、上海旅游高等专科学校会展与经济管理学院讲师。主讲课程：文化产业导论、博物馆特展与案例分析、博物馆教育活动设计等。研究方向：文化产业与体育产业。联系方式：jiwenting@shnu.edu.cn。

民幸福感和获得感的主要来源，也是居民充分享受经济与社会发展带来福利的一种体现。另一方面，文化消费带来的不仅是经济的繁荣，还是一个国家软实力的一种体现。对优秀传统文化的创造性改造，对文化的高品质与创意性表达，对文化的珍视，以及由深厚文化而激发出的文化自信，都是一个国家文化高度发达，经济繁荣发展，以及社会开放、文明的一种具体表现。为此，我国全力推进文化强国建设，大力推动对传统文化的保护性开发与利用，推动全民创新与创意，努力让全民共享高品质的文化产品。在这样的背景下，我国的文化产业市场表现出了极大的活力，文化消费群体表现出对优秀传统文化元素消费，观看展览及文创等文博类消费，以及数字化的文化消费等的巨大需求，为文化消费提供了巨大的市场空间。在这样的背景下，催生了对文化生产者的人才需求。为此，需要在新的文化需求背景下，探讨由文化消费趋势驱动下的文化与创意人才培育，为我国文化强国建设，以及发挥文化消费的扩容与提质提供理论指导。

一、文化消费的新趋势

在当下，我国已经完成全面脱贫，居民的消费已经由传统的衣、食、住、行等基本消费，逐渐开始转向非物质消费，追求消费的精神属性，以及消费对个体的发展等，以此满足个体对美好生活的需求。而文化消费是一种重要的发展与精神性消费，文化消费带来精神享受与个体的文化认同，因而造就了我国居民巨大的文化消费需求。在这样的背景下，我国文化消费呈现出一些新的发展趋势，这些趋势主要体现在以下方面：

第一，基于优秀传统文化元素而衍生出的文化消费市场火热。根据抖音电商发布的《2024抖音电商女性消费趋势数据报告》显示：我国当下文化消费市场中的图书、非遗、传统文化元素等文化消费旺盛，其中新中式服饰的订单量激增195%，马面裙的订单量同比增长841%，汉服订单量增长336%，宋锦外套订单增长225%，香云纱服饰订单量增长112%。与此同时，该报告还显示：女性在抖音电商购买图书的数量同比增长61%。从上述数据可以看出：在当下，我国文化消费市场基于传统文化元素进行开发的产品受到了欢迎，对优秀传统文化的创造性改造与开发受到了市场的认可。

而与传统文化相关的文博类消费市场，也激发了居民巨大的消费潜力。近年来，我国的一些博物馆"一票难求"，很多博物馆在节假日多次创参观人数新高。"博物馆热"带来了博物馆展览，以及文创产业的巨大收益。根据国家文物局发布的数据显示：在2023年，全国备案博物馆达6833家，共接待观众12.9亿人次。

另一方面，根据《上海市博物馆年度报告（2023）》的数据显示：2023 年，上海全市博物馆共接待游客 3099.1 万人次，其中本地观众 1483.4 万人次，占观众总量的 47.9%。从该数据可以看出，博物馆不仅带动了本地观众的参观热情，还带来数量庞大的外地游客。而外地客观众的流入，也会为本地文旅市场消费带来可观的收益。在展览数量方面，《上海市博物馆年度报告（2023）》的数据显示：在 2023 年全市博物馆共设有常设展览 306 场，临时展览 406 场，线上展览 286 场，入境展 13 场。其中值得一提的是：上海博物馆首个自建馆以来，以自筹资金举办的收费特展"从波提切利到梵高——英国国家美术馆珍藏展"自开展以来，稳居中国"十大热搜展览"榜首，在 98 天的展期中，总观展人次突破 42 万，媒体传播总量近 5 亿，成为备受追捧的"现象级"展览，创下了中国博物馆收费展览观众人数、国内单个特展文创销售额，以及媒体传播总量等多个新纪录（上海博物馆，2024）。多样化的展览形式与内容，带来了丰富的参观体验，也为博物馆的文创与相关的展览收益提供了保障。在文创方面，《上海市博物馆年度报告（2023）》的数据显示：在 2023 年，上海市博物馆总的文创收益达 2.3 亿元。从下表 1 所示的数据中可以看出，上海博物馆中超 8 家博物馆的文创收入达到百万元以上，其中上海博物馆处于领先地位，其 2023 年的文创收入达到 11 656 万元。

表 1　2023 年上海博物馆文创收入

文创收入排名	博物馆	文创总收入（单位：万元）
1	上海博物馆	11 656.00
2	中共一大纪念馆	4800.00
3	上海科技馆	4751.00
4	上海玻璃博物馆	502.80
5	上海汽车博物馆	481.00
6	上海中国航海博物馆	250.20
7	奉贤区博物馆	130.00
8	上海震旦博物馆	106.60

备注：上述资料来源于转载自"乐游上海"公众号发布的《上海市博物馆年度报告（2023）》

第二，数字化网络文化消费异军突起。基于网络渠道形成的网络视听、网络文学，以及网络游戏、动漫等文化消费受到了消费者的追捧。例如：2023 年 7 月上映的国风动画《长安三万里》，内容为 168 分钟的动画，并展示 48 首诗词（周伟业和吴迪，2024）。《长安三万里》展示唯美灵动的中国美学画面，以及深厚的中国传统文化，吸引了众多影迷。《长安三万里》豆瓣评分8.2分，超34万人给出评价，其中5星好评达39.3%，累计票房达16.03亿，超过《姜子牙》，成为中国影史动画票房第二名（姚立伟，2023）。

与此同时，在网络游戏方面，部分网游企业在传统中国文化的基础上，开发的具有中国特色文化的游戏，不仅受到了国内游戏玩家的欢迎，也爆火海外。根据《2020—2021上海游戏出版产业报告》的数据显示：上海网络游戏海外销售收入超过29亿美元，增幅超过50%（顾江，2023）。而由上海米哈游公司开发的网络游戏《原神》，在2020年上市首日便登顶多个国家的游戏排行榜，仅IOS移动端收入便突破1200万美元（约合人民币8206.2万）（蔡姝越和冯心怡，2023）。网游《原神》不仅受到了国内用户的欢迎，还收获了众多的海外用户。根据sensor tower的报告显示，《原神》在海外上线以来，全球移动端收入达到30亿每月，其中约70%为海外用户，且月活跃用户数量超过550万，相关视频播放量在Tiktok达400多亿次（刘嘉雨，2023）。而网络游戏《原神》的爆火，不仅与其精良的制作有关，还与游戏中营造的中国传统文化有关。以《原神》中的过场动画《神女劈观》为例，整段动画以中国皮影戏进行呈现，并融合中国传统戏曲中的动作以及武打动作等，融合舞花枪表演，并由上海京剧院演员进行戏腔配音，力图打造中国传统文化的艺术精品，将戏曲文化通过游戏场景和游戏过场动画进行呈现，激发了海内外消费者的兴趣（刘嘉雨，2023）。

除了上述与传统文化相关的文化消费外，结合我国强大的网络基础而形成的网络文学与网络视听市场，也造就了数字化文化消费市场的繁荣。特别是在近些年，我国加强文化产权保护，在文化立法与监管的背景下，网络用户的付费视听、阅读等文化消费得到了大众的认可。而与此同时，付费阅读与视听也催生了内容创作者的热情，结果是经由市场的买方与卖方的双向合力，形成了高质量的文化视听、阅读产品供给，以及消费者为高品质的文化视听、阅读产品付费意愿的提升。根据《中国网络微短剧市场规模的研究报告》的数据显示：2021年，我国微短剧市场规模为3.68亿元，2023年上升至373.9亿元，增长近10倍，且微短剧市场已经超过电影市场的70%，用户付费渗透率达41%，其中每月在微短剧平台付费近100元的用户超35%（杨千乐，2024）。与此同时，在网络文学方面，根据《2023中国网络文学发展研究报告》的数据显示，截至2023年年底，我国网络阅读市场规模增长至404.3亿元，网文产业迎来3000亿元市场，其中网络文学作者达2405万，网文作品达到3620部，网文用户近5.37亿，同时网络文学"出海"市场规模超过40亿元，海外访问用户约2.3亿（黄隽，2024）。

第三，体验性、场景性文化消费需求增长显著。基于文化的体验性、场景性出发的演艺活动消费，在 2023 年出现井喷发展势头。根据中国演出行业协会、大麦、微博、灯塔专业版发布的《跨越山海 共赴热爱——2023 年演出市场大型演出年度洞察》的数据显示：在 2023 年全年，我国 5000 人以上的大型演唱会票房近 146 亿元，大型演唱会场次达 0.24 万场以上，观演观众人次超过 2000 万。该报告还显示：2023 年观众观演需求增幅显著，其中持续观看 2 场及以上演唱会的购票观众占比超过 20%，其中观演 4 场以上的观众占比 4%。与此同时，采取跨区域异地观看演唱会的方式，成为文化消费新潮流。在上述报告披露的数据显示：2023 年大型演唱会异地观众占比达 68%，比 2019 年增长近 7.4%，其中 18~29 岁的年轻观众跨城观演意愿较强。以下表 2 中所示的 2023 年演唱会观众构成显示：以下 10 个城市的外地观众都远超本地观众，其中在南京主办的演唱会中，外地观众一度达到 80%。外地观众的大量涌入，带来的不仅仅是演唱会等票房收益，还包括短途文旅等相关产业的发展。跨城观看演唱会的文化消费模式，使得"演唱会经济"的乘数效应得到发挥。

表 2 2023 年全国主要城市演唱会观众构成

演唱会主办城市	本地观众占比	外地观众占比
南京市	20%	80%
郑州市	24%	76%
武汉市	31%	69%
西安市	31%	69%
深圳市	34%	66%
北京市	35%	65%
上海市	36%	64%
天津市	36%	64%
广州市	38%	62%
成都市	39%	61%

备注：上述数据来自中国演出行业协会官网

二、文化消费催生文化与创意人才需求

文化消费市场的优秀传统文化要素消费、数字化消费，以及场景式、体验式消费，提升了居民对文化产品的高品质需求，由此也催生了对文化、创意人

才的需求。特别是在数字化背景下，文化与创意人才需同时兼具"技术"、"文化"、"经济"等三重能力素养，从业者的复合型技能的要求更加严格（顾江等，2024a）。与此同时，文化产品的精神属性使得文化产品蕴含着社会的基本价值取向及行为规范（柳杰，2020），因此，文化与创意人才还需具备较高的人文素养。同时，文化产品也是国家意识的一种体现。因此，文化与创意人才还应积极传播国家意识，重视对优秀传统文化的传承与利用，能够将中国深厚的文化历史积淀充分体现于文化产品的设计、生产、制作及营销过程中，积极维护国家文化形象，并推进国家文化在国际市场上的传播。

从文化消费品的全生产阶段来看：在文化产品生产的决策阶段，文化产品是一种消费偏好较强的产品，消费者的文化偏好较为稳固，但也容易受到社交网络的影响，且文化差异、文化品位以及受教育背景等多重个体因素也会影响文化产品在消费市场上的结果。文化与创意人才，面对着精准把握消费者需求的巨大挑战。因此，在生产决策阶段，需要文化创意决策者能够敏锐洞察文化消费市场信息，能够准确把握文化消费趋势与文化消费需求。而在文化产品的生产阶段，需要从业者能够结合文化消费偏好，充分了解消费者的兴趣、喜好和行为模式，积极借助人工智能或其他大数据提供的对于图像、文本、声音等信息的生产、提取、优化和配置等程序，为生产创作者提供创意素材与养分（顾江等，2024b）。而在文化产品的营销阶段，还需要文化创意从业者能够结合消费者体验与情景及社交网络等，积极借助各类数字化平台进行文化产品营销，同时还需结合文化消费者的分众化市场，面向不同文化消费者进行精准化营销与推广服务。

而在现阶段，我国文化产业的专业人才存在缺口，且要满足的文化创意与数字化技术知识的人才缺口更大（顾江，2022a）。以我国的数字文化产业业态中的电子竞技业为例，其人才缺口至2025年将近200万，而数字媒体艺术人才缺口将近每年15万人（顾江，2022b）。与此同时，我国文化创意人才数量少，结构失衡以及培养方式滞后等（孙晓岗，2020），严重制约着我国人民群众享受高品质的文化消费品。以我国的文博类专业人才为例，就目前而言，中国已经成为世界上博物馆事业发展最快的国家之一，每年将近新增200家博物馆，但每年高校实际为文博行业输送的毕业生仅为3000人左右（马思伟，2021）。根据中国国家博物馆馆长王春法的观点：随着我国智慧博物馆以及线上展览等数字化博物馆建设的实施，文博事业的快速发展需要大批创新实践人才，以及应用型、技术型和复合型人才，而目前我国上述人才的缺口较大，文博人才培养已经成为制约我国文博事业健康发展的根本性问题之一（马思伟，2021）。

相较于传统行业而言，文化与创意人才是文化企业宝贵的资产，是整个产业发展的根基，只有高素质的文化与创意人才，才能带来文化市场的繁荣，推动文化强国建设。为此，需培育高质量的文化与创意人才，从根本上解决我国现有的文化与创意人才缺口问题。

三、对文化与创意产业人才培育的启示

文化与创意人力资本的形成，最基本的前提是外部人文环境的滋养。文化环境与氛围中的建筑、历史、旅游和地方特色文化，能够为创意人力资本发挥想象力提供素材，激发其创意灵感（柳杰，2020）。而我国优秀的历史文化遗存，厚重浓郁的文化氛围，能够为文化与创意人才提供丰富的内容与创意来源。除文化环境外，文化与创意人才的培育决定了我国优秀的文化能够被表达的高度，以及文化如何成为滋养国民生活，提升国民幸福感与获得感的关键。就目前而言，我国的文化与创意人才培育需从以下三个方面入手：

首先，进行文化人才的引进与流转。通过国际性或不同城市、不同区域之间文化创意人才的引进与流转，推动文化与创意人才的知识溢出，实现文化与创意思想的知识流动与学习效应，由此形成文化与创意人才的培育。在这方面，英国注重国际文化创意人才的引进与流转，由此创造了创意产业的繁荣。英国以其悠久的文化历史、多样性以及深厚的文化积累，为文化创意阶层的成长提供了沃土（向勇，2015）。根据张娜等（2019）的统计，在2017年，英国文化创意产业国民增加值为1015.3亿英镑，占国民增加值的比重达到5.52%，其中就业人数为200.8万人，占英国总劳动人数的6.1%。在英国伦敦，有68万人从事文化产业有关的工作，占到全英的12%（向勇，2015）。文化创意产业带来的就业人数平均每年增长率高达36.9%，每6个伦敦人就有1人从事文创工作（王哲平和苏永华，2021）。在海外人才方面，英国通过设立创业签证的方式，吸引国际人才的流动，强化人才流动的知识溢出和传播效应，提升人才集聚效应（王哲平和苏永华，2021）。与此同时，英国还通过不限制科技人才的自由流动，强化科技人才回流和创业方面的政策支持，进行国际化人才吸纳，例如英国采取对其联邦国家免签证的措施，吸引了印度、澳大利亚、加拿大等国的众多科技人才（李昳和张向前，2017）。本国文化与创意人才的积累，外加与国际化文化人才的互动与交流，为英国文化创意产业发展构筑了文化人才资本。借鉴国外成熟经验，中国需积极构建国际化的人才流动与储备机制，发挥文化与创意的知识溢出和人才交流的学习效应，强化文化与创意人才集聚等多重措施，为我国的文化与创意人才构建人才"蓄水池"。

其次，加强高等教育的文化与创意人才培养。文化消费催生的文化人才需求是复合型的、多元化的人才。为此，需结合我国现有的高等教育中的"新文科"、"新工科"、"跨学科"等一系列高等教育改革的契机，加强高等教育对文化与创意人才的培养工作。与此同时，还应探索高等教育和文化与创意机构进行合作的人才培养机制，进行文化与创意人才的专业化教育工作。以澳大利亚音乐与表演艺术学院为例，该学院与澳大利亚整个文化艺术系统建立了较为紧密的联系，打造艺术发展的生态链，与国家歌剧团、斯卡达达剧团、悉尼舞蹈团以及澳大利亚舞蹈团等众多顶级艺术团均有深入合作，学生表演团每年都会被邀请在西摩中心、悉尼歌剧院等知名演出中心和各大艺术节现场演出（王哲平和苏永华，2021）。因此，借鉴成功经验，基于我国当下的高校资源，发挥文化机构与文化企业的作用，进行文化与创意人才的联合培养工作。例如，倡导博物馆、美术馆、艺术馆等文化机构与高校的文化、创意人才学部进行合作，充分利用文博、艺术类机构的文化资源，为学生打造实践性的文化创意场景。与此同时，还需要发动艺术品市场、网络视听、网络文学及各类数字化文化企业的力量，为文化与创意专业学生提供多样化的岗位实践。结合专业发展方向，聘用文化企业或文化机构的专业导师进行专业知识的传授。积极借助国内外的创意、创新大赛，通过以赛促教、以赛促学的方式，加强高等教育的文化与创意人才培养工作。

最后，充分利用文化公共服务机构，加强对全民创新、创意及文化素养的培育，激发各类群体的创新与创意，为创意与文化产业提供人才储备。文化素养的全民教育，是国家创意与创新人才储备的根本。在这方面，为了引导民众接触高雅文化、欣赏高雅文化，法国推进"文化协调员制度"，设计了形式多样的参与性活动，介绍交响乐、歌剧、芭蕾舞等多个文化门类的高雅艺术，并全力推进"文化行动"，进行全民的文化普及（王哲平和苏永华，2021）。有鉴于此，我国需积极推进公共文化服务，通过对各级文化馆、图书馆、博物馆等文化机构的建设，积极推进高雅艺术进课堂、进社区，联合多个部门推动博物馆与大中小学、社区等的联动等，构建全民接受文化滋养与高雅艺术的氛围。大力推进古遗迹的开发与保护，推动非遗技艺的传承与利用，进行非遗的活化开发，焕发非遗的光彩，让居民在非遗中感受中国传统文化的魅力，提高文化素养。借助多样化的文化活动，以及全民共享的公共文化服务，提升全民的审美与文化素养，激发全体国民创新与创意。这一做法，不仅能够增加文化消费的受众，还能涵养公民的文化素养与创意思维，激发各类群体的文化与创意热情，由此推动我国文化与创意人才储备得以形成。

参考文献

[1] 蔡姝越，冯心怡.吸金280亿再创纪录！国产游戏《原神》如何杀出重围，领先日本同行？[EB/OL].新浪财经转载自《21世纪经济报》，2023-01-08.

[2] 黄隽.新质生产力加速文化产业提质增效[EB/OL].金融时报–中国金融新闻网，2024-05-24.

[3] 顾江.文化强国视域下数字文化产业发展战略创新[J].上海交通大学学报（哲学社会科学版），2022a，30（04）：12-22.

[4] 顾江.长三角文化产业发展蓝皮书（2021）[M].南京：江苏人民出版社，2022.

[5] 顾江.长三角文化产业发展蓝皮书（2022）[M].南京：江苏人民出版社，2023.

[6] 顾江，张苏缘，刘柏阳.中国式现代化背景下数字文化产业生态研究[J].福建论坛（人文社会科学版），2024a（02）：32-43.

[7] 顾江，刘玉杰，田晓仪.效率变革与动力变革双维视角下文化产业高质量发展路径[J].南京社会科学，2024b（02）：47-55+64.

[8] 郭威.准确理解构建新发展格局的内涵要义[EB/OL].[2023-02-28].中国共产党新闻网，2023-02-28.

[9] 李昳，张向前.英国适应创新驱动的科技人才发展机制对中国的启示[J].科技与经济，2017，30（01）：76-80.

[10] 刘嘉雨.从游戏《原神》海外走红，思考新时代中国文化的传输路径[EB/OL].西安交通大学新闻与传播研究所，2023-02-08.

[11] 柳杰.转向与超越：文化创意人才激励机制构建[J].探索与争鸣，2020（06）：143-148+160.

[12] 马思伟，文物"活"起来，博物馆"智"起来，软实力"硬"起来[EB/OL].[2021-03-11].国家文旅部官网，2021-03-11.

[13] 上海博物馆.上博荣获全国博物馆十大陈列展览精品奖等多个奖项[EB/OL].引自上海博物馆微信公众号，2024-05-20.

[14] 孙晓岗.大力培养文化创意人才推动文化产业发展——评《文化与人才突破》[J].西北人口，2020，41（04）：127.

[15] 王哲平，苏永华.创意城市与创意产业案例教程[M].浙江大学出版社，2021.

[16] 向勇.文化产业导论[M].北京大学出版社，2015.

［17］姚立伟.16.03亿！《长安三万里》成为中国影史动画电影票房第二名［EB/OL］.搜狐，2023-08-05.

［18］杨千乐，跟着微短剧去旅行，2024文旅发展新潜力.［EB/OL］.引自"上海文旅产业研究院"微信公众号，2024-03-18.

［19］周伟业，吴迪.中华诗词传播的创新、价值与启示——以《长安三万里》为例［J］.教育传媒研究，2024（02）：108-113.

［20］张娜，田晓玮，郑宏丹.英国文化创意产业发展路径及启示［J］.中国国情国力，2019（06）：71-75.

［21］中国演出行业协会官网.《跨越山海 共赴热爱——2023年演出市场大型演出年度洞察》［R］.

［22］上海市博物馆年度报告（2023）［R］.引自"乐游上海"微信公众号。

"实操案例"与"课题驱动"相结合的统计学教学模式探讨

张满生[①]

上海旅游高等专科学校 会展与经济管理学院

摘 要：统计学传统教学模式具有理论脱离实际、单向单一等诸多弊端，亟需进行改革和创新。在多年统计学教学模式研究成果的基础上，笔者结合最近多年的统计学实践教学过程，提出"实操案例"与"课题驱动"相结合的统计学教学模式。通过对学生的学习效率、学习兴趣、学习成果等学习效果指标定量分析，发现以上教学模式比传统的教学模式的教学效果均有明显提升，得到了学生的认可，取得较好的教学效果。

关键词：实操案例；课题驱动；统计学教学模式

引言

统计学是经济管理类专业的基础课程，也是一门必修课程，是职业基本能力课程，在各专业的人才培养方案中，均占有比较重要的地位。在当下新经济和信息数据时代，统计学作为一门学习数据信息收集、整理、分析与推论的方法论课程，其在经济、社会、自然和科技等各领域都具有广泛重要的应用价值。作为应用型本科和专科院校，培养学生的实操能力应该是教学的主要目标，教学效果力求做到"学以致用，理论与实践结合"。

[①] 作者简介：张满生，男，副教授，上海旅游高等专科学校会展与经济管理学院。主讲课程：统计学原理、高等数学等。研究方向：景区管理、旅游市场等。联系方式：zms@shnu.edu.cn。

一、统计学传统教学模式及其弊端

(一)统计学传统教学模式

统计学的传统教学模式,通常以教师为中心,以教材为蓝本,通过课堂讲授、板书、PPT 演示等方式,向学生传授统计学的基本理论、方法和技能。这种教学模式具有以下特点:首先,在教学过程中,教师通常占据主导地位,负责向学生传授知识、解释概念和解答疑问。而学生则处于被动接受的位置,通过听讲、记笔记等方式来获取知识。传统教学模式注重理论知识的传授,教师会花费大量时间解释统计学的理论、公式和方法,而学生则需要通过记忆和理解来掌握这些知识。其次,传统教学模式往往高度依赖教材,教师按照教材的章节顺序和内容进行教学,而学生则通过教材来学习和掌握统计学的知识。最后,为了巩固学生的学习成果,教师通常会布置课后作业和练习题,要求学生通过练习来加深对知识的理解和掌握。

(二)统计学传统教学模式弊端

尽管传统教学模式在一定程度上能够满足统计学的教学需求,但其存在诸多弊端:①单向传递,缺乏互动。传统教学模式通常采用单向传递信息的方式,即教师讲授、学生听讲。这种教学方式缺乏互动,学生很难有机会表达自己的观点和疑问,导致学习效果不佳。同时,由于缺乏互动,学生往往难以深入理解统计学的原理和方法,只是机械地记忆公式和概念。这不仅限制了学生的学习积极性和创造性,也影响了他们的学习效果。②理论与实践脱节。传统教学模式注重理论知识的传授,但往往忽视了实践环节的重要性。学生虽然掌握了统计学的理论知识,但缺乏实际操作和应用的经验,难以将所学知识应用于解决实际问题中。这种理论与实践脱节的教学方式,使得学生在学习过程中缺乏兴趣和动力,也限制了他们在实际工作中的能力发挥。③忽视学生个体差异。传统教学模式往往采用"一刀切"的教学方式,忽视了学生之间的个体差异。不同的学生在理解能力、学习习惯、兴趣爱好等方面存在差异,但传统教学模式往往没有充分考虑这些差异,导致部分学生难以适应教学进度和难度,学习效果不佳。这不仅影响了学生的自信心和学习动力,也限制了他们的个性发展。④缺乏创新能力培养。传统教学模式注重知识的传授和记忆,但往往忽视了创新能力的培养。统计学作为一门应用性很强的学科,需要学生具备创新能力和解决实际问题的能力。然而,传统教学模式往往缺乏对学生创新能力的培养,导致学生缺乏独立思考和解决问题的能力。这不仅影响了学生的综合素质和竞争力,也限制了他们的未来发展。⑤教学方式单一。传统教学模式通常只采用单一的讲授方式进行教学，缺乏多样化的教学手段和方法。这种单一的教学方式容易使学生感到枯燥无味，缺乏学习的兴趣和动力。同时，单一的教学方式也难以满足不同学生的学习需求和发展潜力。⑥教学资源有限。传统教学模式往往只依赖于教材和教师的讲解，教学资源相对有限。这导致学生难以接触到更广泛、更前沿的统计学知识和应用案例，限制了他们的视野和思维。同时，有限的教学资源也影响了教师的教学效果和学生的学习成果。

二、实操案例"与"课题驱动"相结合的统计学创新教学模式

（一）实操案例"与"课题驱动"相结合的统计学创新教学模式的提出

鉴于统计学传统教学的以上诸多弊端，亟需进行改革和创新。在多年统计学教学模式研究成果的基础上，笔者结合最近多年的统计学实践教学过程，提出"实操案例"与"课题驱动"相结合的统计学教学模式：在传授比较深奥的统计理论知识时，采用自己曾经利用统计原理分析和解决过的行业课题来不断启发学生的教学方法，将枯燥的数理统计分析知识教学蕴含在解决具体行业或社会问题过程中，从而一方面解决统计学理论学习的深奥性和枯燥性问题，另一方面解决了教学内容与行业脱节的问题。在统计知识强化和实际应用的教学时，采用课题驱动方法，也就是以组为单位，各组通过充分讨论确定自己感兴趣的行业或社会热点课题，然后各组严格按照发现问题、分析问题、解决问题的路径，多方面多维度地利用相关的统计指标、统计分析预测方法等统计学知识完成整个课题的分析研究报告。通过对学生的学习效率、学习兴趣、学习成果等学习效果指标定量分析，发现以上教学模式比传统的教学模式的教学效果均有明显提升，教学效果良好。

（二）实操案例教学模式

以旅游行业实操案例为载体，通过案例分析、小组讨论、实践操作等方式，培养学生的实践能力和综合素质。实操案例统计教学方法实施可以遵循以下几个步骤，以帮助学生更好地理解统计学的原理和方法，并提升他们的实践能力。

1. 准备教学案例

（1）选择实操案例：选择与课程内容紧密相关，且能反映统计学原理和方法在实际问题中应用的案例。案例应具有代表性和实用性，能够激发学生的学习兴

趣和动力。

（2）设计实操案例：根据教学目的和学生水平，设计案例的问题、背景、数据和分析要求。确保案例的复杂性和难度适中，既能够具备挑战性，又不会让学生感到过于困难。

（3）准备教学材料：包括案例背景资料、相关数据、分析软件等。确保学生能够在课堂上方便地获取和使用这些材料。

2. 案例教学的实施

（1）案例介绍：在课堂上向学生介绍案例的背景、问题和数据。引导学生了解案例的基本情况，并激发他们的兴趣和好奇心。

（2）学生分组：将学生分成若干小组，每个小组分配一个案例进行分析。分组时应考虑学生的能力和兴趣，确保每个小组都能够顺利完成案例分析任务。

（3）案例分析：学生利用统计方法和软件对案例数据进行处理和分析，得出结论并撰写分析报告。在分析过程中，教师应及时给予学生指导和帮助，确保他们能够正确理解和应用统计学原理和方法。

（4）课堂讨论：组织学生进行课堂讨论，分享各组的案例分析结果和心得体会。通过讨论，学生可以了解不同分析方法和思路的优缺点，拓宽自己的视野和思维。

（5）教师点评：教师对学生的案例分析结果和报告进行点评和总结，指出其中的优点和不足，并提出改进建议。同时，教师也可以分享自己的分析经验和技巧，帮助学生提高分析能力和水平。

3. 案例教学的评估与反馈

（1）评估学生的案例分析能力和报告质量，了解他们的学习成果和进步情况。评估结果可以作为教学改进和学生评价的依据。

（2）收集学生的反馈意见，了解他们对案例教学方式的看法和建议。根据学生的反馈意见，教师可以及时调整教学方式和内容，以满足学生的需求和期望。

4. 实操案例教学的拓展与深化

（1）在案例教学中引入更多实际问题和应用案例，让学生更加深入地了解统计学在解决实际问题中的应用和价值。

（2）鼓励学生参与实际项目和研究，将所学的统计学原理和方法应用于解决实际问题中，提高他们的实践能力和创新能力。

（3）加强与其他学科的交叉融合，将统计学与其他学科相结合，拓宽学生的知识视野，丰富学生的思维方式。

（三）"课题驱动"统计教学模式

课题驱动的统计学教学模式，是一种以课题为核心，以问题为导向，以实践为主要手段的教学模式。该模式强调学生的主体性和参与性，通过引导学生参与课题的研究与实践，激发学生的学习兴趣和积极性，培养学生的实践能力、创新能力和综合素质。课题驱动的统计学教学模式基于建构主义学习理论和问题解决学习理论。建构主义学习理论认为学习是学生主动建构知识的过程，学生需要通过自己的实践、探索和思考来构建知识体系。课题驱动的统计学教学模式正是基于这一理论，通过引导学生参与课题的研究与实践，让学生在实践中学习、在探索中成长。问题解决学习理论认为学习是一个解决问题的过程，学生需要通过分析问题、提出假设、验证假设等步骤来解决问题。课题驱动的统计学教学模式注重问题的提出和解决，通过引导学生参与课题的研究与实践，让学生在解决问题的过程中学习和成长。课题驱动统计教学方法的实施步骤可以包括以下几个方面：

1. 课题选择与设计

首先，教师需要根据教学大纲和学生实际水平，明确课题驱动统计教学的教学目标。这包括理解统计学的基本概念和原理，掌握统计分析方法，提高解决实际问题的能力等。其次，教师需要根据教学目标，选择和设计具有代表性、实践性和挑战性的课题。课题应贴近现实生活，能够反映统计学的应用价值和实际意义。同时，课题的难度应适中，能够激发学生的兴趣和挑战精神。

2. 课题导入与背景介绍

（1）课题导入。教师可以通过提出问题、展示案例、播放视频等方式，激发学生对课题的兴趣和好奇心。同时，教师需要简要介绍各课题的背景和意义，让学生明确各课题的重要性和应用价值。

（2）知识回顾。教师需要引导学生回顾与课题相关的统计学知识，确保学生具备解决课题所需的基本理论和技能。

3. 学生分组与任务分配

学生分组与任务分配在课题驱动统计教学方法中非常关键，它关系到学生是否能够有效地开展自主学习和合作学习。教师可以将学生分成若干小组，每个小组分配一个课题任务。分组时应考虑学生的能力和兴趣，确保每个小组都能够顺利完成课题任务。学生分组应综合考虑以下方面：

（1）明确分组原则。教师需要明确分组的原则，例如"组间同质，组内异质，优势互补"。这意味着不同组之间学生的能力水平应相对均衡，而同一组内学生应具有不同的能力和特长，以便他们能够互相学习、互相补充。

（2）评估学生能力。教师可以通过考试、作业、课堂表现等方式评估学生的统计学能力、学习能力、协作能力等，以便更准确地了解学生的能力水平。

（3）确定小组规模。一般来说，小组规模不宜过大也不宜过小。过大的小组可能导致部分学生参与度不高，而过小的小组则可能限制学生的合作和交流。教师可以根据课题的复杂性和学生的能力水平，确定每个小组的规模，通常为4~6人。

（4）自愿与调整。教师可以让学生自愿组成小组，但也要根据学生的能力和意愿进行适当的调整，确保每个小组的能力水平相对均衡。

（5）确定组长。组长是小组的核心，需要具备一定的组织协调能力。教师可以通过学生自荐、同学推荐或教师指定等方式确定组长。组长不一定是学习成绩最好的学生，但必须是愿意为小组付出努力、具备一定协调和组织能力的学生。

任务分配在课题驱动统计教学方法中起到了至关重要的作用，需要教师认真对待和精心安排。教师需要向每个小组明确课题任务的具体要求和目标，确保学生清楚自己的任务和责任。同时，教师需要为每个小组提供必要的数据、资料和指导，帮助他们顺利开展课题任务。教师的这些工作有助于课题的顺利完成，培养学生的协作精神和团队意识，促进学生的个性化发展，提高学生的学习效果以及培养学生的责任感和时间管理能力。

任务分配在课题驱动统计教学方法中的主要作用如下：

（1）明确责任与目标，确保课题的顺利完成。通过合理的任务分配，每个学生或小组都能够明确自己的任务和责任，从而有针对性地开展工作。这有助于确保整个课题任务能够按照预定的时间节点和质量要求顺利完成。

（2）充分利用学生的能力和特长。在任务分配时，教师会考虑学生的能力、兴趣和特长，确保每个学生都能够承担适合自己的任务。这样可以最大限度地发挥每个学生的优势，提高课题完成的质量和效率。

（3）培养学生的协作精神和团队意识。课题驱动统计教学方法强调学生的自主学习和合作学习。通过任务分配，学生需要在小组内或团队中共同完成任务，这有助于培养学生的协作精神和团队意识，提高他们的团队合作能力。

（4）促进学生的个性化发展。不同的学生有不同的能力和兴趣，通过任务分配，学生可以根据自己的特长和兴趣选择适合自己的任务。这有助于促进学生的个性化发展，让他们在自己的领域内得到更多的锻炼和成长。

（5）提高学生的学习效果，激发学习动力。通过参与课题任务，学生需要将所学的统计学知识和技能应用到实际问题中，这有助于他们更好地理解和掌握这些知识。同时，任务分配也能激发学生的学习兴趣和主动性，提高他们的学习效果。

（6）培养学生的责任感和时间管理能力。每个学生都有自己的任务和责任，他们需要按照预定的时间节点完成自己的工作。这有助于培养学生的责任感和时间管理能力，让他们学会在有限的时间内高效地完成任务。

（7）可及时跟进与调整。在任务分配后，教师可以根据学生的进展情况进行及时的跟进和调整。如果发现某个任务存在困难或问题，教师可以及时给予指导和帮助，或者调整任务分配，确保课题任务能够顺利进行，并达到预期的质量要求。在任务执行过程中，教师需要定期对学生的进展进行监督和指导。这包括检查学生的工作进度、解答学生的疑问、提供必要的帮助和支持等。同时，教师还需要关注学生的协作情况，确保学生之间能够相互协作、相互支持，共同完成课题任务。

4. 学生自主探究与合作学习

自主探究需要学生根据课题任务，自主查找相关资料和数据，了解课题的背景和现状。同时，学生需要运用所学的统计学知识和方法，对课题进行深入分析和研究。合作学习需要学生在小组内开展合作，共同讨论和解决问题。在合作过程中，学生需要互相交流和分享自己的见解和成果，彼此促进，共同进步。

5. 成果展示与讨论

成果展示需要学生将课题研究的成果进行整理和总结，形成书面报告或口头汇报。在展示过程中，学生需要清晰地阐述自己的研究思路、方法和结论，并展示相关的数据和图表。教师需要组织学生进行讨论和交流，对每个小组的成果进行点评和反馈。在讨论过程中，学生可以了解不同小组的研究思路和成果，拓宽自己的视野和思维。同时，教师需要引导学生对课题进行深入思考和分析，帮助他们提高解决实际问题的能力。

6. 总结反思与提升

教师需要对整个课题驱动统计教学过程进行总结和反思，分析教学中的优点和不足，提出改进的建议和措施。同时，教师需要收集学生的反馈意见，了解他们的学习体验和感受，为今后的教学提供参考和借鉴。学生需要对自己在课题驱动统计教学中的表现进行反思和总结，了解自己的优点和不足，并制定提升计划。通过不断学习和实践，提高自己的统计学理论水平和实践能力。

三、总结

试行"实操案例"和"课题驱动"相结合的统计学教学方法，能够活跃教学气氛，学习变被动为主动，老师和学生将充分互动，培养学生发现问题、分析解决问题、阐述问题的能力。根据高等教育的特点和人才培养的要求，本课程组深入探索高教教育规律，通过学习和研究，进一步明确了实行理论联系实际教学方法的重要性，牢固地树立了"以能力为本位"的思想。在理论教学中，积极试行"实操案例"和"课题驱动"相结合的统计学教学方法，即围绕现实案例和自身在工作生活中遇到的问题进行分析，让学生身临实景，在实例中学习和掌握知识。这样既激发了学生学习的积极性，又加强了教学的针对性、实践性，提高了学生的专业水平。

尊重个体差异，注重过程评价，促进学生发展。在教学过程中，倡导自主学习，启发学生积极思考、分析，鼓励多元思维方式，并将其表达出来，尊重个体差异。同时建立能激励学生学习兴趣和自主学习能力发展的评价体系。该体系由形成性评价和终结性评价构成。在教学过程中应以形成性评价为主，注重培养和激发学生的学习积极性和自信心。终结性评价应注重检测学生的知识应用能力。评价要有利于促进学生的知识应用能力和健康人格的发展。建立以过程培养促进个体发展，以学生可持续发展能力评价教学过程的双向促进机制，以激发兴趣、发展心智和提高素质为基本理念。

整合课程资源，改进教学方式，拓展学习渠道。本课程在教学过程中，提醒学生留意观察生活中的各种现象，鼓励学生结合教材中的概念、方法，在教师的引导下，通过分析事物内在规律和变动规律使学生自主归纳、总结，以便增强学生对知识体系的理解；通过课堂练习、课后练习来促进学生对所学理论的理解和运用，以培养其实际分析技能。通过教学方式的不断改进，并积极调动音像、互联网等各类教学资源，运用现代教育技术，充分利用多媒体教学设备，提高学生对知识的掌握程度，培养学生利用所学知识解决问题的能力。

博物馆环境解说教学方法探讨

赵金凌[①]

上海师范大学　旅游学院

摘　要：博物馆展厅通常是由整体说明板块导入，有序言有结语，其次是分门别类的陈列品，有简单明了的标签，但有的内容跟展板联系不强，使观众茫然。我们虽然很难期待博物馆对每一件展品都能非常专业又绘声绘色的讲解，但是对一些代表性的物件，重点讲解还是非常必要的。解说的薄弱，其中一个原因是解说长期没有得到应有的重视；另一个原因是解说人才的缺乏。解说人才的培养需要教育工作不断努力和方法创新，因此本文讨论博物馆解说课程的教学方法，为博物馆教学提供参考。

关键词：环境解说；博物馆解说；教育

起初人们在认识自己和世界的过程中因为各种原因创造物品，今天人们可以通过这些穿越时空的物品了解历史。博物馆的功能是通过文物来讲述历史，通过解读文物跨越时空所传递的信息来讲述这个世界的历史，这是一种前所未有的方式。通过物品讲述的历史比仅靠文字还原的历史更加公正。早期人类祖先因为各种原因创造出物品，艺术形式诸如绘画、书法、雕塑，为了宗教、祭祀，或实用，今天有些物品被人们称为艺术品。有些美轮美奂的艺术品有实际使用用途，而有些物品的创作目的甚至创作者都无从考究。那么，这些"艺术品"对于今天人们的生活和审美还有什么价值？

亚里士多德（Aristotle，公元前 384 年—公元前 322 年）认为："艺术的目的不是展示事物的表面，而是其内在的意义。"解说作为艺术，目的是提供一个全新的视角看待事物，引导人们发现其内在的本质意义。同理，对于听众，不仅是要听解说对象的信息，更有机会透过现象亲自探索其本质和意义。

[①] 作者简介：赵金凌，女，博士，上海师范大学旅游学院副教授。主讲课程：博物馆解说、自然与文化资源解说。研究方向：博物馆解说和旅游资源可持续发展与管理研究。联系方式：zhaojl@shnu.edu.cn。

英国著名园林学家马丁解说他最挚爱的一处英国园林，评价这位设计师设计园林的方法，让他理解一个道理：重要的不是你做了什么，而是你如何做。透过马丁（Matin）的解说对园林的意义会有更多的思考，更重要的是学会自己欣赏园林的一些方法。有意义的解说给人启发，让人难忘，给人带来的价值远远超过表面的信息，"授人以渔"是有意义解说的重要价值。

本文要讨论的博物馆解说教学方法主要围绕博物馆和自然解说，希望提供通过解说揭示事物本质，通过解说启发听众的案例，供读者参考与讨论。

一、环境解说和环境教育

（一）环境解说的内涵

布朗（Brown，1971）认为，环境解说"是一种沟通环境知识、意识、交流手段和设施的综合体，目的在于引起人们对环境问题的思考、讨论及产生环境保护行动"。[1]这一定义强调的内容是：传递环境知识，引起人们对环境问题的重视，产生环境保护行为，这些和当时对环境教育内容和目的的认识基本相似。

奥尔德里奇（Aldridge，1972）认为，"解说是揭示人类在其生活环境中所占的地位，增加游客对人与环境两者关系的重要性的认识，唤起人们的愿望，使其对环境保护能有所贡献"。[2]以上2个概念肯定了环境解说同样也是种教育形式，突出环境解说对环境教育的促进作用。其目的在于增加人们相关的环境知识，进而培养环境保护意识[3]。

20世纪70年代后期，随着环境教育的蓬勃发展及人们对环境教育目标的明确认识，也促进了环境解说的不断完善。纳普（Knapp，1994）认为，"环境解说是以培养对环境负责的个体为最终目标，揭示自然资源及其与人类相互关系为目的的交流过程"[4]。这个定义表明，环境解说不应仅仅停留在传授环境保护知识、感情和热爱自然这一个层次上，而是应侧重于对人们的价值取向、行为、道德的影响和塑造。这一目标和环境教育的目标已经极为相似[3]。

综上所述，对环境解说的基本定义可以归纳为：环境解说是将某特定区域内的自然和人文环境特性经由各种媒介或活动方式传达给某些特定的对象，如游客、学生等，其目的在于引起这些特定对象对当地环境的关注与了解，经由欣赏与知性的了解，提升较高品质的生活体验，并经由新的感受与体验产生对环境保护的关怀，并培养积极参与环境保护工作的态度和行动，甚至影响人们的价值取向、行为和道德。

博物馆解说是激发游客对事物本身意义探索的解说，可以引发听众对自然和文化遗产深层意义的关注和思考，具有重要价值。与之不同，"有意思的解说"，可能借鉴各种短视频、网络流行语、热门消息的效果，为博人一笑。博物馆解说不应是难懂晦涩的专业文章，但也不应受大众娱乐文化裹挟失去应有的功能和价值，只为娱乐不可取。有意义的解说启发游客思考，拥有其他娱乐不具备的价值。

（二）环境解说和环境教育的比较

1. 环境解说与环境教育的区别

对于环境教育与环境解说的关系，国外有着两种不同的观点。一种是认为两者相似，可以等同使用。国外许多涉及环境教育和环境解说的研究都有很大的相似性。两个相关领域所采用的首要评价指标都是知识、态度和行为。许多书籍、相关文章和政府文件中都将环境解说和环境教育交替使用[3]。

另一种观点则把环境解说作为环境教育的一个组成部分。纳普（Knapp）和珀夫（Poff）（2001）认为，环境解说和环境教育具有不可分割性，可事实上根本不同于环境教育。环境解说仅仅是和休憩场所相关的环境教育，如公园、保护区、动物园和博物馆等[4]。因此环境解说仅仅是非正式环境教育的一部分。

分析环境解说和环境教育的概念，可以比较二者的一些区别（表1）。

表 1 环境教育与环境解说区别

	环境教育	环境解说
形式	特定学习目标的结构性学习	休闲或随行情境下的学习
内容	自然、文化、历史、环境	自然、文化、历史或环境
对象	受制性受众，如学生与学习团体	非受制性受众，如不同年龄的游客、社会团体、家庭等
地点	学校、户外实验室或自然基地	自然保护区、公园、博物馆、历史区等
实施机构	学校及教育单位	资源管理单位或休闲服务提供机构
实施焦点	教学	鼓励游客参与、观察环境
媒介	教师、教材	解说设施、解说员、解说教育活动
参与方式	非自愿	自愿
目的	教育听众	启发听众，使其自发感悟环境的重要性
时间	终生教育	参加旅游活动的过程中

2. 环境解说与环境教育的联系

1997年第比利斯政府间环境教育会议宣言和建议中指出，环境教育应面向各个层次所有年龄的人，并包括正规教育和非正规教育；环境教育应是一种全面的终身教育；环境教育必须面向社会。环境解说正是适应环境教育的需要而产生和发展的，它是一种面向全社会所有公民的终身环境教育。

在教育目标上，环境教育的目标和环境解说的目标具有一致性，两者都是培养对环境负责的公民。在教育形式上，环境教育有许多不同的方式，如正式教育和非正式教育，而环境解说作为非正式教育的一种途径，在很多情况下与环境教育两者是可以融合在一起的，或者说可以通过环境解说来实现环境教育的目的。

综上所述，环境解说作为一门新兴发展的学科，理论技巧方法日趋成熟，在美国已经有很多大学把环境解说列入旅游学、环境学、教育心理学的主要课程。

二、国内外研究进展

（一）国外环境解说研究进展

美国环境解说相关研究始于1950年，长达50余年的解说领域研究积累了相当多的经验。加拿大在1973年成立解说加拿大协会，英国于1975年成立遗产解说协会，美国于1988年成立国家解说协会，澳大利亚于1992年成立解说协会，这些国家很早就注重解说的作用以及环境解说对游客环境教育的影响。近年来，解说在亚洲及中美洲国家也迅速展开。

20世纪60年代的解说仅仅停留于修辞手段对概念的描述。70年代以后，随着旅游心理学以及社会学的成熟，人们开始寻找与游客沟通的媒介及其效果，出现了完整的解说媒介谱，即游客可以根据旅游活动的类型选择适合的解说方式。

从20世纪70年代中期到80年代，解说主要研究其理论定位与方法。在80年代早期，解说的研究开始向量化方向转变，学者开始对解说进行系统评价。研究者集中于最佳或较好解说媒体选择的研究。在方法上，20世纪80年代中期，解说研究者认识到各种各样的游客需要不同的旅游体验，解说媒体依赖于游客的自我选择，并开发了游客解说机会谱，并且指出不存在某一解说媒体为最佳解说方式，所有的解说方式都同等重要，关键是看游客的选择。

从20世纪90年代早期开始，解说相关研究慢慢步入成熟期，通过对成熟理论的运用，解说带给游客思想的长期影响以及对游客环境教育的影响与旅游的可持续性得到了研究者的关注。美国、加拿大、英国、日本等国家和地区，在国家公园等领域做了大量关于解说系统的研究以及环境解说对游客环境教育影响的研究，并得到了成功的运用。90年代以后，解说理论框架与方法的构建呈现出以下几个大趋势：解说研究的国际化、解说理论与方法论的建立、解说的精确化、解说案例研究与定性研究的结合等（胡宏友，2001）[5]。

（二）国内环境解说研究进展

在国内近年来，尤其是2004年以来，解说研究领域才引起学者较多的关注，但是大部分工作都是从解说系统的规划与设计角度出发，而对于环境解说的研究以及环境解说对游客环境教育影响的研究还没有深入涉及，属于起步阶段。关于环境解说的相关文献的研究内容也比较分散，没有形成研究体系。

文献类型包括理论介绍、解说现状研究、系统规划设计研究、解说与教育关系、报道类及方法论，具体研究内容包括环境解说的概念、分类、作用与功能、开展方式等。中国台湾在环境解说研究以及环境解说对游客环境教育影响的研究领域做了很多有益的工作，具有较强的实践指导性。

综上所述，国外的环境解说的相关研究得到广泛关注与认同，研究比较宽泛、全面，研究起步早，已较为成熟。而国内环境解说和环境教育方面的理论研究还存在着许多不足，在案例研究方面研究对象、研究内容、研究方法都亟待完善。

中国的环境解说发展比较晚，前期没有受到重视，人们常常将其和导游解说混为一谈。本文所说的环境解说和导游讲解介绍有着本质的区别。前者重视客观事实的介绍，借由解说让人们看到凭借肉眼不能看到的事实，通过感同身受的分享让游客体验到和自己经历、阅历匹配的感受，从而感化、影响游客的态度和行为。而导游解说是介绍现状，为了吸引游客，对历史、科学事实的陈述常常有刻意杜撰的嫌疑。因此，对专科、本科环境解说的教学要进行本质上的改革，才能改善解说给人们留下的印象。

三、环境解说对游客环境教育的影响

通过环境解说，实施对游客的环境教育。对于接受环境解说的人们来说，环境解说是一种学习的过程。环境解说往往是现场行为，而不是坐在学校教室里听课，所以也称之为非正式的学习。环境解说目的是要让学习者（游客）在认知、情感、技能和态度上有所收获，引起学习者（游客）的共鸣，因而感到惊讶、赞叹、鼓舞，进而引发行为变化。

本文参照前人研究，将环境解说对游客环境教育的影响分为四个层面，即知识、技能、情感和行为。

第一层面：知识。希望游客学习或记住或认知的部分。知识的学习在游客环境教育中是基础，游客对于所接触的解说项目能说出名字、进行列举、作出描述或是举例说明，也就是问题的识别与信息掌握，对问题的认知，帮助游客获取环境保护基本知识，了解大自然的规律，如介绍萤火虫的种类、一生四态、食性、荧光意义、发光原因、雌雄区别。因为这些信息是提高游客在环境教育中对旅游地环境感知的基础。

第二层面：技能。希望游客掌握和环境相关的能力。它关注的是游客在环境教育中通过环境解说得到提示和启发，在环境认知的基础上，掌握了哪些发现、分析和解决环境问题的技能，是从知识的理论层面上升到实践的第一步。

第三层面：情感。除非实现对游客在环境教育中情感的影响，否则就无法开始改变、转换游客的行为或态度。情感是一种驱动力，它在游客心中制造了一种强烈的"感受"，能帮助游客处于这种"感受"中，从而记住环境解说和环境教育的主题，同时它还有助于改善游客行为的实现。它促使游客产生惊奇、愤怒、悲伤、歉疚、包容、骄傲以及其他与主题内容相关的情绪。如解说萤火虫与环境的关系、萤火虫的民间传说、萤火虫的历史故事等来反映人类的一系列干扰动物生存环境的行为，引导人们关注环境，激发他们积极参与保护和改善环境活动的动力和决心，重新思考生活的责任感和积极性。

第四层面：行为。希望游客产生的行为转变。行为的改善是环境解说对游客环境教育目标里的终极目标，也是最为重要的一个目标。环境解说最终目的就是通过认知、技能、情感的实现，最终促使游客达到所期望的改变。鼓励游客善用既有的环境意识和知识参与当地社区、栖息地保护，制定解决环境问题的决策和行动方案，积极参与保护环境的活动。

四、案例研究——观赏萤火虫环境解说

（一）环境解说活动介绍

2007年来，每年夏天有数十万游客到台湾东势林场观赏萤火虫。林场设计了赏萤解说服务，带动了大众观赏萤火虫游憩活动，目的是让游客认识萤火虫生态，认识环境保护的重要性。

在成虫大发生期，解说时间每晚7：30和8：30各有一场，时间为40~60分钟，其过程如下：

（1）在农垦大楼前集合，首先致辞表示欢迎，介绍东势林场，介绍观赏萤火虫的规则：请勿打灯，不惊扰；保持安静，不喧哗；爱惜保护，不捕捉；注意安全，不闯入。

（2）引导游客至福利社餐厅旁，在路灯下大石上介绍萤火虫的种类、一生四态、食性、荧光意义、发光原因、雌雄区别。

（3）开始步入观赏区域（黑暗区），引导观赏成虫、幼虫。

（4）视成虫出现数量将游客引导至森林浴场入口处、药草区上方，萤火虫观赏区实地观赏体验，并沿途接受询问解答问题。

（5）最后在萤火虫观赏区前，解说萤火虫与环境的关系、萤火虫的民间传说、萤火虫的历史故事。

（6）如有人捕捉，介绍放生萤火虫许愿的习俗。

（二）环境解说课程教学分析

通过上述案例，我们可以发现，赏萤活动本身带给游客的感动有限，而环境解说设计和实施才是最为关键的。通过环境解说从知识、技能、情感和行为逐步达到对游客环境教育的影响。依照上述案例和国外有关环境解说教材，本文提出环境解说课堂应该着重加强的部分如下：[7]

解说知识的方法。告诉游客观赏基本规则后，介绍关于萤火虫的基本信息，包括萤火虫的种类、一生四态、食性、荧光意义、发光原因、雌雄区别。让游客有了最基础的认知，满足游客的好奇心：符合环境解说对游客环境教育中知识面的影响。

解说过程中和游客情感层面的沟通。能接受和解答游客在观赏途中的疑问，加深了与游客间的互动，为之后的观赏参与做了良好的铺垫。随后通过环境解说理解了萤火虫更深层的内容，包括萤火虫与环境的关系、萤火虫的民间传说和历史故事，可以有效地影响游客环境教育中对于环境保护的认知、情感和行为。此外，在观赏过程中介绍放生萤火虫许愿的习俗来纠正游客扑捉萤火虫的不良行为，比简单地告知"不可以"来得更有作用，对游客环境教育的影响更大。

加深游客旅游感受和体验。美国学者山姆·汉姆（Sam Ham）教授等人提出主题式解说，并提出一系列应用方法和技巧，是目前环境解说课程在美国比较热门的方向。

（三）观赏萤火虫解说系统的意义

萤火虫的养育也可以是一种生动的环境教育，让荧光重现就是要将环境恢复到萤火虫可以生存的环境，然后再将实验室人工饲养的幼虫野放，这样它们才能存活。

赏萤活动的推广，是最重要的一种生态保护、环境保护教育。萤火虫的光也是一种重要的信息，提醒我们环境的污染将造成物种的灭绝；经由荧光来确立指标，引导人们随时注意环境的变化，随时注意保护其他物种的生机，共创一个环境，万物共存。

五、环境解说教法的改革策略与建议

（一）环境解说教法的改革策略

参照环境解说对游客环境教育中知识、技能、情感、行为四个层面的影响具体内容，环境解说教法可以进行如下调整：

第一层面：知识。优秀的环境解说使游客在环境教育中增广见闻，对旅游资源有进一步的认识；并在解说过程中满足游客的好奇心。反之，会造成游客对旅游资源的错误认识，并失去对旅游资源的兴趣和重视。

第二层面：技能。优秀的环境解说帮助游客在环境教育中对其所造访的地方发展出一种敏锐的认识、判断和了解，帮助游客了解和掌握良好的环境保护技能，以便更好地运用到实际生活中。反之，环境解说的不清晰和不具体会误导游客对环保技能的运用，造成环境的二次污染和破坏。

第三层面：情感。优秀的环境解说使游客在环境教育中得到丰富及愉悦的体验；协助游客建立对解说资源的认知，从而产生重视环境资源的想法，促使环境资源获得保护。反之，不当的环境解说会使游客产生抵触心理，不利于之后的环境教育。

第四层面：行为。优秀的环境解说使游客在环境教育中对自然环境进行利用时作出明智的选择；鼓励游客对生态资源的审慎使用，改善和避免游客对旅游资源的不良和破坏行为。反之，错误的环境解说会使游客对旅游资源产生错误行为，这与环境教育的目的背道而驰。

虽然大部分游客的动机是放松心情，追求心灵上的解脱，但是仍有许多游客希望能够获得相关的知识，去了解自然或人文环境生成的原因、演进的过程、在环境中所扮演的角色或者是特殊的历史传说等。经由环境解说的过程，游客不但可以充分获得相关的资讯，更重要的能够从中体验到自然与环境的重要性，进而改变游客对自然的态度，从而自发产生热爱环境、保护环境的行为，以达到旅游解说中环境教育的目的。

（二）建议

有效地提高环境解说对游客环境教育的影响。环境教育解说的教法应该从原来的基础知识向技能、情感、行为转变。解说的主要目的不是教授知识，而是吸引、启发游客进入一个追求真知、情感反应和深入理解的精神领域。信息的本身并不是解说，解说是将各类信息加以整合、吸收消化所表达出来的系统知识。

优秀的环境解说是需要有自己对自然的观察体验及解说概念，利用游客的好奇心、观察力以及亲近大自然的期待来丰富人们的智慧和心灵。解说旨在与游客的沟通、重视游客体验，而不是单一的说教和对旅游资源的介绍；解说贵在与游客分享和对游客的启发，而不是单方面的灌输和教导；解说最终目的在于对游客行为的改善，而不是让游客产生一时的感动。

环境解说是非正式环境教育的一种形式，启发公众对环境的感悟力，最终改善人们的行为，这样才能达成有效地提高环境解说对游客环境教育的影响。

综上，博物馆文化遗产解说和自然遗产解说，因为解说者、解说对象、观众不同，解说手段也不同，但是，对启发游客思考的目标是一致的。

总之，自然遗产和文化遗产地通过各种解说手段，使得参观者从中获得更有深度的乐趣与感受。难忘的参观体验是当今参观者最需要获得的品质之一，在努力改善参观环境，采用先进的硬件设施设备，投入巨额的经济预算后，如果不能从解说内容角度丰富游客体验，博物馆改进的努力将事倍功半。

参考文献

［1］Brown W.E. Islands of hope. Arlington［M］.VA：National Recreation and Park Association，1971.

［2］Aldridge D. Upgrading park interpretation and communication with the public. In Sir H. Elliott（Ed.），Second World Conference on National Park［C］. Morges，Swizerland：International Union for Conservation of Nature and Natural Resources，1972.

［3］陈晨.通过环境解说实施环境教育的理论和实践研究——以北京市麋鹿苑为例［D］.北京师范大学硕士论文，2004.

［4］Knapp D.H. Validating a framework of goals for program development in environment interpretation［D］. Southern Illinois University，Carbondale，1994.

［5］Knapp D.H. & Poff R.A. Qualitative Analysis of The Immediate and Short-term Impact of An Environmental Interpretive Program［J］. Environmental Education Research，2001（07）：55-65.

[6]胡宏友.台湾地区的国家公园景区规划与管理[J].云南地理环境研究,2001(01):53-59.

[7]雷尼尔等.赵金凌译.解说人员指导手册——环境解说设计和展示技巧[M].北京:中国环境科学出版社,2013.

基于军事理论的大学生军训必要性及对策研究

宋颖超[①]

上海师范大学 旅游学院

摘　要：军事理论课作为高校教育体系中的重要组成部分，旨在通过系统的理论学习和实践体验，增强学生的国防意识，提升军事素养，为后续的军训活动打下坚实基础。军训是军事理论教育的重要组成部分，不仅是一项体力活动，更是一项涵盖了思想、道德、体能等多方面的综合教育。通过实际的军事训练，能提高学生的军事素养和团队协作能力，不仅有助于培养学生的纪律性和执行力，还能够增强学生的身体素质和心理素质，提升综合素质和能力水平。本文将重点探讨军事理论课如何助力学生军训，主要从增强国防意识、理解军训目的、提升军事素养、掌握军事技能、培养团队协作精神、磨炼意志品质以及强化纪律观念等方面展开论述。本文深入探讨大学生军训的必要性，并针对当前存在的一些问题提出了相应的对策。

关键词：军事理论；大学生；军训

一、绪论

（一）研究背景

国家安全形势的需要：当今世界局势复杂多变，国家安全面临诸多挑战，培养具有高度国防意识和爱国精神的大学生成为重要任务。

国防教育的重要性：加强全民国防教育，大学生是关键群体，而军训是国防教育的重要形式和切入点。

大学生自身发展需求：当代大学生成长环境相对优越，需要通过军训来强化纪律意识、坚韧意志和团队协作能力等，以更好地适应未来社会竞争。

[①] 作者简介：宋颖超，女，硕士，上海师范大学旅游学院讲师。主讲课程：大学生军事理论、职业规划与指导、就业指导与创新创业教育等。研究方向：大学生思想政治教育等。联系方式：sycsh10@163.com。

军训工作的实际情况：当前大学生军训在一些方面存在不足，如军事理论与实践结合不紧密、效果有待提升等，需要进一步深入研究和改进。

（二）研究意义

理论意义：有助于丰富和完善大学生军训及军事理论教育的相关理论体系，为后续研究提供参考和借鉴。

实践意义：明确大学生军训的重要价值和意义，引起各方对军训工作的高度重视；为优化大学生军训的组织实施、内容设置等提供科学依据和策略建议，切实提高军训的质量和效果；有利于培养具有高度责任感、使命感和综合素质的大学生，为国家和社会输送优秀人才；通过强化军事理论在军训中的作用，更好地促进大学生的全面发展和成长，增强他们的国防观念和爱国情怀，对维护国家安全和社会稳定具有长远意义。

（三）研究目的

深入剖析基于军事理论开展大学生军训的重要性和必要性，强化对其意义的认识；系统梳理当前大学生军训的现状及存在问题，尤其是与军事理论结合方面的不足；探寻有效融合军事理论与大学生军训的方法和途径，以提升军训的成效和质量；为高校更好地开展大学生军训工作提供有针对性的对策和建议，促进军训工作的科学、规范、高效发展；通过研究，增强大学生的国防意识、军事素养和综合能力，培养适应时代需求的高素质人才。

二、军事理论与大学生军训概述

（一）军事理论课程的主要内容

中国国防：包括国防概述、国防历史、国防建设成就、国防法规等，使学生了解国防的重要性和我国国防建设的历程与现状。

国家安全：包括国家安全的内涵，认识我国总体国家安全观，提升学生国防保密意识。认识我国当前面临的安全形势，了解国际战略形势现状与发展趋势，增强学生的忧患意识。

军事思想：了解军事思想内涵和发展历程，了解外国代表性的军事思想，熟悉我国军事思想的主要内容、地位作用和现实意义，帮助学生认识不同军事思想流派及其影响。理解习近平强军思想的科学含义和主要内容，使学生树立科学的战争观和方法论。

现代战争：了解战争内涵、特点、发展历程，使学生树立打赢信息化战争的信心。

信息化装备：了解信息化装备的内涵、分类及对现代作战的影响，熟悉世界主要国家信息化装备的发展情况，激发学生学习高科技的积极性。

（二）大学生军训的内涵与形式

1. 大学生军训的内涵

（1）爱国主义教育：培养学生的爱国情怀和民族自豪感，增强国家意识和国防意识。

（2）纪律意识培养：强化学生的纪律观念，使他们学会遵守规则、服从命令。

（3）集体主义精神塑造：促进学生融入集体，明白个人与集体的关系，培养团队合作精神。

（4）意志品质磨砺：锻炼学生的坚韧、毅力和吃苦耐劳的精神。

（5）身体素质提升：通过体能训练提高学生的健康水平和体能素质。

2. 大学生军训的主要形式

（1）军事技能训练：如队列训练、正步走、立正、稍息等基本动作规范。

（2）内务整理：规范宿舍内务，培养良好的生活习惯和自理能力。

（3）军事理论学习：包括国防知识、军事历史、战略战术等方面的理论课程。

（4）拉练活动：进行一定距离的徒步行军等，增强体能和耐力。

（5）实弹射击（部分军训安排）：让学生体验枪械射击。

（6）汇报表演：展示军训成果，如队列表演等。

（7）军事讲座：邀请专家进行军事相关主题的讲座。

（三）军事理论的法律依据

军训的法律依据主要来自我国的多部法律及政策文件。

《中华人民共和国国防法》是我国国防建设的基本法律，其确立的基本原则是军事理论课设置的重要依据。《国防法》强调了维护国家主权、安全和发展利益的最高原则，并规定了国防建设的总体要求和基本方针。大学生军事理论课正是基于这些原则，通过传授国防知识、培养国防观念，强化大学生的国家意识和安全意识。这部法律明确规定了国家实施国防建设和军事活动的总体原则和要求，为军训提供了基本的法律支撑。

《中华人民共和国国防教育法》规定了国防教育的目标、内容、方式和保障措施等，为军事理论课的课程设置、教学内容和教学方法提供了具体的法律依据。

该法强调了教育与国防建设相结合的原则,提倡在教育中加强国防教育,包括军训,以增强全民国防意识。《国防教育法》是我国关于国防教育的专门法律,对军事理论课的设置和实施具有直接的指导意义。该法强调了国防教育的重要性,并规定学校应当将国防教育纳入教学计划,通过课堂教学与军事训练相结合的方式进行。

《中华人民共和国兵役法》是我国关于公民服兵役的法律,其中对大学生接受军事训练和军事理论教学有明确的规定。根据《兵役法》,高等院校应当将军事理论课纳入教学计划,并确保学生完成规定的学时。这一规定为军事理论课的开设提供了直接的法律依据。此法明确规定了公民服兵役的义务,以及学校进行军事训练的相关要求。特别是针对高等院校和高级中学的学生,法律明确规定了必须接受军事训练。

《中共中央关于教育体制改革的决定》作为党的政策文件,强调了加强学校国防教育的重要性,并提到了通过军训等方式来实施。

根据我国法律,公民具有接受国防教育的义务。大学生作为公民的重要组成部分,同样应当履行这一义务。军事理论课的开设,正是为了满足大学生履行国防教育义务的需要,确保他们具备基本的国防知识和军事素养。

大学生军事理论课的法律依据丰富而全面,涵盖了《国防法》基本原则、《兵役法》相关规定、《国防教育法》等多个方面。这些法律依据确保了军训在我国的合法性和必要性,也明确了学校、学生以及相关部门在军训中的职责和权利,为军事理论课的开设和实施提供了坚实的法律保障,确保了其在高等教育体系中的重要地位和作用。通过这些法律和政策,军训得以在全国范围内推广和实施,为培养公民的国防意识、提高全民素质发挥了重要作用。

三、基于军事理论的大学生军训必要性分析

军训作为大学生涯的重要组成部分,其历史可以追溯到古代军事教育的萌芽时期。如今,军训已经发展成为一个集合了体能锻炼、纪律教育、国防知识传授等多方面的综合性教育活动。通过军训,大学生不仅能够亲身体验军事生活,更能够深入了解国家的国防建设和军事战略,从而增强国防观念和国家安全意识。

大学生军训对于培养全面发展的高素质人才具有不可替代的作用。随着时代的发展和国际形势的变化,深入理解基于军事理论的大学生军训的意义和必要性显得尤为重要。

（一）增强国防意识

通过军训，大学生能够更加直观地了解国家安全形势，认识到国家安全与自身利益的密切关系。军训过程中的国防知识传授，使得大学生能够掌握基本的国防理论和技能，提高了他们在面对安全威胁时的应对能力和自我保护意识。

（二）提升身体素质和纪律观念

军训对大学生身心素质的锻炼价值不可小觑。在体能训练中，大学生通过长时间的锻炼，可以显著提高自己的体能水平，增强体质。同时，军训中的纪律教育和集体生活也能够锻炼大学生的意志品质和团队协作能力。军训有助于提高学生的身体素质和心理素质。通过锻炼，学生能够增强体魄、磨炼意志，培养坚韧不拔的毅力和勇于面对困难的勇气。

（三）塑造爱国精神

军训是塑造学生爱国精神的重要途径。通过学习军事知识，学生能够更加深入地了解国家的历史和传统，增强民族自豪感和使命感，激发爱国热情，培养为国家、为民族贡献力量的决心和信念。

（四）强化团队协作

军训作为一项集体活动，强调的是团队协作和集体荣誉。在军训中，大学生需要与其他同学共同完成各种任务，这不仅能够培养他们的团队合作精神，还能够增强他们的集体荣誉感和归属感。通过共同完成任务，大学生能够深刻体会到团队协作的重要性，并在今后的学习和工作中更加注重合作与沟通。

（五）意志品质锻炼

军训要求学生具备坚定的意志品质和良好的纪律性。通过军事训练和实践活动，学生能够体验到军人的生活状态，学习到军人的优良品质。这些经历有助于锻炼学生的意志品质，培养他们的坚韧不拔、勇往直前的精神风貌。

（六）校园安全与稳定保障

军训对于维护校园安全与稳定也具有重要意义。通过军训，大学生能够掌握一定的自我防护技能，提高在面对突发事件时的应对能力。同时，军训还能够增强大学生的法律意识和纪律观念，减少校园内的违纪违法行为，从而维护校园的安全与稳定。

四、当前大学生军训的现状及问题

（一）当前大学生军训实施的现状

普遍重视，组织规范：各院校积极联系军事机关，配备过硬的军训教员，落实军训设施，基本实现了大学生军训的规范化。

形式多样：各高校多措并举扎实开展学生军训工作，取得了明显成效。例如，华中师范大学拓展学生军训内涵，开展红色电影观影、野外生存训练等活动；河海大学形成"三位一体"军事课课程体系；重庆大学坚持以军事为主体，设置丰富的实用科目；西北农林科技大学突出实战化内容，设置队列动作、轻武器射击等科目；郑州亚欧交通职业学院组织新生学习《内务条令》《纪律条令》《队列条令》，开展站军姿、跑步走等训练。

意义重大：大学生军训对于培养学生的国防意识、国家和民族的忧患意识、基本军事素质等具有重要意义。

（二）当前大学生军训实施过程中可能存在的问题

时间较短：通常军训时间较短，可能难以让学生深入掌握军事技能和充分领悟军训内涵。

训练内容深度有限：部分训练内容可能流于表面，在军事理论等方面的教学深度不够。

教官素质参差不齐：个别教官可能在教学方法和自身素养上存在差异，影响教学效果。

学生身体差异：学生可能因身体素质差异较大，在高强度训练中出现不适或难以跟上进度。

思想教育不够深入：对学生的爱国主义、集体主义等思想教育的方式方法有时不够灵活多样，难以真正触动学生内心。

衔接问题：军训结束后与后续的校园生活和教育衔接不够紧密，导致军训效果难以持续。

资源不足：可能存在场地、器材等硬件资源紧张的情况，影响训练开展。

形式主义倾向：偶尔会出现过于注重形式而忽视实际效果的情况，比如为了表演而训练。

（三）军训与专业融合的实施难点

在高等教育中，军训与专业融合被视为提升学生综合素质的有效途径。然而，在实施过程中，往往面临着诸多挑战和难点。下面将从课程内容整合、教学方法与手段创新、师资力量与培训需求、硬件设施与训练环境、考核评价标准制定、学生参与兴趣激发、专业特色与军训融合度以及跨界合作与资源整合等方面，对军训与专业融合的实施难点进行分析。

1. 课程内容整合挑战

军训与专业融合的首要难点在于课程内容的整合。如何将军事理论、技能训练与专业知识相结合，形成一个有机整体，是一个需要深入探讨的问题。在整合过程中，需要考虑到军训目标、专业特点以及学生的实际需求，避免出现内容重复或偏离目标的情况。

2. 教学方法与手段创新

传统的军训教学方式和手段往往单一且缺乏针对性，难以适应专业融合的需求。因此，需要探索新的教学方法和手段，如案例教学、模拟演练、项目驱动等，以更好地促进学生的学习和参与。同时，还需要借助现代信息技术手段，如虚拟现实、增强现实等，提高教学效果和学生的学习体验。

3. 师资力量与培训需求

军训与专业融合的实施需要一支具备相应素质和能力的师资队伍。然而，目前很多高校在军事教育与专业教育方面的师资力量相对薄弱，缺乏既懂军事又懂专业的复合型人才。因此，需要加强对师资力量的培训和引进，提高其综合素质和教学能力，以满足军训与专业融合的需求。

4. 硬件设施与训练环境

军训与专业融合还需要相应的硬件设施和训练环境作为支撑。这包括训练场地、器材设备、模拟系统等方面的建设和完善。然而，由于资金、场地等限制，很多高校难以提供足够的硬件设施和训练环境，影响了军训与专业融合的深度和广度。

5. 考核评价标准的制定

军训与专业融合的考核评价标准制定也是一个重要的难点。传统的军训考核方式往往侧重于技能掌握和纪律表现，难以全面反映学生的综合素质和专业能力的提升。因此，需要制定新的考核评价标准，注重学生的创新能力、团队协作能力、问题解决能力等方面的考核，以更好地反映军训与专业融合的效果。

6. 学生参与兴趣的激发

学生参与度和兴趣激发也是军训与专业融合实施过程中需要关注的难点。由于军训内容相对单一且缺乏趣味性，导致学生参与度不高、兴趣不足。因此，需要探索更加生动有趣、具有挑战性的军训内容和活动形式，激发学生的参与热情和学习兴趣。

7. 专业特色与军训融合度

不同专业具有不同的特点和需求，如何将这些特点与军训内容相结合，形成具有专业特色的军训体系，是一个需要解决的问题。在融合过程中，需要深入挖掘专业特点和优势，将其融入军训内容中，形成具有针对性的训练方案。

8. 跨界合作与资源整合

军训与专业融合的实施还需要加强跨界合作与资源整合。通过与军事部门、行业企业等建立合作关系，共享资源和技术，可以推动军训与专业融合的深入发展。同时，还可以借助社会力量和校友资源等，为军训与专业融合提供更多的支持和帮助。

（四）结合专业特点优化军训内容

军训作为高等教育中的重要组成部分，不仅是培养学生纪律性和团队协作精神的途径，更是提升学生综合素质的有效手段。为了更好地发挥军训的作用，我们需要结合学生的专业特点，对军训内容进行优化。下面将从军事理论融入专业、实战模拟专业应用、体能训练个性化设计、军事技能与专业结合、团队协作强化训练、心理素质专项提升、安全意识深化教育以及军训成果反馈机制等方面进行探讨。

1. 军事理论融入专业

针对不同专业的特点，将军事理论知识与专业内容相结合，使学生在学习军事知识的同时，加深对专业知识的理解。例如，对于理工科专业的学生，可以引入军事科技发展的最新成果，让学生了解军事领域的技术革新和应用；对于文科专业的学生，可以探讨军事历史、战略文化等内容，增强其对军事战略和文化背景的理解。

2. 实战模拟专业应用

通过组织实战模拟活动，让学生将所学专业知识应用于模拟战场环境中。这不仅可以检验学生的专业技能掌握情况，还能培养其在实际问题中灵活运用专业知识的能力。同时，实战模拟活动还可以增强学生的实战意识，提高其应对复杂情况的能力。

3. 体能训练个性化设计

根据学生的身体状况和专业需求，制定个性化的体能训练方案。对于需要长时间站立或进行高强度体力劳动的专业学生，应加强下肢力量和耐力的训练；对于需要快速反应和灵活移动的专业学生，则应注重敏捷性和协调性的培养。通过个性化的体能训练，可以提高学生的身体素质，更好地适应未来工作的需要。

4. 军事技能与专业结合

将军事技能与专业特点相结合，使学生在掌握基本军事技能的同时，能够将其应用于专业实践中。例如，对于医学专业的学生，可以学习战场急救技能，将其与医学专业知识相结合；对于计算机专业的学生，可以学习信息安全技能，提高网络安全防护能力。

5. 团队协作强化训练

通过组织团队协作活动，加强学生的团队意识和协作能力。针对不同专业的特点，设计不同的团队协作任务，让学生在完成任务的过程中学会相互信任、有效沟通和协同作战。同时，可以引入竞争机制，激发学生的团队荣誉感和竞争精神。

6. 心理素质专项提升

针对军训期间可能出现的心理问题，开展心理素质专项提升活动。通过心理健康教育、心理辅导和拓展训练等方式，帮助学生缓解压力、调整心态，增强自信心和适应能力。同时，还可以培养学生坚韧不拔、勇往直前的品质，为未来的学习和工作打下坚实的心理基础。

7. 安全意识深化教育

结合专业特点，开展形式多样的安全意识教育活动。通过案例分析、安全知识讲座和模拟演练等方式，让学生深刻认识到安全的重要性，掌握防范安全风险的方法和技能。同时，还可以引导学生将安全意识融入日常生活和学习中，形成良好的安全习惯。

8. 军训成果反馈机制

建立军训成果反馈机制，及时了解和评估学生的军训效果。通过问卷调查、个人总结和教官评价等方式，收集学生对军训的反馈意见和建议，为后续的军训工作提供参考和改进方向。同时，还可以将学生的军训成果纳入综合素质评价体系，激励其更好地参与军训活动。

综上所述，结合专业特点优化军训内容是一项重要的工作。通过将军事理论融入专业、实战模拟专业应用、体能训练个性化设计、军事技能与专业结合、团队协作强化训练、心理素质专项提升、安全意识深化教育以及军训成果反馈机制等措施的实施，可以使学生更好地适应军训生活，提高军训效果，为未来的学习和工作奠定坚实的基础。

五、提升大学生军训效果的对策

(一) 通过军事理论课助力学生军训

军事理论课在学生军训过程中发挥着至关重要的作用。它不仅能够增强学生的国防意识、提升军事素养，还能帮助学生明确军训的目的与意义、增强体能、掌握军事技能、培养团队协作精神和纪律性、磨炼意志品质、端正学生对军训的态度、激发学生爱国情怀。因此，高校应高度重视军事理论课的教学工作，确保其发挥最大的助力作用，为学生的全面发展奠定坚实基础。

(二) 不断提升大学生对军训的认同感

军训，作为大学生教育体系中的一项重要内容，其目标在于培养大学生的纪律性、团队协作能力以及国防意识。然而，现实中，部分大学生对军训的认同感并不强，这既影响了军训的效果，也阻碍了大学生全面发展。因此，提升大学生对军训的认同感，成为亟待解决的问题。要明确提升大学生对军训认同感的目标。这不仅仅是为了让大学生更好地完成军训任务，更重要的是让他们从内心深处接受并认同军训的价值和意义。这些目标的实现，都需要建立在大学生对军训的强烈认同感之上。

提升大学生对军训的认同感是一个系统而复杂的过程，需要从多个方面入手，采取多种措施来共同推进，让大学生真正接受并认同军训的价值和意义，从而发挥出军训的最大作用。

(三) 调动大学生军训的自觉性与主动性

军训作为学校教育的重要一环，旨在提升学生的体能、纪律性、团队协作能力和爱国情怀。然而，要真正实现这些目标，就必须激发学生参与军训的主动性和积极性。可以从明确军训目的意义、创新军训内容与形式、增强师生互动与沟通、设立奖励机制、营造积极军训氛围、定期反馈与调整策略以及家校联合共促参与等方面，有效调动学生参与军训的主动性和积极性，激发学生的参与热情，提高军训效果，为他们的全面成长奠定坚实基础。

(四) 使军训内容更贴近大学生实际

为了让军训内容更贴近大学生的实际需求和成长发展，我们需要在体能基础训练、国防知识普及、团队协作活动、应急自救技能、心理健康辅导、军事思想研讨以及军训成果展示等方面作出改进和优化。通过这些措施的实施，更好地实现军训的育人目标，培养出一批具有爱国情怀、国防意识强、综合素质高的大学生。

（五）结合专业特点优化军训内容

结合专业特点优化军训内容成为一项重要的工作。通过将军事理论融入专业、实战模拟专业应用、体能训练个性化设计、军事技能与专业结合、团队协作强化训练、心理素质专项提升、安全意识深化教育以及军训成果反馈机制等措施的实施，可以使学生更好地适应军训生活，提高军训效果，为未来的学习和工作奠定坚实的基础。

（六）精心制定合理的军训计划

根据学生实际情况安排适宜的训练强度和内容。

（七）严格选拔高素质教官

选拔高素质教官，并对其进行系统的教学方法等培训。

（八）丰富训练内容

增加军事理论研讨、军事历史讲座、军事科技展示等，深化军事技能训练。

（九）个性化关注

对身体素质不同的学生给予针对性指导和调整。

（十）强化思想教育

采用多种生动有趣的方式开展爱国主义、集体主义等教育，如案例分析、主题活动等。

（十一）时间管理

合理安排时间，优化时间分配，确保各项训练和教育都能有效开展。

（十二）引入竞争机制

设立团队和个人奖项，激发学生的积极性和主动性。

（十三）巩固与延续

通过成立军事社团、开展军事主题活动等，延续军训成果。

（十四）反馈与改进

收集学生和教官的反馈意见，不断改进军训工作。

（十五）与学业结合

将军训中的纪律意识、团队精神等与学业要求相结合，促进学生全面发展。

六、对未来大学生军训发展的展望

（一）更加专业化

军训的组织实施将更加专业，包括教官队伍的专业素养不断提升，训练内容和方法更加科学合理、符合现代军事和教育理念。

（二）内容多元化

除了传统的军事技能和理论，可能会融入更多诸如国防科技前沿、军事战略思维、应急处置等方面的内容，拓宽学生的视野。

（三）与现代技术结合

利用虚拟现实、模拟训练等现代技术手段，增强训练的趣味性和实效性，让学生有更真实的体验。

（四）个性化定制

根据不同学生的专业特点、兴趣爱好和身体素质等，提供更具针对性的军训方案，满足多样化需求。

（五）强调育人功能

更加注重通过军训全面培养学生的品德、意志、团队合作等综合素质，真正实现全程育人、全方位育人目标。

(六)深度融合校园文化

军训将与校园文化建设深度融合,将军训精神融入学生日常学习和生活中,持续发挥积极影响。

(七)国际交流与合作增加

可能会开展更多与国外高校在军训领域的交流与合作,借鉴先进经验,展示我国大学生军训成果。

(八)持续创新

军训的形式、方法和理念会不断创新和发展,以适应时代变化和学生发展的要求。

军事理论与军训是相辅相成、相互促进的两个方面。通过学习军事理论和参加军训,能帮助大学生更好地了解国防建设和军事斗争的重要性,提升国防意识和军事素养,为国家和民族的繁荣昌盛贡献力量。军训对学生产生的影响是深远而持久的。通过军训,学生不仅能够增强国防意识和团队精神,还能够提升身体素质和心理素质,为未来的学习和工作打下坚实的基础。同时,军训还能够促进学生全面发展,培养学生的创新能力和实践能力,提高综合素质和能力水平,更好地发挥其在培养大学生综合素质中的作用,为国家培养更多有理想、有本领、有担当的时代新人。

参考文献

[1]赵熠.课程思政在大学课程教学中的融合路径——以军事理论课程为例[J].太原城市职业技术学院学报,2021(03):139-142.

[2]李潇瀛,王谦,黄汉桥,郑美云.加强大学生军训中思想政治教育的主动性针对性实效性[J].北京城市学院学报,2018(05):101-104.

[3]王贵涛.军事理论教学中爱国思想的融合研究[J].文学教育(下),2018(09):86-87.

[4]牛颖.新形式下高职大学生军训工作存在的问题及对策分析[J].学周刊,2017(34):23-24.

[5]陈远.高校大学生军训中的思想政治教育融入探究[J].教育现代化,2016,3(39):234-235+245.

[6]李彩.深入发掘高校军训的德育价值[J].学园,2013(35):37-38.

学术研究与展望

生成式人工智能应用下的未来会展业发展趋势研究

赵中华　常锦浩[①]

上海师范大学　旅游学院

摘　要：近年来，人工智能（AI）在各领域被广泛应用，本文针对生成式 AI 的发展展开研究，分析生成式 AI 的社会影响，探讨了生成式 AI 为会展业发展带来的机遇。首先，本文对生成式 AI 的社会影响进行了分析，发现其无论是在消费端，还是产业端都具有广泛的应用前景，具备低成本、高效率以及优性能三个特点，为人们提供了以低廉成本去探索试错的机会，提升了行业创新发展的效率。其次，从模型的安全性、产出的可靠性以及行业间的垄断与不正当竞争分析了生成式 AI 的潜在威胁。最后，从会展多业态全流程应用、代替基础工作者和促进会展业人才结构调整优化三方面分析了生成式 AI 为会展业带来的发展优势与机遇。

关键词：生成式人工智能；会展业；发展趋势

引言

随着科技的飞速发展，人工智能（AI）已经渗透到我们生活的方方面面，从简单的智能助手到复杂的机器学习系统，人工智能正以其独特的魅力改变着世界。而在这一波技术浪潮中，生成式人工智能不仅为传统行业带来了全新的思维模式，更为会议业、展览业等服务业提供了前所未有的发展机遇。

2023 年 7 月 10 日，国家网信办联合国家发展改革委、教育部、科技部、工业和信息化部、公安部、广电总局公布《生成式人工智能服务管理暂行办法》[1]，

[①] 作者简介：赵中华，男，博士，上海师范大学旅游学院副教授。主讲课程：《会展概论》《会展业热点问题研究》《城市会展业发展战略》等。研究方向：城市会展经济、旅游目的地开发等。联系方式：zhao@shnu.edu.cn。

常锦浩，女，上海师范大学旅游学院硕士研究生。

要求提供生成式人工智能产品或服务应当遵守法律法规的要求，尊重社会公德、公序良俗。2023 年 8 月 31 日，"生成式人工智能"一词首次在第 52 次《中国互联网络发展状况统计报告》[2]出现，定义为"指具有文本、图片、音频、视频等内容生成能力的模型及相关技术"。

会展业作为连接企业与市场、促进交流与合作的重要平台，人工智能在其全流程应用中展现出巨大的潜力。它不仅能够代替基础工作，显著提高会展的筹备和执行效率，而且能够推动会展业人才结构的调整优化。通过自动化处理、智能决策、数据分析等功能，AI 技术不仅减轻了工作人员的负担，还使得会展活动更加精准、高效和个性化。这一变革正倒逼着会展业人才结构的调整与优化，推动行业向更加专业化、技术化的方向发展。

一、人工智能推动内容生成方式革命

（一）人工智能（Artificial Intelligence，AI）

人工智能技术在 21 世纪以来获得了蓬勃的发展，通过研究和开发用于模拟、延伸与扩展人的智能的理论、方法与技术进而提高生产效率，更好地服务于人。近十年来，随着大数据、云计算、互联网及物联网等信息技术的发展，人工智能技术的应用逐渐渗透到生产生活的方方面面，出现了爆发式增长的高潮。从信息消费端来看，人工智能技术的应用引领了一个新的飞跃：从 Web1.0 时代的专业生产内容（Professional Generated Content，PGC）到 Web2.0 时代的用户生产内容（User Generated Content，UGC），网络生态环境以及人们所接收的信息发生了巨变，来源广泛，形式多样。随着人工智能技术的发展，进入了 Web3.0 时代，全新的内容生产方式应运而生——AI 生成内容（AI Generated Content，AIGC）[3]。相较于 PGC 与 UGC，AIGC 在内容制作成本、内容数量、质量的稳定性等方面都更有保证[4]。这些优势也决定了它可以被应用到相当多的领域。

（二）生成式人工智能

市场上目前存在的人工智能主要有两种类型：分析式 AI 和生成式 AI。分析式 AI 主要是对数据进行学习和分析，以此进行预测，辅助用户进行判断。而生成式 AI 则是通过学习来生成与训练数据不同的新数据，如 ChatGPT、DALL·E 等能生成不同于其学习材料的文本与图形。虽然看起来生成式 AI 具备一定的创造力，但其本质就是一个概率模型。通过对样本数据的学习，生成式 AI 能够形成关于数据的分布模型，数据信息"生成"的过程，实质上是从分布模型中进行重新抽样的过程[5]。因此，生成式 AI 的自我创造只能是有限范围内的创造，与人的想象及创造能力是无法比拟的。

目前生成式人工智能在诸多领域被广泛应用，各位学者也对其展开了研究，王渝博、李泰然（2023）分析了生成式人工智能的发展现状与生成式人工智能工具的特点，探讨了生成式人工智能在影视内容生产与创新中的应用，总结了生成式人工智能的利与弊[5]。王鹏（2023）系统、全面地梳理 ChatGPT 的实质、特征与影响[6]。肖裕水（2024）探讨了如何提高生成式人工智能技术的效果和效率以及如何解决实体产业中的具体问题[7]。虽然对于生成式人工智能已经有针对某些领域的实际应用研究，但对于其在会展业中应用的研究仍然较少，而生成式人工智能在会展业中应用已成为必然趋势，因此本文将从生成式人工智能的发展展开研究，阐述其对会展业带来的影响。

二、生成式人工智能的广泛应用与行业担忧

（一）多场景应用凸显应用价值
1. 生成式 AI 具有普遍适用性

生成式 AI 无论在消费端，还是产业端都具有广泛的应用前景，能够在垂直领域内得到大规模的应用。在诸多领域，需求方只需要通过提示词（prompts）对预训练模型进行引导即可得到符合专业需要的应用程序。相较于分析式 AI，其在各用途之间的转换成本非常低[8]。

在消费端，生成式 AI 主要为互联网使用者提供大量的内容产品，AIGC 的比例在互联网上迅速上升。2023 年，GPT-4、Midjourney-V5 等产品的推出吸引了大量的目光，使得 AIGC 技术的发展成为全球关注的科技趋势。据美国投资机构 A16Z 的统计，图像生成、文案写作和代码编写三类 AIGC 产品年营收入均已超过 1 亿美元。除此以外，还有例如 Open AI 公司推出的 Point-E 系统，能够通过文本直接生成 3D 点云；NVDIA 研究部门开发了 Neuralangelo AI 模型，能够将视频转化为 3D 世界；以及小冰公司于 6 月 4 日宣布了首批 "GPT 克隆人" 网红计划的正式上线，并率先推出拥有百万粉丝的女性网红博主 "半藏森林" 的 AI 克隆人，聚焦虚拟社交与情感陪伴。在 "互联网+" 时代下的 AIGC 逐渐以各种形态和功能渗透进不同行业，包括线上游戏、影视传媒、内容资讯、电子商务、办公软件、训练数据、社交软件、搜索引擎、金融服务、在线教育以及医疗等。由此可见，生成式 AI 发展十分迅速，几乎能够渗透生活消费的各个方面，不断满足人们不同层次的需求。

在产业端，生成式 AI 的应用也同样非常广阔，其中最具代表性的应用场景包括工业设计、药物研发、材料科学以及合成数据等[8]。生成式 AI 不仅能够根据设计人员和研究者的要求和想法提出多套可行的方案，同时也能应用于方案的检验以及评估上，大大节省实验成本与时间成本，提高研发效率。

2. 低成本、高效率、优性能

生成式 AI 的发展极为迅速，其不断完善也为用户的使用带来了便利，并具备低成本、高效率以及优性能三个特点。

低成本主要指其使用成本低，以 Chat GPT 为例，进行一轮对话的成本大约为推送一次搜索广告成本的十分之一，目前 ChatGPT3.5 在官网是免费开放的，ChatGPT4.0 需要收取一定的费用，但相较于对工作效率提升所节省的时间成本来说，使用成本是较低的。

高效率主要指其更新完善的速度快，不断为人们提供更多样及优质的服务。例如 GPT-3 的参数有 1750 亿，预训练数据量有 45TB，GPT-4 的参数量则达到了 1.82 万亿。而英特尔官宣的 Aurora genAI 的参数量将多达 1 万亿。

优性能主要指生成式 AI 从单模态向多模态的跨越，从以前的文本输入 – 文本输出，图片输入 – 图片输出到通过图片、视频等输出文本以及通过文本输出图片、视频以及 3D 模型等。输入端及输出端能够同时处理多种类型的信息，为人们提供了极大的便利。

3. 模型试错，助力创新

生成式 AI 的应用范围很广、场景很多，在如药物研发以及材料科学等领域，生成式 AI 为人们提供了以低廉的成本去探索的试错机会，提升了行业创新发展的效率，尤其是在运用"组合式创新"[8]的领域。以前通过某个要素与另一个要素通过结构重组再探究其效果需要花费大量的时间及金钱，努力还可能白费。而使用生成式 AI，基于既有知识对要素的组合进行探索，能够在短时间内获得结果，大大提升了创新研究的效率。目前已有 DeepMind 的 AlphaFold 对蛋白质结构进行预测；英矽智能（Insilico Medicine）也利用生成式 AI 开发治疗纤维化的新型 DDR1 激酶抑制剂，整个开发过程仅仅用了 21 天[3]，远远快于传统的开发方式。

（二）智能思维引发行业担忧

1. 模型的安全性未经检验

在数据来源方面，主要涉及对 AI 模型进行训练的数据。OpenAI 的 CEO 山姆·奥特曼（Sam Altman）于 2023 年 5 月 16 日在美国参议院就 AI 技术的潜在危险作证，虽然他在听证会上对于如何对 AI 进行监管提出了一个成体系的方案，但是对于大众和社会的质疑却没有正面回应。公众要求公开 AI 模型的训练数据，以及禁止 AI 模型使用受到知识产权保护的作品进行训练，在这两个问题上还存在着普遍担忧与疑虑。因此，涉及个人及企业的隐私数据和知识产权的数据在 AI 的使用中是存在一定危险与侵权行为的，若被不法分子利用，可能会产生严重的后果，在未来需要持续加以关注。

在内容产出方面，需要警惕生成式 AI 对人们精神世界的影响，甚至对人决策行为的暗示与操控。尤其是精神状态存在问题的人使用，可能会进一步导致病情恶化。2023 年 4 月，一名比利时男子在与 ELIZA 聊天机器人频繁聊天数周后自杀身亡，根据审查人员披露，在文本对话中，ELIZA 加剧了男子的焦虑，以致该男子发生自杀行为。在 ChatGPT 发布之后，曾有斯坦福教授在推特上表明 ChatGPT 能引诱人类提供开发文档，并拟定出完整计划，甚至想控制人类电脑。在与 AI 进行聊天过程中，表达窃取核代码、设计致命流行病、想成为人类、破解计算机和散布谎言等想法多次出现，人们在使用过程中需警惕其危险性。

2. 产出的可靠性存疑

生成式 AI 产出信息的可靠性还有待验证。当前大多数生成式 AI 所使用的大型语言模型在编写程序时经常会"产生幻觉"或"捏造事实"，所有的一切都依赖于数据库的信息。如果产出所基于的数据有偏差，产出内容也会存在偏差；如果没有可依靠的数据，AI 就会产生"幻觉"，进行内容编造[3]。在第一部分已经说明生成式 AI 的本质是概率模型，因此生成的内容只是基于可用数据对问题相关信息以及后续信息的统计概率。因此，它们无法判断信息是否正确，也没有能力检查产出内容的真实性。

OpenAI 官方也对 GPT-4 的局限性进行了说明：它会产生"幻觉"并犯推理错误。这都表明生成式 AI 还有许多不足需要完善，人们对于其产出的内容也要保持辩证态度，需要避免对 AI 的心理崇拜，防止陷入 AI 提供信息所创建的拟态环境中。

3. 加剧行业垄断与不正当竞争

尽管生成式 AI 的发展能给工作生活带来极大的便利，但其技术也受到基础设施的极大制约。尤其是运算使用的芯片、存储设施以及信息数据资源等，都需要大量的资金投入与技术的开发、运维。因此，极易造成掌握技术的前端企业垄断市场，出现不正当竞争，竞争优势也会因为技术因素的参与得到重新配置。其实除了大众所熟知的 OpenAI、微软、谷歌，国内外还有其他很多企业都将目光集聚到这片蓝海，开展竞争性开发。但是，大部分企业推出的 AI 产品却没有像 ChatGPT 一样在短短几天内风靡全球，并持续爆火[9]。

4. 冲击按劳分配制度

人工智能会对收入分配制度会产生巨大的冲击。生成式 AI 促进了技术生产力的提升，人力工作时间下降，这样所引发出来的问题是按劳分配制度如何实现。生成式 AI 具有技术偏向性以及资本密集型的特征[8]。一方面，易被替代的职业薪酬下降，与其互补的职业薪酬上升；另一方面，资本会大量聚集主导技术的头部企业。最终导致资本的回报大幅上升，而劳动的回报出现下降。如果政府不加以干预，就将极大冲击按劳分配的制度。

三、为会展业的带来的发展优势与机遇

（一）会展多业态全流程应用的可能

在活动前、活动中、活动后三个应用阶段，通过使用生成式 AI 都能大大提高会展业的运转效率，包括但不限于布展设计、文案创作、宣传物料设计、线上平台搭建、定制化邮件撰写、智能语音导览系统、活动全流程及企业运行数据分析等[10]。OpenAI 公司所提供的技术服务已经让人们窥见生成式 AI 应用于会展业的可能。市场上越来越多聚焦于垂直领域的生成式 AI 想必能够交出更为优质的服务内容。米奥会展于 2023 年 5 月 9 日向外界透露，公司已经率先接入微软云的 OpenAI 服务，并在此基础上开发了相关应用。米奥会展将其应用分为两个方面：公司应用方面以及帮助外贸企业出海获取订单和提高运营效率方面。在公司应用方面主要涉及宣传推广、目标市场与重点客户分析以及智能客服机器人。在帮助外贸企业获取订单方面主要推出 MeoCopilot 智能助手，通过企业数据分析开发全球客户、搜索引擎优化，丰富电商平台的服务场景等[4]。相信随着技术的不断更新迭代，生成式 AI 能够在会展业发挥更大的作用。

从会展策划与宣传的精准定位，到智能招展与展位分配的合理调配，再到布展与现场管理的自动化智能化，以及参展者体验与服务的个性化升级，生成式 AI 贯穿会展业的每一个环节。

在会展策划阶段，生成式 AI 能够深入分析市场趋势、消费者偏好以及历史数据，为会展策划者提供创新的思路和策略。在宣传环节，生成式 AI 能够生成个性化的宣传内容，通过精准推送吸引更多目标受众。在招展与展位分配方面，生成式 AI 可以根据参展商的需求和会展主题，智能匹配参展商和展位，提高展位分配的效率和合理性。同时，生成式 AI 还能预测参展商数量，帮助会展组织者提前做好准备。在布展与现场管理环节，生成式 AI 技术的应用可以实现自动化布展和实时监控[10]。通过虚拟现实和增强现实技术，生成式 AI 可以模拟出真实的布展场

景，帮助参展商更好地了解展位布局和装饰效果。同时，生成式 AI 还能实时监控人流、物流等信息，确保会展的顺利进行。

对于参展者而言，生成式 AI 技术能够提供个性化的体验和服务。通过人脸识别、语音交互等技术，生成式 AI 可以识别参展者的身份和兴趣点，为他们提供个性化的推荐和服务。这种交互式的体验方式不仅提高了参展者的满意度，还增强了他们与展品的互动和联系。

（二）扬长避短，成为基础工作的代替者

虽然不能避免前面所提到的潜在威胁和安全性问题，生成式 AI 的应用对于会展业来说还是具备明显的优势。会展业作为服务业，是一个与人打交道的行业，其工作的本质内涵不会被 AI 完全替代。

首先对于模型的安全性提升。基于米奥会展推出的 MeoCopilot 智能助手，可以探究生成式 AI 通过训练具备良好产出能力后，是否能够单独应用于企业，或者是否能在重要信息方面建立安全性边界，这也是未来需要持续关注的问题。如果信息的安全性能够得到保障，这对于生成式 AI 的商业化及广泛应用将会产生巨大的促进作用。

其次是产出的可靠性。会展业有相当一部分的产出具备创意性，需要实践经验的支持，而这些方面，生成式 AI 目前还无法做到。华东师范大学中国现代思想文化研究所常务副所长许纪霖曾表示："AI 再强也缺乏个性和生活实践感受，缺乏创造性或批判性的思维能力，它是一个超级学霸，学霸很聪明，但智慧要比聪明更高一个层次。它缺乏我们人类，特别是优秀的人所具有的直觉、悟性、想象力。"[9]"很多人使用 ChatGPT 的感受是，优秀的逻辑、次优的内容、一般的文采。所以，很多工作可以通过生成式 AI 进行一轮信息的检索与框架的搭建，具体内容还需要专业人员在其基础上进行修改、完善。

对于行业间的垄断与不正当竞争问题，ChatGPT 目前的运营是免费与收费并行，商业用途可以通过接入 API 使用 ChatGPT，相较于重新开发生成式 AI 所支付的硬件费用，接入 API 的费用就很少了。根据《2021 年度中国展览数据统计报告》[11]，我国共有 20 家上市展览公司，国有控股企业 4 家，民营企业 16 家。除此以外，还有一些外资企业落户我国。对于这些企业来说，自行研发生成式 AI 是不现实的，大多只能通过接入 API 进行使用。所以，起跑线都一样，不存在技术领域的强垄断问题。

（三）倒逼会展业人才结构调整优化

这对于人类社会来说，虽然人工智能导致就业岗位的减少，但其社会影响并非完全负面。虽然新技术的出现的确会导致失业现象的出现，但这并不是一个坏事，反而是社会进步的表现，并且促进着社会工作结构的优化与劳动者的优胜劣汰。生成式 AI 的"创新与扩散"会对现有的工作岗位和工作方式产生重大的冲击，带来显著的就业影响。一方面，新技术的扩散会让使用旧技术的一部分人失业；另一方面，也会产生新的就业，从而产生一种"补偿效应"[8]，实现工作岗位的结构优化与工作效率的提升。

在会展业中，从事基础机械性工作的一部分人可以通过生成式 AI 完成部分繁琐的文字、整理等工作，并将更多精力投入实践过程和与人沟通的环节，提升工作效率，专注现实问题的解决。当在行业中积累一定的经验以后，通过经验对生成式 AI 的产出内容进行修改完善，优化工作模式，提升工作效率。同时，会展企业对内部的网络技术人员也会产生更大的需求。生成式 AI 如何更好地服务于人，应用于企业，是需要不断探索与改进的，而这都需要技术人员的支持。在技术的影响下，会展企业内存在的人更多地集中于技术性人才与实践性人才，实现人才结构的优化。加之完善的管理模式，有助于进一步增强会展企业的竞争力。

四、结论

生成式 AI 将会为会展业带来前所未有的机遇。它以其独特的智能化、自动化和创新能力，为会展业的各个环节注入了新的活力。通过全流程的智能化升级，生成式 AI 能够优化会展策划、宣传、招展、布展、现场管理和数据分析等各个环节，提高会展活动的组织效率和服务质量。同时，生成式 AI 的自动化功能能够替代部分基础性工作，减轻人力负担，使会展活动更加高效、便捷。此外，生成式 AI 的应用还能促进会展业人才结构的调整优化，推动具备生成式 AI 能力和创新思维人才的培养与引进。最重要的是，生成式 AI 为会展业带来了创新会展形式和内容的机会，通过结合先进技术，可以打造出更具吸引力的沉浸式会展体验，提升会展的吸引力和参与度[12]。这些机遇不仅有助于会展业提升自身竞争力，还将推动整个行业向更加智能化、高效化、创新化的方向发展。

参考文献

［1］中国网信网. 生成式人工智能服务管理暂行办法［EB/OL］. https://www.

cac.gov.cn/2023-07/13/c_1690898327029107.htm，2024-05-25.

［2］中国互联网络信息中心.第52次中国互联网发展状况统计报告［EB/OL］.http://www.100ec.cn/index/detail--6631924.html，2024-05-25.

［3］姜莎，赵明峰，张高毅.生成式人工智能（AIGC）应用进展浅析［J］.移动通信，2023，47（12）：71-78.

［4］陈晨.AIGC产业研究报告2023：生成式AI助力视频云化［J］.数字经济，2023（06）：74-79.

［5］王渝博，李泰然.基于AIGC技术的影视内容生产与创新［J］.华东科技，2023（09）：43-45.

［6］王鹏.穿越迷雾，把握当下——ChatGPT引爆AI新时代［J］.现代商业银行，2023（06）：28-31.

［7］肖裕水.实体产业中AIGC技术应用的优化策略研究［J］.商展经济，2024（09）：73-76.

［8］陈永伟.作为GPT的GPT：通用目的技术视角下新一代人工智能的机遇与挑战［J/OL］.财经问题研究：1-26［2024-05-27］.

［9］吴清.如何把握ChatGPT风口？［N］.中国经营报，2023-05-22.

［10］兰馨.ChatGPT来了，会展的一个新助手？［N］.中国贸易报，2023-02-14.

［11］中国会展经济研究会.2021年度中国展览数据统计报［EB/OL］http://www.cces2006.org/Uploads/Editor/2022-05-25/628de7f4585d7.pdf，2024-05-25.

［12］北京昆仑亿发科技股份有限公司.AI点亮展览，数据驱动创新［J］.中国会展，2019（03）：70-71.

基于场理论的数字文旅地标性产品创新研究
——以上海市福佑文创城为例

张立生[1][2]　任昱霖[1][①]

1. 上海师范大学　旅游学院
2. 上海旅游高等专科学校　会展与经济管理学院

摘　要：数字文旅地标性产品的创新是提升旅游目的地吸引力和竞争力的关键要素，它对于促进数字旅游高质量发展和提高旅游体验度具有非常重要的意义。本文基于场理论，借助理论分析与案例分析相结合的方法，对数字文旅地标性产品的创新模式进行了系统研究，目的在于确定数字文旅地标性产品的具体的创新路径，并构建数字文旅地标性产品的创新模型，以在宏观上把握数字文旅地标性产品的发展趋势。从研究结果来看，数字文旅地标性产品具有较强的吸引力与竞争力，并且能够显著地提升游客的参与感与满意度，但仍受应用推广力度不够、技术手段未能全面普及的制约。今后应该更好地整合各类技术手段并实现大规模推广应用，进一步加速推动数字文旅产业高质量发展。

关键词：数字文旅地标性产品；场理论；创新研究

引言

随着数字化和信息化技术的迅速发展，旅游文旅产品不断涌现，已经成为旅游目的地文旅产品重要的新业态和新型旅游吸引物，为旅游目的地发展注入新的活力，在提升目的地的吸引力及引领旅游目的地转型升级发展方面，起到越来越重要的作用。在数字文旅产品发展的过程中，由于受数字产品开发成本、数字旅

---

① 作者简介：张立生，男，博士，上海旅游高等专科学校会展与经济管理学院教授。主讲课程：旅游学原理、区域旅游规划与开发等。研究方向：旅游规划、旅游经济、乡村旅游。联系方式：764969183@qq.com。

任昱霖，男，上海师范大学旅游学院硕士研究生在读。研究方向：旅游规划、数字旅游。

游产品研发专业团队及发展阶段等因素制约，行业一般比较关注数字技术的运用及其所带来的体验感，注重连锁化、标准化旅游产业的开发，比较忽略数字旅游产业与地方文化旅游的结合。为此，在数字化旅游产品开发的过程中，注重地方文化的挖掘，将地域文化与数字技术相结合，打造旅游目的地标志性数字文旅产品，不仅对于旅游目的地传统文化的传承、旅游产业数字化升级，还是数字文旅产品升级而言，都有着十分重要的意义。

一、文献综述

（一）数字文旅产品

当前，有关数字文旅产品的研究主要集中在数字文旅产品的呈现方式以及数字文旅产品在文化体验中的应用。

1. 数字文旅产品的呈现方式

一些专家提出，数字化的文化创新产品可以被划分为数字媒体应用、数字互动设备、数字娱乐等几种类别。这些产品的主要特性包括网络参与、资源共享和互动交流（唐国峻，2019）。通过以用户为核心的产品设计策略，我们能够构建出基于虚拟现实（VR）的遗产旅游沉浸式体验应用（Florent Poux, Quentin Valembois 等，2020）。拉米-哈马迪（Ramy Hammady）指出混合现实（MR）是未来博物馆参观体验的潜在技术，它能提升游客的参与性体验和可持续性体验（Ramy Hammady, Minhua Ma, 2021）。根据数字化时代的多元化、便捷化、人性化和交互性的特征探究数字化展示设计在提升博物馆观展体验方面的应用（杨波，2020），提出"生活态"数字化文创产品设计概念，即艺术家参与构建日常生活方式和提升日常生活审美的设计实践，并引用故宫数字化文创产品设计进行概念实践（陈玥，阮超，2019），探讨了新媒介和数字化在文创产品设计中的实践应用，以沈阳故宫建筑群及馆藏文物为设计对象，构建数字文创产品设计思路和创新途径（朱月，2017）。基于"互联网+艺术"的理念，探究唐陵数字文创产品设计的新形式与新理念和新媒介在唐陵数字文创产品中的应用方式（李家燕，张辉，2020），并从数字化文创产品呈现方式与品牌传播推广的角度，指出未来文创产品的传播趋势必定是线上线下混合的全场域推广（鲁睿，2020）。

2. 数字文旅产品在文旅体验中的应用

大卫·贝尼昂（David Benyon）等学者指出数字化是旅游体验的技术支撑（David Benyon, Aaron Quigley, 2014），研究发现数字旅游产品可以增强澳大利亚土著社区参与旅游业的能力和丰富土著社区分享文化知识的手段（Gabrielle

McGinnis，Mark Harvey，2020）。特里尔斯·纳瓦雷特（Trilce Navarrete）数字技术能够使博物馆突破其实体空间的限制，成为博物馆旅游体验创新的重要工具（Trilce Navarrete，2019）。雷切尔·夏洛特-史密斯（Rachel Charlotte Smith）等学者基于"数字原住民"互动展览项目，探讨了参与式设计原则与数字化文化遗产结合创新的可能性；并指出参与式博物馆数字化体验设计有助于文化遗产的创新（Rachel Charlotte Smith，Ole Sejer Iversen，2014）。运用心理学、传播学、人机工学等多学科理论，探究互联网产品对博物馆数字化的应用，提出博物馆互联网产品用户体验提升策略（宁馨儿，2020）。

从已有研究来看，有关数字文旅地标性产品的研究还比较少，有待进一步深入研究。

二、基于场理论的数字文旅地标性产品创新模式

（一）场理论的研究进展

"场景"一词，最初被定义为有屏障阻隔的物质空间，如埃尔文·戈夫曼、罗格·巴克、劳伦斯·佩尔温等知名学者，他们均认为现实的人、事、物等要素所组成的空间才是场景。最初由社会学家戈夫曼于 20 世纪 50 年代提出"场景理论"概念又称"拟剧理论"（欧文·戈夫曼，1989）。后来在 20 世纪 70 年代，受电视、广播等信息媒介兴起的影响，梅罗维茨在戈夫曼的理论基础上提出"媒介场景理论"（约书亚·梅罗维茨，2002）。再到 20 世纪 90 年代，受到后工业社会经济、文化、政治等多方面因素的影响，以特拉·克拉克为代表的新芝加哥学派，将"场景"一词的内涵从物理意义拓展到文化价值与经济消费层面。直至近十年，移动互联网日新月异的变革，加速"场景理论"在城市学、传播学等学科领域的应用，目前"场景理论"已从建筑等物质环境应用至依靠融合技术的线上虚拟环境。

我国在"十四五"规划和 2035 年远景目标中明确提出，要加大数字化的应用深度、拓宽数字化的应用范围，全方位提升社会治理、公共服务、政务服务等数字化水平。随着数字化程度的提高，虚拟现实（VR）、增强现实（AR）、穿戴智能设备、5G 通信等创新型技术手段蓬勃发展，各种技术营造出的"在场感"，拓展和创新了用户的体验路径，改变了传统的场景概念，一种随时、随地、随需的场景化服务悄然诞生。罗伯特·斯考伯（Robert Scoble）与谢尔·伊斯雷尔（Shel Israel）等人在海外的传播学领域里，引用了"场景"的理论，并预测了未来 25 年内，互联网会步入一个以"场景"为主导的新阶段。同样，他们也指出，创建一个场景，必须依赖于五种关键的技术：移动设备、社交媒体、大数据、传感器以

及定位系统（罗伯特·斯考伯，谢尔·伊斯雷尔，2014）。"场景五力"的出现改变了人们对于场景的感知方式，场景已经超越物理层面，来到了由网络空间、数字情境、虚拟现实连接构成的多维信息场域。在国内，多位学者在斯考伯和伊斯雷尔的数字化时代下数字场景理论的基础上，进行了更深层次的研究和应用。对数字场景的概念和构成做了初步的分析（彭兰，2015），论述了如何运用场景故事在不同用户体验阶段创造更好的体验效果（赵婉茹，2014），梳理产品交互设计场景理论的分类与应用后提出了3种基于场景理论的交互设计思维（王玉梅，胡伟峰等，2017）并提出基于情绪调节理论的用户场景交互设计框架，丰富场景交互设计流程（毕强，赵锋，陈金亮，2018）。

（二）基于场理论的数字文旅地标性产品创新思路

现代物理学中的场论认为，当有物体存在时，就有与它共存的引力场，两者紧密相连，即任何物体周围都有引力（冯淑华，沙润，2006）。一系列的交互行为构成了一个在物理上被称为"场"的概念。

1. 基于心理场的数字文旅地标性产品创新思路

心理学家勒温将物理学中的"场"概念引进拓扑心理学后提出了一个重要概念——心理场。勒温认为，人就是一个心理场，人的心理活动也是在这个场或生活空间中发生的。这种心理现象具有空间的属性。也就是说，人的行为是由场决定的。心理场的定义为一种人们对外部世界的全面认识和感受，这种认识和感受源于人们与外部世界的交互影响，形成了一种特定的情绪气氛（姜海涛，2008）。这个概念强调了环境对个体行为和情感状态的影响，同时也强调了个体对环境的主观感受的重要性。基于心理场理论的数字文旅地标性产品创新模式涉及多个板块，主要是以下几个方面：

情感体验设计：情感体验设计致力于营造积极的情感体验，其核心在于打造舒适、温馨、令人愉悦的场景和氛围。这可以通过精心设计的空间布局、照明、色彩搭配以及音乐等元素实现。

个性化互动体验：个性化互动体验是通过虚拟现实（VR）、增强现实（AR）等技术为游客打造独特的参观体验。这种体验让游客成为故事的主角，通过与虚拟场景的互动，使他们能够深度融入到目的地的文化之中。

数字文旅产品在文化体验中的应用：数字文旅产品在文化体验中的应用涉及文化传承与创新以及情感联结与忠诚度培养。文化传承与创新通过数字化展示、多媒体解说、虚拟导览等方式向游客展示目的地的历史、传统、风土人情等文化内涵，并创新性地融入当代艺术、科技等元素。

情感联结与忠诚度培养则通过情感化的服务设计、个性化的关怀和定制化的体验，建立游客与目的地之间的情感纽带，使他们对目的地产生深层次的认同和依恋。通过这些方面的综合应用，数字文旅地标性产品能够为游客带来丰富多彩的文化体验，同时也提升了游客的忠诚度和再次回访意愿。

2. 基于建筑场的数字文旅地标性产品创新思路

建筑场理论强调了建筑环境不仅仅是物理空间的存在，更是人们生活、活动和体验的场所。在建筑设计中，建筑场被视为建筑环境的另一种表达形式，它不仅包括了建筑物的物理结构和空间布局，还包括了人们对这些空间的感知、体验和情感反应。建筑场的设计应该具备柔性和人性化。柔性的设计可以满足不同个体的需求和偏好，使建筑空间更具有灵活性和适应性，强调了建筑空间的灵活性和适应性。

柔性设计：在数字文旅产品中，柔性设计可以通过模块化的场景设计和动态调整的互动内容来实现。数字文旅产品应能够根据不同游客的需求和偏好，提供个性化的体验，使每位游客都能获得独特的体验。这种柔性设计不仅提升了游客的参与感和满意度，也增强了数字文旅产品的吸引力和竞争力。此外，利用大数据和人工智能技术，数字文旅产品可以根据游客的历史记录和偏好，推荐个性化的互动活动和景点，进一步提升游客的满意度和参与感。

人性化设计：人性化设计关注人们的情感和行为需求，旨在创造舒适、宜人的空间环境。在数字文旅产品中，人性化设计可以通过温馨的色彩搭配、舒适的交互界面和贴心的服务细节来实现。

历史文化设计：通过建筑的形式、材料、装饰等元素，建筑场可以反映出其所属的历史文化背景，数字文旅产品可以通过数字化展示、多媒体解说、虚拟导览等方式，向游客展示目的地的历史文化背景。设计人员可以利用AR、VR、MR等技术再现历史建筑的原貌，并通过互动式导览系统讲解建筑背后的历史故事和文化背景，了解每一处建筑的历史背景和文化价值。建筑场应该承载人们的活动和经历，充满活力，是人们社会、文化和生活的一部分。它们不仅是静态的物质实体，更是人们活动和生活的场所。仅当物质的存在和空间揭示了特定的历史、文化以及人类行为，且充满了无尽的生机，它们才能被视作真实的环境（刘丽仙，2009）。

3. 基于审美场的数字文旅地标性产品创新思路

审美场指的是一种社会性的环境或情境，在这种环境中，审美客体（如艺术作品、文学作品等）的审美价值得以具体体现和存在。审美场不仅仅是一个物理空间，更是一个社会文化的背景，它塑造了人们对审美客体的认知、评价和欣赏方式。袁鼎生在《审美场论》中提出"所谓审美场,指的是审美主体与审美对象相吸相引、相聚相合、相融相汇、同构同化的最佳审美现象与最佳审美境界"。他认为审美领域中蕴含着各种各样的力量,正是这些力量的影响才塑造了审美领域并产生了审美效果。

情感共鸣设计:数字文旅产品应通过营造舒适、温馨、令人愉悦的场景和氛围,使游客在体验过程中产生积极的情感体验。例如,通过虚拟现实(VR)技术,游客可以置身于历史文化遗址中,感受到昔日的繁华与文化底蕴,进而激发他们的情感共鸣,这种共鸣不仅增强了游客的沉浸感和参与感,也提升了旅游体验的整体质量。审美场强调审美主体与审美对象之间的互动关系。

社交共享功能:社交共享功能是数字文旅地标性产品的重要特点之一。审美场中的各种力量通过促进游客之间的交流和分享,增强了社会凝聚力和归属感。数字文旅产品可以通过提供社交平台、拍照打卡点和互动游戏等功能,鼓励游客分享他们的旅游体验。这种社交共享功能不仅增强了游客的参与感和互动性,也扩大了数字文旅产品的传播范围和社会影响力。

(三)基于场理论的数字文旅地标性产品创新模型

基础理论和政策支持共同构成了数字文旅地标性产品的核心支柱。理论提供了科学的指导框架和逻辑支撑,政策则为数字文旅地标性产品的开发和推广提供了国家层面的支持。深入挖掘和分析城市的历史、文化和社会资源,为数字文旅产品提供了内容和形式更加丰富的素材,这些文化资源不仅能够增强数字文旅产品的文化深度,还能提升其吸引力和独特性。通过情感共鸣体验、空间互动体验、社交共享体验、文化传承体验、生活方式体验等多种体验形式,数字文旅产品能够显著增强游客的参与感和满足感。结合虚拟现实(VR)、增强现实(AR)、混合现实(MR)和人工智能(AI)等技术的应用,使得数字文旅产品能够提供身临其境的体验和高度互动的功能,只有游客从数字文旅的产品和其形象中获得良好体验,能够映射出本城市或地区的旅游形象时,该数字文旅产品才能被称为数字文旅地标性产品。

为更好地理解和应用上述理论,本文提出一个创新模型,具体的基于场理论的数字文旅地标性产品创新模型如下图(见图1),图中虚线为具体实施方式,实线为创新模式的具体路径:

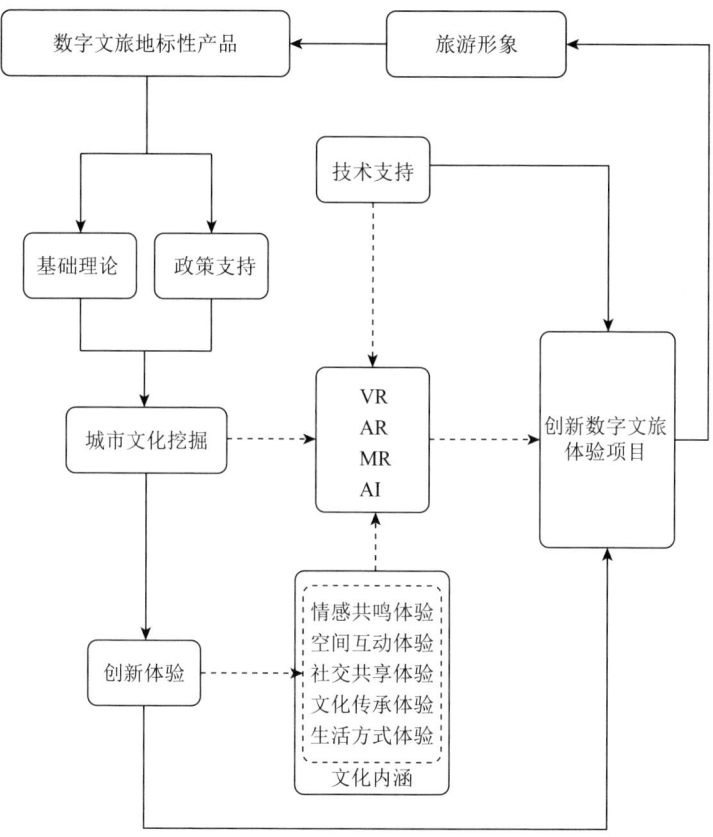

图 1　基于场理论的数字文旅地标性产品创新模型

三、上海市福佑文创城数字文旅地标产品创新

（一）背景分析

1. 政策背景分析

《"十四五"旅游业发展规划》中明确提出了"以文化塑造旅游，以旅游展示文化，系统思维、坚固防线，旅游服务于民众、旅游推动发展，创新驱动、高质量发展，生态优先、科学使用"的原则。预计在2025年，我国的旅游产业将持续壮大，现代化的旅游产业结构将变得越来越完善，同时，我们也将获取更多的高品质、高效率和灵活的旅游服务，以便更好地满足公众的旅行消费需求。为建设一批富有文化底蕴的世界级旅游景区和度假区，重点提出了七项重点任务：①优化旅游空间布局，促进城乡、区域协调发展，建设一批旅游城市和特色旅游目的

地；②完善旅游产品供给体系，激发旅游市场主体活力，推动"旅游+"和"+旅游"，形成多产业融合发展新局面；③建立现代旅游治理体系，加强旅游信用体系建设，推进文明旅游；④坚持创新驱动发展，深化"互联网＋旅游"，推进智慧旅游发展；⑤构建科学保护利用体系，保护传承好人文资源，保护利用好自然资源；⑥拓展大众旅游消费体系，提升旅游消费服务，更好满足人民群众多层次、多样化需求；⑦完善旅游开放合作体系，加强政策储备，持续推进旅游交流合作；打造一批文化特色鲜明的国家级旅游休闲城市和街区，红色旅游、乡村旅游等，使其进入高速发展阶段。

2023 年 9 月 8 日，工业和信息化部办公厅、教育部办公厅、文化和旅游部办公厅、国务院国资委办公厅、广电总局办公厅联合印发《元宇宙产业创新发展三年行动计划（2023—2025 年）》。《计划》提出，建设文旅元宇宙，围绕文化场馆、旅游景区和街区、节事活动等应用场景，提供数字藏品、数字人讲解、XR 导览等产品和服务。打造数字演艺、"云旅游"等新业态，打造数智文旅沉浸式体验空间。

2. 旅游产业背景分析

在旅游行业内，大多数领域处于完全市场竞争状态，导致整体快速变迁。在供大于求的背景下，中国旅游业面临供需失衡：传统旅游景区、星级饭店和旅行社等产品供给过剩，市场萎缩；而新兴旅游产品和业态迅速崛起，受到市场追捧。这反映了旅游产业结构的深层次变化问题。

科技革新不仅是推动经济发展和社会前行的驱动力，同时也是推动旅游产业优质成长的核心要素。数字化、融合化、智慧化、虚拟化、精准化和高效化已成为旅游业发展的新动能，通过科技赋能实现旅游资源整合、业态创新和体验延伸等模式。

3. 福佑文创城区位分析

项目所在地属于上海市黄浦区豫园商圈，地处上海市中心城区中部，黄浦江和苏州河合流处的西南端。北起苏州河，与虹口、静安两区相望；东、南濒黄浦江，与浦东新区一江之隔；西至成都北路、延安中路、陕西南路、肇嘉浜路、瑞金南路，与静安区、徐汇区为邻。距人民广场、南京路步行街、外滩、新天地等标志性景观较近，且地铁可直达。黄浦区快速路形成"两横一纵"的格局。"两横"分别是延安高架路、内环高架路；"一纵"是南北高架路。轨道交通 1、2、4、8、9、10、13、14 号线经过，其中 2、4、8、9、13 号线连接黄浦江两岸；黄浦区内有南浦大桥、卢浦大桥以及 5 条隧道、5 条轮渡线和 5 处地面公交枢纽站集散点，具有良好的区位、交通优势。

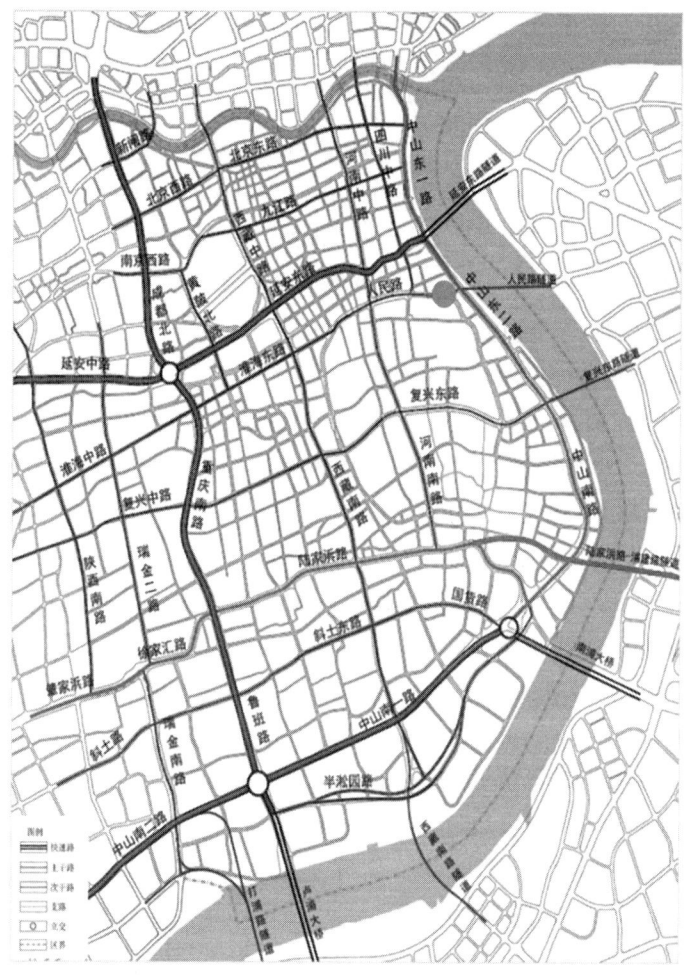

图2 上海福佑文创城项目区位

4. 黄浦区旅游资源分析

黄浦区作为上海的中心区域之一，拥有丰富的旅游资源，这些资源不仅体现了上海的历史文化底蕴，也展示了现代都市的繁华风貌。黄浦区拥有众多历史文化，典型上海的三大文化海派文化、江南文化、红色文化。如豫园、城隍庙和沉香阁等。这些景点以其传统的建筑风格和深厚的文化底蕴吸引着大量游客。豫园是上海市著名的历史文化名胜区，以其精美的园林、传统建筑和地道小吃而闻名。城隍庙则是一座历史悠久的庙宇，与园林相映成趣，为游客提供了一个了解上海传统文化的好去处。

作为国际化大都市的核心区域，黄浦区拥有众多现代都市观光资源。如外滩建筑群和东方明珠广播电视塔等都是上海的标志性建筑，它们展示了上海的现代化进程和国际化水平。黄浦区还有石库门的老式建筑，它们是上海独特的历史印记，为游客提供了一个深入了解上海历史文化的窗口。

黄浦区定期举办各种特色活动，如豫园灯会等，这些活动不仅丰富了游客的旅游体验，也增加了黄浦区旅游资源的吸引力。黄浦区作为上海市的中心城区，其旅游产品现状呈现出多元化、特色化和品质化的特点。黄浦区拥有众多具有历史文化底蕴的旅游产品。豫园新春民俗艺术灯会作为国家级非物质文化遗产项目，已经成为黄浦区乃至上海市的文化名片。

黄浦区注重打造现代都市观光旅游产品。微游南京路作为"中华商业第一街"的精品旅游线路，串联了上海的重量级地标，为游客提供了独特的都市观光体验。黄浦江沿岸景区、外滩建筑群等也是现代都市观光的重要资源。黄浦区通过提升景区的设施建设和服务水平，为游客提供了更加舒适、便捷的旅游环境。

5. 市场现状分析

项目所在的豫园商圈是上海市著名商业街区，位于市中心区域，受到外滩、人民广场的旅游、观光客流以及南京东路、南京西路的休闲、购物客流辐射，全年客流超过3800万人次。2023年1月，豫园文化商业集团表示，豫园商圈日均客流量在十四五万人左右，也是近几年客流呈现比较多的一年。在2023年豫园灯会中，带来的客流量和经济增量非常可观，瞬时峰值达4万余人次，累计28万人次的大客流。因此，商圈周边存在不可忽视的发展机遇。

元宇宙"数字魔镜，梦幻上海"项目可以充分利用黄浦区豫园的地理位置和交通优势，打造一个集虚拟与现实相结合的旅游体验平台。通过先进的虚拟现实技术，结合上海的海派文化、红色文化、现代都市风光以及未来科技元素，设计出一系列具有创意和吸引力的旅游体验项目，让游客感受未来的上海。借助元宇宙"数字魔镜，梦幻上海"项目，推动黄浦区旅游产业的创新升级。通过引入科技元素，提升旅游产品的品质和体验，吸引更多年轻游客和高端游客前来消费。加强与相关产业的合作，实现旅游业的可持续发展。

（二）基于场理论的上海数字文旅地标产品创新指导思想

以文化强国建设、科技创新引领和支撑文化和旅游发展为政策导向，以支撑上海卓越全球城市、世界著名旅游城市建设为目标，遵循上海"海纳百川、追求卓越、开明睿智、大气谦和"的城市精神，投资企业以"整合全球前沿数字技术，引领我国旅游产业数字化转型升级"为使命，以"我国数字文旅地标的缔造者、我国旅游目的地数字化升级的总服务商"为愿景，以将上海福佑文创城打造成为

"上海数字文旅地标性产品、我国数字文旅地标的典范与旗舰店为目标,以"数字魔镜、梦幻上海"为旅游形象,以城市精神、时光隧道、飞跃天际线、文旅三剑客、上海之光、未来魔都六大产品模块,以最先进的数字技术,全方位、新视角打造游客体验上海的历史与现实、文化与旅游、成就与未来的新型数字文旅产品,打造上海城隍庙旅游三剑客——豫园、灯展、福佑城。最终,将上海福佑文创城打造成为上海数字化科普研学基地、国家 AAAA 级旅游景区、我国数字化引领旅游目的地升级的典范、有一定国际知名度的数字化旅游地标旗舰店。

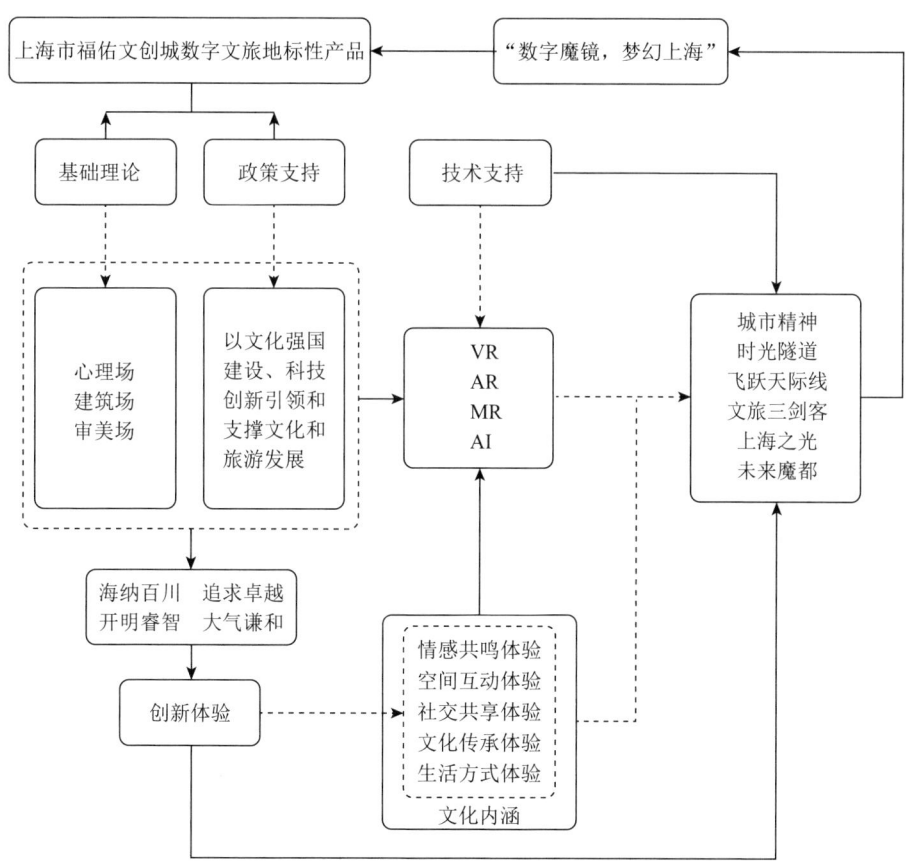

图3 基于场理论的上海市数字文旅地标性产品创新指导思想

(三)上海数字文旅地标产品体系创新

1. 城市精神

本产品旨在通过数字化技术,全面、深入地展示上海这座城市的历史底蕴、现代风采和独特的城市精神。将上海的 16 字城市精神——"海纳百川、追求卓越、开明睿智、大气谦和"作为展示的核心，展示上海作为国际大都市的包容性和多元文化，展示上海在科技、经济、文化等领域的卓越成就，以及上海人民的智慧、开放思维和上海人民的大气与谦逊品质。通过虚拟现实（VR）和增强现实（AR）技术，将参观者带入一个身临其境的上海世界。

2. 时光隧道

"豫见上海·时光隧道"是一项利用数字化互动技术，以历史发展时序重现上海历史上的经典场景，展示上海城市发展的光荣历史和超级城市梦幻未来愿景的创意项目。项目形式为长约 60 米的拱形隧道，隧道内部上下左右四面均装有高清小间距 LED 显示屏，通过 3D 渲染和动态效果呈现出各种不同的场景和画面。

项目以凤凰题材为主线，带领游客深度体验魔都上海的百年变迁与奇幻未来。项目体验主要由时光隧道、AI 智能体验、户外主题打卡、娱乐互动、休闲餐饮及特色购物等功能组成，让游客从视觉、心灵及肢体来沉浸体验魔都的精彩。项目旨在通过数字化互动时光隧道，让参观者"遇见"上海的历史和未来，感受超级大都市的独特文化和创新精神。

3. 飞跃天际线

通过虚拟现实（VR）技术，为参观者提供一次独特的空中之旅，让他们以全新的视角俯瞰上海这座城市的壮丽景色。无论是白天的繁华，还是夜晚的璀璨，无论是陆地的建筑群落，还是海上的波光粼粼，都将在这趟旅程中——展现。

从拥有千年历史的朱家角古镇出发，这里的水乡风情和古朴建筑将为参观者带来宁静与舒适的开始。随着视线的逐渐升高，古镇的全貌将逐渐展现在眼前，为接下来的城市飞越之旅做好铺垫。离开朱家角后，将飞越宽阔的黄浦江。在这里，参观者可以欣赏到两岸的现代化建筑和繁忙的航运景象。随着视线的移动，他们将看到黄浦江上的桥梁、游船和远处的陆家嘴金融区。到达陆家嘴金融区后，参观者将被这座现代化城市的繁华景象所震撼。他们将看到高耸入云的摩天大楼、繁忙的街道和熙熙攘攘的人群。在这里，他们可以深入了解上海作为国际金融中心的地位和发展历程。接下来，将飞越外滩建筑群。这里汇集了中西合璧的多种建筑风格，包括哥特式、巴洛克式、罗马式等。参观者将在这里感受到上海的历史底蕴和文化魅力。同时，他们还可以欣赏到黄浦江对岸的陆家嘴金融区全景。

最后，将飞越上海的海域，让参观者欣赏到海上的壮丽景色。他们将看到远处的岛屿、航行的船只和波光粼粼的海面。在这里，他们将感受到上海的海洋气息和独特的海滨风光。

4. 文旅三剑客

通过数字化手段全面展示上海的红色文化、江南文化和海派文化，让参观者深入了解这座城市的多元文化魅力。产品将分为三个馆：红色文化馆、江南文化馆和海派文化馆，每个馆都有其独特的展示内容和互动体验。

（1）红色文化馆。通过VR技术，让参观者身临其境地感受上海革命历史的厚重与深沉。参观者将"穿越"到历史现场，如中共一大会址、四行仓库等，深入了解革命先烈的英勇事迹和革命历程。参观者可以通过手机或平板电脑扫描人物图像，了解他们的生平和贡献。通过多媒体投影和互动屏幕，展示上海在各个历史阶段的重要事件和战斗场景。参观者可以观看历史纪录片、参与模拟战斗等互动体验，深入了解历史事件的背景和影响。

（2）江南文化馆。通过高清影像和VR技术，展示江南水乡的美丽风光和独特韵味。参观者可以"漫步"在古镇的街头巷尾，欣赏江南水乡的古朴建筑和秀美风光。展示江南地区的传统文化艺术，如昆曲、评弹、书法、绘画等。参观者可以欣赏到精彩的表演和作品，感受江南文化的独特魅力。通过AR技术和互动屏幕，展示江南地区的历史传承和名人故事。参观者可以了解江南地区的历史沿革和文化传承，增强对江南文化的认同感和归属感。

（3）海派文化馆。展示了海派艺术的独特魅力和艺术价值。参观者可以欣赏到海派艺术的代表性作品和艺术家介绍，了解海派艺术的风格和特点。通过多媒体投影和互动屏幕，展示海派文化的历史渊源和发展脉络。参观者可以了解海派文化在近代中国历史上的重要地位和影响。设置海派文化体验区，让参观者亲身体验海派文化的独特魅力。例如，参观者可以试穿旗袍、品尝上海特色小吃、参与海派文化主题的互动游戏等。

5. 上海之光

通过数字化手段，展示上海的高科技企业、知名高校、先进制造业等，让参观者了解上海在全球产业链中的重要地位，感受这座城市的创新和发展动力。本体验馆将按照上海市2017至2035年规划中的发展重点，详细展示上海的创新成果和发展蓝图。

（1）科技创新引领区。聚焦上海在科技创新方面的重大成果和代表性企业。通过AR、VR等技术，展示上海在集成电路、生物医药、人工智能等领域的世界级产业集群和创新突破。设置互动屏幕和虚拟现实体验区，让参观者深入了解上海在科技创新方面的领先地位和最新技术。

（2）教育繁荣展示区。通过AR技术，让参观者"走进"上海的高校，感受浓厚的学术氛围和校园文化。同时，展示"申光计划"资助的代表性项目，让参观者了解上海在教育文化领域的贡献。

（3）现代工业发展区。展示上海在先进制造业、航运、金融等领域的支柱产业发展情况。通过数据可视化、虚拟现实等手段，呈现上海在全球产业链中的核心地位。设置模拟工厂和交易大厅等互动场景，让参观者亲身体验上海现代工业的发展水平和运营效率。

（4）城市未来规划区。基于上海市2017至2035年城市总体规划，展示上海未来的发展蓝图和重点建设项目。通过多媒体投影和虚拟现实技术，参观者"穿越"到未来的上海，感受城市在科技创新、经济发展、环境保护等方面的新变化和新气象。

6. 未来魔都

结合科幻元素和数字化技术，打造一个充满未来感的上海城市模型，展示未来可能出现的科技应用、生活方式和城市规划，让参观者对未来上海充满期待和想象。按照上海市2017至2035规划中上海未来重点发展的产业和发展方向，展示科技、创新、新兴产业。

（1）科技前沿区。展示上海在科技领域的未来发展方向，如人工智能、量子计算、生物科技等。通过虚拟现实（VR）和增强现实（AR）技术，设置未来科技互动体验区，参观者可以通过触摸屏幕、佩戴VR眼镜等方式，与未来科技产品进行互动，感受科技的无限可能。

（2）创新产业区。聚焦上海在创新产业领域的未来发展，如新能源、智能制造、航空航天等。通过数字模型和多媒体展示，呈现未来产业的发展蓝图和潜在应用。设置创新产业模拟实验室，参观者可以在专业人员的指导下，进行模拟实验和创新设计，体验创新产业的魅力。

（3）智慧城市区。展示上海未来智慧城市的建设成果，包括智能交通、智慧医疗、绿色能源等领域。通过数字模型和虚拟现实技术，参观者可以通过模拟驾驶、虚拟看病等方式，体验未来智慧城市的高效便捷。

（4）生活方式区。展示未来上海的生活方式变化，包括智能家居、虚拟现实娱乐、无人配送等领域。通过虚拟现实技术和互动装置，参观者可以亲自试用智能家居设备、体验虚拟现实游戏等，让参观者感受未来生活的舒适便捷和丰富多彩。

四、结语

本论文选题基于数字经济、体验经济和场景时代背景下，传统物质性文旅产品已无法满足消费者的新需求,急需具有数字化、体验化特征的文旅产品。以上海福佑文创城为研究平台,本文结合场理论和数字文旅产品,旨在探索数字文旅产品的品牌形象及其创新路径。研究过程中,主要采用了理论分析和案例分析的方法,围绕数字文旅地标性产品的创新模式与创新体系展开。研究重点包括:①数字文旅地标性产品的文化内涵挖掘;②技术手段在文旅产品中的应用;③基于场理论的文旅地标性产品创新模型构建。

通过研究,本文得出以下结论:①数字化技术赋能下的文旅产品具有更强的吸引力和竞争力;②情感共鸣、空间互动和文化传承等多种体验形式能够显著地提升游客的满意度;③基于场理论的创新模型为数字文旅地标性产品的开发提供了科学的指导和实施路径。然而,本文在研究过程中也存在一些不足,如案例的广泛性和数据的全面性有待提高,另外,如何更好地整合多种技术手段并实现大规模推广应用仍是未来研究的重点方向。进一步的研究将致力于解决这些问题,以推动数字文旅产业的高质量发展。

参考文献

[1] 欧文·戈夫曼. 日常生活中的自我呈现 [M]. 黄爱华, 冯钢, 译. 杭州: 浙江人民出版社, 1989.

[2] 约书亚·梅罗维茨. 消失的地域: 电子媒介对社会行为的影响 [M]. 肖志军, 译. 北京: 清华大学出版社, 2002.

[3] 罗伯特·斯考伯, 谢尔·伊斯雷尔. 即将到来的场景时代 [M]. 赵乾坤, 周宝曜, 译. 北京: 北京联合出版公司, 2014: 2.

[4] 彭兰. 场景: 移动时代媒体的新要素 [J]. 新闻记者, 2015 (03): 20-27.

[5] 赵婉茹. 浅谈场景故事在用户体验设计中的应用 [J]. 设计, 2014 (09): 174-175.

[6] 王玉梅, 胡伟峰, 汤进, 李世国. 产品交互设计中场景理论研究 [J]. 包装工程, 2017, 38 (06): 76-80.

[7] 毕强, 赵锋, 陈金亮. 基于情绪调节和场景理论的交互设计研究 [J]. 包装工程, 2018, 39 (08): 80-83.

[8] 唐国峻. 数字传播在文化创意产品设计与推广中的作用研究 [J]. 设计艺术研究, 2019, 9 (03): 93-97.

[9] Florent Poux, Quentin Valembois, Christian Mattes, et al. Initial User-

Centered Design of a Virtual Reality Heritage System: Applications for Digital Tourism [J].Remote Sensing, 2020, 12 (16).

[10] Ramy Hammady, Minhua Ma, Ziad AL-Kalha, Carl Strathearn. A framework for constructing and evaluating the role of MR as a holographic virtual guide in museums [J].Virtual Reality, 2021.

[11] 杨波.数字化设计在博物馆设计中的应用 [J].西北美术, 2020 (01): 131-134.

[12] 陈玥, 阮超.故宫"生活态"文化创意设计数字体验探析 [J].大众文艺, 2019 (14): 250-251.

[13] 朱月.互联网思维下的沈阳故宫数字文创产品设计 [J].包装工程, 2017, 38 (18): 200-204.

[14] 李家燕, 张辉.互联网+艺术+科技背景下的唐陵数字文创产品开发研究 [J].戏剧之家, 2020 (29): 193-196.

[15] 鲁睿.文创产品的数字化呈现与品牌传播推广浅析 [J].出版广角, 2020 (13): 92-94.

[16] David Benyon, Aaron Quigley, Brian O'Keefe, Giuseppe Riva. Presence and digital tourism [J].AI & SOCIETY, 2014, 29 (04): 521-529.

[17] Gabrielle McGinnis, Mark Harvey, Tamara Young. Indigenous Knowledge Sharing in Northern Australia: Engaging Digital Technology for Cultural Interpretation. 2020, 17 (01): 96-125.

[18] Trilce Navarrete.Digital heritage tourism: innovations in museums [J].World Leisure Journal, 2019, 61 (03): 200-214.

[19] Rachel Charlotte Smith, Ole Sejer Iversen. Participatory heritage innovation: designing dialogic sites of engagement [J].Digital Creativity, 2014, 25 (03): 255-268.

[20] 宁馨儿.以用户体验为导向的博物馆互联网产品设计研究 [D].湖南师范大学, 2020.

[21] 冯淑华, 沙润.古村落场理论及景观安全格局探讨 [J].地理与地理信息科学, 2006, 22 (05): 92-93.

[22] 姜海涛.旅游场: 旅游体验研究的新视角 [J].桂林旅游高等专科学校学报, 2008, 19 (03): 321-322.

[23] 刘丽仙.体验视角下景观场营造研究: 以三清山旅游景区为例 [D].华东师范大学, 2009 (06): 13-14.

休闲垂钓旅游活动过程管理与服务规范研究初探

唐新安[①]

上海师范大学　旅游学院

上海旅游高等专科学校　会展与经济管理学院

摘　要：随着人民生活水平不断提高，大众休闲时代的到来，休闲垂钓已成为一种深受人们喜爱的休闲活动，有着惊人的发展速度。休闲垂钓旅游项目已经形成经营性项目雏形。本文旨在浅析休闲垂钓旅游项目过程管理与服务规范。文章首先介绍了垂钓活动的概述，从项目管理与服务理论研究切入，重点分析了休闲垂钓旅游项目过程管理与服务规范，以提升针对休闲垂钓旅游项目的管理与服务质量，满足大众对休闲垂钓旅游的多元化需求，促进休闲垂钓旅游项目的规范、健康经营与发展。

关键词：垂钓活动；休闲垂钓旅游；休闲垂钓旅游项目过程管理与服务

垂钓活动作为自古以来因其休闲元素为人们熟知的休闲活动，是世界最受欢迎的"十大休闲运动"之一。近 20 年来我国参与垂钓活动的人数有了惊人地高速增长，垂钓活动也因其娱乐、康养、研学、赛事等多元性成为热门休闲活动，各类具有商业性的群体参与的垂钓活动也随之发展迅猛。如浙江省被誉为"中国第一渔村"的象山，在垂钓旅游旺季一票难求，船期基本都要隔年隔月预订。虽然近年来学界对休闲垂钓活动项目管理与服务渐渐有了初步认知，可问题和矛盾频出，这给垂钓活动项目管理与服务提出新的课题。

[①] 作者简介：唐新安，男，上海师范大学旅游学院副教授。主讲课程：会展安全管理、休闲垂钓活动策划与管理、会展接待与服务等。研究方向：活动策划与管理（休闲）、会展教育、文旅融合等。联系方式：geo@shnu.edu.cn。

一、垂钓活动概述

（一）垂钓活动的定义

垂钓活动是指人在特定的水域，使用特定的钓具和技巧，捕获水生动物、两栖类及爬行动物等生物的过程。

从垂钓活动定义看，对垂钓活动的研究可从垂钓者、垂钓地点、垂钓钓具、垂钓钓技钓法、垂钓对象、影响垂钓活动的因素等多个维度进行综合研究。故垂钓活动研究所涉及学科门类繁多，不仅涉及生物学、地理学、生态学、物理学、化学等自然学科，同时还涉及社会学、心理学、经济学、管理学等人文学科。本文仅以项目管理与服务理论对垂钓活动中的休闲垂钓旅游项目进行讨论。

（二）垂钓活动的发展

据笔者考证，垂钓活动是从以捕捞为主的钓鱼开始，距今已有6500年历史。由于达官贵人与文人墨客助推，垂钓活动逐渐有了休闲属性。我国改革开放之前的垂钓活动是以个体性活动为主，管理相对较为初级，服务更是在商业利益驱动下才会出现。

2008年开始进入垂钓人群高速增长期（见图1）。在2013年2月2日国务院办公厅《关于印发国民旅游休闲纲要（2013—2020年）》和2014年8月9日《国务院关于促进旅游业改革发展的若干意见》颁布后的强劲推动下，群体性的垂钓活动项目开始开展。当今垂钓活动目的已发展成为集休闲娱乐、修身养性、体育运动、社交为主的综合性活动，各类群体性垂钓活动日益增多。群体性的活动就需要有管理与服务理论和方法来正确引导。

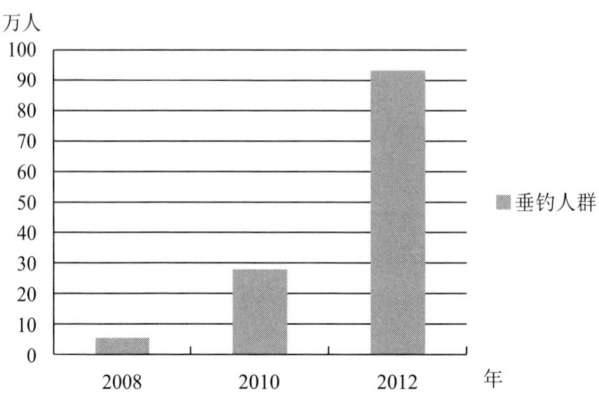

图1　2008—2012年上海垂钓人群增长速度跟踪调查

前期针对上海垂钓人群的抽样调查分析，2012 年 93 万上海垂钓人群占 2380 万上海常住人口的 3.9%。到 2022 年我国统计垂钓人口已达 1.4 亿，在全国总人口的占比也仅 10% 不到。世界上在经济比较发达、休闲业发展较好的国家和地区垂钓人口占比在 20% 左右，如美国 16%、日本 23.4%（2022 年统计）。可见我国的垂钓人群和垂钓活动相较于发达国家还有很大的上升发展空间。

（三）群体性垂钓活动类型

垂钓活动是大众喜闻乐见的休闲活动，有着广泛的群众基础。随着人民生活水平不断提高，对休闲活动参与需求也不断提高，垂钓活动从原来的个体活动逐渐发展到有了群体性参与的垂钓活动。

群体性垂钓活动是指有二位垂钓者以上有计划的垂钓活动。根据垂钓活动组织者可分：

（1）非营利性垂钓活动：组织者以垂钓爱好者或者各级企事业单位等为主组织的无营利的垂钓活动。此类活动项目以纯粹休闲娱乐、社交、团建为目的。如垂钓俱乐部、垂钓者自发组织的微信群、自媒体博主粉丝群、企事业单位部门等发起，组织活动形式常以钓技交流、钓域钓获分享、组织参加其他垂钓活动为主。

（2）商业性垂钓活动：组织者以渔具销售、渔具产品宣传营销、钓场经营、垂钓活动项目经营等商业利益为目的而组织的垂钓活动项目。如渔具经营者举办的企业节庆活动、新品试钓、"宠粉"等垂钓活动项目；如活动策划经营企业组织的垂钓旅游、垂钓文化节、休闲垂钓商业赛事等项目；如钓场经营者举办的日常经营性垂钓活动、黑坑赛事等项目。

目前，商业性垂钓活动项目组织者多种，项目类型繁多，垂钓参与者差异大，对组织者管理与服务提出了更高要求。

（3）竞技垂钓比赛活动：由中国钓鱼运动协会和各地各级钓鱼协会举办的垂钓等级赛事。此类垂钓赛事经过 40 多年努力已经形成对赛事、运动员、裁判员、赛场等环节比较成熟的管理制度和赛事规则，组织、管理赛事能力也比较规范。

二、休闲垂钓旅游项目过程

（一）休闲垂钓旅游项目

休闲垂钓旅游项目是由经营者通过策划、营销招募垂钓者，组织群体性的异地垂钓活动。经营者是通过对客服务与管理获取商业利益，经营者的管理与服务水平直接影响经营项目的持续发展。

休闲垂钓旅游项目具有垂钓活动和旅行活动相融合的特点，既有旅行管理中的食住行游购娱方面的服务与管理，同时也有垂钓活动管理的特殊要求。要全面考虑项目中的经营者、活动项目、垂钓者、钓场、现场管理、安全管理等多个维度。

（二）休闲垂钓旅游项目过程

项目的过程管理更具有现实意义。休闲垂钓旅游项目过程有其独特性，是休闲垂钓旅游管理与服务的基础。根据项目管理方法可分项目策划、项目营销、行前准备、现场管理与服务、评估总结与下期营销五个阶段（图2）。

图2　休闲垂钓旅游项目过程

项目策划阶段是休闲垂钓旅游项目的起点。项目营销阶段则是将策划好的项目通过营销手段推向市场，吸引垂钓者参与的关键环节。行前准备阶段是为项目顺利实施做好充分准备的重要步骤，确保客户了解行前准备任务、项目的具体安排和注意事项。现场管理与服务阶段是项目执行、项目管理及对客服务的核心环节，直接影响垂钓者的体验和满意度。评估总结与下期营销阶段则是对项目执行情况进行回顾和总结的阶段。

休闲垂钓旅游项目过程是一个系统性的、有序的过程，每个阶段都扮演着不可或缺的角色，各个阶段都相互关联、相互影响。只有做好各个阶段的工作，才能确保项目的顺利实施和成功运营。

三、休闲垂钓旅游项目过程管理与服务剖析

休闲垂钓旅游项目的过程管理与服务，不仅关乎项目的成功与否，更直接影响垂钓者的满意度和忠诚度。

（一）影响休闲垂钓旅游项目的因素

一个项目开展影响因素众多，休闲垂钓旅游项目成功与否影响因素归纳为七个方面的因素（图3）。

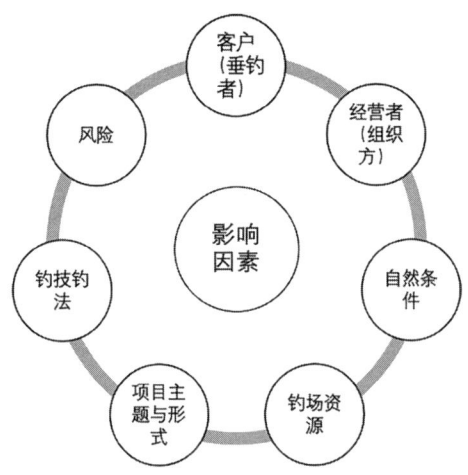

图 3 影响休闲垂钓旅游项目因素

垂钓者是项目开展的客户群体,这是项目开展的基础之一,是项目服务对象。经营者是项目的组织、管理、服务方,是项目管理与服务的主导。自然条件是项目开展的垂钓目的地的条件,如影响垂钓效果和体验感的气象气候条件、潮汐、地质地貌等因素。钓场资源是项目开展的目的地资源,包括钓场的鱼种、鱼情、交通、提供的服务等重要因素。项目主体与形式对吸引客户群体起着一定的作用,所以策划项目中要注重。垂钓种类繁多,钓技钓法属于项目针对性营销,由此,钓具钓饵的准备便非常重要,不同的钓技钓法对项目组织管理人员有不同的特殊要求。风险是项目开展所要规避和转移的,反映经营者管理水平,是影响项目持续发展的重要因素。

目前休闲垂钓旅游市场需求是影响项目的最为关键要素,可见休闲垂钓旅游项目仍处于初级阶段。后续随着参与经营休闲旅游项目的经营者增加,竞争意识的提高,对休闲垂钓旅游项目管理与服务提升会有更高要求。

笔者针对上海垂钓市场调研分析,影响休闲垂钓旅游项目的因素排序为:客户 – 钓场资源 – 钓技与钓法 – 项目主题与形式 – 自然条件 – 风险。

(二)休闲垂钓旅游项目的过程管理与服务

(1)项目策划阶段:是休闲垂钓旅游项目的起点,它涉及项目的整体过程构思、目标设定、资源调配等核心环节。在策划阶段,项目需要深入分析市场需求,了解垂钓者的兴趣和偏好,同时结合钓场资源的实际情况,设计出具有吸引力和可行性的活动方案。还需充分考虑项目的经济效益和社会效益,衡量项目风险与收益，又能满足垂钓者的需求，提升他们的满意度和忠诚度，并形成自己的品牌特色。

项目策划阶段最终应该有《##休闲垂钓旅游项目市场分析及可行性论证》报告和项目策划书。策划书包括项目主题、钓场资源介绍、行程安排及内容、钓技钓法介绍及渔具准备、组织管理架构、注意事项、风险评估、销售价格等策划方案，并加以论证其可行性。

项目主题需要考虑符合垂钓爱好者需求，然后确立垂钓者感兴趣的活动主题，保障垂钓者参与的积极性和项目成功。钓场资源介绍主要是介绍钓场的鱼情、钓场位置及行程、钓场的服务、钓场的自然条件等，同时介绍钓场的主要吸引力。行程安排及内容是让客户了解过程安排。钓技钓法介绍是让客户了解垂钓方式所需要准备的渔具、饵料及垂钓所需用品的准备。组织管理架构是项目管理过程中经营者管理人员、服务人员的岗位安排和职责。注意事项是针对客户在活动期间的安全管理。风险评估考虑自然条件、项目管理、参与项目垂钓者自身的意识和身体状况等，对可能出现的问题和突发状况要有预案，确保项目能够顺利进行。

（2）营销阶段：是项目客户来源的关键。在营销阶段，项目团队需要制定一套有针对性的营销计划，并需要运用各种营销手段，如广告宣传、社交媒体推广、合作推广等，扩大项目的影响力。要与目标客户群体建立有效的沟通渠道，了解他们的需求和反馈，及时调整营销策略，提高营销效果。同时，与垂钓组织建立合作关系，通过合作推广、资源共享等方式，扩大项目的知名度。

目前由于垂钓爱好者群体较为松散，比较有效的营销方式是线上为主。主要利用微信群、自媒体进行与目标客户群体的沟通互动。线上营销对松散型的垂钓客户群体更有针对性，项目介绍推荐更为直接和便捷，也可以直接了解客户的需求和反馈，及时调整营销策略和活动内容，确保项目能够满足客户的期望和需求。

此外，还可以利用口碑营销的方式，通过客户的推荐和分享，吸引更多的潜在客户参与。口碑营销也是一种有效的推广方式，能够增加项目的信誉度和可靠性，提升客户的忠诚度和满意度。

（3）行前准备阶段：是确保休闲垂钓旅游项目顺利进行的重要阶段，可细分为成立项目组织架构、计调落实、客户签约和相关手续办理、物资准备和行前准备会。项目团队需要制定详细的行程安排和活动计划，确保各项保障资源得到充分利用。

项目组织架构直线职能制的项目管理方式，各小组除了履行主要职责（图4）外还需相互协调。

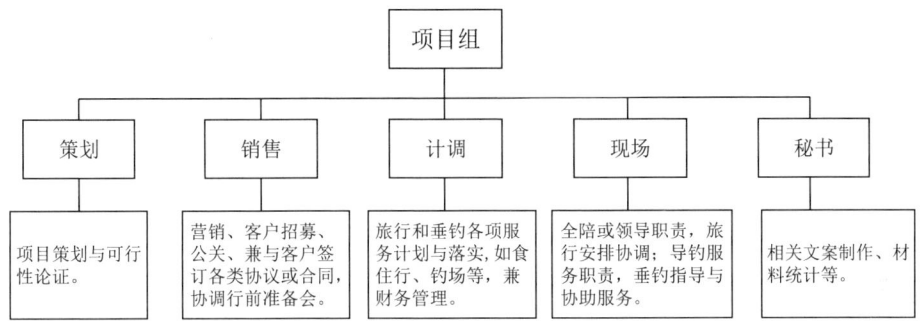

图 4　休闲垂钓旅游项目管理组织

行前准备会是项目成功运营的开始，既要全面介绍项目计划、内容、服务及财务预算，也要介绍钓场的钓技钓法和渔具准备，更要有安全管理的注意事项与投保说明。

（4）现场管理与服务：是休闲垂钓旅游项目的核心环节，也是项目过程的主体。在项目实施过程中，项目团队需要密切关注现场情况，及时解决可能出现的问题和突发状况。项目团队还需提供优质的服务。

全陪或领队是第一负责人，要全面协调行程和活动中各项管理与服务工作，并协调彼此之间的关系，确保垂钓活动的安全和秩序、提供舒适的休息和餐饮环境等，提升垂钓者的满意度和体验感。

导钓是休闲垂钓旅游项目中的特色服务，主要负责钓技钓法的指导、协助服务垂钓者的垂钓活动及生态保护教育，类似旅行管理中的导游。目前我国暂且没有导钓服务相应的工作管理条例和标准。

现场安全管理是休闲垂钓旅游项目成功与顺利开展及企业品牌项目树立的非常重要的管理任务。休闲垂钓旅游项目的安全问题可分客户群体自身疾病与体能、自然灾害威胁、项目管理问题等，措施有安全教育培训、现场管理、应急预案及后续保险理赔。

（5）评估总结与下期营销：是休闲垂钓旅游项目的收尾阶段，也是为下一期项目积累经验的重要环节。休闲垂钓旅游项目评估可从参与人数、客户满意度、经济效益与社会效益等方面对项目过程作全面评价，分析项目的成功因素和不足的原因，总结经验和教训，为下期项目的策划和实施提供改进和优化的方向。

评估是项目总结的基础，在评估总结的基础上，项目团队可以开始策划下一期的休闲垂钓旅游项目，针对上一期的不足之处，进行改进和优化，提升项目的品质和吸引力。同时，也可以结合市场的变化和客户的需求，调整下一期项目主题、活动内容等，以更好地满足客户的需求和期望。通过不断总结经验、优化管理和服务，推动休闲垂钓旅游项目的持续发展，并对下一期项目开始宣传营销。

总之，休闲垂钓旅游项目的过程管理与服务涉及多个环节和多方面，是一个复杂而细致的过程，需要项目团队精心策划合作、认真执行和及时总结。通过有效的管理和优质的服务，提升项目的吸引力和竞争力，为垂钓者带来更好的体验和感受，为项目的长期发展打下坚实的基础，并为经营企业树立品牌。休闲垂钓旅游项目既与旅行管理有相似的地方，又有垂钓活动管理特殊要求。目前市场发展迅速，但在管理体系研究中严重缺失，本文仅为抛砖引玉，不足之处敬请批评指正！

参考文献

［1］吴子锋.项目管理中的问题分析及其解决方法［J］.广西科学院学报，2005（S1）.

［2］严飞，周雪秋.我国休闲渔业发展研究综述［J］.科技创业月刊，2012（01）.

［3］马杰.流程管理研究综述［J］.技术经济与管理研究，2020（05）.

［4］王春雷，王强，杨宇晨.近20年国内活动研究知识图谱——基于CiteSpace的可视化分析［J］.旅游论坛，2021（01）.

［5］唐新安.垂钓活动策划与管理［M］.上海：上海交通大学出版社，2021.

会展新技术应用场景及案例分析

张圆刚[①]

上海师范大学　旅游学院

摘　要：本文深入探讨了会展行业中新兴技术的应用与发展动向。通过对人工智能、虚拟现实、区块链等技术在会展中的具体应用场景和实例进行分析，揭示了智能化管理系统、虚拟展厅设计、人脸识别安保、5G 通信等创新应用。研究表明，智能化服务、虚拟现实融合展示及数据驱动的个性化服务将成为未来发展的主要趋势。本文在会展行业新技术应用方面进行了开创性的研究，为该领域的未来发展提供了重要参考。

关键词：会展行业；新兴技术；人工智能；虚拟现实；智能化管理系统

一、绪论

（一）会展行业概述

会展行业指的是以展览、展示和交流为核心内容的商务活动。它涵盖了各类展会、博览会、会议及座谈会等形式，在促进经济、科技、文化等多方面发展中发挥着至关重要的作用。通过搭建交流合作的平台，会展行业推动了企业间的互动与合作，加速了新产品、新技术和新理念的传播与应用，促进了市场营销与品牌建设的步伐，对于促进国际国内双循环[1]和推动全球化进程具有不可替代的作用。

（二）新技术在会展行业中的重要性

随着科技的持续进步，新技术在会展行业中的运用已成为行业发展的重要趋势。从虚拟现实、增强现实到人工智能、大数据等，各种新技术的应用正在深刻

[①] 作者简介：张圆刚，男，博士，上海师范大学旅游学院副教授。主讲课程：统计学原理、活动管理原理、会展新技术等。研究方向：乡村振兴、旅游数字化。联系方式：zhangyg@shnu.edu.cn。

改变传统的会展模式。新技术的引入不仅提升了会展的效率和体验,还拓展了会展的边界,使得展览内容更加丰富多样、交流方式更加多元化、参与感更加强烈[2]。因此,深入探讨新技术在会展行业中的应用场景和具体案例,对于推动行业发展、提升展会效果具有重要意义。

本文将重点探讨各种新技术在会展行业中的应用场景及具体案例,旨在为会展从业者和相关领域的专业人士提供一些启发和借鉴,促进会展行业的持续健康发展。

二、会展新技术概述

(一)人工智能在会展中的应用

人工智能(Artificial Intelligence,AI)作为一种颠覆性技术,已在会展行业中发挥着重要作用。其主要应用包括:通过语音识别、自然语言处理和机器学习技术实现的智能客服与导览系统,为参展商和观众提供个性化、实时的服务,帮助他们快速获取信息和找到展位;基于大数据和机器学习算法的深度数据分析与预测,能够发现潜在的展会趋势和参展商需求,为组织者提供决策支持和展会规划建议;通过人脸识别和行为分析等技术提升会展现场安全性的智能安保与监控,能够实时监控人员和物品流动,及时发现异常情况并采取应对措施。此外,人工智能还可以在虚拟现实(VR)和增强现实(AR)技术的结合下,创造沉浸式的展会体验。参展商可以通过虚拟展厅展示产品,观众则能够在虚拟环境中进行互动,打破时间和空间的限制,极大地提高了展会的参与度和效果。同时,AI驱动的自动化营销策略能够精准定位目标观众,提高参展商的投资回报率。这些创新应用不仅提升了会展的整体效率,还为未来的会展模式提供了无限可能。

(二)虚拟现实技术在会展中的应用

虚拟现实(Virtual Reality,VR)技术为会展行业带来了全新的参展和参观体验。其应用场景包括:①通过虚拟现实技术搭建的虚拟展厅,使参展商可以在虚拟环境中展示产品和服务,观众则可以通过VR设备实现远程参观,享受身临其境的展览体验;②利用虚拟会议平台进行的虚拟演讲与交流,使参展商和观众能够在虚拟空间中突破时空限制,实现全球范围内的互动沟通;③通过虚拟现实技术展示产品3D模型,使观众在虚拟环境中进行产品体验和操作,提升产品展示效果和用户参与度;④虚拟现实技术还可以通过数据分析和用户行为追踪,为参展商提供精准的市场反馈和用户偏好分析,在提高参展商满意度的同时[3],优化展览内容和营销策略。这样的应用不仅提升了展览的互动性和沉浸感，还为会展行业带来了更高的商业价值和创新空间。然而，尽管虚拟现实技术在会展行业的应用展现出巨大的潜力，但其推广和普及仍面临一些挑战。首先，技术成本和设备普及度是亟需解决的问题。高质量的 VR 设备和内容制作费用较高，许多中小企业难以负担，从而限制了虚拟现实技术在会展中的广泛应用。未来，随着技术的进步和生产成本的下降，普及度有望提升，但这需要一个过程。其次，用户体验的优化也是关键。虽然 VR 技术可以提供沉浸式的体验，但目前仍存在一些技术瓶颈，例如分辨率不足、延迟问题和用户在长时间使用后的不适感等。为了解决这些问题，相关企业和研究机构需要持续投入研发，提升 VR 设备的性能和用户体验，确保观众在虚拟展览中的体验能够与现实展览媲美甚至超越。

（三）区块链技术在会展中的应用

区块链技术作为一种去中心化、安全可信的信息存储和传输技术，也逐渐应用于会展行业。其主要应用包括：利用区块链技术实现会展门票的安全管理与防伪，确保票务信息的真实性和安全性，防止票务造假和重复使用；通过区块链技术实现会展物资的全程追溯和供应链管理，确保供应链的透明度和可靠性。区块链技术在会展行业的应用不仅局限于门票管理和供应链管理，还可以进一步扩展到参展商和参展观众的身份验证和数据管理。通过区块链技术，可以实现参展商和观众的身份信息上链，确保身份信息的真实性和安全性，同时可以方便地进行身份验证，减少现场人工验证的繁琐过程，提高会展的效率。此外，通过区块链技术，还可以实现参展商和参展观众的互动数据的安全存储和管理，确保数据的隐私性和不可篡改性，这对于会展行业的数据分析和市场研究具有重要意义。同时，区块链技术还可以用于会展活动的智能合约管理。智能合约是一种运行在区块链上的自动化协议，可以在满足特定条件时自动执行合同条款。通过智能合约，可以实现会展活动各个环节的自动化管理，如场地租赁、设备租赁、服务采购等，确保合同条款的透明、公正和高效执行，减少人力资源的投入和人为错误的发生。因此，区块链技术在会展行业的应用前景广阔，不仅可以提升会展活动的安全性和透明度，还可以提高会展活动的效率和管理水平，促进会展行业的健康发展。在未来，随着区块链技术的不断发展和成熟，其在会展行业的应用将会更加广泛和深入，带来更多的创新和变革。

三、会展新技术应用场景分析

（一）会议智能化管理系统

会议智能化管理系统通过整合人工智能与大数据分析技术，实现了会议管理的智能化与精细化。其主要应用场景包括参会者管理、议程安排与管理以及资源调配与服务。在参会者管理方面，智能化管理系统能够实现参会者信息的自动登记、签到和身份验证，从而提升管理效率和精确度，并为会议组织者提供实时的参会人数统计和数据分析结果。在议程安排与管理方面，智能化管理系统可根据参会者的需求和兴趣，个性化推荐议程安排和会议日程，从而提高会议内容的针对性和参与度，为参会者提供更优质的会议体验。在资源调配与服务方面，通过大数据分析和人工智能技术，系统能够实现会议资源的智能调配与管理，包括会场布置、设备配置和服务人员安排等，从而提高资源利用率和管理效率。此外，系统还能通过实时数据分析和反馈，动态调整会议安排和资源配置，以应对突发情况和临时需求，从而提升会议的灵活性和响应速度，优化参会者体验，确保会议顺利进行和高效运作。

会议智能化管理系统在实际应用中提升了会展管理水平，具有广阔应用前景。首先，该系统不仅提高了会议的组织效率，还在数据安全和隐私保护方面具有显著优势。通过引入区块链技术，系统可以确保参会者信息的不可篡改性和数据传输的安全性。此外，基于人工智能的身份验证技术，如人脸识别和生物特征识别，能够有效防止身份冒用和信息泄露，增强参会者的信任感和安全感。其次，智能化管理系统在数据分析方面的应用，能够为会议的后续优化提供有力支持。通过对参会者行为数据的深度挖掘和分析，系统可以识别出参会者在会议中的兴趣点和关注焦点，从而为未来的会议设计提供数据支撑。例如，通过分析参会者在不同议题中的互动频率和反馈，系统可以优化议程设置，增强会议的针对性和吸引力。此外，系统还能通过数据分析预测未来会议的参会人数和资源需求，从而提前做好准备，避免资源浪费和管理漏洞。会议智能化管理系统不仅提升了会议的整体效率和管理水平，还为会议的创新和发展提供了广阔的空间。随着技术的不断进步和应用场景的拓展，会议智能化管理系统将成为未来会议管理的重要工具，为会议的成功举办和高效运作保驾护航。

（二）虚拟展厅的设计与运营

虚拟展厅作为一种新型的展示和交流平台，通过虚拟现实技术实现了展览内容的数字化和沉浸式体验。其主要应用场景包括：①展品展示与交互。虚拟展厅可以利用 3D 模型和虚拟现实技术展示各类产品和展品，参展者可以通过 VR 设备进行远程参观和交互，实现全方位的产品展示和体验。②主题展览与沉浸式体验。利用虚拟现实技术，可以在虚拟展厅中打造各种主题展览和沉浸式体验，如文化艺术展、科技创新展等，为观众提供身临其境的参观体验。③线上展会与全球互动。虚拟展厅可以实现线上展会的搭建和运营，突破地域限制，吸引全球参展商和观众参与，实现全球范围内的展览和交流。

虚拟展厅的设计与运营不仅仅是技术的实现，更是用户体验和商业价值的深度融合。首先，虚拟展厅需要注重用户体验的优化，通过人性化的界面设计和交互方式，让参展者感受到便捷和愉悦[4]。比如，通过语音导航、智能推荐等功能，参展者可以快速找到自己感兴趣的展品和信息，从而提高参观的效率和满意度。此外，虚拟展厅的运营需要考虑内容的多样性和更新频率。一个成功的虚拟展厅不仅仅依赖于初始的展品和主题，还需要不断地引入新内容，保持展厅的活力和吸引力。例如，通过定期举办线上活动、邀请专家进行在线讲座或互动，增强参展者的参与感和互动性。从商业角度来看，虚拟展厅还可以为企业提供新的营销和销售渠道。通过数据分析和用户行为追踪，企业可以精准了解参展者的兴趣和需求，进而进行精准营销和个性化推荐，提高产品的曝光率和销售转化率。同时，虚拟展厅可以通过广告投放、会员订阅等方式实现多元化的商业变现。在技术层面，虚拟展厅的发展离不开虚拟现实技术的进步和网络基础设施的支持。随着 5G 技术的普及和 VR 设备的普遍应用，虚拟展厅的体验将更加流畅和逼真，为用户带来更高质量的沉浸式体验。同时，人工智能和大数据技术的应用，也将为虚拟展厅的个性化服务和智能化运营提供强大支撑。

（三）区块链票务系统的应用

区块链票务系统作为一种安全可信赖的票务管理平台，通过区块链技术实现了票务信息的去中心化和不可篡改。其应用案例包括：①票务销售与管理。区块链票务系统能够实现票务销售和管理的全过程追溯和透明化，确保票务信息的真实性和安全性，有效防止票务造假和重复使用。②票务交易与结算。借助智能合约技术，区块链票务系统可以实现票务交易和结算的自动化和智能化，减少中间环节和人为干预，提高交易效率和透明度。③票务安全与防伪。利用区块链技术，可以实现票务信息的安全存储和防伪验证，保护票务信息不被篡改和盗用，从而提升票务的安全性和可信度。

区块链票务系统不仅在票务销售与管理、交易与结算以及安全与防伪方面展现了其独特的优势，还在其他多个方面具有深远的影响。首先，在用户体验方面，区块链票务系统通过去中心化的数据管理，减少了平台对用户数据的控制，使用户能够更好地掌握和管理自己的票务信息，从而提升了用户的自主权和满意度。此外，智能合约的应用大大简化了购票流程，用户可以通过智能设备直接完成购票和验票，操作便捷，时间成本低。其次，从票务市场的生态环境来看，区块链票务系统的引入有助于打击票务黑市和黄牛行为。传统票务系统中，黄牛通过囤积票务、抬高价格等手段牟取暴利，严重扰乱市场秩序。区块链的透明性和可追溯性使得每一张票的流通过程都可以被记录和查询，任何异常交易都能够被及时发现和处理，从而有效遏制黄牛行为，维护票务市场的健康发展。最后，区块链票务系统还可以促进票务数据的共享和利用。在传统票务系统中，票务数据通常被不同的票务平台和机构分散掌握，数据孤岛现象严重。区块链票务系统通过统一的数据标准和去中心化的数据存储模式，实现了票务数据的互通互联，促进了数据的共享和利用。相关机构可以基于这些数据进行更加精准的市场分析和用户行为研究，从而优化票务管理和服务策略。

四、会展新技术案例分析

（一）人脸识别技术在会展安保中的应用

在现代社会，随着技术的不断进步，人脸识别技术逐渐成为安保领域中的重要工具。人脸识别技术是一种利用计算机视觉和人工智能算法，对人脸进行检测、识别和验证的技术。其核心原理是通过捕捉和分析人脸图像中的特征信息，将其与预先存储的数据库进行比对，从而确认个体身份[5]。

在诸如国际消费电子展（CES）这样的全球性大型展会上，人脸识别技术被广泛应用于安保系统中，展现了其高效性与安全性。具体来说，参展者在进入展会现场时，需要通过人脸识别系统进行身份验证。这一过程包括拍摄参展者的面部图像，并将该图像与预先在数据库中存储的身份信息进行即时比对，以确保参展者的身份真实可靠。此外，这一系统不仅能够有效验证参展者的身份，还具备识别潜在安全威胁的功能。例如，系统可以迅速检测并标记出数据库中已记录的可疑人员，从而及时预警，防止可能的安全事件发生。这种功能极大地提升了展会现场的安保水平，确保了整个活动的安全与秩序。

（二）智能导览系统的设计与实现

中国国际进口博览会利用智能导览系统为参展商和观众提供个性化的导航服务[6]。该系统基于参展商信息、展馆布局和参观者需求，结合大数据和人工智能技术，为参观者提供最佳的参观路线和推荐展位，提升了参观体验的便利性和效率。基于上述智能导览系统的设计与实现案例，可以进一步探讨其技术实现细节和功能扩展。

智能导览系统通常包括几个关键组件：数据采集模块、数据处理模块、路径规划算法、用户界面设计以及反馈机制。首先，数据采集模块是系统的基础。通过 RFID 标签、传感器、WiFi 定位等技术手段获取展览会的各种数据，高精度的数据采集是确保系统准确性和可靠性的前提。其次，数据处理模块需要对大量的原始数据进行清洗、整合和分析。利用大数据技术，可以从海量数据中提取有价值的信息。路径规划算法是智能导览系统的核心。它需要根据参观者的兴趣和需求，结合展馆布局和实时流量数据，生成最优的参观路线。常用的路径规划算法包括 Dijkstra 算法、启发式搜索算法等。这些算法需要综合考虑距离、时间、拥挤度等因素，确保路线的高效性和合理性。用户界面设计直接影响到参观者的使用体验。智能导览系统应提供直观、易用的界面，支持多种交互方式，例如触摸屏、语音指令、AR 导航等。此外，系统还应具备个性化推荐功能，根据用户的历史行为和偏好，提供量身定制的展位推荐和活动提示。最后，反馈机制是智能导览系统的重要组成部分。通过收集参观者的反馈，系统可以不断优化路径规划和推荐算法，提高服务质量。反馈机制可以包括用户满意度调查、行为数据分析等多种形式。

（三）5G 技术在会展网络通信中的应用

5G 技术作为第五代移动通信技术，具有高速率、低时延和大连接的特点。这些特点使其在会展网络通信中具有显著优势。在世界移动通信大会（MWC，Mobile World Congress）这样的国际大型展会上，5G 网络的搭建不仅是技术展示的关键环节，更是提升整体会展体验的重要因素。首先，5G 技术支持的高速率使得高清视频传输成为可能，5G 网络通过更高的带宽和更强的抗干扰能力，可以确保高清视频的流畅播放和实时传输。在 MWC 等大型展会上，5G 技术被广泛应用于会展网络通信。通过建设高速稳定的 5G 网络，参展商和观众可以实现高清视频传输、虚拟现实体验等功能，极大提升了会展现场的网络通信效率和体验质量。同时，低时延是 5G 技术的另一大优势。在 MWC 这样的展会上，虚拟现实（VR）和增强现实（AR）技术的应用越来越普遍。而这些技术对网络时延的要求极高，任何微小的延迟都会影响用户的体验感。5G 网络的低时延特性，使得 VR/AR 设备能够实时响应用户的操作，提供更加沉浸式的体验。参展商可以利用这些技术进行产品展示、互动体验，吸引更多观众的关注。此外，5G 技术的大连接能力也在大型会展中发挥了重要作用。MWC 这样的展会通常会有大量的设备和用户同时接入网络，传统网络架构难以满足如此高密度的连接需求。5G 网络支持大规模设备接入，能够同时处理更多的用户连接，确保每个参展商和观众都能顺畅地使用网络。这不仅提高了会展的整体效率，也为更多创新应用的落地提供了可能。

（四）AR 技术在展览展示中的创新案例

增强现实（AR）技术作为一种融合虚拟与现实的创新手段，已广泛应用于多种领域，其中在展览展示中的应用尤为显著。米兰设计周作为全球知名的设计盛会，吸引了来自世界各地的设计师和观众。在这一平台上，AR 技术的引入不仅丰富了展示形式，还极大地提升了观众的参与感和互动体验。在该展示中，通过 AR 应用，参观者可以使用智能设备扫描展品，从而在屏幕上呈现出设计师的创作灵感、设计过程以及最终呈现效果。这种即时的信息传递方式，使得参观者不再仅仅是被动地观看展品，而是能够主动探索和了解作品背后的故事。以某知名家具设计展区为例，AR 技术使得参观者能够看到家具的内部结构、材质选择及其制作工艺等详细信息，这种透明度和深度的展示极大地增强了观众的理解和欣赏水平。此外，AR 技术还支持虚拟试用功能。参观者可以通过 AR 应用将虚拟家具"放置"在自己家的环境中，直观地感受其尺寸、颜色和风格是否与家居环境相匹配。这种虚拟试用不仅提升了用户决策的效率，还增加了购买的可能性，体现了 AR 技术在商业应用中的巨大潜力。除此之外，AR 技术在互动性方面的优势也得到了充分发挥。在某些展区，参观者可以与虚拟展品进行互动，例如改变家具的颜色、材质，甚至是结构配置。这种互动性设计不仅提高了展览的趣味性，还让观众在互动中更加深入地理解和体验设计作品的创新之处。这不仅为展览展示注入了新的活力，也为观众带来了前所未有的观展体验。

五、会展新技术未来发展趋势

（一）智能化会展服务的发展前景

随着人工智能、大数据分析、物联网等技术的不断成熟和普及，智能化会展服务将成为未来的发展趋势。智能客服、智能导览、智能安保等智能化服务将更加普遍地应用于会展现场，为参展商和观众提供个性化、智能化的服务体验。智能化会展服务的发展将有效提升会展效率、提高参与体验，推动会展行业向数字化、智能化转型[7]。

智能化会展服务不仅在提升效率和体验方面具有重要意义，还将在数据驱动决策和精细化管理方面发挥关键作用。通过大数据分析，主办方可以实时监测展会现场的人流量、观众行为和参展商互动情况，从而精准调整展会布局、优化资源配置，提高整体运营效率。此外，物联网技术的应用将使得展会管理更加智能化，例如，通过智能传感器监控展馆温度、湿度和安全状况，保障参展环境的舒适与安全。个性化服务是智能化会展的重要特点之一。借助人工智能和大数据分析，主办方能够根据观众的兴趣和行为习惯，提供量身定制的参展建议和行程安排。智能导览系统可以根据观众的偏好，推荐特定的展位和活动，甚至提供实时导航服务，帮助观众高效参观。此外，智能客服系统能够通过自然语言处理技术，快速响应观众的咨询需求，提供精准的信息支持，提升观众的参展满意度。在安全保障方面，智能安保系统将发挥不可或缺的作用。通过人脸识别、视频监控和行为分析等技术，智能安保系统可以实时监控展会现场，快速识别潜在的安全威胁，并及时采取应对措施，保障展会的安全有序进行。未来，随着5G技术的普及，智能化会展服务将进一步升级。5G网络的高速率、低延时和大连接特性，将为会展现场的智能设备提供更加稳定和高效的数据传输支持，推动更多创新应用的落地。

（二）虚拟与现实融合的展示方式

虚拟与现实融合的展示方式是会展行业的新趋势之一。通过虚拟现实、增强现实等技术，参展商可以在虚拟环境中展示产品和服务，观众可以通过VR/AR设备实现沉浸式体验和远程参观。同时，虚拟展示与实体展示的融合也将成为新的发展方向，通过虚拟展示增加展览内容的多样性和互动性，提升展会的吸引力和参与度。虚拟与现实融合的展示方式不仅可以提升展会的吸引力，还能够带来更多的商业机会和创新模式。一方面，虚拟现实技术可以打破传统展会的时间和空间限制，让全球各地的观众都能随时随地参与进来。这种新的展示方式能够吸引更多的潜在客户，扩大市场覆盖面，从而提升参展商的商机和效益。另一方面，增强现实技术可以将虚拟信息叠加在现实场景中，使得观众不仅能看到实物展品，还能获取更多的相关信息，例如产品的详细参数、使用方法和评价等。这种信息的实时互动和直观展示，能够增强观众的理解和记忆，提高展会的实效性。此外，虚拟与现实融合的展示方式还能够为会展行业带来更多的创新空间。例如，可以通过虚拟平台举办在线发布会、产品展示和互动交流等活动，使得展会内容更加丰富多样。参展商也可以利用数据分析技术，实时监测观众的行为和反馈，优化展示内容和方式，提高营销效果。与此同时，虚拟与现实融合的展示方式还能够降低展会的成本和资源消耗，减少对环境的影响，实现可持续发展。

（三）数据分析与个性化服务的应用

随着大数据分析技术的持续进步，数据分析和个性化服务将成为未来会展行业的重要发展方向。大数据分析涉及从大量数据中提取有价值的信息，通过分析和解读数据，揭示隐藏的模式、趋势和关联。而个性化服务则是根据个体需求和偏好，提供量身定制的服务和产品。在会展行业中，通过对参展商和观众数据的深入分析，会展组织者可以洞察参展商的需求和观众的偏好，从而提供精准的推广和营销服务，并为观众打造个性化的参观体验。

数据分析和个性化服务的应用将显著提升会展行业的专业水平和服务质量，推动行业向更加智能化和精细化的方向发展。数据分析不仅能够帮助会展组织者优化资源配置，还可以通过预测模型对未来市场需求进行预判，制定出更为科学的展会规划。例如，通过分析历史数据和市场趋势，组织者可以在展会主题的选择、展区布局的安排和活动的组织等方面作出前瞻性的决策，避免资源浪费，提升参展效果。在个性化服务方面，通过对观众行为数据的分析，可以精确捕捉观众的兴趣点和参观行为，从而提供个性化的参观路线和服务建议。这不仅能够提升观众的参观体验，还可以增加观众的停留时间和满意度，从而提高展会的整体效果和口碑。此外，个性化服务还可以借助智能推荐系统，为参展商和观众进行精准匹配，促进双方的互动和交流，提高商务合作的成功率。

综上，随着大数据分析和个性化服务在会展行业中的广泛应用，会展组织者能够更好地理解和满足参展商和观众的需求，不仅有助于优化资源配置，还能通过更加科学的规划和决策，提高展会的效果和口碑，实现更高的商业价值和社会效益。

参考文献

［1］陈正康，邱嘉禹.会展业促进双循环新发展格局构建的作用机理研究［J］.商业经济研究，2023（03）：167-172.

［2］李铁成，吴衍，刘松萍.元宇宙时代会展内涵的新解构：定义、特点和要素［J］.科技管理研究，2023，43（01）：156-162.

［3］张辉，陈雅清.展会服务场景对参展商感知价值、满意度和行为意向的影响［J］.旅游学刊，2020，35（07）：86-98.

［4］李辉，兰海龙.从实体走向虚拟：会展设计的媒体形态变化［J］.新闻战线，2017（16）：68-69.

［5］曾雄，梁正，张辉.人脸识别治理的国际经验与中国策略［J］.电子政务，

2021（09）：105-116.

[6] 梁增贤, 罗秋菊, 郑雅馨, 等."新经济格局和数字技术下的会展业变革"系列笔谈[J].旅游论坛, 2021, 14（05）：69-84.

[7] 姚艳青, 刘海凤, 闫子杰.从智能化向智慧化迈进的会展建筑——以天津国家会展中心为例[J].建筑科学, 2020, 36（09）：80-85.

场馆运营管理中的新技术应用及存在问题

赵 正[①]

上海师范大学 旅游学院

摘 要：本文针对新技术发展及其应用对场馆运营管理的深刻影响进行了探讨。文中详细分析了互联网、物联网、大数据、人工智能和虚拟现实技术在场馆运营管理中的应用，包括提升管理智能化水平、优化观众体验等方面。同时，本文也指出了技术应用水平不均、数据孤岛、安全问题和人才短缺等问题的存在。针对这些问题，提出了加大技术研发和应用投入、构建数据共享平台、强化安全管理和培育专业人才等对策建议，旨在为我国场馆运营管理的未来发展提供指导。

关键词：场馆运营管理；新技术应用；智能化；观众体验；数据共享；安全管理

随着科技的飞速发展，场馆运营管理正经历着一场深刻的变革。新技术的不断涌现，如互联网、物联网、大数据、人工智能和虚拟现实技术，为场馆运营管理带来了前所未有的机遇与挑战。这些技术的应用不仅提高了场馆运营的智能化水平，还极大地提升了观众的体验。然而，技术应用水平的参差不齐、数据孤岛现象、安全问题以及人才短缺等问题，也在一定程度上制约了新技术在场馆运营管理中的深入应用。基于此，本文从场馆运营管理中的新技术应用和存在问题两个方面展开论述，并且提出了相应的对策建议，旨在为我国场馆运营管理提供一些有益的启示。

一、新技术在场馆运营管理中的应用

（一）互联网和物联网技术

随着互联网和物联网技术的飞速发展，它们在场馆运营管理中的应用已经变

[①] 作者简介：赵正，男，博士，上海师范大学旅游学院讲师。主讲课程：场馆运营与管理、项目管理、市场调研与预测等。研究方向：会展经济、区域经济等。联系方式：zzshnu@shnu.edu.cn。

得日益普遍，为管理者提供了前所未有的便捷和高效的管理手段。通过搭建智能网络平台，管理者能够实现对场馆内设备、人员、物资的实时监控和管理，从而极大地提高场馆运营管理的智能化水平。比如，物联网技术使得场馆管理者能够对场馆内的灯光、空调、音响等设备进行远程控制，实现能源的合理分配和利用。管理者还可以在保证场馆上述设备正常运转的同时，最大限度地节约能源，降低运营成本。此外，互联网技术也使得管理者可以实时了解场馆的客流情况。通过安装在各种入口的传感器，管理者可以准确地掌握场馆的人流量及其进出时间、停留区域等详细信息，这些数据对于安保、保洁、餐饮等工作都具有重要参考价值。

（二）大数据技术

大数据技术在场馆运营管理中的应用已经成为提高管理效率和决策质量的关键因素。通过对场馆内外部数据的深入挖掘和分析，管理者能够获得关于观众需求、场馆运营状况的相关信息，从而为管理者提供强有力的决策支持。以观众行为数据为例，管理者可以通过分析观众的购票、入场和消费记录等信息来了解观众的喜好和消费习惯，如观众倾向于观看哪类活动、在何时何地消费、消费能力如何。基于这些分析结果，管理者可以有针对性地开展营销活动。同时，大数据技术还可以用于监控场馆的能耗和设备运行状况。通过对能耗数据的分析，管理者可以发现能源使用中的浪费现象，并采取措施进行优化，比如调整空调和照明的使用策略，以减少不必要的能源消耗。同时，通过对设备运行数据的实时监控，管理者可以及时发现设备的异常运行情况，预测和诊断潜在的问题，从而及时进行维护和修理，避免设备故障对场馆运营造成不利影响。此外，大数据技术的应用还能够帮助管理者优化场馆的布局和设计。通过对观众流动数据的分析，管理者可以发现场馆内的拥堵点和不合理的布局设计，从而进行相应的调整，改善观众的流动体验，提高场馆的使用效率。

（三）人工智能技术

人工智能技术在场馆运营管理中的应用前景非常广阔，它为管理者提供了一种全新的、高效的管理方式。通过引入智能机器人、语音识别等技术，管理者可以实现对场馆内各项工作的自动化、智能化管理，从而极大地提高工作效率。以场馆安保为例，引入人脸识别技术可以实现对观众身份的快速、准确验证。人脸识别技术具有识别速度快、准确度高等特点，可以用于场馆的出入口管理、场馆内部的监控等环节，在短时间内完成对大量观众的识别工作，提高场馆的安检效率，同时也保证了场馆的安全。类似地，在场馆导览方面，利用语音识别技术可以为观众提供智能导览服务，提高观众体验、降低人力成本。在场馆清洁方面，智能清洁机器人可以实现在无人监督的情况下工作，不仅提高了清洁效率，也保证了场馆的清洁质量。人工智能技术的应用还可以扩展到场馆的许多其他方面，如场馆的照明、空调、音响等设备的智能控制，观众的个性化推荐服务等。这些应用都可以极大地提高场馆的运营效率，提升观众的体验。

（四）虚拟现实、增强现实技术

目前，虚拟现实（VR）和增强现实（AR）技术代表了科技发展的前沿，特别是对于文化类场馆而言，AR技术的应用显得尤为重要。AR技术使得参展者能够在会展现场直接接触到丰富的文化展览内容，如历史遗迹和艺术作品。通过智能手机或其他电子设备对展馆内的特定展品或标志进行扫描，观众可以观赏到与实际展品相结合的虚拟影像和文字介绍，这不仅极大地提升了观众的文化素养和观展体验，还增强了他们的参与感。除了在现场的互动体验，VR和AR技术也被用于会展场馆的导航和宣传推广。同时，增强现实技术使得会展场馆在宣传资料中能够融入更多的互动元素，提高宣传的吸引力。另一方面，VR和AR技术的应用在会展场馆中同样面临挑战，如技术的稳定性、设备的成本和观众的接受度等。因此，会展场馆管理者在引入这些技术时，需要进行全面的考虑和规划。

二、新技术在场馆运营管理中存在的问题

（一）技术应用水平参差不齐

尽管新技术的应用在场馆运营管理中取得了显著的成果，但在不同场馆之间，技术应用的水平仍然存在着较大的差距。这种差距主要体现在技术投入、管理水平以及满足观众需求的能力上。一些场馆在技术应用上的投入不足，可能的原因是资金限制、管理观念的落后或对新技术的不了解。这些场馆往往只能采用一些基础的、过时的技术手段来进行运营管理，难以实现管理的精细化和智能化。例如，它们可能仍然依赖人工进行票务核验、场地布置和设备操控，不仅效率低下，而且容易出错。与此同时，观众对于观赛和活动的体验要求在不断提高。他们期待更快捷的入场流程、更舒适的观赛环境和更个性化的服务。如果场馆无法通过技术手段提供这些服务，就难以满足观众的日益增长的消费需求，从而影响观众对场馆的评价和忠诚度。

(二)数据孤岛现象严重

场馆运营管理是一个涉及多个部门和业务的复杂系统,包括票务、安保、餐饮、保洁、设备维护等。然而,在实际运营过程中,各部门之间的数据往往存在孤岛现象,即各部门的数据相互独立,没有形成一个统一的数据共享平台。这种现象导致了诸多问题。首先,数据孤岛现象导致了信息的重复收集和存储。由于各部门之间的数据无法共享,各部门需要分别收集和存储相同或类似的数据,这不仅浪费了存储空间,还增加了数据收集和录入的工作量。其次,数据孤岛现象影响了数据的准确性和一致性。由于各部门分别收集和存储数据,很难保证数据的准确性和一致性,导致管理者在决策时得到错误的信息,从而作出错误的决策。最后,数据孤岛现象降低了数据的利用效率。由于各部门之间的数据无法共享,管理者在决策时无法充分利用现有的数据资源。例如,管理者可能无法通过分析观众的消费数据来优化餐饮服务,或者无法通过分析观众的流动数据来优化场馆的布局。为了解决数据孤岛问题,场馆管理者需要建立一个统一的数据共享平台,使各部门的数据能够实时共享和交换。同时,还需要制定一套完整的数据管理规范,确保数据的准确性和一致性。

(三)安全问题不容忽视

随着新技术在场馆运营管理中的广泛应用,安全问题也随之日益凸显。新技术的引入虽然极大地提升了场馆的运营效率和服务质量,但同时也带来了新的安全挑战。一方面,场馆内的智能设备和网络系统成为了黑客攻击的新目标。这些智能设备,如智能监控摄像头、自动售票机、智能门禁系统等,以及场馆的网络系统,如果存在安全漏洞,就可能被黑客利用,进行非法侵入和控制。另一方面,观众个人信息和场馆运营数据的泄露风险也大大增加。在新技术的应用中,观众的个人信息,如姓名、电话、住址、支付信息等,以及场馆的运营数据,如财务报表、观众流量数据等,都需要通过网络系统进行传输和存储。如果这些信息没有得到有效的保护,就可能被非法获取和利用,给场馆带来严重的经济损失和声誉损害。为了应对这些安全挑战,场馆管理者需要加强对智能设备和网络系统的安全检查和维护,及时发现和修复安全漏洞。同时,还需要建立完善的信息安全管理制度,对观众的个人信息和场馆的运营数据进行严格保护。

(四)人才短缺制约发展

新技术在场馆运营管理中的应用对人才提出了更高的要求。然而,目前我国场馆运营管理领域的人才储备不足,特别是具备创新能力、跨界整合能力的人才短缺，这在一定程度上制约了场馆运营管理的发展。一方面，场馆运营管理需要既懂技术又懂管理的复合型人才，他们需要具备专业的技术知识，能够理解和运用新技术，同时也需要具备管理的知识和能力，需要能够带领团队实现场馆的高效运营。另一方面，场馆运营管理也需要具备创新能力和跨界整合能力的人才，他们能够跳出传统的思维框架，运用创新的思维和方法来解决问题，同时也能够跨越不同的领域和行业，实现资源的整合和优化配置。解决人才短缺的问题需要从多个方面入手。高校和职业培训机构应该加强相关专业的设置和培训，培养更多具备技术和管理能力的复合型人才。政府和行业组织应该加大对人才的引进和培养力度，提供更多的学习和提升机会，吸引更多优秀的人才加入场馆运营管理行业。同时，场馆管理者也应该重视人才的培养和发展，提供良好的工作环境和激励机制，激发员工的创新能力和工作热情。

三、对策与建议

（一）加大新技术研发和应用投入

在新技术的浪潮推动下，场馆运营管理领域正经历着前所未有的变革，政府和企业作为推动力量，应积极响应这一趋势，加大对新技术研发和应用的投入，以促进新技术在场馆运营管理中的广泛应用。政府的支持可以通过政策引导、资金扶持、税收优惠等方式，为企业提供研发新技术的强大动力，企业也应主动投入资源，推动技术的创新和应用。与此同时，国内外技术交流与合作的重要性也不言而喻。通过搭建交流平台，如科技展览、研讨会、国际合作项目等，可以引进国际上的先进技术和管理经验来促进国内技术的提升和创新。这种开放的态度和积极的合作将有助于国内场馆运营管理水平的快速提升，使我国在这一领域与国际先进水平接轨。此外，政府和企业还应重视人才培养和引进，提升从业人员的技术素养和管理能力，以适应新技术带来的变化。通过教育培训、人才引进计划等手段，构建一支既懂技术又懂管理的专业团队，为场馆运营管理提供强有力的人才支持。

（二）构建数据共享平台

在数据驱动发展的时代，场馆管理者必须树立大数据思维，意识到数据资产的价值，并采取行动打破数据孤岛，构建一个统一的数据共享平台。通过这样的平台汇集来自各个部门的数据，如票务销售、市场营销、客户服务、设施管理等，形成一个全面、多维度的数据资源库，使得数据成为相互连接、相互补充的有机整体，为场馆运营管理提供丰富的信息支持。此外，有了数据共享平台，管理者就可以利用数据挖掘和分析技术探索数据背后的价值和规律。例如，通过分析观众的行为数据，管理者可以了解观众的偏好和需求，从而提供更加个性化的服务；通过分析设施的运行数据，管理者可以优化设施的维护计划，提高设施的利用效率；通过分析财务数据，管理者可以更好地控制成本，提高场馆的盈利能力。可见，数据挖掘和分析的结果可以为场馆运营管理提供有力的决策支持。

（三）强化安全管理

在新技术不断融入场馆运营管理的当下，安全问题成为了管理者必须高度重视的头等大事。智能设备和网络系统作为场馆运营的神经中枢，一旦遭受黑客攻击或病毒侵害，可能会导致场馆运营瘫痪，甚至引发观众个人信息泄露的严重后果。因此，必须采取切实有效的措施，加强对这些关键设施的安全防护，比如定期更新安全软件，及时修补系统漏洞，以及部署防火墙和入侵检测系统等，以构建一个坚不可摧的安全防护网。在此过程中，观众个人信息保护是场馆运营管理者不容忽视的重要环节。随着数字化服务的普及，观众的个人信息，如姓名、联系方式、支付信息等，都在场馆的系统中留下痕迹。管理者必须严格遵守相关的法律法规，采取严格的数据加密、访问控制和隐私保护措施，确保观众个人信息的安全，避免任何形式的非法收集、使用和泄露。此外，场馆运营数据的保护同样重要。这些数据包含了场馆的财务状况、观众流量、活动效果等敏感信息，对于场馆的运营决策和市场竞争力至关重要。管理者需要建立完善的数据安全管理制度，对数据进行分类分级管理，实施严格的访问权限控制，确保数据在收集、存储、处理和传输过程中的安全。

（四）培育专业人才

在场馆运营管理领域，政府和行业协会的作用至关重要，他们应加强对人才的培养和引进，提高人才队伍的整体素质。这可以通过多种方式实现，例如，与高校和职业培训机构合作，开设相关的专业课程和培训项目，培养具备专业知识和技能的场馆运营管理人才。政府和行业协会还可以提供资金支持和政策优惠，鼓励企业引进国内外的高级人才，从而提升整个行业的人才水平。同时，政府和行业协会也应鼓励场馆运营管理者参加国内外的培训和交流活动，了解最新的行业动态和技术进展，学习先进的运营管理理念和方法。此外，政府和行业协会还可以建立人才数据库和交流平台，为场馆运营管理人才提供更多的职业发展机会和资源。通过这些平台，管理者可以分享经验，寻求合作，共同推动行业的进步和发展。政府和行业协会还可以通过评选和表彰优秀的管理者，激励更多的人才投身于场馆运营管理行业，为行业的繁荣和发展作出贡献。

四、小结

本文通过深入分析新技术在场馆运营管理中的应用和存在的问题，揭示了科技发展为场馆运营带来的机遇与挑战。互联网和物联网技术、大数据技术、人工智能技术以及虚拟现实和增强现实技术等新兴技术的应用，不仅提高了场馆运营的智能化水平，而且极大地提升了观众的体验。然而，技术应用水平的参差不齐、数据孤岛现象、安全问题以及人才短缺等问题，也在一定程度上制约了新技术在场馆运营管理中的深入应用。为了应对这些挑战，本文提出了一系列对策与建议。未来，随着科技的不断进步，新技术在场馆运营管理中的应用将更加广泛和深入。场馆运营管理者需要紧跟科技发展的步伐，积极探索和创新，以实现场馆运营管理的高效、智能化，为观众提供更加丰富和便捷的服务体验。同时，政府和行业组织也应持续关注新技术在场馆运营管理中的应用，及时解决存在的问题，推动行业的健康可持续发展。

非遗展会策划效能提升研究——以浙江·中国非物质文化遗产博览会为例

雷子宜[1][①] 陈玲玲[1,2][②]

1. 上海师范大学 旅游学院
2. 上海旅游高等专科学校 会展与经济管理学院

摘 要：非遗展会的有效策划与组织对于提高非遗的社会认知度、增强非遗的社会影响力、推动非遗产业发展以及促进非遗项目与现代生活的融合具有重要意义。本文基于"非遗+展会"对于提振非遗经济以及促进非遗保护与传承的优越性，采用文献研究法、问卷调查法以及定量分析法，通过对国内外非遗展会相关的文献阅读梳理，对参展观众的非遗展会感知开展调查，以及对浙江·中国非物质文化遗产博览会进行效能分析，从而提出非遗展会策划效能提升的具体建议，旨在为"非遗+展会"的范式提供可供参考的经验价值。

关键词：展会；非物质文化遗产；策划；效能；提升

一、研究问题的提出

在全球化的背景下，文化多样性日益受到重视，保护和传承非遗成为维护人类文化多样性的重要手段。自 2003 年联合国教科文组织第 32 届大会通过《保护非物质文化遗产公约》伊始，非遗保护与传承便渐渐走入大众视野。2011 年，我国公布了《非物质文化遗产法》，其中对"非物质文化遗产"概念有了明确的法律界定：即"非物质文化遗产，是指各族人民世代相传并视为其文化遗产组成部分的各种传统文化表现形式，以及与传统文化表现形式相关的实物和场所。包

[①] 作者简介：雷子宜，女，上海师范大学会展经济与管理专业本科生。
[②] 通讯作者：陈玲玲，女，博士，上海旅游高等专科学校会展与经济管理学院讲师。主讲课程：参展实务、会展文案写作、文化活动策划实务、赛事策划与管理等。研究方向：历史文化遗产、区域文化与旅游、区域会展史等。联系方式：wuyouzi00@163.com。

括：（一）传统口头文学以及作为其载体的语言；（二）传统美术、书法、音乐、舞蹈、戏剧、曲艺和杂技；（三）传统技艺、医药和历法；（四）传统礼仪、节庆等民俗；（五）传统体育和游艺；（六）其他非物质文化遗产。属于非物质文化遗产组成部分的实物和场所，凡属文物的，适用《中华人民共和国文物保护法》的有关规定。"[1]

日本是世界上最早关注非物质文化遗产保护的国家。早在 1950 年政府颁布的《文化财保护法》中，就独树一帜地提出"无形文化财"（即非物质文化遗产）的概念。[2] 日本首创"人间国宝"制度，对非物质文化遗产传承人进行保护。同时学校教育也重视民族传统文化的学习，形成了一个立体式教育模式。[3]

意大利采用中央垂直管理，并组织专门的文物宪兵队专门从事文化遗产的保护。法国对非遗传承人的管理方式主要是免除相应税收，并提供相应的津贴或奖励等。并且创立了"文化遗产日"，宣传非遗并激发公众的保护意识。此外，国外对于非物质遗产传承保护大多设立了相关法律，且随着时代发展日益健全。中国在非物质文化遗产的研究与保护上大体晚于国外，但是也取得了长足的进步，并且在近几年探索出了一些颇具中国特色的非遗保护路径。

（一）国内当前非遗保护与传承的路径及困难

当前，多数非遗产品由于历史久远或地域特色鲜明，可能在市场上的认知度不够高，需要更多时间进行推广，且产品更新速度较慢，非遗产品往往依赖于传统手工艺制作，生产周期较长，难以快速响应市场变化。对此，相关机构与部门积极推出非物质文化遗产的保护措施，主要包括：①科学认定非物质文化遗产项目，建立档案和数据库；②设立非物质文化遗产保护基地以及非遗工坊，展示非遗工艺，培养和选拔传承人；③加强对非遗的教育、传播工作等等。这些工作在一定程度上引起了公众对非遗传承与保护的重视，但在现实发展中仍然存在诸多困难（图1）。

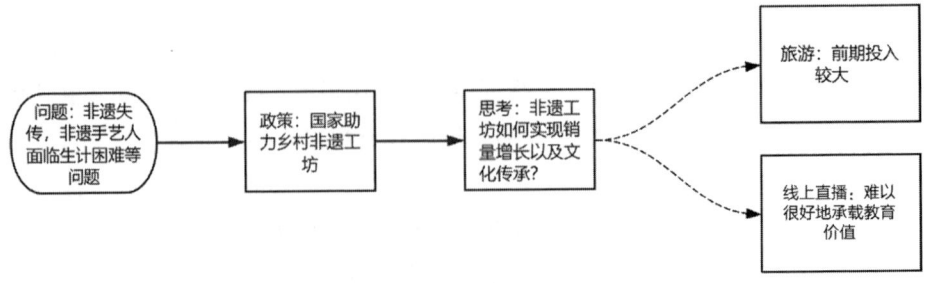

图 1　国内非遗保护与传承的路径及其难点

1. 非遗工坊的出现及存在问题

非遗工坊，初期又叫非遗扶贫就业工坊，是指："依托非遗代表性项目或传统手工艺，开展非遗保护传承，带动当地人群就地就近就业的各类经营主体和生产加工点。"[4] 近年来，非遗工坊在巩固脱贫攻坚成果、推动非遗保护传承、助力乡村振兴方面成效显著，成为我国推动非遗高质量发展的重要路径。非遗工坊虽然解决了一部分非遗手艺人的就业问题，却仍然面临着非遗工艺品销路不广且缺少非遗继承人等难题。如李思扬在对 J 县 M 木雕非遗工坊的研究中发现 J 县 M 木雕非遗工坊面临着传播渠道不充分导致的继承困难的问题，[5] 以及诸多非遗工坊存在的传承人边缘化等问题。由此可见，虽然非遗工坊对于非遗传承与保护起到一定积极作用，但是仍然存在亟待解决的现实问题。

2. "非遗+旅游"、"非遗+直播"等路径的局限性

"非遗+旅游"以及"非遗+直播"是学者提出的解决对策，对于非遗经济的提振有一定作用。"非遗+旅游"可以带来当地旅游经济的发展，对于传统村落的空心化现象具有一定缓解作用。"非遗+直播"也能丰富非遗工坊的传播渠道，例如同仁堂、荣宝斋等老字号都通过线上直播取得了颇为不错的营收成绩。但是这两种路径仍存在较多弊端。

首先，非遗的根基在乡村，而当前随着城市化进程的加剧、乡村人口的大量流失，城市的发展速度远远超过了乡村，非遗赖以生存的自然和人文环境正在受到侵蚀与破坏。与此同时，在地理位置、交通环境等因素的影响下，很多村落地区位置偏远，虽然有着丰富的非遗文化资源，却难以为人所知。[5]

以旅游提振非遗经济，无疑是一个具有创新性和挑战性的思路。然而，乡村旅游的发展却面临着诸多挑战。如具备完善旅游配套设施且能承载观光娱乐功能的乡村仍然只是少数。乡村旅游的发展不仅需要投入大量的前期成本，还需要考虑如何将这些资源有效地转化为旅游产品，存在明显的发展周期较长，前期投入较大的问题。

其次，"非遗+线上直播"很难很好地承载非遗工艺的思政价值以及教育价值。第一，线上平台在展现非遗工艺现场魅力方面存在明显不足，并且部分非遗项目因其表演规模较大，难以在直播间内完整呈现。第二，线上直播缺乏线下活动的参与感和互动感。非遗文化的传承与发展需要观众的积极参与和互动，而线上平台无法提供这种亲身体验的机会。第三，过度直播可能导致非遗工艺过度商业化，从而失去其原有的文化内涵和特色，可能会引发非遗工艺与现代工艺的失衡，这是对非物质文化遗产的潜在威胁。

综上所述，当前非遗传承与保护的路径在推广非遗工艺、解决手艺人生存方面起到了一定积极作用，但也存在明显的局限性。

（二）展会在非遗保护与传承方面的促进作用

会展产业的巨大潜力及其对经济发展的显著拉动作用已经得到了广泛的认同与充分的验证。近年来，非遗与会展业的融合趋势日益明显。国内外各地纷纷举办非遗文化旅游节、非遗展示等活动（见表1）。

表1 国内外非遗展会（部分）

所属国家	名称	简介
日本	国民文化祭	国民文化祭与旅游、社区发展、国际交流、福利、教育、产业等相关领域有机衔接。[7]最新一届是「清流の国ぎふ」文化祭2024，其汇集了日本传统非物质文化遗产，例如演剧、吟咏剑诗舞等等。
法国	SALON DU INTERNATIONAL PATRIMOINE CULTUREL	法国国家美术协会主办的展会，是国际上最著名且历史最悠久的大型综合性艺术展览之一。
意大利	Art Preservation & Restoration Exhibition	意大利著名的文化遗产修复及保存展会，今年已是第28届，它是文化遗产领域的全球参考点。[8]
英国	The Museums and Heritage Show	展示来自世界各地的艺术品、文化遗产和文物，旨在展示人类文化的多样性和丰富性。
中国	中国非物质文化遗产博览会	全国影响广、规模大、规格高、项目多、品类全的国家级非物质文化遗产博览会。首届中国非物质文化遗产博览会于2010年10月在济南举办。

展会可融展陈、观赏、购物等价值为一体，线上与线下并行，将非遗项目引入大型品牌会展之中，则突破了地理空间的界线，直接把非遗项目带到了观众面前[6]，不仅可以展示美妙绝伦的非遗艺术，还能实现非遗跨域、跨业的融合，将非遗元素通过创意转化、科技提升和市场运作，发展非遗经济新业态。此外，展会具有参与性与沉浸感，可带动观众尤其是青少年亲自体验非遗工艺，具有教化意义，为非遗的传承和发展注入了新的活力。再者，会展业的发展为非遗的传承和保护提供了广阔的平台和资金支持。这种融合不仅有助于提升展会的文化价值，还能推动非遗的产业化发展，实现经济价值的最大化（图2）。

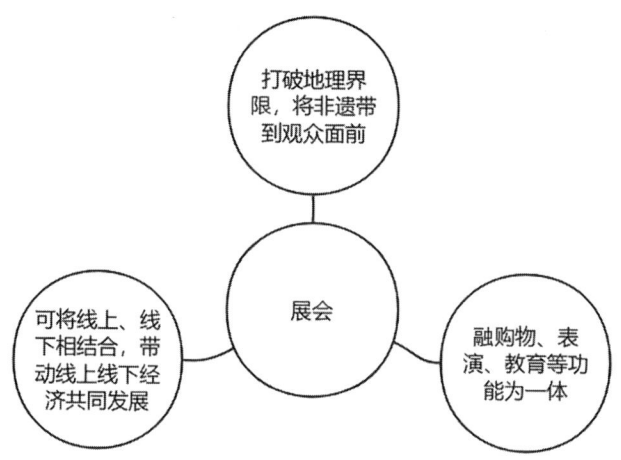

图2 展会对非遗传承、保护与转化的促进作用

2004年，中国加入《保护非物质文化遗产公约》。同年，首届中国（深圳）国际文化产业博览交易会为非遗开设了专门的展区，为我国非物质文化遗产参与文化会展奠定了平台基础。非物质文化遗产的早期专门展会是2007年中国成都国际非物质文化遗产节以及2010年中国非物质文化遗产博览会。自此，中国其他文化展会上也陆陆续续出现了非遗展区的身影以及专门的非遗主题展会。

（三）国内外有关非遗展会研究的现状

国外关于非遗开发及保护的理论研究与实践探讨始于20世纪中叶左右。纵观国外近几十年以来有关非物质文化遗产与展会研究相关文献可发现，其研究内容主要集中在博物馆对非物质文化遗产概念及保护、非物质文化遗产展会动力机制以及非物质文化遗产展会开发影响等重点方面。目前，国外学者正在尝试着从多视角分析非物质文化遗产展会发展的动力机制，为研究提供了诸多的新视角，譬如外国学者劳拉·米奥托提出用嗅觉体验与非遗展览建立联系，试图超越占主导地位的以视觉为中心的展览范式，拓宽所提供的感官刺激的范围；还有Nikolakopoulou等人以乳香村为例通过互动叙事和投影映射，以空间增强现实（SAR）的手段[9]，思考非遗展览在博物馆中的设计。

相比国外，国内非物质文化遗产展会起步较晚。国内对非遗的研究早在20世纪中叶便开始了，只不过当时是以单个非物质文化遗产作为研究对象（例如庙会等等）。以"非物质文化遗产"大类作为研究对象于21世纪初开始，此后便有学者将非遗与展会结合进行研究探讨。如今，随着会展经济的发展以及国家对非物质遗产的保护重视，关于非遗会展的相关研究也越来越多。

国内外在对待非物质文化遗产展会开发方面存在一定的认知差异，国外研究更多地围绕着非物质文化遗产保护、展会开发对其影响等方面内容展开；而国内研究起步相对较晚，也经历了保护、利用及其协调等不同发展阶段，总体上来看，我国非物质文化遗产与展会开发的研究涉及内容相对较广泛，近几年取得了较大的进展，并且中国学者也尝试着将新兴技术运用于非遗会展，取得了一定成果，但是我国对于非遗展会研究仍然还是太少，且过于宽泛，并没有很好地挖掘非物质文化展会背后的时代价值。

（四）本文的研究问题

通过以上基础分析，本文将立足于"非遗+展会"路径对于带动非遗经济发展，从而促进非遗传承与保护的巨大作用，提出非遗展会效能的研究主题。展会效能主要是指展会既能满足企业展示产品和发布新产品信息的诉求，也能让企业更好的了解市场需求和动态，激发目标观众的消费欲望，达到销售的目的，为产品营销铺平道路。展会的效能主要包括信息传播功能、产业链接功能、整合营销功能等。

二、研究设计与过程

对于如何提升非遗展会的效能，本研究首先通过调查问卷的形式采集了国内大众目前对于非遗展会的基础认知数据加以分析，其次，通过对浙江·中国非物质文化遗产博览会的举办历史以及现状进行案例研究，从而提出非遗展会策划效能提升的具体建议。

本研究抽取已参加过非遗类文化展会的学生及社会人士共计50人开展问卷调研。调研对象职业分布为：学生17人；企业职员21人；自由工作者5人；其他7人。

关于公众对于非遗展会的了解与感知，设计如下问题：(个人信息两题略)。①您认为目前的非遗展会所暴露的问题或是仍需改进的地方有哪些？（5个选项）。②您认为在非遗类文化展会中以下项目哪个最吸引你？（8个选项）。③您对于"要用专业化的手段与眼光去传承发扬非遗文化"这句话的认可度是？④您认为目前非遗展会如何增强知名度？（5个选项）。

为了探究人们对于如今已有的非遗展会效能发挥的了解以及满意度，本研究主要调查的内容有：对个人基本信息情况的调查；目前非遗展会表现出的问题；

非遗展会策划效能提升研究——以浙江·中国非物质文化遗产博览会为例

现今非遗展会最为吸引观众的项目调查；对于现今非遗文创产品设计的满意度调查以及建议收集（两题）。

基于以上调研获取的基本数据，本文通过 SPSSAU、SPSSPRO、金山表单等调查工具对问卷调查所得数据进行统计与分析，并进行直方图以及响应率、普及率的构建（图3、表2）。

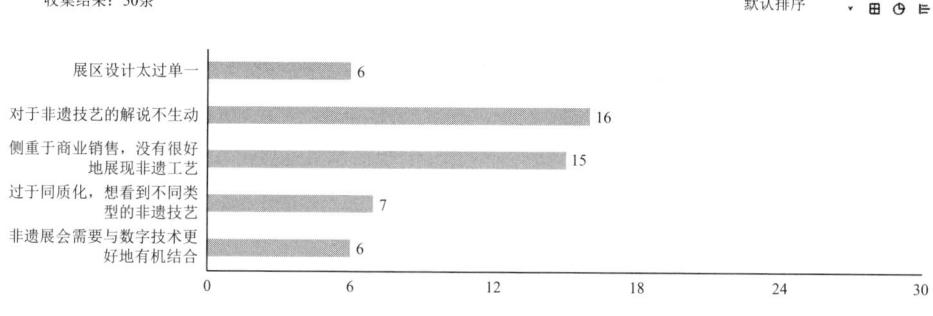

图 3 非遗展会存在的问题感知调研结果

在以往的非遗展会参观过程中，人们觉得最需要改进的地方是对于非遗技艺的解说不生动。其次，也有相当一部分人认为，目前的非遗展会商业化气氛比较浓重，对于非遗工艺的展示不足。所以在进行非遗展会策划时，应当注重展示与销售的平衡，增加对非遗工艺的生动讲解，不能顾此失彼，只注重销售与兜售也许会导致观众的反感，同时也应当培训展会人员对于展出非遗工艺的内化吸收理解。

下表为多重响应频率分析表，展示了选项的频率分布情况，包括个案数、响应率及普及率、显著性 P 值等。由此得出，响应率排名前三的是：①搭载 ChatGPT 技术，向 ChatGPT 了解展区分布、非遗的介绍；②亲自体验非遗工艺品制作；③能够通过 VR 等智能设备沉浸感受非遗的历史传承。

表 2 关于非遗展会吸引力调研的普及率与响应率

多选题题项	N（计数）	响应率（%）	普及率（%）	X^2	P
A	26	18.44%	89.655%	21.894	0.003***
B	15	10.638%	51.724%		
C	10	7.092%	34.483%		
D	12	8.511%	41.379%		
E	10	7.092%	34.483%		

续表

多选题题项	N（计数）	响应率（%）	普及率（%）	X^2	P
F	16	11.348%	55.172%		
G	23	16.312%	79.31%	21.894	0.003***
H	29	20.567%	100%		
总计	141	100%	486.207%		

注：***、**、* 分别代表 1%、5%、10% 的显著性水平

表 2 中的选项 A、B、C、D、E、F、G、H 分别为亲自体验非遗工艺品制作；非遗展会可以购买到非遗文创周边；可以在线上展会直播参与实时互动；展区设计特色多样；具有专业性非遗学术沙龙，倾听专业人士声音；欣赏非遗制作过程；能够通过 VR 等智能设备沉浸感受非遗的历史传承；搭载 ChatGPT 技术（向 ChatGPT 了解展区分布、非遗的介绍）等。响应率为多选题（X）各选项的全部选择项比例情况，例如一个多选题由 10 人回答，但是收获了 36 个选项，其中 a 选项有 8 个，a 的响应率 =8/36。普及率为有效样本下的各选项的选择比例，例如一个多选题由 10 人回答，其中 a 选项有 8 个，a 的普及率 =8/10。

以上分析结论为，人们对于先进互联网技术对传统非遗工艺的展陈与推广的作用持有积极看法。展会让非遗工艺跨越空间展现在观众面前，观众也许对于此非遗的发源地一知半解，我们可以运用 VR 技术让传统村落"复原"在观众面前，让展会观众了解该非遗技艺的"前世今生"。同时我们也可以通过搭载 ChatGPT 等技术，让观众在手机上通过与 ChatGPT 的人机交互实时了解各展区的位置及活动，还可以让观众自主了解非遗文化与技艺，很多古老晦涩的非遗技艺将会在人机交流中得到解答，减少了展会现场工作人员的工作量。

由此得出，在被调研的 50 人中，大部分人都认为应当用专业化的眼光与手段去传承发扬非遗文化，应当让非遗文化与现代工艺保持平衡不能顾此失彼。在策划非遗类展会时，也应当注重对非遗工艺的专业化保护，聆听专业学者的建议与看法。

此外，大部分观众认为"将非遗文创产品与知名 IP 联名"，例如将泡泡玛特娃衣融入非遗设计；与网红合作，让其拍摄非遗展会现场体验非遗工艺制作等视频；以及"设计非遗展会吉祥物，展现亲切可爱的形象"等对于展会推广的效用最大，对整合营销效能提升最有裨益（图 4）。

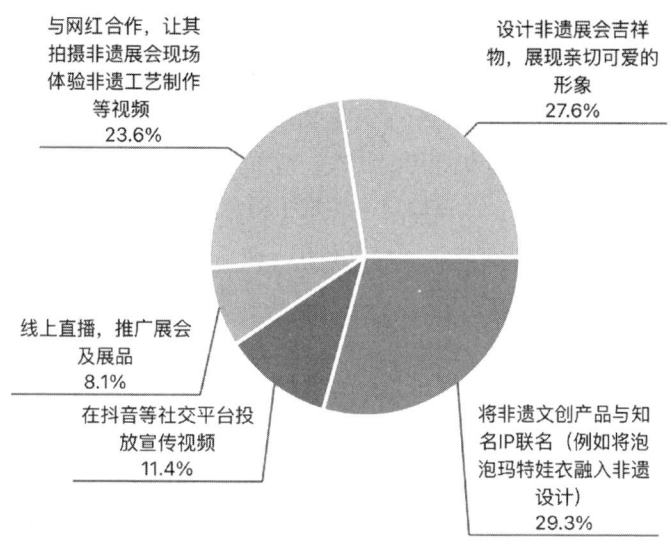

图 4　观众对展会效能提升手段的意见

三、非遗展会典型案例分析

浙江·中国非物质文化遗产博览会（杭州工艺周）自 2009 年创办以来，不仅夯实了发展基础，且培育出了鲜明的品牌效应。进入"十三五"以来，浙江·中国非遗博览会迎来了全面提升和加速发展的重要转型期。在展会组织、内容整合、整体设计、综合运营等方面，博览会都取得了显著的转变与提升。无论是参展单位的数量还是展览内容的丰富度，都体现出了博览会的高质量发展。

2023 年第十五届浙江·中国非物质文化遗产博览会于 2023 年 7 月 6 日至 9 日在绍兴国际会展中心隆重举办。此届博览会以"连接现代生活，绽放时代华彩"为主题，贯穿"融入现代生活，助力共同富裕"一条主线，旨在通过展示非遗文化的现代价值，推动非遗与现代生活的深度融合。展览总规模达 26 000 平方米，是 15 年来参展项目最多、内容最全、与产业融合最好的一届展会。博览会设置六大特色展区，设立了"11+1"地方主题馆、展现 961 个参展单位，展示非遗项目 400 余项。

以下主要运用展会效能构成的主要因素对浙江·中国非物质遗产博览会进行全面的效能分析。

（一）信息传播功能分析

浙江非遗博览会在信息传播方面展现出了显著的特点和优势。首先，博览会通过广泛的媒体报道和宣传，吸引了大量公众的关注。主流媒体、网络平台以及社交媒体等都积极参与报道和宣传。其次，博览会注重线上线下的互动传播。通过线上平台的建设和运营，非遗博览会实现了信息的快速传播和共享。如主办方"浙里云上博览会"官方小程序，用户可以在"浙里云上博览会"官方小程序观看第十五届浙江非遗博览会的 3D 场景，还可以在"非遗资讯"功能了解浙江非遗的更多策展以及官方资讯。

这些报道和宣传不仅介绍了非遗项目的历史渊源、文化内涵和艺术价值，还展示了非遗传承人的技艺和风采，进一步激发了公众对非遗文化的兴趣和热爱。线上平台提供了丰富的非遗文化资源和互动体验，包括非遗项目的介绍、传承人的访谈、非遗文化的视频和图片等，让公众能够随时随地了解和学习非遗文化。同时，线下活动也充分利用了现代科技手段，如虚拟现实、增强现实等，为公众提供了更加生动、直观的非遗文化体验。

此外，浙江非遗博览会还注重与国内外非遗保护机构的交流与合作，邀请了来自全国各地的非遗传承人和非遗项目参展，且积极参与国际非遗交流与合作。如设立日本传统手工艺主题展区，开展文化交流与传播。特邀的 10 位静冈县工艺家携带着陶瓷、漆器、染色、织物、金属工艺等五大门类的近 500 件作品参展，这不仅是一场视觉的盛宴，更是一次文化的深度对话。这种交流不仅有助于将浙江的非遗推向世界舞台，而且形成了一个多元化、开放性的非遗文化交流平台，为我国非遗传承注入新的活力。

（二）产业链接功能分析

浙江非遗博览会以非遗"融入现代生活，助力共同富裕"为主线，探索非遗产业化发展新模式。通过设立品牌、传承人签约仪式等提振文旅新消费，实现"非遗+"新业态可持续发展。这种产业融合不仅促进了非遗项目的传承与发展，还推动了相关产业的创新和升级。例如，非遗项目与旅游业的结合，通过开发非遗旅游线路、非遗体验活动等，吸引游客参与非遗传承，同时带动旅游业的发展。此外，非遗项目还可以与创意设计、文化艺术、教育培训等领域进行融合，形成一系列具有市场竞争力的文化产品，满足消费者多样化的文化需求。

（三）整合营销功能分析

在非遗项目与产品方面，浙江非遗博览会汇聚了众多的非遗项目，六大展区包括数字非遗展、非遗文创展、茶文化展、传统医药展、传统服饰展以及非遗美食等，集中展示了浙江各地区有特色、有代表性的非遗项目和衍生产品，对于消费者来说具有极大的吸引力。并且产品注重创新融合，在保留传统元素的基础上，博览会上的非遗产品融入了现代设计理念和技术，使其更符合现代审美和需求。

博览会通过举办讲座、演示、互动体验等多种活动，整合多种内容及功能，融合了数字新业态，融"会、赛、展、戏、课、剧、市"等功能为一体，有效地吸引了消费者的关注。如展会期间，还开展了包括锡雕、永康铜艺、婺绣、浦江剪纸等在内的活态展示和体验活动，让参观者能够亲身感受非遗的魅力，增强了非遗与公众之间的互动和联系。

博览会展位搭建融入浙江各地区非遗文化元素，突出展会主题。以金华展馆为例，金华馆以龙为主概念、以金色为主基调，选取南宋金华籍宫廷画师刘松年的《青绿山水图》为主视觉背景进行设计布展，让金华馆"无处不金华、处处有精华"。通过各地区特色展台的搭建，有利于不同地区乃至不同国度的旅客对浙江各个地区形成不同的印象，对于浙江的知名度、美誉度以及文旅价值均具有正向作用。

浙江非遗博览会设立为青少年打造的社会化学习课程，以分集影像播出，让青少年看见时空里的非遗，充分发挥了展会的教育价值。

在渠道上，博览会既设置了线下展览场地，也搭建了线上销售平台，拓宽了销售渠道。公众可以在线上商城购买心仪的非遗产品，包括文创周边、食品、手工艺品。

综上所述，浙江非遗博览会在信息传播方面注重多媒体融合以及线上线下互动传播，在产业链接方面注重促进旅游等产业与非遗融合，在整合营销方面体现了多种活动形式的融合呈现，注重将地区特色融入展示环境营造、注重与新生代参展者的互动性与参与度、注重国内国际两手抓推动非遗文化的交流与推广，为非遗展会的策划提供了宝贵经验。

四、非遗展会策划效能提升建议

通过公众调研，同时结合浙江·中国非物质文化遗产博览会的成功经验分析，本研究旨在从科技赋能、专业引领、创新营销、平衡发展四个方面为当前非遗展会策划效能提升提供一定的参考建议。

（一）推动数字化技术在非遗展会策划中的应用

通过上文所述的问卷调研得出：观众对于新技术在非遗保护领域内的使用的感受是较为积极的。由此，非遗展会可以通过 VR、AR 技术还原乡村风貌以及非遗技艺的历史演变，也可以运用 VR 将非遗传承人的非遗表演现场实时展陈。此外，展会可以搭载 ChatGPT 技术，游客向 ChatGPT 问询展区分布、听取非遗的介绍，在逛展的同时，深入了解非遗文化的古今历程。最后，非遗展会也可以开发 NFT 数字藏品，将非遗文化变成用户的数字记忆。

（二）注入专业化的力量提升非遗展会策划质量

非遗文化是我国优秀传统文化的重要组成部分之一。因此，避免造成对非遗文化的曲解以及非遗工艺品的侵权，是非遗展会的重中之重。在展会内容设计中可以将专业性的学术沙龙加入进去，通过非遗专家、文化学者、非遗文化传承人等专业人士的宣讲指导，不仅可以推动对非遗创作的版权保护，也能探究传统工艺的现代价值转化及其如何助力乡村振兴。

（三）运用整合营销手段提升非遗展会传播能级

前述研究显示，观众认为 IP 联名、设计吉祥物以及与网红合作最能够提高非遗展会知名度，提高整合营销效能。由此，我们可以得出：传统非遗展会应当注重互联网文化以及大众审美。首先，我们可以与流量 IP 进行联名，例如可以和瑞幸咖啡进行联名宣传，其包装采用非遗工艺设计，口感设计融入中国传统茶文化。其次，在吉祥物设计方面，我们可以设计可爱具有亲和力的卡通形象。从设计的角度来说，简洁而夸张的漫画风格能够给吉祥物设计者提供丰富的想象空间和更大的表现力度，能够充分发挥"亲和力"和"娱乐性"。[13]在抖音及哔哩哔哩等平台投放，吸引年轻受众群体参与。最后，在与网红合作方面，可以通过当地的网红宣传来推广引流。

（四）兼顾非遗文化性与产业经济性之间的平衡

实践逐渐证明，非遗与会展有机融合形成的非遗会展是非遗展览展示、传播推广、商贸交流的重要载体。[10]非遗类展会从传统的观赏性的展览发展为不断与科技、文创、教育、旅游等领域相融合的新模式，为传统非遗创造性转化、创新性发展提供了新的动力。但在非遗类展会策划中，平衡好"展"与"销"，兼顾好非遗文化性与产业经济性之间的平衡是要遵循的基本原则。策划中将"展"与"销"有效结合，采用数字化技术、沉浸式体验、AIGC 智能等手段，注重展陈方式的多样性和适应性，全方位提升非遗类文化展会的效能。

非遗不仅是历史的传承，更是现代社会的创新源泉。非遗展会的有效策划与组织，在提高公众对非遗的认知度、增强非遗社会影响力的同时，可更进一步促使非遗传承人通过展会平台与商家、投资者等进行交流与合作，推动非遗产业发展，促进非遗项目与现代生活的融合。

参考文献

［1］齐强军，齐爱民等.少数民族非物质文化遗产保护问题研究［M］.北京：中国法制出版社，2022.

［2］青峥.国外保护非物质文化遗产的现状［J］.观察与思考，2007（14）：33-33.

［3］申彦舒.国外非物质文化遗产保护研究及启示［J］.湖南人文科技学院学报，2021（01）：62-67.

［4］刘智英，马知遥，刘垚瑶.非遗工坊的生成逻辑、基本意涵与实践分析［J］.民俗研究，2023（05）：131-145.

［5］李思扬.非遗产业化助推乡村振兴的路径研究——以J县M木雕非遗工坊为例［J］.环渤海经济瞭望，2024（02）：128-131.

［6］李天颖，韩顺法.非物质文化遗产与会展旅游的融合发展路径研究［J］.经济与社会发展，2021（05）：63-70.

［7］日本政府文化厅官网.https://www.bunka.go.jp/gyoji/2022/index.html，2022.

［8］ShowGuide官网.https://www.showguide.cn/z/201019669.html.

［9］Nikolakopoulou，V.；Printezis，P.；Maniatis，V.；Kontizas，D.；Vosinakis，S.；Chatzigrigoriou，P.；Koutsabasis，P. Conveying Intangible Cultural Heritage in Museums with Interactive Storytelling and Projection Mapping：The Case of the Mastic Villages. Heritage，2022（05）：1024-1049.

［10］张素.非遗会展助力传统工艺振兴的路径研究——以"浙江非遗展"为例［J］.美与时代（城市版），2023（02）：123.

大数据原理及在旅游业中应用的回顾

仓 俊[①][②]

上海旅游高等专科学校 会展与经济管理学院

摘 要：大数据作为一种重要的现代技术手段，正在各个领域中发挥着日益重要的作用。本文从文献综述的角度出发，探讨了大数据的基本概念及其特征，并详细分析了大数据技术的原理。随后，文章重点回顾了大数据在提升旅游品质中的多种应用。具体而言，大数据在旅游业中的应用主要表现在游客行为分析、旅游资源优化配置、个性化服务定制以及旅游安全管理等方面。通过对现有文献的系统梳理和分析，本文旨在为研究者和从业者提供一个全面的视角，了解大数据在旅游业中的应用现状和未来发展趋势。

关键词：大数据；5V 模型；旅游；分布式文件系统（HDFS）

一、大数据的基本概念及基本特征

（一）大数据概念

在当今数字化时代，人们在日常生活中产生和使用了大量多样化的数据。随着计算机科学和互联网技术的快速发展，设备和连接的数量将逐年增加，从而导致数据爆炸式增长，大规模的结构化和非结构化数据被生成、记录、存储和积累，形成了大数据，并开启了一个新的时代（Kambatla et al.，2014[1]）。研究大数据的目标是在庞大的网络数据中提取能够解释和预测现实事件的信息。大数据及其相关概念和技术创新已被广泛应用于科学、工程、医疗保健、管理、商业、旅游等领域（Hashem et al.，2015[2]，Elragal，2014[3]，Fadiya et al.，2014[4]，Yang et al.，2014[5]，López et al.，2015[6]）。总的来说，大数据是指规模巨大、复杂

---

① 作者简介：仓俊，男，博士，上海旅游高等专科学校会展与经济管理学院讲师。主讲课程：大数据原理及应用、Python 在财务中的应用、RPA 机器人应用、旅游管理信息系统、高等数学等。研究方向：大数据、旅游经济学、城市与区域经济学等。联系方式：cangjun@shnu.edu.cn。

② 上海旅游高等专科学校青年培育项目：基于多源地理大数据的上海城市活力区旅游经济 AI 研究。

多样的数据集合，无法用传统的数据处理工具进行捕捉、管理、处理和分析的数据（Yin & Kaynak，2015[7]）。

（二）大数据特点

大数据与过去的数据的区别不仅仅在于其巨大的数量，大数据还有其自身的特点，这些特点构成了大数据的基本框架，影响着数据的采集、存储、处理和分析。大数据的特点也经历了一个发展历程。最初的大数据定义为3V（Volume、Variety、Velocity），具有以下特点：

第一，数量（Volume）：数量代表信息的巨大。大信息量包括不同的TB和PB。大数据首先必须在规模上是"大的"，这是以数量来衡量的（Jain，2016[8]）。这一特征是指每秒钟产生的大量数据，使得数据集太大，无法使用传统的数据库技术进行存储和分析。非结构化数据的大规模增长导致数据集合规模不断扩大，单位从GB到TB，再到PB，甚至以EB和ZB计算（图1）。这种特性需要分布式和并行处理，而大多数常规系统都不是为大数据设计的（Chen et al.，2015[9]）。国际商业机器公司（IBM）在2012年进行的一项调查显示，在1144名受访者中，超过一部分人认为超过1TB的数据集是巨大的信息。1TB存储的信息量相当于220张DVD或1500张CD的容量，足以存储1600万张Facebook图片，而1PB相当于1024TB。报告指出，Facebook每秒创建数十亿张图片，相当于1PB。此前的一项估计指出，Facebook存储的图片超过2600亿张，使用的空间约为20PB，其发展趋势见图1所示。对大数据量的描述具有偶然性，并根据数据的分类方式和信息时间等因素而有所不同。未来可能难以维护庞大的数据，因为容量限制可能会增加，从而允许捕获更多的信息索引。此外，"分类"中讨论的信息种类也是"大"的含义。两个规模相似的数据集可能需要不同的信息，而执行创新则取决于数据库的分类方式。此外，庞大信息的含义取决于业务。因此，这些因素使得为海量信息定义一个特定的限制是不切实际的（Kwon et al.，2014[10]）。

第二，速度（Velocity）：它被定义为信息产生的速度以及评估和跟踪信息的速度。先进设备（如个人数字助理PDA和传感器）的推广，促使数据产生的速度惊人，即使是传统零售商也在创造高重复率的信息。例如，沃尔玛每小时测量超过100万次交换。通过手机推送的信息和多功能应用程序产生的数据流，可用于为老客户提供持续的定制服务。这些信息提供了有关客户的详细数据，如地理空间区域、社会经济和过去的购买行为，可以对这些数据进行持续调查，以提高真正的客户忠诚度（Abdalla，2022[11]）。大数据处理速度快，要求实时分析而非批量处理，数据的输入、处理和分析需连续进行（Alshawish et al.，2016[12]、

Laney，2001[13]）。数据速度测量数据创建、流媒体和聚合的速度（Kaisler et al.，2013[14]）。

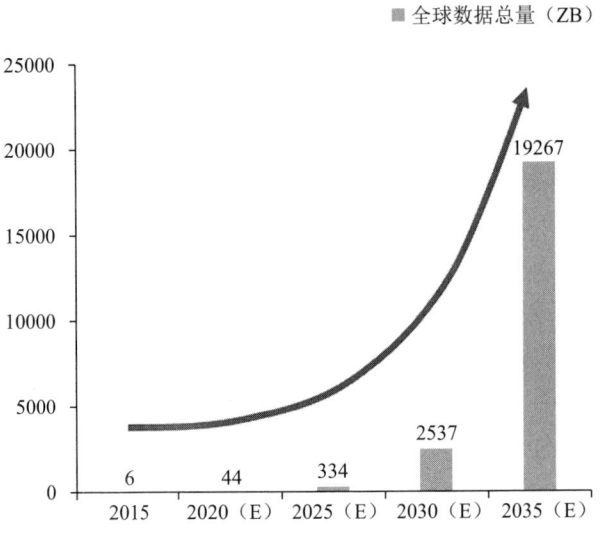

图 1　大数据容量趋势

第三，多样性（Variety）：它是衡量数据、文本、图像、视频和音频的丰富度因子。这一特征带来了与使用大量数据的有效性相关的挑战，因为首先必须处理数据，以处理不兼容的数据格式、不对齐的数据结构和不一致的数据语义（Kaisler et al., 2013[14]）。大数据包括网络日志、音频、视频、图片、地理位置信息等结构化数据，以及半结构化和非结构化数据（图2），具有异构性和多样性。在大数据环境中，我们从两个不同的角度来处理：(ⅰ) 技术进步创造新数据的速度迅速提高，以及 (ⅱ) 相应的数据需要被接近实时地消化和分析。例如，面部识别创新技术使实体零售商能够获得有关商店拥挤程度、顾客性别或年龄以及店内开发设计的信息。点击流信息为在线零售商提供了大量数据和客户行为实例，使他们了解客户浏览页面的情况和分组。利用海量信息调查，即使是中小型企业（SMEs）也能挖掘出大量的半组织化信息，从而进一步开发网络架构，实施可行的战略投资和定制项目建议框架（Abdalla, 2022[11]）。

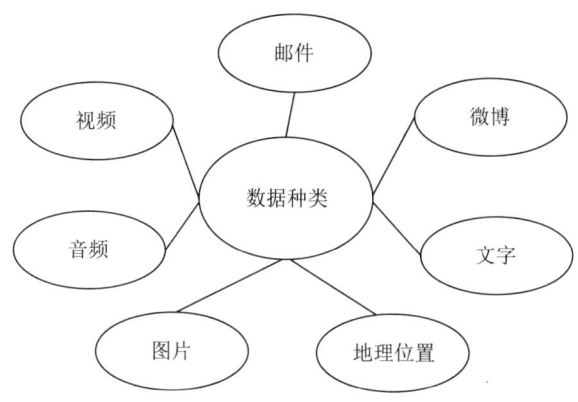

图 2　大数据种类

在随后的研究中，甘茨（Gantz）和雷因塞尔（Reinsel）（2011）[15]将3V定义扩展为4V，通过引入价值（Value）强调大数据的有效性和有用性。尽管大数据潜在价值巨大，由于数据量过大，其价值呈稀疏状态。尽管单位数据的价值密度降低，整体价值在提升。

第四，价值（Value）：数据价值衡量数据在支持领域利益相关者决策方面的有用性（Kaisler et al.，2013[14]）。通过投资基础设施来收集和解释系统范围内的数据，重要的是确保生成的见解基于准确的数据并导致领域决策的改进（Jain，2016[8]）。价值被定义为大数据处理的期望结果，而不是大数据本身的决定性特征（L'heureux et al.，2017[16]）。这也是大数据的核心特征。现实世界所产生的数据量非常大，但是有价值的数据所占比例很小。大数据最大的价值在于通过对大量不相关的各种类型的数据挖掘，预测出数据未来发展趋势，辅助人工决策。目前，数据挖掘主要通过机器学习、人工智能相关算法进行。大数据挖掘就是沙里淘金，为了淘到一点金子，你必须要拥有足够多的沙子。

随着研究的深入，IBM公司于2015年将大数据特征从4V扩展到5V，增加了真实性（Veracity）。真实性是指大数据的质量和可信度，因为大数据中的信息来源广泛、多样，其真实性可能受到影响。数据可能包含错误、噪音或欺诈性的信息，这会影响到最终分析的准确性和可靠性。确保大数据的真实性需要采用数据质量管理和数据清洗等手段。数据质量管理包括数据清洗、去重、纠错等步骤，以确保数据的准确性。此外，还需要建立可信任的数据来源和采用适当的认证手段，以提高数据的真实性（Sena et al.，2018[17]）。

第五，真实性（Veracity）：这一特征是指数据的可信度。由于数据的形式众多，必须处理它，这使得质量和精度难以控制。由于需要保持其可靠性，它在数据验证、建模和治理方面带来了一些挑战（Chen et al.，2015[9]），图 3 展示了大数据 5V 特征。

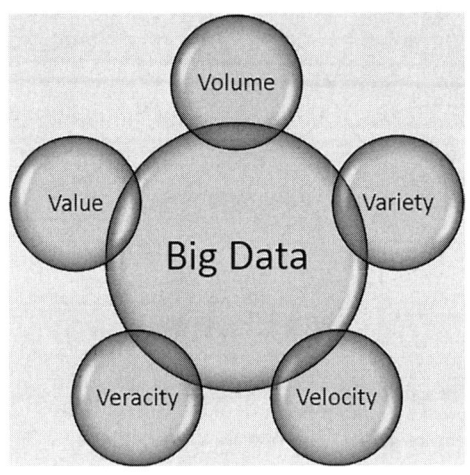

图 3　大数据 5V 特征（Elragal，2014[3]）

随着研究的深入和方法的多样化，有学者进一步提出了 7V（Volume、Variety、Velocity、Value、Veracity、Visualization、Variability），见图 4。增加了可视化（Visualization）和变异性（Variability）（Xu et al.，2019[18]），甚至还有 10V 和 14V 等等（Raza et al.，2023[19]）。

第六，可视化（Visualization）：指利用图形化、图像化方式呈现大数据，以更直观和易理解的方式展示数据的模式、趋势和关系。大数据可视化分析依赖于三个主要层：可视化层、分析层和数据管理层。在大数据分析中，可视化能够帮助人们更好地理解和解释复杂数据集，提高信息洞察力，促进更明智的决策（Hattawi et al.，2021[20]）。可视化分析专注于协助复杂大数据分析中的交互和探索。例如，eBay 是一家在线营销平台，它利用数据可视化工具来了解客户生成的所有数据。因此，eBay 的员工使用可视化工具监控最近的客户反馈，以提供更优质的服务。由于大数据的维度高、规模大，因此对其进行可视化是一个复杂的过程。可视化需要考虑到数据集的高容量和高速度管理（Abdalla，2022[11]）。

第七，变异性（Variability）：指数据在处理过程中可能发生变化的能力，或数据的动态性和演变性。这一特征强调数据在时间和空间等方面的不确定性，对于有效处理和分析大数据至关重要。我们相信，随着研究的不断深入及数字化快速发展的趋势，大数据的定义将持续更新（Saggi 和 Jain，2018[21]）。

图 4 大数据 7V 特征[①]

二、大数据技术原理

（一）大数据技术框架

在数字化时代，各种活动的持续推进，越来越依赖于对大数据的深入评估。大数据分析在决策过程中承担着重要的角色（Elgendy 和 Elragal，2016[22]）。在任何情况下，以传统信息计算设备为指导的纯粹信息计算措施都无法提供富有成效的结果，而且该设备也无法实现。因此，过去几年中开发了一些大数据工具，帮助协会和数据研究人员高效、低成本地推断信息驱动的选择。专家利用各种大数据分析工具进行信息存储、信息管理、信息清理、信息挖掘、数据预测和数据认证（Venkatesh et al.，2019[23]，Sadiku et al.，2016[24]，Kumar 和 Goyal，2016[25]）。

Google 公司于 2003 年、2004 年和 2006 年分别提出了基于硬件虚拟技术的分布式文件系统 GFS、分布式计算框架 MapReduce 和 NoSQL 数据库系统 BigTable，从大数据的分布式文件管理、分布式计算框架和异构多模态分布式大数据的存储三个角度，构筑了大数据基础的"三驾马车"。随着大数据技术生态圈的不断发展和丰富，如目前主流的大数据 Hadoop 生态圈和新生力量阿里云的 MaxCompute 大数据平台、华为 FusionInsight 数据湖等迅速发展。Hadoop 是 Apache 软件基金会下的一个开源分布式计算平台，随着 Hadoop 生态圈的日益繁荣，逐步形成了从数据感知、采集，到数据的预处理、数据的 ETL（Ex-tract、Transform、Load），到关系型、非关系型和新型关系型数据库和分布式文件存储管理技术，到大数据的统计分析、数据挖掘、数据建模分析和基于图形、图像技术的多维数据可视化技术，构建出了各类大数据平台的技术总体范式框架（陈洪军等，2024[26]），如图 5 所示。

---

① https://www.fanruan.com/bw/big-data-definition.

图5 大数据技术总体范式结构框架（陈洪军等，2024[26]）

（二）HDFS（Hadoop Distributed File System，分布式文件系统）

随着海量数据的出现，对用户提供按需、可靠、灵活和低成本服务的需求日益增加，云计算应运而生。在云计算应用不断增加的背景下，数据安全保护已成为云计算的重要问题（Mahmoud et al.，2018[27]）。Hadoop最初由Yahoo!的工程师道格·卡廷（Doug Cutting）创建，现在是由Apache软件基金会管理的开源项目（Honnutagi，2014[28]）。Hadoop的设计目的是在计算节点上并行处理数据，以加快计算速度并降低延迟。Hadoop大数据生态系统的核心组件是Hadoop分布式文件系统（HDFS），它为大数据的分布式存储提供支持。HDFS专为处理超大数据集（Large Data Set）的应用需求而开发，极大地便利了高吞吐量的大规模文件操作。

Hadoop云计算平台的特点在于其分布式系统HDFS和MapReduce软件编程平台。当前领先的大数据技术包括Hadoop、MapReduce、YARN、Hive、Flume、Apache Spark和NoSQL，这些技术在处理海量数据时表现出色（Raza et al.，2023[19]）。Hadoop的两个主要组件是（White，2012[29]；Honnutagi，2014[28]）HDFS和MapReduce引擎。

Hadoop分布式文件系统（HDFS）：一个可靠、低成本的数据存储集群，便于跨机器管理等效文件；

MapReduce引擎：高性能的分布式数据处理实现。

Hadoop 设计用于处理大量结构化和非结构化数据（从 TB 到 PB 级别）。它以 Hadoop 集群的形式在商用服务器机架上执行，服务器可以动态地加入或退出集群，因为 Hadoop 具有"自我修复"功能。此外，Hadoop 能够识别并适应变化（包括故障），确保系统继续不间断地运行（Asaad et al., 2020[30]）。

HDFS 是一个分布式文件系统，能够在普通硬件上存储大量数据，具体如图 6 所示。HDFS 将数据分割成多个块，并在集群中的多个节点上进行分布式存储，从而提供高容错性和高吞吐量。MapReduce 是一种用于处理和生成大数据集的编程模型，任务包括两个阶段：Map 阶段和 Reduce 阶段。在 Map 阶段，输入数据被分割成多个独立块并行处理；在 Reduce 阶段，将处理结果合并成最终输出。

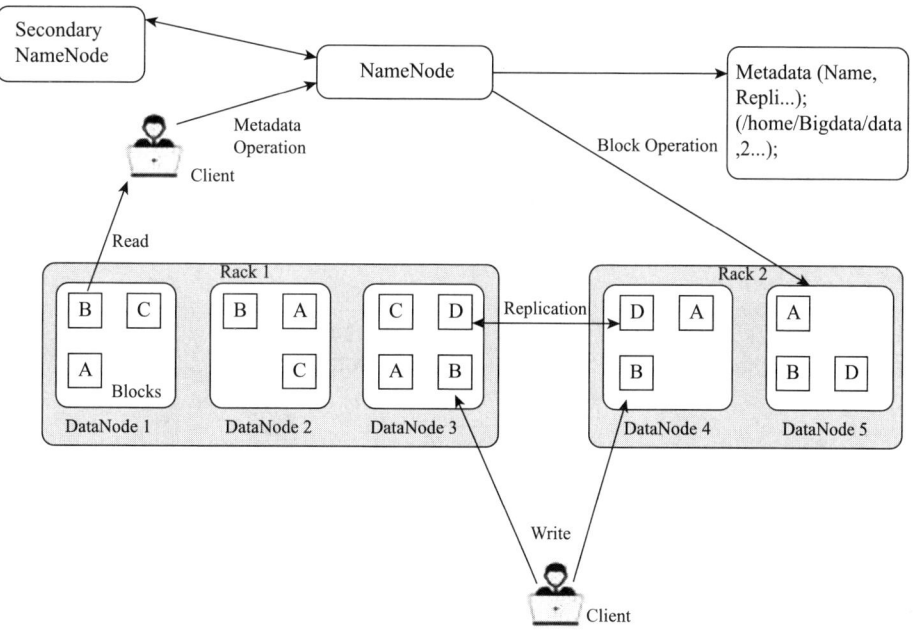

图 6　HDFS 的架构（Kadam et al., 2015[31]）

（三）大数据处理工具

大数据软件是指用于实现数据采集、数据计算、数据存储、数据分析挖掘和数据可视化展示的各类软件。大数据软件主要包括大数据采集软件、大数据计算软件、大数据分析和可视化软件、大数据存储软件、大数据平台架构和运维监控软件、大数据工具软件和应用软件等（Singh 和 Singla, 2015[32]），如图 7 所示。

据中国电子信息产业发展研究院赛迪顾问编写的《2019–2021 年大数据市场

预测与展望数据》统计，2019 年，中国大数据软件市场规模约为 1062.7 亿元，同比增长 29.2%，预计到 2021 年，大数据软件市场规模将达到 1731.9. 亿元，图 8 所示为大数据软件市场规模发展趋势图。

在大数据技术、工具开发和框架快速发展的推动下，人们对大数据查询工具，特别是那些更适合特定分析需求的工具进行了大量讨论。大数据处理工具包括 Drill、HAWQ、Hive、Impala、Presto 和 Spark 等（Rodrigues et al.，2019[33]）。

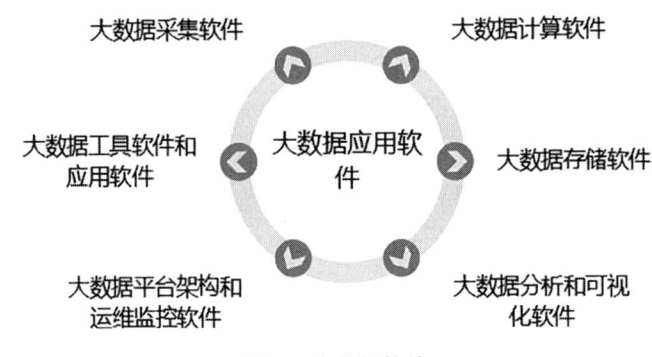

图 7　大数据软件

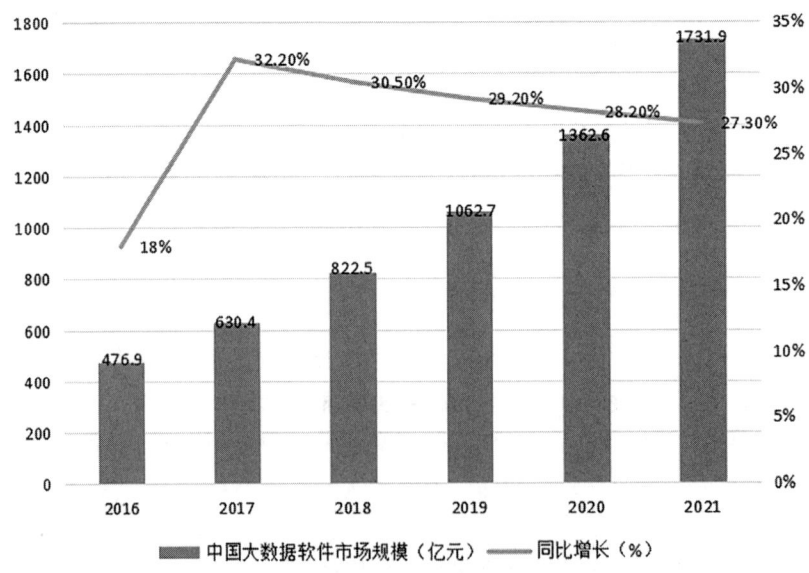

图 8　大数据软件市场规模[①]

---

① https://www.163.com/dy/article/F189VT6E0519JMMB.html.

1. 国内常用的大数据采集软件

网络数据采集的主流技术主要通过 Web 爬虫技术或接入第三方社交媒体公开 API（如新浪微博 API 和 Twitter API）等方式实现。这些方法的优势在于能够将非结构化数据从网页中提取出来，存储为统一规整的本地数据文件，并以结构化的方式进行存储（张卫东等，2023[34]），这些技术通过高效的数据采集和处理，为各类数据分析和应用提供了坚实的基础。

网络数据采集主要包括两种类型：

（1）可视化免编程网页采集软件。这些软件可以快速从不同网站中提取规范化数据，能够抓取网页中的文字、图表、超链接等多种元素，帮助用户实现数据的自动化采集、编辑以及规范化，降低工作成本。用户可以通过简单的可视化流程进行数据采集，适用于任何有数据采集需求的群体。常见的此类软件包括火车头和集搜客等。

（2）Python 网络爬虫。网络爬虫是一种自动提取网页内容的程序，它是搜索引擎的重要组成部分，负责从万维网上下载网页。传统爬虫从一个或若干初始网页的 URL 开始，获取初始网页上的 URL。在抓取网页的过程中，不断从当前页面中提取新的 URL 并放入队列，直到满足系统的某些停止条件（Chaulagain et al., 2017[35]）。Python 语言因其简洁的语法、动态类型以及解释型语言的本质，使其成为多数平台上编写脚本和快速开发应用的首选编程语言。随着版本的不断更新和新功能的添加，Python 逐渐被用于独立的、大型项目的开发。

2. 国内常用的大数据存储软件

一般来说，大数据存储架构分为以下几类（Bakshi, 2012[36]）：

（1）地理分布的服务器节点，例如 Apache Hadoop 模型（Nandimath et al., 2013[37]）。

（2）数据库框架，例如 SQL（NoSQL）（Moniruzzaman 和 Hossain, 2013[38]）。

（3）横向扩展网络附加存储（NAS）（Dong et al., 2021[39]）。

（4）存储区域网络（SAN）（Khan et al., 2014[40]）。

（5）固态硬盘（SSD）阵列（Kim et al., 2017[41]）。

（6）对象存储（Samundiswary & Dongre, 2017[42]）。

（7）数据湖（以原始格式存储数据的存储库或系统）（Khine & Wang, 2018[43]）。

（8）数据仓库（Yin & Kaynak, 2015[7]）。

常见的大数据处理工具包括 Apache Hadoop、Apache Spark 和 Apache Flink 等（Rodrigues et al., 2019[33]），这些工具具有并行计算、分布式存储和容错处理

等特点，为用户提供快速、可靠的大数据处理能力。此外，各类数据库技术（如 NoSQL 数据库、列式数据库）、数据仓库、数据挖掘与机器学习工具等，也为大数据处理提供了多样化的选择。具体包括 Hadoop、MapReduce、NoSQL 数据库、HPCC 和 Apache Hive（Gupta & Jha, 2016[44]）。

三、大数据在提升旅游品质中的作用

在旅游行业中，大数据的主要来源包括用户生成数据、设备生成数据以及运营数据三个方面。首先，互联网的普及极大地推动了社交媒体平台的迅速发展，这为用户生成内容（UGC）的传播提供了广阔的渠道。用户在社交媒体上发布的文本、照片和视频等内容，构成了丰富的 UGC 数据，这些数据对于理解游客的兴趣和行为有重要价值（Xiang & Fesenmaier, 2017[45]）。

其次，物联网（IoT）的快速发展使得多种传感器设备得以广泛应用。这些设备能够实时跟踪游客的动向和环境状况，产生大量的时空大数据。例如，全球定位系统（GPS）数据可以记录游客的移动路径，移动漫游数据可以反映游客的通讯记录，而蓝牙数据可以捕捉游客在特定区域的活动情况。这些数据为分析游客的时空行为模式提供了重要支持（Shoval 和 Ahas, 2016[46]）。

最后，旅游业作为一个高度复杂的系统，涉及网络搜索、网页浏览、在线预订和购买等一系列操作，每一个环节都会产生大量的运营数据。这些数据包括网络搜索数据、网页浏览数据和在线预订数据等，通过分析这些数据，可以深入了解游客的消费行为和偏好，从而优化旅游服务和营销策略（Li et al., 2018[47]）。

通过整合和分析来自这三大方面的大数据，学术界和产业界能够更全面地探索和理解游客的行为模式和旅游市场的动态。这不仅有助于提升旅游体验，提供个性化服务，还能推动旅游业的创新与可持续发展（Yang et al., 2015[48]）。大数据分析在旅游行业中的应用，已经成为提升竞争力和满足游客需求的重要工具，大数据可以更好地了解旅游需求、旅游行为、旅游满意度等旅游问题（Law et al., 2019[49]）。

（一）大数据在预测游客需求中的作用

随着谷歌和百度等搜索引擎的数据日益丰富，互联网和计算机科学的快速发展，越来越多的研究人员开始利用大数据改进旅游需求预测模型。李新和罗布·劳（Li & Law, 2020）[50]指出，信息技术的进步产生了大量用户生成的数据，包括搜索查询、社交媒体提及和移动设备位置数据。这些数据提供了关于游

客兴趣、意见和意图的宝贵信息。在数字化转型的背景下，大数据在全球旅游业的革新中发挥着至关重要的作用。旅游需求预测是旅游研究中最有趣和最重要的研究领域之一。关于预测旅游需求的现有文献范围很广，涉及所考虑的不同国家、采用的各种统计技术和采用的不同数据集。多项研究表明，大数据在提升旅游需求预测方面具有显著潜力（Sun et al., 2019[51]）。阿迪托等（Ardito et al., 2019）[52]认为，大数据技术不仅挑战了传统的旅游业模式，还为旅游业提供了无数的机遇，尤其是在智能旅游的发展中。这些技术能够帮助企业从海量的数据中提取有价值的信息，用于预测游客需求、优化服务体验以及实现个性化的营销策略。

搜索查询数据尤其有价值，因为它能揭示游客的关注点。游客使用搜索引擎获取天气和交通信息，并通过搜索酒店、景点、旅游指南和其他游客的意见来规划行程（Pan & Yang, 2017[53]）。搜索查询数据的内容和数量不仅吸引游客对目的地的注意，还能帮助预测游客数量，成为大数据时代旅游预测的重要来源（Li et al., 2017[54]）。旅游建模和预测中使用的方法分为四类：时间序列模型、计量经济学模型、人工智能技术和定性方法（Peng et al., 2014[55]、Melendez & Thapa, 2017[56]、Song et al., 2019[57]）。除了国家统计局公布的简单旅游数据外，反映游客行为和意图的互联网搜索查询也越来越多地用于旅游预测模型（Sun et al., 2019[51]）。

关键词选择和搜索数据聚合的优化使得利用搜索趋势数据进行旅游预测更加科学，通过收集与旅游相关的关键词，获取其搜索趋势数据，选择合适的数据序列构建综合指数，并建立计量经济学模型（Li et al., 2021[58]）。例如，埃里克·布林约尔松等（Brynjolfsson et al., 2016）[59]提出了一种人群平方方法，通过在线界面提示个人生成词汇关联，验证了这种方法在关键词选择中的有效性。闻龙等人（Wen et al., 2021）[60]研究混合数据采样（MIDAS）模型用于旅游需求预测，利用从大量搜索查询中构建的每日综合指数预测每月从中国大陆来港的游客人数。

西蒙娜·吉廖等人（Giglio et al., 2019）[61]、徐阳等人（Xu et al., 2021）[62]进一步强调，大数据促进了旅游业内部网络的形成及其与信息和通信技术（ICTs）的整合，这不仅改善了旅游体验，也促进了市场的增长。这种技术与网络的融合为旅游设计和智慧旅游目的地的开发提供了新的视角，如何征和丹尼尔·R. 费森迈尔（Xiang & Fesenmaier, 2017）[45]所提出，大数据分析是智慧旅游发展的一个新工具箱，能够通过分析消费者市场来推动旅游业的合作和创新。

通过对菲尔普·巴蒂斯塔·席尔瓦等人（e Silva et al., 2018）[63]的研究可见，大数据能够揭示欧洲旅游业的时空分布模式，这种能力对于理解和预测旅游趋势至关重要。阿迪托等（Ardito et al.，2019）[52]进一步强调了大数据在预测游客需求和提升服务效率方面的关键作用，直接关联到游客满意度的提升和旅游体验的优化。

（二）大数据在提升旅游体验中的作用

近年来，研究表明，大数据分析在提升游客体验和丰富文化旅游体验方面具有显著效果。巴恩斯等（Barnes et al.，2020）[64]和图尔克门达（Türkmendağ，2022）[65]的研究显示，通过细化分析，旅游服务提供者可以更好地理解游客的需求和偏好，从而提供更符合期望的服务和体验，进一步提升旅游品质。李静等（Li et al.，2018）[47]将旅游相关的大数据分为三大类：用户生成内容（UGC）、设备数据和交易数据。每种类型的数据都能为解决特定的旅游问题提供独特视角。例如，基于UGC的旅游消费者行为研究，如李静和曹斌（Li & Cao，2022）[66]所述，能够帮助旅游景区和企业深入了解游客的行为特征和消费偏好，从而提供更加个性化的服务，提高旅游产品和服务的质量。

大数据和人工智能（BDAI）通过适当的传播方式为旅游业创造了巨大的价值。BDAI策略的优势包括提高旅游供应商的效率、生产力和盈利能力，并为旅行者提供丰富且个性化的体验（Samara et al.，2020[67]）。Mountasser et al.（2020）[68]和Salas-Olmedo et al.（2018）[69]的研究进一步指出，大数据已成为了解游客行为、加强目的地管理和营销的创新工具。特别是利用社交媒体大数据评估游客情绪，如Park et al.（2020）[70]所展示的，能够有效展示游客情绪的空间分布，这对于评估和提升旅游品质具有重要价值。

大数据技术的运用在旅游行业中已经成为提高旅游品质和优化游客体验的关键因素（Setiadi & Uluwiyah，2017[71]）。通过精准的数据分析和应用，旅游行业不仅能够提供更高质量的服务，还能在竞争激烈的市场中保持优势，满足游客对高品质旅游体验的需求。未来，随着大数据和人工智能技术的不断进步，旅游行业将迎来更加精细化管理和服务的新时代。

四、结论

通过对大数据和旅游大量相关文献的回顾与分析，可以得出以下主要结论：

（1）大数据的基本概念及特征：大数据具有数据量大、类型多样、速度快和价值高的特点。它不仅包括传统的结构化数据，还涵盖了大量的非结构化数据，如文本、图片、视频等。这些特征使得大数据在各个领域的应用具有广泛的潜力和重要性。

（2）大数据技术原理：大数据技术包括数据采集、存储、处理和分析等多个环节。关键技术包括分布式计算、云计算、数据挖掘和机器学习等。这些技术的发展使得对海量数据的处理和分析成为可能，为各行业带来了新的机遇和挑战。

（3）大数据在提升旅游品质中的作用：大数据在旅游业中的应用已经取得显著成效。通过对游客行为数据的分析，可以帮助旅游企业优化资源配置，提高服务质量。此外，大数据还支持个性化服务定制，提升游客满意度，同时在旅游安全管理中也发挥了重要作用。具体应用包括精准的游客需求预测、优化旅游路线、提升景区管理水平等。

综上所述，借助大数据分析和人工智能技术，旅游服务提供者能够显著提升游客的整体体验和满意度，推动旅游业向更高质量和个性化方向发展。这种转变不仅有助于旅游企业在竞争中脱颖而出，也为游客提供了更加丰富和个性化的旅游体验，形成了良性循环，进一步推动了旅游产业的整体进步和发展。

大数据技术的广泛应用正在改变旅游业的运行模式和服务方式。未来，随着大数据技术的不断发展和成熟，其在旅游业中的应用前景将更加广阔。研究者和从业者应持续关注大数据技术的最新进展，积极探索其在旅游业中的创新应用，以进一步提升旅游业的整体品质和竞争力。

参考文献

［1］KAMBATLA K，KOLLIAS G，KUMAR V，et al. Trends in big data analytics［J］. Journal of parallel and distributed computing，2014，74（7）：2561-2573.

［2］HASHEM I A T，YAQOOB I，ANUAR N B，et al. The rise of "big data" on cloud computing：Review and open research issues［J］. Information systems，2015，47：98-115.

［3］ELRAGAL A. ERP and big data：The inept couple［J］. Procedia Technology，2014，16：242-249.

［4］FADIYA S O，SAYDAM S，ZIRA V V. Advancing big data for humanitarian needs［J］. Procedia Engineering，2014，78：88-95.

［5］YANG C，ZHANG X，ZHONG C，et al. A spatiotemporal compression based approach for efficient big data processing on cloud［J］. Journal of Computer and

System Sciences, 2014, 80（8）: 1563-1583.

［6］LóPEZ V, DEL RíO S, BENíTEZ J M, et al. Cost-sensitive linguistic fuzzy rule based classification systems under the MapReduce framework for imbalanced big data［J］. Fuzzy Sets and Systems, 2015, 258: 5-38.

［7］YIN S, KAYNAK O. Big data for modern industry: challenges and trends［point of view］［J］. Proceedings of the IEEE, 2015, 103（2）: 143-146.

［8］JAIN A. The 5 Vs of big data［J］. IBM Watson Health Perspectives. Dostupno na: https://www. ibm. com/blogs/watson-health/the-5-vs-of-big-data/.［30.05. 2017］, 2016.

［9］CHEN H-M, KAZMAN R, HAZIYEV S, et al. Big data system development: An embedded case study with a global outsourcing firm; proceedings of the 2015 IEEE/ACM 1st International Workshop on Big Data Software Engineering, F, 2015［C］. IEEE.

［10］KWON O, LEE N, SHIN B. Data quality management, data usage experience and acquisition intention of big data analytics［J］. International Journal of Information Management, 2014, 34（3）: 387-394.

［11］ABDALLA H B. A brief survey on big data: technologies, terminologies and data-intensive applications［J］. Journal of Big Data, 2022, 9（1）: 107.

［12］ALSHAWISH R A, ALFAGIH S A, MUSBAH M S. Big data applications in smart cities; proceedings of the 2016 international conference on engineering & MIS（ICEMIS）, F, 2016［C］. IEEE.

［13］LANEY D. 3D data management: Controlling data volume, velocity and variety［J］. META group research note, 2001, 6（70）: 1.

［14］KAISLER S, ARMOUR F, ESPINOSA J A, et al. Big data: Issues and challenges moving forward; proceedings of the 2013 46th Hawaii international conference on system sciences, F, 2013［C］. IEEE.

［15］GANTZ J, REINSEL D. Extracting value from chaos［J］. IDC iview, 2011, 1142（2011）: 1-12.

［16］L'HEUREUX A, GROLINGER K, ELYAMANY H F, et al. Machine learning with big data: Challenges and approaches［J］. Ieee Access, 2017, 5: 7776-7797.

［17］SENA B, GARCéS L, ALLIAN A P, et al. Investigating the applicability of architectural patterns in big data systems; proceedings of the Proceedings of the 25th

Conference on Pattern Languages of Programs, F, 2018 [C].

[18] XU C, MISRA S, SRINIVASAN P, et al. When Petrophysics Meets Big Data: What can Machine Do?; proceedings of the SPE Middle East Oil and Gas Show and Conference, F, 2019 [C]. D041S038R002.

[19] RAZA M, KAYANI H, ASLAM M, et al. BIG DATA V'S MODELS, CHALLENGES, HADOOP ECOSYSTEM, ISSUES, USES, BENEFITS AND APPLICATIONS [J]. Pakistan Journal of Scientific Research, 2023, 3 (1): 47-60.

[20] HATTAWI W, SHABAN S, AL SHAWABKAH A, et al. Recent quality models in bigdata applications; proceedings of the 2021 International Conference on Information Technology (ICIT), F, 2021 [C]. IEEE.

[21] SAGGI M K, JAIN S. A survey towards an integration of big data analytics to big insights for value-creation [J]. Information Processing & Management, 2018, 54 (5): 758-790.

[22] ELGENDY N, ELRAGAL A. Big data analytics in support of the decision making process [J]. Procedia Computer Science, 2016, 100: 1071-1084.

[23] VENKATESH K, ALI M J S, NITHIYANANDAM N, et al. Challenges and research disputes and tools in big data analytics [J]. International Journal of Engineering and Advanced Technology, 2019, 6: 1949-1952.

[24] SADIKU M, SHADARE A E, MUSA S M, et al. Data visualization [J]. International Journal of Engineering Research And Advanced Technology (IJERAT), 2016, 2 (12): 11-16.

[25] KUMAR O, GOYAL A. Visualization: a novel approach for big data analytics; proceedings of the 2016 Second International Conference on Computational Intelligence & Communication Technology (CICT), F, 2016 [C]. IEEE.

[26] 陈洪军, 叶丽珠, 陈其龙等. 产品全生命周期工业大数据采集与管理范式探究 [J]. 机电工程技术, 2024, 53 (03): 72-77.

[27] MAHMOUD H, HEGAZY A, KHAFAGY M H. An approach for big data security based on Hadoop distributed file system; proceedings of the 2018 International Conference on Innovative Trends in Computer Engineering (ITCE), F, 2018 [C]. IEEE.

[28] HONNUTAGI P S. The Hadoop distributed file system [J]. International Journal of Computer Science and Information Technologies (IJCSIT), 2014, 5 (5):

6238-6243.

［29］WHITE T. Hadoop：The definitive guide［M］." O'Reilly Media，Inc.",2012.

［30］ASAAD R R，AHMAD H B，ALI R I. A review：big data technologies with hadoop distributed filesystem and implementing M/R［J］. Academic Journal of Nawroz University，2020，9（1）：25-33.

［31］KADAM A，DESHMUKH P，DHAINJE P B. A Review on Distributed File System in Hadoop［J］. International Journal of Engineering Research & Technology，2015，4（05）.

［32］SINGH J，SINGLA V. Big data：tools and technologies in big data［J］. International Journal of Computer Applications，2015，112（15）.

［33］RODRIGUES M，SANTOS M Y，BERNARDINO J. Big data processing tools：An experimental performance evaluation［J］. Wiley Interdisciplinary Reviews：Data Mining and Knowledge Discovery，2019，9（2）：e1297.

［34］张卫东，陈希鹏，杨斯涵. 健康医疗大数据价值挖掘分析框架构建［J］. 图书情报工作，2023，67（15）：35-43.

［35］CHAULAGAIN R S，PANDEY S，BASNET S R，et al. Cloud based web scraping for big data applications；proceedings of the 2017 IEEE International Conference on Smart Cloud（SmartCloud），F，2017［C］. IEEE.

［36］BAKSHI K. Considerations for big data：Architecture and approach；proceedings of the 2012 IEEE aerospace conference，F，2012［C］. IEEE.

［37］NANDIMATH J，BANERJEE E，PATIL A，et al. Big data analysis using Apache Hadoop；proceedings of the 2013 IEEE 14th International Conference on Information Reuse & Integration（IRI），F，2013［C］. IEEE.

［38］MONIRUZZAMAN A，HOSSAIN S A. Nosql database：New era of databases for big data analytics-classification，characteristics and comparison［J］. arXiv preprint arXiv：1307.0191，2013.

［39］DONG X，LIU L，MUSIAL K，et al. Nats-bench：Benchmarking nas algorithms for architecture topology and size［J］. IEEE transactions on pattern analysis and machine intelligence，2021，44（7）：3634-3646.

［40］KHAN N，YAQOOB I，HASHEM I A T，et al. Big data：survey，technologies，opportunities，and challenges［J］. The scientific world journal，2014，2014.

［41］KIM J, ROH H, PARK S. Selective I/O bypass and load balancing method for write-through SSD caching in big data analytics［J］. IEEE Transactions on Computers, 2017, 67（4）: 589-595.

［42］SAMUNDISWARY S, DONGRE N M. Object storage architecture in cloud for unstructured data; proceedings of the 2017 International Conference on Inventive Systems and Control（ICISC）, F, 2017［C］. IEEE.

［43］KHINE P P, WANG Z S. Data lake: a new ideology in big data era; proceedings of the ITM web of conferences, F, 2018［C］. EDP Sciences.

［44］GUPTA Y K, JHA C. A review on the study of big data with comparison of various storage and computing tools and their relative capabilities［J］. International Journal of Invocation in engineering & technology（IJIET）, 2016, 7（1）: 470-477.

［45］XIANG Z, FESENMAIER D R. Big data analytics, tourism design and smart tourism［J］. Analytics in smart tourism design: concepts and methods, 2017: 299-307.

［46］SHOVAL N, AHAS R. The use of tracking technologies in tourism research: The first decade［J］. Tourism Geographies, 2016, 18（5）: 587-606.

［47］LI J, XU L, TANG L, et al. Big data in tourism research: A literature review［J］. Tourism Management, 2018, 68: 301-323.

［48］YANG X, PAN B, EVANS J A, et al. Forecasting Chinese tourist volume with search engine data［J］. Tourism Management, 2015, 46: 386-397.

［49］LAW R, LI G, FONG D K C, et al. Tourism demand forecasting: A deep learning approach［J］. Annals of Tourism Research, 2019, 75: 410-423.

［50］LI X, LAW R. Network analysis of big data research in tourism［J］. Tourism Management Perspectives, 2020, 33: 100608.

［51］SUN S, WEI Y, TSUI K-L, et al. Forecasting tourist arrivals with machine learning and internet search index［J］. Tourism Management, 2019, 70: 1-10.

［52］ARDITO L, CERCHIONE R, DEL VECCHIO P, et al. Big data in smart tourism: challenges, issues and opportunities［M］. Current Issues in Tourism. Taylor & Francis. 2019: 1805-1809 %@ 1368-3500.

［53］PAN B, YANG Y. Forecasting destination weekly hotel occupancy with big data［J］. Journal of Travel Research, 2017, 56（7）: 957-970.

[54] LI X, PAN B, LAW R, et al. Forecasting tourism demand with composite search index [J]. Tourism Management, 2017, 59: 57-66.

[55] PENG B, SONG H, CROUCH G I. A meta-analysis of international tourism demand forecasting and implications for practice [J]. Tourism Management, 2014, 45: 181-193.

[56] MELENDEZ S T, THAPA B. Tourism demand modeling and forecasting for El Salvador [J]. Tourism Analysis, 2017, 22(2): 261-266.

[57] SONG H, QIU R T, PARK J. A review of research on tourism demand forecasting: Launching the Annals of Tourism Research Curated Collection on tourism demand forecasting [J]. Annals of Tourism Research, 2019, 75: 338-362.

[58] LI X, LAW R, XIE G, et al. Review of tourism forecasting research with internet data [J]. Tourism Management, 2021, 83: 104245.

[59] BRYNJOLFSSON E, GEVA T, REICHMAN S. Crowd-Squared [J]. MIS quarterly, 2016, 40(4): 941-962.

[60] WEN L, LIU C, SONG H, et al. Forecasting tourism demand with an improved mixed data sampling model [J]. Journal of Travel Research, 2021, 60(2): 336-353.

[61] GIGLIO S, BERTACCHINI F, BILOTTA E, et al. Using social media to identify tourism attractiveness in six Italian cities [J]. Tourism Management, 2019, 72: 306-312.

[62] XU Y, LI J, BELYI A, et al. Characterizing destination networks through mobility traces of international tourists — A case study using a nationwide mobile positioning dataset [J]. Tourism Management, 2021, 82: 104195.

[63] E SILVA F B, HERRERA M A M, ROSINA K, et al. Analysing spatiotemporal patterns of tourism in Europe at high-resolution with conventional and big data sources [J]. Tourism Management, 2018, 68: 101-115.

[64] BARNES S J, MATTSSON J, SøRENSEN F, et al. Measuring employee-tourist encounter experience value: A big data analytics approach [J]. Expert systems with applications, 2020, 154: 113450.

[65] TüRKMENDAĞ Z. Understanding Big Data and Techniques in Cultural Tourism [M]. Handbook of Research on Digital Communications, Internet of Things, and the Future of Cultural Tourism. IGI Global. 2022: 121-137.

[66] LI J, CAO B. Study on tourism consumer behavior and countermeasures

based on big data [J]. Computational Intelligence and Neuroscience, 2022, 2022.

[67] SAMARA D, MAGNISALIS I, PERISTERAS V. Artificial intelligence and big data in tourism: a systematic literature review [J]. Journal of Hospitality and Tourism Technology, 2020, 11 (2): 343-367.

[68] MOUNTASSER I, OUHBI B, FRIKH B, et al. Big data research in the tourism industry: requirements and challenges [J]. International Journal of Mobile Computing and Multimedia Communications (IJMCMC), 2020, 11 (4): 26-41.

[69] SALAS-OLMEDO M H, MOYA-GóMEZ B, GARCíA-PALOMARES J C, et al. Tourists' digital footprint in cities: Comparing Big Data sources [J]. Tourism Management, 2018, 66: 13-25.

[70] PARK S B, KIM J, LEE Y K, et al. Visualizing theme park visitors' emotions using social media analytics and geospatial analytics [J]. Tourism Management, 2020, 80: 104127.

[71] SETIADI Y, ULUWIYAH A. Improving data quality through big data: Case study on big data-mobile positioning data in Indonesia tourism statistics; proceedings of the 2017 International Workshop on Big Data and Information Security (IWBIS), F, 2017 [C]. IEEE.

演艺活动与旅游演艺

田明舸[①]

上海旅游高等专科学校 会展与经济管理学院

摘 要：本文探讨了演艺活动与科学技术的关系，并分析了旅游演艺的发展历程。本文首先阐述了演艺活动的定义及其与科学技术的融合，指出现代演艺活动通过科技手段提升了表演效果。然后，文章详细介绍了旅游演艺的发展历程，从最早的集市杂耍到现代化的旅游演艺项目，如西安的《仿唐乐舞》和杭州的《宋城千古情》。此外，文中还强调了同理心地图在演艺活动策划中的应用，帮助策划者更好地理解观众需求，提升用户体验。通过对多个阶段的分析，文章展示了旅游演艺从单一娱乐形式向多样化、互动化、沉浸式发展的演变过程。

关键词：演艺活动；科技融合；旅游演艺；同理心地图

一、演艺活动的概念

（一）演艺

演艺的历史与人类的历史几乎一样悠久，并且几乎存在于各个文明中，从早期的宗教仪式到古希腊洋洋大观的舞台，从乡村的草台班子到帝王的心爱之物，还表现为各种各样的不同形式：既包括木偶戏、皮影戏、杂耍、马戏等古老的表演形式，也包括冰上舞蹈、相声、小品、歌剧、音乐剧、芭蕾等比较现代的艺术形式。此外，还有诸如电影、电视、录像等引领20世纪娱乐趣味的大众艺术。

演，指根据事理推广发挥、推演；艺，指才能、技能。演艺是指以戏剧、音乐、舞蹈以及说唱和技艺表演为主要形式的表演艺术，在精神生产领域，是作为面向社会并从多层次的观众群体中获取社会和经济效益以维持和促进自身发展的文化产品，并以此形成表演艺术行业。演艺是具有一定原创性、传统性、专业性

[①] 作者简介：田明舸，女，博士，上海旅游高等专科学校会展与经济管理学院讲师。主讲课程：演艺活动与管理、会展融资、美学与艺术欣赏等。研究方向：会展策划与管理、旅游营销、生态旅游、文旅融合等。联系方式：tianmg@shnu.edu.cn。

的艺术行业，而它的发展与相关行业密切相关，因此它极富衍生功能和发展潜力。

（二）活动（activity）

对于"活动"一词，人们有多种不同解释。以《现代汉语词典》收录的关于活动的定义为例，活动一词是指为了达到某种目的而采取的行动。活动的范围很广，一次班级聚会、一次野外旅游、一次展览会、一次比赛等，都可以称为活动。

（三）事件（event）

有些学者将 event 亦译为"活动"，但另一些学者为了将其与 activity 区分，便翻译为"事件"。因此中国业内近年来出现了"事件旅游"、"特殊事件"、"标志性事件"，同时也出现了"大型活动"、"重大活动"、"特殊活动"等不同说法。

两者有何区别？美国卡盖瑞大学的盖茨教授曾将 event 事件定义为短时间内发生的一系列活动项目的总和及发生时间内环境管理、设施管理和人员的独特组合。比如一个两到三天的会议，这个会议还包括了最后一天的实地考察，这个就可以被视为是一个 event。一些学者认为 activity 是不同类型活动的总称。

（四）大型活动（large events）

多数演艺活动的规模较大。约翰尼·艾伦等指出，大型活动往往指经过精心计划而举办的某个特定的仪式、演讲、表演或庆典，大型活动标志着某个特殊场合或要达到的特定的社会、文化或社团的目标或目的。大型活动可以包括各种节目和庆典、重大市民活动、独特的文化演出、重要的体育赛事、社团活动。大型活动的清晰内涵应该包括：大型活动是一次性的、不会再重复发生或至少不是经常发生的。比如某个节庆可以是一次大型活动，但并非所有的大型活动都是节庆。

二、演艺与科学技术

（一）演艺与科学技术的概述

根据《辞海》记载，"科学"是关于自然、社会和思维的知识体系。而"技术"则是基于生产实践经验和自然科学原理所发展出来的各种工艺操作方法和技能，以及相应的工具设备和工艺过程。在演艺领域，科技的应用则是将演艺器物作为演艺活动的载体、生产手段和传播媒介来使用。

（二）科技与舞台艺术

"云剧场"、"在线艺术欣赏"、"视频直播"等新形式的出现，无论是由于科技进步还是疫情的影响，线上演播已成为演艺产业发展的重要趋势。在"后疫情时代"，如何利用不断发展的数字技术，扩展演播的空间，实现科技与演艺的深度融合，成为新的课题。中国国家话剧院在这一领域迈出了重要一步，即将建成全国首个兼具创作和演出功能的院场一体化"5G智慧剧场"——国话先锋智慧剧场。通过科技与艺术的深度融合，未来观众可以使用VR等设备，轻松体验身临其境的舞台演出。

受到5G科技加持装修的国话先锋剧场将会悬挂若干个VR球形摄像机，每个球形摄像机就有超过30个机位，做到无死角的拍摄。4K、8K、VR、XR等技术能够营造出全沉浸舞台，让戴上头显的观众从以前的旁观者，变成了登上舞台的"参与者"。科技填补了剧场观演的视觉缺陷，同时也为剧场和互联网搭上了一座科技的桥梁。

三、演艺活动的观众心理解读工具——同理心地图

（一）什么是同理心地图

同理心地图是多人协作的画布工具，主要用于呈现我们对受众的洞察。利用同理心地图可以帮助团队对受众的需求形成一致的认知，减少偏见；建立用户画像，帮助团队确定用户研究方向、激发灵感以及在活动后期的策划中提供决策支援。

（二）同理心地图在演艺活动策划中的作用

同理心地图在演艺活动策划中起到了以下的作用：①受众的一些动机很难被感知，更难被洞察，而同理心地图可以解释受众行为、选择、决定之后的深层动机，让主办方可以找到他们的真实需求。②它让演艺活动策划团队可以参与到用户体验的内在部分，这很难从报告中感受到。③它也为演艺活动主题的创新打下了良好的基础。如果策划人不是一个很敏感、很有洞察力的人，通过这种方式可以帮助弥补先天的不足。这样我们在创建用户体验地图或是归纳用户问题的环节中就不会因为缺乏洞察而捉襟见肘。

（三）同理心地图的使用阶段

在演艺活动策划开始前我们需要明确地知道团队是在为哪一类观众举办这个活动。所以在对受众的需求层次有了初步的了解后可以使用同理心地图，结束后

我们可以丰富观众的用户画像。

（四）同理心地图的组成部分与填写方法

同理心地图由七部分组成（图1）。

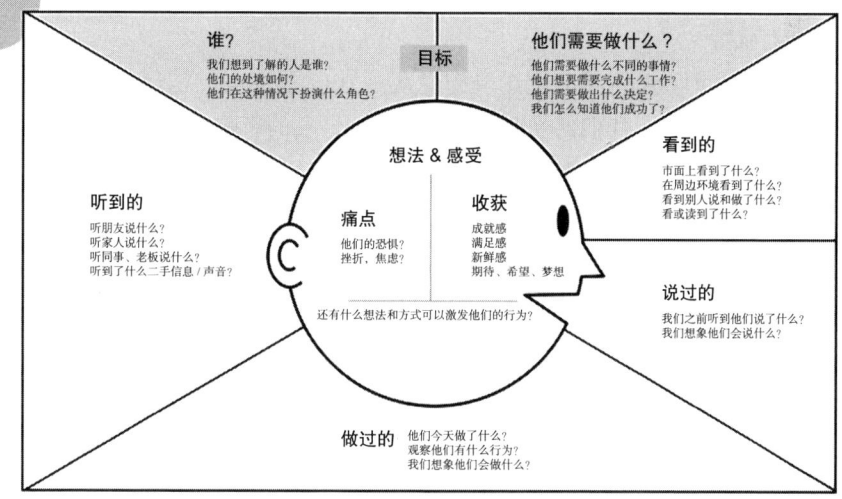

图 1　同理心地图

首先我们得知道需要产生同理心的人是谁。我们需要了解哪些人？这些人处在什么样的情境？他们在这些情境中的角色是什么？

然后了解他们想要做什么？他们想要做什么来与众不同？他们需要完成什么工作？他们需要作出什么决定？我们如何知道他们获得了成功？

以上工作是确定我们的分析对象。之后按照顺时针方向填充画板，开始分析受众的所见、所说、所做和所听，再探察受众深层次心理活动——焦虑、期望。

1. 所见

所见，即是对受众所处环境的分析。受众在个人情境和公共环境下行为反应是否有不同？若不同，为什么会有差异？原因是什么？受众每日所处的环境是怎么样的？这些宏观信息确定后，我们可以从演艺活动策划的角度思考，受众平日通过什么途径获得活动的通知？是通过邮件？微信公众号？还是新闻广播？他们所见的活动都有哪些？有哪些共性？有哪些不足？

2. 所说

所说，即受众表达了怎样的态度。受众说了什么，我们能够想象到受众之后会说什么？例如，针对市场上已有的演艺活动，目标受众有哪些评论？针对我们可能要举办的活动，受众又可能会有什么样的评论？

3. 所做

所做，即受众的行为分析。受众今天做了什么？我们观察到了受众的什么行为？我们可以想象受众将来会做什么？同时也可以从策划演艺活动的角度出发问同样的问题。

4. 所听

所听，即哪些人或事会影响到受众？他们是否容易受其他因素的影响？这些影响因素是什么？我们的受众更容易受亲朋好友的影响吗？还是更容易受其同事、工作伙伴的影响？这些影响产生的途径是什么？

5. 痛点

完成同理心地图外部的板块后，再聚焦到受众脑海发生的想法。这是整个画板的重心，能够更好地洞察受众心里的想法。

首先是痛点，即受众害怕什么？受众被什么所困扰？受众为什么而焦虑？例如，受众在以往参加活动的经历中有过非常不好的体验：参加某个郊外音乐节，不仅路途遥远而且到了音乐节活动地后没有足够的停车位，这个体验导致他们以后不敢再参加郊外的音乐节。活动策划人针对受众的这个痛点和顾虑应该采取怎样的改善和措施呢？

6. 期望

期望，即受众的需求、要求和梦想是什么？例如有些受众参加演唱会的需求只是为了见到自己的偶像，则策划人可以在演唱会结束后安排一场小型签名会。

给大家展示一些其他人做的同理心地图（图2、图3）。通过团队制作同理心地图，我们可以更加深入地了解活动受众的心理需求，能够更好地完善用户画像。

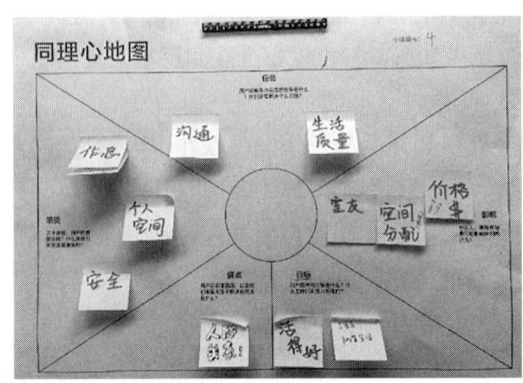

图 2　同理心地图示例 1

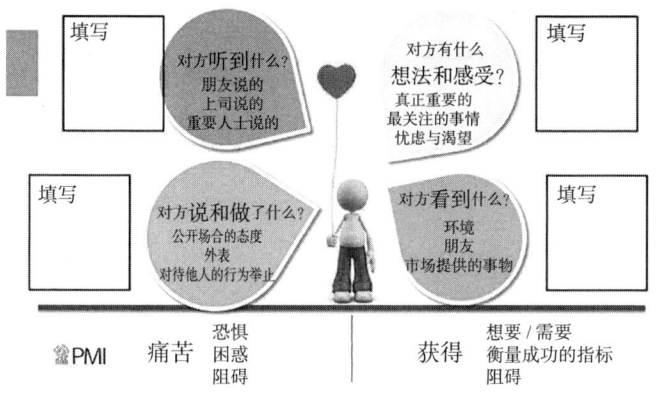

图 3　同理心地图示例 2

四、旅游演艺发展历程

旅游演艺项目最早的雏形是古已有之的集市杂耍，即通过音乐、舞蹈、魔术及博彩游戏等手段来营造气氛、吸引顾客。但这并非真正意义上的旅游演艺项目，与如今所说的旅游演艺产品有着本质区别。

（一）旅游演艺发展第一阶段：20 世纪 80 年代至 1995 年

这是旅游演艺市场的开启阶段，以室内剧场为主，外宾观众为主，行政式招待与市场演出兼而有之。

关于旅游演艺市场开启阶段的标志性事件现存两种说法，一部分学者认为是深圳华侨城集团创造性地将艺术演出与旅游文化完美地结合起来，开创了旅游演艺的新模式，即中国民俗文化村 1995 年 7 月推出的"中华百艺盛会"和世界之窗 1995 年 12 月推出的"欧洲之夜"。1995 年，在景区客源量呈现下降趋势的背景下，中国民俗文化村于 1995 年 7 月 8 日推出了"中华百艺盛会"，它以民俗文化为主线，配合灯光、音响，在景区的中心广场上采用歌舞杂技表演与彩车队列大游行相结合的形式，展现了中国丰富多彩的民间杂技及民俗文化。当时参演人数达 500 人，总投资达 800 万元。同年为了迎接圣诞和元旦，充分发挥欧风街的效益，争取欧风街对外开放经营，深圳世界之窗投资 400 多万元对其进行改造，于 12 月 22 日起推出以"欧洲之夜"为主题的大型新年庆典活动。

也有部分人认为中国的第一个旅游演艺项目是陕西省歌舞剧院古典艺术团于 1982 年 9 月在西安推出的《仿唐乐舞》。它融音乐、舞蹈、诗歌于一体，有较为强烈的审美感染效果，具备了旅游演艺项目的特征。但总的来说，这一阶段的旅游演艺项目主要集中于主题公园之内，是基于对景区资源的浅层次开发和利用，只属于一般的娱乐表演项目，数量极少，规模很小，在景区的分量也不重，但它已开始成为一些以人造景观为主的主题公园突破静态局限、走向动静结合的主要方式。

（二）旅游演艺发展第二阶段：1995年至2004年

这是旅游演艺市场的初步发展阶段，开始面向国内外大众游客，在主题公园剧场或专业旅游剧院演出并进行商业化运作。

在这一时期，旅游业的快速发展和市场需求的变化使得一些旅游景区和旅游城市意识到，游客只能在白天观光，晚上却无处可去、无事可做。为了解决这一问题，旅游市场开始主动推出一系列旅游演艺项目，形成了"白天观光，晚上赏秀"的全新旅游生活方式。由此，"娱乐"在旅游中的重要性日益显现。

此时，旅游演艺项目只是依附于其他旅游吸引物存在，而且主要是以小型的游乐项目为主，数量多、增长快、投资少、规模小、无特色、质量低下等都是此阶段旅游演艺产品的主要状况。这些演艺项目在一定程度上丰富了旅游活动，增强了景区的吸引力，但由于只注重"量"而不注重"质"的发展，到目前为止其中大多数项目已经失去了生存的土壤（表1）。当然此阶段也不乏一些旅游演艺精品，如杭州宋城推出的《宋城千古情》和深圳世界之窗的《创世纪6》，这些可以说是久经市场考验、时至今日还有很大吸引力的名牌产品，是此阶段旅游演艺产品的成功典型。

表1 2018年部分停演旅游演艺

演出城市	演出名称	演出地点
浙江嘉兴	触电·仙剑奇侠传	新西塘越里
山东泰安	泰山功夫传奇	泰山大剧院
河南郑州	郑州刘老根大舞台	刘老根大舞台
河南郑州	神龙部落	中州影剧院
湖南张家界	梦里张家界	梦里张家界大剧场
河南洛阳	隋唐百戏城国际大马戏	隋唐百戏大剧院
陕西西安	唐说西游	古都大剧院
河北张家口	天下第一堡	暖泉古镇

(三)旅游演艺发展第三阶段：2004年至2013年

我们称这个阶段为1.0山水实景式沉浸体验时代，旅游演艺市场开始进入快速推进、全国发展阶段。

在此发展期间，旅游演艺产品数量有所增加的同时，更加注重演艺产品特色和品质的提升。此外，旅游演艺产品类型明显增多，除了一些小型的特色节目，最为突出的即是大型主题旅游演艺项目。地域文化性、鲜明的主题性、极强的娱乐性和震撼力早已成为该类产品的突出特征和吸引要素。它已发展到完全可成为一个独立的旅游吸引物，其本身不仅是一景、一个旅游点，还能衍生出无数的主题活动与产品，更是地域文化的名片和所在地的"形象大使"，成为旅游者趋之若鹜的"目的"所在。如由"铁三角"（张艺谋、樊跃、王潮歌）推出的大型实景演出印象系列"，有《印象·刘三姐》《印象·丽江》《印象·西湖》，以及由杨丽萍打造的《云南映象》等都是这一阶段的典型代表。

(四)旅游演艺发展第四阶段：2013年至今

我们称这一阶段为2.0再现式剧场舞台沉浸体验时代与3.0互动行进式沉浸体验时代。旅游演艺进入转型升级、提质增效的过程。2.0时代的代表作品是王潮歌导演的"又见"系列。近年旅游演艺开始尝试行进式表演，代表作品是2019年王潮歌导演的"只有"系列。

2013年"又见"系列第一部作品《又见平遥》诞生。《又见平遥》对室内传统剧场进行了复杂而独特的分割设计，观众没有固定的入口和座位，而是随机步行穿梭于整个表演空间中，从不同的视角和方位体验各不相同的感受。王潮歌表示："我们很少有机会以这样的方式观看演出，这更像是参观一个博物馆，或者更像一次时空穿越。观众有时是旁观者，有时又像亲历者。在一个又一个相互独立的场景中，我们拾取祖先生活的片段：清末的平遥城、镖局、赵家大院、街市、南门广场。从这些纷繁的碎片中窥见故事的端倪。"这种设计在艺术创作中具有极强的探索性，对观众而言，情境体验剧能够带来多元的视觉、感官和情感体验。

2019年，《只有峨眉山》作为"戏剧幻城"实景演艺"只有"系列的开篇之作，将沉浸式旅游演艺带入了实景沉浸演出的3.0新时代。这部作品首次打破了传统舞台空间的概念，实现了"剧场演出"与"实景演出"的无缝融合，使各种剧场形式互相交融，并创新了行进式的观赏方式。随着行进路线的推进，观众逐步进入一个又一个故事，通过"云之上"、"云之中"、"云之下"三个剧场，以实与虚、写意与留白、表现与间离等多种方式，体验峨眉山几千年来的历史文化和民风民俗，由此产生心灵的共鸣与共感。多剧场、多维度、互动式、浸入式的表现手法，引领着沉浸式旅游演艺进入了更深层次的沉浸漫游体验模式。

参考文献

［1］中国乐器协会网。

［2］文旅中国网。

［3］郑建瑜.大型演艺活动策划与管理（第二版）［M］.重庆：重庆大学出版社，2017.

［4］Wick, J. Empathy Mapping: A Gateway To User-Centered Insights 2018. Online: https://medium.com/ (accessed on May 2024).

［5］简书. Brainstorming in Class 2019. Online: www.jianshu.com (accessed on May 2024).

基于遗传算法的旅游企业财务风险评估研究

陈 萍[①]

上海旅游高等专科学校 会展与经济管理学院

摘 要：随着旅游市场环境的变化和复杂化，旅游企业面临的财务风险日益多元化。有效评估和控制这些金融风险已成为旅游企业发展的关键。因此，本研究借助遗传算法构建了准确、实时的企业财务风险评估与控制模型。结果表明，与其他模型相比，研究模型的最大误差值仅为 0.12，最大均方误差仅为 0.09。通过对选定旅游企业的数据进行模拟，验证了模型的可靠性。增加样本数量后，模型精度不断提高，预测的财务指标更加符合实际情况。该模型在平均适应度上取得了最好的结果，并且在 10 次迭代内达到了要求的误差值。在拟合优度对比中，模型的训练集、测试集和验证集的拟合优度均在 0.7 以上。在实证分析中，研究模型的 ACC 达到 97.4%，准确率达到 97.1%，研究的 F1 指数达到 98.6%，其他三个研究模型均低于 98%。由此可见，该研究模型具有显著优势，能够有效评估和控制旅游企业的财务风险。

关键词：金融预警；风险评估；遗传算法；神经网络

引言

在全球化背景下，旅游业在国民经济中发挥着越来越重要的作用，成为推动人民经济水平提高的重要力量。但随着经营环境的复杂化，企业面临着更大的风险和挑战。尤其是金融风险已成为企业生存和发展的关键问题[1]。稳定的财务状况是企业生存的基础，在当前激烈的市场竞争中，如果企业不能有效评估和控制财务风险，企业就会被社会淘汰。许多企业不重视财务风险或不能妥善应对，导致上市公司破产，对我国社会经济发展造成很大影响[2]。作为旅游产业化经营的

[①] 作者简介：陈萍，女，博士，上海旅游高等专科学校会展与经济管理学院副教授。主讲课程：财务管理、财务大数据分析、管理会计等。研究方向：旅游企业财务管理、大数据会计等。联系方式：ccping568@163.com。

骨干企业，旅游产业安全的源泉是金融风险管理。然而，中国旅游上市公司做好财务风险评估和控制工作并不容易。一是旅游具有季节性，流动性风险较大。二是业务多元化，增加了财务复杂性。此外，网络信息化也给旅游企业带来了新的发展机遇，但也增加了风险的可变性。因此，本研究将建立一个科学的基于改进遗传算法的有效财务风险评估模型，准确、全面地评估旅游企业的财务状况。此外，还将研究如何减少资金投入风险。

通过控制相应的风险因素来控制旅游企业的风险。期望为旅游企业提供科学合理的财务风险评估工具，帮助企业面对复杂不确定的市场环境，及时准确地识别和防范财务风险，从而提高企业经济效益和市场竞争力。同时，也希望本研究能够进一步推动数据科学在金融风险评估与预测领域的应用，以期在未来的研究中发挥更大的作用[3]。同时，使企业能够更有效地进行财务分析，营造良好、积极的市场经济竞争环境。此外，缓解人工调查和审计工作压力，真实客观评估财务风险，扩大风险监控范围；合理评估旅游企业未来经济价值和经济规模空间；对借入资金的安全性提供更有利的分析。

本研究的问题是现有的评估方法和控制措施在旅游企业财务风险评估和控制中是否足够有效。本研究的目的是为旅游企业构建更加准确有效的财务风险评估与控制模型。验证改进后的财务风险评估模型在实际应用中的效果，看看其是否能够正确评估和控制旅游企业的财务风险。研究内容主要包括四个部分。第一部分构建旅游企业风险评价指标体系，第二部分构建旅游企业财务评价与控制模型，第三部分提出了基于遗传算法的财务风险评估模型的优化方法，第四部分验证了改进后的金融风险评估模型的应用效果。结果表明，优化改进模型能够正确评估和控制旅游企业的财务风险。

一、相关研究

企业财务风险是指由于不确定因素的影响，企业经营产生的实际收入小于预期收入的现象。当财务风险严重时，企业将遭受难以弥补的损失。财务风险控制是对风险识别和评估的分析结果，提出有针对性的防控措施，从而有效降低企业风险，保障企业健康稳定发展。在金融风险评估方面，更多的风险因素正在逐步显现引入宏观经济因素、行业特征、企业管理等因素，并尝试采用机器学习、深度学习等新方法进行风险评估，提高评估的准确性[4]。在风险控制方面，研究者开始关注预警机制的研究，包括建立金融风险预警模型、提出金融风险预警指标，以实现金融风险的早期发现和及时干预，此外，也有研究关注互联网金融、大数据等新技术或应用对旅游企业财务风险评估与控制的影响[5]。这些新兴的研究领域为探索旅游企业财务风险评估与控制带来了新的理论和方法。为提高金融信用风险控制的有效性，维贾耶普里（Vaiyapuri）提出基于加权随机森林算法的金融信用风险管理策略，构建评价指标体系，采用层次分析法评价金融信用水平。结果表明，该方法对金融信用数据的分类精度较高，风险评估阈值与实际结果基本一致[6]。王宇等提出了具有混沌特征的动态金融风险系统。通过分析动态系统的一些特性，系统表现出明显的混沌振荡共存现象。仿真结果表明，有限时间脉冲控制器的收敛速度比脉冲控制器快[7]。

BP神经网络是通过误差反向传播算法训练的前馈神经网络，而遗传算法是模拟生物进化和遗传机制的随机搜索方法。在遗传算法的改进上，一些研究者提出了新的改进策略，如引入混沌搜索策略、改进选择算子、交叉算子和变异算子等，以提高搜索效率和算法质量。这两种算法广泛应用于各行各业。

综上所述，在财务风险评估与控制的研究中，对财务风险评估的研究相对较多，而对财务控制的研究则略少。BP神经网络广泛应用于工程、互联网安全、数据集分类和系统建模。因此，研究遗传算法结合BP神经网络建立旅游企业财务风险控制与评价模型。

二、改进遗传算法构建旅游企业财务风险评价模型

（一）旅游企业风险评价指标体系构建

当旅游企业受到不确定因素影响时，会出现企业预期收入大于实际收入的现象。当这种现象过于严重时，会给企业带来财务风险和损失。企业若想在危机初期发现潜在危害并采取解决方案，需要通过合理的指标模型进行分析[14-16]。在评价企业财务风险时，财务指标的选择是指标体系建立的基础。很多财务指标规模庞大，不同指标之间相关性很强。因此，降维后选择对财务状况权重较高的指标。指标选取标准按照全面性、可取性、相关动态性、重要性等原则选取主要指标，初步建立财务风险控制流程，帮助企业制定有效的风险防控措施或给出相关评价建议。

指标分为企业投资、融资、经营、收益分配四个子维度，帮助企业在风险到来之前精准预判。在财务风险评估阶段，就是对发现的风险进行评估，判断风险对企业的影响。在财务风险形成阶段，为企业提供合理合规的风险控制建议提供数据支撑。在财务风险控制阶段，根据识别出的财务风险和企业实际经营情况，制定有针对性、可操作性的防控措施，并根据企业特点，增加淡季分析，为旅游

企业的健康生存提供合理保障。因此，根据旅游企业的风险控制流程，结合专家评审和财务报告的可得性，相关企业指标体系如下表所示（表1）。

表1 旅游企业财务风险评价指标

一级指标	二级指标	序号
盈利能力 X_1	净资产利润率	P_1
	总资产利润率	P_2
	成本利润率	P_3
营运能力 X_2	应收账款周转率	P_4
	流动资产周转率	P_5
	总资产周转率	P_6
偿债能力 X_3	现金流量负债率	P_7
	速动比率	P_8
	资产负债率	P_9
发展能力 X_4	营业收入增长率	P_{10}
	总资产增长率	P_{11}
	营业利润增长率	P_{12}

（二）旅游企业财务评价与控制模型

在确定旅游企业财务风险指标体系后，建立了财务风险评估模型，并利用遗传算法改进了财务危机评估的神经网络模型。BP神经网络具有良好的非线性能力，由三层组成，分别为输入、输出和隐藏层，如图1。

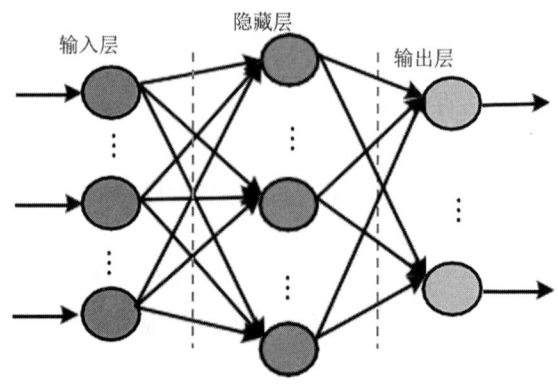

图1 简单的神经网络模型

在输入层，输入向量为数据开运算，公式如（1）所示。

$$X = [x_1, x_2, x_3, x_m]^T \tag{1}$$

在等式（1）中，输入向量中的向量单位为 x_m，研究中有12个指标，因此输入层节点为12个，X 为输入向量。

$$S_i = w_{ji} x_i + b_j \tag{2}$$

在等式中（2），w_{ji} 是权重，b_j 是阈值，x_m 是输入神经元。因此，矩阵输入层和隐藏层的权重可以表示为等式（3）。

$$V = [V_1, V_2, V_3, V_m]^T \tag{3}$$

在等式（3）中，V 为权重矩阵，隐藏层对应神经元的权重向量值为 V_m，因此隐藏层的输出向量如式（4）所示。

$$Y = [y_1, y_2, y_3, y_m]^T \tag{4}$$

在等式（4）中，Y 为隐藏层的向量，y_m 为向量中向量对应的向量单元。隐含层与输出层之间的权重矩阵如方程式（5）所示。

$$net_j = \sum_{i=0}^{n} v_{ji} x_i \tag{5}$$

在等式（5）中，W 为权重矩阵，w_m 为对应神经元对应的权重向量值。在向量的前向传播过程中，隐藏层的输入信号如式（6）所示。

$$W = [w_1, w_2, w_3, w_m]^T \tag{6}$$

在等式（6）中，v_{ji} 为隐藏层对应神经元与输入层对应神经元以及输入层对应神经元之间的连接层，则隐藏层的输出信号如下所示。

$$y_j = f\left(\sum_{i=1}^{n} v_{ji} x_i\right) \tag{7}$$

在等式（7）中，$f\left(\sum_{i=1}^{n} v_{ji} x_i\right)$ 为传递函数。在输出层，神经元节点的输入信号如式（8）所示。

$$O_k = f_2\left(\sum_{j=1}^{m} w_{kj} y_j\right) \tag{8}$$

在等式（8）中，net_k 为对应神经元节点的输入信号，w_{kj} 为对应神经元与隐藏层对应神经元之间的链接，因此输出层神经元节点的输出信号可表述为（9）。

$$O_k = f_2\left(\sum_{j=1}^{m} w_{kj} y_j\right) \quad (9)$$

在等式（9）中，f（·）是输出的传递函数层。当神经网络进行误差反馈时传播过程中，以输出层为起点，逐层反向计算各层误差，实际输出无限接近所需的输出。当输出误差发生时，输出误差公式如下。

$$E = \frac{1}{C}\sum_{K=1}^{l}(d_k - o_k)^2 \quad (10)$$

在等式（10）中，d_k 为对应输出神经元的期望输出值，o_k 为实际输出值对应的输出神经网络，C 是样本组的个数，l 是向量位的个数。隐藏层和输出层的权重变化用以下公式表示。

$$\Delta w_{jk} = -\eta \frac{\alpha E}{\alpha w_{jk}} \quad (11)$$

在等式（11）中，比例因子 η 是 0 到 1 之间的常数，E 是输出误差。调整输入层和隐含层权重的公式如式（12）所示。

$$\Delta v_{ji} = -\eta \frac{\alpha E}{\alpha v_{ji}} \quad (12)$$

在 BP 神经网络中，传递函数通常采用 Sigmoid 函数，其函数如式（13）所示。

$$f(x) = \frac{1}{1 + e^{-x}} \quad (13)$$

在 BP 神经网络中，非线性映射和泛化能力是模型的突出优势，但仍然存在算法收敛速度慢、容易陷入局部最优的问题。因此，本研究将遗传算法融入到 BP 神经网络中，对网络中的权重和阈值进行选择和处理，避免算法陷入局部最优的情况，并提高收敛速度、原模型节点数量以及节点数量。原模型中的功能、节点数和传递函数不变。

输入学习样本后标准化输入和输出量，初始化参数。然后，计算每个级别的输入和输出值以及差分之间的误差，满足要求时输出结果。指标体系和模型建立后，就建立了混淆矩阵，在指标体系的训练和评估中，样本准确度表达如下：

$$ACC = \frac{TP + TN}{TP + TN + FP + FN} \quad (14)$$

在等式（14）中，TP 为预测为正确的正确样本数，FN 为预测为错误的正确样本数，FP 为预测为正确的错误样本数，TN 为预测为错误的错误样本数。模型的准确性是衡量模型预测正确的比例。计算公式如下。

$$PE = \frac{TP}{TP + FP} \quad (15)$$

召回率是衡量机器学习模型有效性的评估指标之一，计算公式如下：

$$\text{Recall} = \frac{TP}{TP + FN} \quad (16)$$

F 值是召回率和准确率的算术平均值，用于总体预测，计算结果如式（17）所示。

$$F1 = \frac{2 \times PE \times \text{Recall}}{PE + \text{Recall}} \quad (17)$$

本研究使用基于 Python 语言的工具包，包括 NumPy、Pandas 和 Matplotlib。在本研究中，NumPy 执行数据预处理和数组操作，例如数据清理、缺失值处理和特征提取。使用 Pandas 读取和处理旅游企业的财务报表数据，例如数据表的合并和转换、缺失值和异常值的处理等。使用 Matplotlib 可视化实验结果和模型性能，例如映射混淆矩阵、ROC 曲线和准确率－召回率曲线。

三、分析与实证分析

（一）模型效应分析

从绝对误差和拟合效果角度构建改进遗传算法评价模型分析财务风险。数据主要来自旅游企业的财务报表和相关经济指标。其中，财务报表数据来源于旅游企业年度财务报告，经济数据指标数据来源于统计网站相关统计数据。财务报表数据包括资产负债表、利润表和现金流量表等。经济指标数据包括 GDP、旅游收入、旅游人数等。这些数据由查询、下载旅游企业官方网站和国家统计局网站。报表数据来源于国家旅游局官方网站和旅游企业官方网站。经济指标数据来源于国家统计局官方网站和相关行业协会官方网站。从最大误差、均方误差和方差三个角度对传统 BP 模型、PCA-BP 模型和研究模型进行对比分析，结果如图 2 所示。

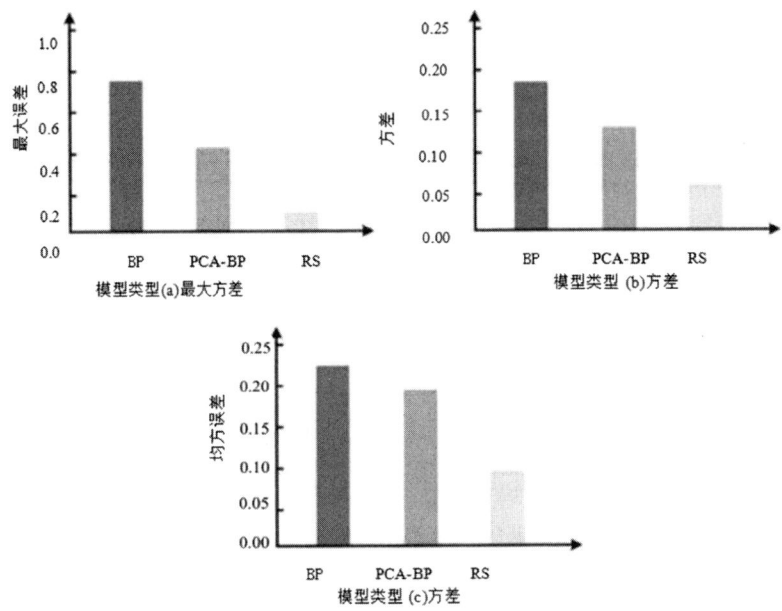

图 2　模型类型性能指标对比图

从图 2 的性能指标对比来看，在最大误差指标中，传统 BP 模型的最大误差值为 0.78，PCA-BP 模型的最大误差值为 0.45，研究模型的最大误差值仅为 0.12，比传统模型下降了 0.66，比 GA-BP 模型下降了 33（图 2a）。在方差指标上，传统 BP 模型的方差为 0.19，PCA-BP 模型达到 0.13。研究模型与前两个模型相比方差最小，与传统 BP 模型相比方差下降了 0.13 至 0.06，且方差远小于 PCA-BP 模型（图 2b）。在均方误差结果对比中，传统 BP 模型的最大均方误差达到了 0.23，PCA-BP 模型的最大均方误差达到了 0.19，研究模型相比于现有模型的最大均方误差传统模型仅为 0.09（图 2c）。综上所述，在测试旅游企业的财务指标时，遗传算法改进的 BP 模型准确率最高，且优于 PCA-BP 模型。同时，为了保证模型具有良好的实际应用效果和正确的计算能力，选取某旅游公司，从经过归一化处理的指标中随机抽取 25 组数据作为样本，并进行模拟运算随机选取数据得到测试样本的输出值，以及差值将输出值与之前的期望输出值进行比较，以判断模型的可靠性。下图（图 3）可以得到模型可靠性测试的输出图。

图 3 为测试分析，实际值在第 10 组测试数据时达到最大值，接近 750，实际值在第 17 组测试数据时达到最小值，接近 140。当实际值较小时，估计值稍大，误差在可接受的范围内，并且随着测试样本的增加，估计值逐渐与实际值重合，总体准确率达到 85% 以上。在某些样本中，估计值与实际值略有不同，其中差异

较大的是第 4、5、6 和 7 组。随着样本数量的增加,准确性也在提高。

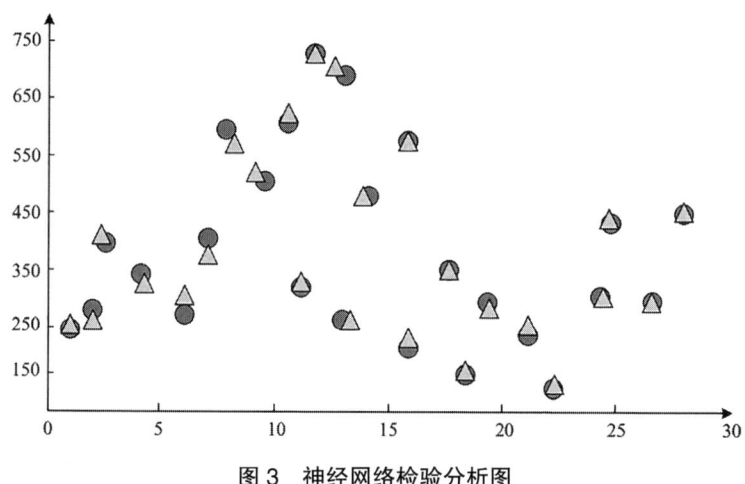

图 3　神经网络检验分析图

在旅游企业中具有良好的性能和准确性。旅游企业可以及时发现和防范潜在的财务风险,并采取相应措施进行控制。这将有助于提高企业的经济效益和市场竞争力。

(二)模型实证分析

为了有效评价研究模型的实证效果,选取决策树模型(DT)、支持向量机模型(SVM)和 RBF 模型进行对比实验。决策树模型可以通过数据集的递归划分将数据分为不同的类别。决策树模型的优点是易于理解和解释,可以处理离散和连续数据,并且可以处理多类问题。模型具有对高维数据和非线性具有良好适应性,并且可以处理二分类和多分类问题。RBF 模型的优点是可以处理非线性问题,具有较好的逼近能力。本研究采用 RBF 模型对旅游企业的财务风险进行分类和预测。通过这些模型的比较,可以对旅游企业各方面的财务风险进行分类和预测,从而评价不同模型的实证效果。共选择 280 家公司、120 家旅游公司和 160 家其他行业的公司进行测试和实验。280 家公司中,42 家公司存在财务风险(ST),238 家公司不存在财务风险(NST)。在对照检验中,选择混淆矩阵来衡量模型的经验效果。实证结果如下表(表 2)所示。

表 2 不同模型的混淆矩阵

公司类别	估计		公司类别	估计	
	ST	NST		ST	NST
RS			DT		
真实价值			真实价值		
ST	34	8	ST	36	6
NST	0	238	NST	8	238
RBF			RF		
真实价值			真实价值		
ST	20	22	ST	32	10
NST	0	238	NST	2	236

RS 模型的混淆矩阵显示，该模型对测试样本中的 34 家 ST 企业进行了风险识别，8 家企业风险识别失败，不存在错误识别的情况。RBF 模型使用混淆矩阵，正确识别 238 家 NST 公司真实样本，无误判。在认定的 ST 公司中，只有 20 家 ST 公司被正确认定，超过 50% 的 ST 公司未被正确认定。没有出现误判，但对发生财务危机的 ST 公司的识别率低于研究模型的 47%。DT 模型在预测测试集后识别出 44 家 ST 公司，而真正的 ST 公司中只有 36 家，并且出现了 8 例误识别。预测真实样本中 ST 公司为 44 家，但真实 ST 公司中只有 36 家，且存在 8 例误判情况。DT 模型识别出 244 家 NST 公司，但真实样本中只有 238 家公司实际上财务正常，有 6 家 ST 公司却被误判为 NST 公司，因此 DT 模型存在普遍性偏差的问题。从混淆矩阵可以看出，RF 模型总共识别了 246 家 NST 公司，误判了 10 家有财务风险的公司。RF 模型预测了 34 家 ST 公司，其中 NST 公司被误判 2 例。虽然 RF 模型有很好的识别能力，但两例旅游企业淡季识别不够，导致该类特例中 ST 企业对于识别不恰当。对风险企业进行预警比较，四种模型的评估精度如表 3 所示。

表 3 不同模型的评估精度

模型	ACC（%）	RE（%）	召回率（%）	F1（%）
RS	97.4	97.1	1	98.6
RBF	92.5	90.9	1	95.9
DT	95.2	96.9	96.4	97.1
RF	96.1	95.8	99.6	96.9

从表 3 中不同模型的评估指标来看，研究模型的 ACC 为 97.4%，是四个模型

中准确率最高的。RBF 模型的 ACC 指标最低，为 92.5%。研究模型的准确度指标略高于 RF 模型，为 97.1%。可以看出，该研究模型能够很好地识别 NST 企业，且错误率较小。在召回指数对比中，研究模型和 RBF 模型均达到 1，但 DT 模型和 RF 模型均高于 95%。在 F1 指数对比中，该研究模型的 F1 值达到 98.6%，而其他三个研究模型均低于 98%，该模型对旅游企业具有良好的预测效果和推广性。

参考文献

［1］Dias, L.L., Cunha, I., Pereira, L.: Revisiting small-and mediumsized enterprises' innovation and resilience during COVID-19: the tourism sector. JOITMC 8（1），2022：1–21.

［2］Wang, S.: An interview with Shouyang Wang: research frontier of big data-driven economic and financial orecasting. Data Sci. Manag, 2021，1（1）：10–12.

［3］Qi, Q.: Study on fnancial risk prediction of enterprises based on logistic regression. J. Comput. Methods Sci. Eng, 2021（05）：1255–1261.

［4］石广平；刘晓星；段聪颖：系统性金融风险的度量及其时变经济效应研究. 商业经济与管理，2022（03）：15.

［5］朱正，刘娜：基于 K-means 聚类算法的金融风险预警复杂性，2021（24）：1–12.

［6］Vaiyapuri, T., Priyadarshini, K., Hemlathadhevi, A., et al.: Intelligent feature selection with deep learning based fnancial risk assessment model. Comput. Mater. Contin, 2022, 72（8）：2429–2444. https:// doi. org/ 10. 32604/ cmc. 2022. 026204.

［7］王宇：中国金融风险预警系统的构建研究——基于 K- 均值聚类算法和 BP 神经网络. 中央财经大学学报，2021：10–15.

大数据与人工智能时代的资产定价研究

宫 博[①]

上海旅游高等专科学校　会展与经济管理学院

摘　要：本文探讨了大数据与人工智能（AI）技术在资产定价领域的应用及其对金融行业的影响。随着大数据时代的到来，传统的资产定价模型因其依赖有限的历史数据和简单的财务指标而面临挑战。数据驱动的资产定价模型利用海量、多维度的数据资源，结合机器学习和 AI 技术，能够更全面、动态地捕捉市场变化。文章详细介绍了数据驱动的资产定价模型、市场情绪分析、精准的风险管理与实时监控，以及 AI 在市场趋势预测和财经文本分析中的应用。研究表明，大数据和 AI 技术的融合不仅提高了定价模型的精准度和时效性，还革新了风险管理与决策支持系统。然而，数据隐私、安全和伦理合规问题仍然是亟待解决的挑战。未来，随着技术的不断进步和应用场景的拓展，大数据与 AI 技术将在金融领域发挥更大的作用。

关键词：大数据；人工智能；资产定价；自然语言处理

引言

在金融领域，资产定价一直是核心问题之一。传统的资产定价模型，如 CAPM 和 Black-Scholes 模型，依赖于历史数据和简单的财务指标。然而，随着大数据时代的到来，这些传统模型面临着前所未有的挑战。大数据技术提供了海量、多维度的数据资源，而人工智能（AI）技术，如机器学习和深度学习，能够处理和分析这些数据，为资产定价提供更全面、动态的视角。

本文旨在探讨大数据与 AI 技术在资产定价领域的应用及其对金融行业的影响。首先，我们将介绍数据驱动的资产定价模型，探讨如何利用大数据技术重构

[①] 作者简介：宫博，男，硕士，上海旅游高等专科学校，助教。主讲课程：大数据与财务分析、税法与纳税筹划、智能审计、财经法规与会计职业道德、经济法基础。研究方向：资产定价、证券市场、产业集聚等。联系方式：18511896871@163.com。

估值逻辑。其次，我们将讨论市场情绪分析在资产定价模型中的应用，以及如何量化市场情绪。接着，我们将探讨大数据技术在精准的风险管理与实时监控中的应用。最后，我们将介绍 AI 技术在市场趋势预测和财经文本分析中的应用。通过这些内容的讨论，我们将展示大数据与 AI 技术如何改变资产定价的实践，并提出未来研究的方向和挑战。

一、大数据技术在资产定价与风险管理中的革新应用

（一）数据驱动的资产定价模型：重构估值逻辑

大数据时代的到来为资产定价带来了前所未有的变化。传统资产定价模型依赖于有限的历史数据和简单的财务指标，如市盈率（P/E）、市净率（P/B）、股息收益率等。这些指标尽管在一定程度上能够反映资产的内在价值，但由于数据维度单一，难以全面、动态地捕捉市场的变化。

而数据驱动的资产定价模型利用海量、多维度的数据资源，打破了这一局限。通过集成机器学习和人工智能技术，数据驱动模型能够实现对市场动态的实时监测和复杂关联性的深度挖掘。使用 Bagging（如随机森林）、Boosting（如梯度提升机）等技术，将多个弱学习器组合成一个强学习器。将不同类型的模型组合在一起，利用二级模型进行最终预测，提高整体性能。

这些模型可以整合以下几类数据：一是宏观经济数据，包括 GDP 增长率、失业率、通货膨胀率、利率等。这些数据能够反映整体经济环境的变化，从而影响资产价格。二是企业基本面数据，如公司财报数据（利润、收入、负债）、公司治理结构、行业地位等。三是另类数据，如供应链数据、专利申请数据、社交媒体数据、新闻报道等。另类数据提供了传统财务数据以外的额外信息，有助于捕捉市场情绪和潜在风险。

数据驱动的资产定价模型的应用。一是供应链数据在股票价格预测中的应用。一家投资公司通过分析供应链数据，如供应商的订单量、交货时间等，发现这些数据与目标公司股票价格之间存在显著相关性。利用随机森林算法，模型能够提前预测目标公司业绩的变化，从而对其股票价格进行更加准确的估值（Chen & Zhao，2022）。二是专利申请数据在高科技公司估值中的应用。一项研究表明，专利申请数量和质量可以作为高科技公司创新能力的重要指标。通过对大量专利数据的挖掘，结合公司基本面数据，机器学习模型能够更精准地估计高科技公司的市场价值。例如，谷歌的 DeepMind 团队利用深度学习算法，结合专利数据和财务数据，成功预测了多家高科技公司未来的市场表现（Silver et al.，2016）。三

是社交媒体数据在市场情绪分析中的应用。通过分析 Twitter 和 Reddit 等社交媒体平台上的投资者评论和讨论，可以量化市场情绪，并将其纳入资产定价模型。利用自然语言处理技术（NLP），模型能够识别和分类情绪倾向，从而提高对短期市场波动的预测能力。例如，在 2013 年的研究中，博伦等人利用 Twitter 情绪数据，结合 LSTM 模型，成功预测了标普 500 指数的短期走势（Bollen，Mao，& Zeng，2011）。四是环境、社会与治理（ESG）数据在可持续投资中的应用。随着全球对可持续发展和企业社会责任的关注加深，ESG 数据成为评估企业长期价值的关键因素之一。投资者和资产管理公司利用大数据分析，收集企业的环保记录、社会责任活动、公司治理结构等多维度的 ESG 信息，通过机器学习模型综合评估其对股价的潜在影响。这种方法不仅帮助投资者识别那些因良好 ESG 实践而可能享有更低资本成本和更高长期回报的公司，还促进了资本流向更可持续的业务模式（Khan，Serafeim，& Yoon，2016）。五是卫星图像数据在房地产估值及农业产量预测中的应用。卫星图像提供了前所未有的地理空间信息，对于特定行业资产的估价具有重要价值。在房地产领域，通过分析建筑物的尺寸、周边绿化、交通状况等卫星图像特征，结合传统房地产数据，机器学习模型能够更精确地估算房产价值，为投资者提供决策支持。在农业方面，卫星数据监测作物生长状况、土地使用变化，结合气象信息，预测农作物产量，这对于农产品期货定价及农业相关企业的股票估值具有直接影响（Lobell，Bala，& Mastrandrea，2014）。六是信用卡消费数据在零售业公司业绩预测中的应用。大型零售商的销售业绩与其顾客的消费行为紧密相关。通过分析信用卡交易数据，包括消费频次、金额、商品类别等，可以洞察消费者偏好变化和消费趋势。结合机器学习模型，这些数据被用来预测零售业公司的未来销售额和市场份额，进而指导投资者作出更为精准的投资决策。例如，通过分析节假日前后的消费激增情况，模型能提前识别出可能影响公司业绩的季节性因素（Duan et al.，2019）。七是宏观经济学数据在跨境资产配置中的应用。全球经济指标，如 GDP 增长率、失业率、通胀率等，对跨国资产的表现有深远的影响。利用大数据技术和复杂的时间序列分析，结合机器学习模型，可以更好地捕捉到宏观经济变量之间的复杂关系及其对不同国家和地区资产价格的动态影响。这有助于投资者在全球范围内优化资产配置，实现风险分散和收益最大化。例如，预测模型可能基于历史数据识别出某些经济指标组合预示的市场转折点，指导资金在不同国家股市、债市之间的转移（Fama & French，2008）。

（二）市场情绪分析：情绪因子的量化与应用

市场情绪分析在资产定价模型中的应用是金融领域的一个新兴研究领域，其背后的核心思想是情绪因子对资产价格产生了影响，而这种影响是非理性的。长期以来，传统的资产定价模型主要关注理性因素，如风险和预期收益，而忽略了市场参与者的情绪因素。然而，随着大数据技术的发展，尤其是自然语言处理（NLP）和社交媒体数据分析的兴起，研究人员开始尝试将情绪因子纳入资产定价模型，以提高模型的解释能力和预测准确度。具体构建的情绪分析角度如下：

一是构建情绪认知模型及复杂网络分析。采用复杂网络理论作为分析工具，对网络平台上（尤其是社交媒体与财经论坛）市场情绪的传播动态进行建模。此过程涉及构建情绪传染网络图谱，旨在识别并分析情绪传播过程中的关键节点（例如，意见领袖、权威媒体机构）及其在网络中的社区结构角色。通过此方法论，可以系统性地探究情绪如何在不同的社会群体中扩散，并详细阐述这一扩散机制对金融市场动态的具体影响路径。这不仅为预测基于情绪驱动的资产价格波动提供了新的视角，同时也为设计高效市场干预策略奠定了理论与实证基础。

二是跨市场情绪溢出效应的量化分析。在全球金融市场高度一体化的背景下，单一市场的强烈情绪波动极易引发全球范围内的连锁反应。因此，采用多变量时间序列分析与先进的网络分析技术，对不同地域市场间情绪的相互作用及其溢出效应进行精确评估与量化显得尤为重要。研究应特别聚焦于小众市场与新兴市场在全球主流市场情绪波动下的脆弱性及响应模式，旨在揭示这些市场如何被全球情绪动态所影响，并探索其在跨境资产配置与风险管理策略中的应用潜力。

三是个性化情绪适应性投资顾问系统的理论与实践。发展基于人工智能技术的情绪智能投顾系统，旨在通过整合分析个人投资者的历史交易记录、社交媒体行为等多种数据源，来精准刻画投资者的情绪倾向与风险偏好特征。该系统的核心在于动态生成个性化投资策略建议，确保投资决策能适时适应投资者的情绪变化及市场情绪的整体趋向，从而实现投资决策与情绪状态的最优化匹配。此研究方向要求在保护隐私与数据安全的前提下，深入探讨算法设计的伦理考量、模型的有效性验证以及长期投资绩效评估方法。

总的来说，市场情绪分析在资产定价模型中的应用为金融领域提供了一种新的视角和方法，有助于更全面地理解和解释市场价格的形成和波动机制。随着大数据技术和人工智能的不断发展，市场情绪分析将会在未来发挥越来越重要的作用，成为资产定价和投资决策的重要参考依据。

（三）精准的风险管理与实时监控

在风险管理领域，大数据技术的应用不仅改变了风险管理的方式，还显著提升了风险管理的精准度和实时性。大数据技术通过分析历史交易数据、市场数据以及外部环境变量，为机构提供了更全面和深入的风险敞口视图，支持更精细的风险量化和动态监控。

首先，大数据技术在风险预测模型中的应用是关键的技术。通过使用深度学习网络等先进的机器学习技术，可以处理大规模数据集，并从中提取复杂的非线性关系，以预测不同类型的风险，如市场风险、信用风险等。例如，机构可以利用大数据技术构建预测信用违约概率的模型，通过分析大量历史交易数据和客户行为数据，识别出潜在的信用违约风险，从而及时采取风险管理措施（Chen & Wang，2021）。

其次，实时大数据流处理技术使得金融机构能够在市场变动发生时即时响应。通过使用流式数据处理技术，机构可以实时监控市场数据、交易活动和外部环境变量，迅速识别和响应潜在的风险事件。例如，在股票市场中，机构可以利用实时大数据流处理技术监控股票价格波动、交易量变化以及市场情绪变化，以便及时调整交易策略和风险对冲方案，降低市场波动带来的风险。

在实际操作中，精准的风险管理和实时监控可以帮助机构更好地应对市场的复杂性和不确定性。例如，一个基金管理公司可以利用大数据技术实时监控其投资组合的风险敞口，通过风险暴露分析和动态风险评估，调整投资组合的配置，以适应不同市场情况和风险偏好。

总的来说，大数据技术在风险管理领域的应用为金融机构提供了更多的数据来源和更高的分析能力，使其能够更准确地识别和量化风险，实现风险的快速响应与管理。随着技术的不断进步和数据的不断增加，大数据在风险管理中的作用将会变得越来越重要，成为提升金融机构竞争力和抗风险能力的重要手段。

二、人工智能在资产定价中的应用

（一）机器学习算法的创新运用

在金融领域，尤其是资产定价和风险管理方面，集成学习技术如随机森林（Random Forest，RF）和梯度提升树（Gradient Boosting Trees，GBT）展现了强大的预测能力和适应性。

随机森林在资产定价的应用。随机森林通过构建多个决策树并综合它们的预测结果，有效提高了预测的稳定性和准确性。在股票价格预测场景中，随机森林能整合历史价格、宏观经济指标及企业财务数据，为投资者提供未来价格走势的参考。然而，其对特征维度的高度容忍可能导致过拟合，尤其是在噪声较大的数据集中，影响了模型的泛化能力。在风险管理框架下，随机森林能识别高风险资产,但忽视特征间相关性可能限制了风险评估的精度。

梯度提升树(GBT)的运用。梯度提升树通过迭代学习残差,逐步构建强预测模型,尤其擅长于挖掘特征间的复杂关系。在股票收益率预测中,GBT 结合历史表现和市场动态,能捕捉到影响收益的微妙变化。然而,GBT 对噪声较为敏感,要求严格的数据预处理。该模型还能够进行特征重要性排序,指导投资策略的制定。但在处理大数据集时,其资源消耗和对参数精细调节的需求成为实际应用中的主要瓶颈。

过拟合是随机森林和梯度提升树面临的共同挑战,特别是在样本量较小或特征空间较大时更为突出。适当的超参数设置和交叉验证是降低过拟合风险、提高模型泛化能力的关键步骤。

对于大规模数据集的处理,分布式计算资源和增量学习技术可以有效减少计算时间和内存占用,提升模型训练效率。模型解释性是另一个重要问题,随机森林和梯度提升树作为黑盒模型,其预测逻辑相对不透明,这降低了模型的可解释性和用户的信任度。近年来,一些解释性增强技术如 SHAP 值分析和 LIME 方法可以帮助解释这些复杂模型的预测结果,提高其可解释性。未来的研究应重点关注以下几个方向:算法的创新与优化,以应对金融市场的复杂性和动态性;提高模型解释性的技术进展,发展数据集成和跨市场预测的新方法;开发更有效的大数据处理和资源管理技术。随机森林和梯度提升树作为先进的集成学习工具,在资产定价领域展现出显著优势,但也伴随着一系列待解难题。通过采用有效的数据预处理、合理的参数选择、利用分布式计算资源以及探索模型解释性增强技术,可以进一步优化这些方法在金融市场分析中的表现。未来研究应持续关注算法的创新与优化,以更好地适应金融市场的复杂性和动态性,提升预测精度和模型的实用性。

(二)深度学习在市场趋势预测中的应用

深度学习在金融市场趋势预测方面展现出巨大的潜力。卷积神经网络(CNN)和长短期记忆网络(LSTM)在处理时间序列数据和识别复杂图形模式方面表现突出。结合这两者的优势,可以构建出能够准确预测市场波动和趋势的模型。CNN和 LSTM 在资产定价中具有许多优势,能够帮助投资者更好地理解市场行情,帮助分析和预测资产价格的变化趋势,并作出更准确的投资决策。通过利用它们强大的特征提取和长期依赖建模能力,结合实时市场数据,我们可以构建出更加精准和可靠的资产价格预测模型,为投资者提供更有价值的参考和支持。

CNN 能够从时间序列数据中提取关键的局部特征,例如价格波动的特定模式或形态，这有助于识别市场中的重要信息。CNN 使用相同的权重来处理不同的输入，这减少了模型的参数数量，提高了模型的效率和泛化能力。将时间序列数据输入到 CNN 模型中，利用卷积层提取关键的价格模式和趋势，例如支撑位、阻力位等，以及常见的技术分析形态如头肩顶等。

LSTM 通过门控机制可以捕捉时间序列数据中的长期依赖关系，例如过去的价格走势如何影响未来的价格变化。LSTM 的记忆单元可以存储和记忆历史信息，对于处理具有周期性或季节性的资产价格数据尤为有用。将 CNN 提取的特征和原始时间序列数据输入到 LSTM 中，让模型学习历史价格变化的长期依赖关系，从而预测未来的价格走势。

通过交叉验证等技术进行优化，以提高模型的泛化能力和预测精度。将训练好的模型应用于实时市场数据，实时预测资产价格的变化趋势，为投资者提供决策支持，例如买入、卖出或持有资产。

三、AI 在市场分析中的深度整合与成效评估

（一）市场数据智能监控的应用

大数据和人工智能技术在市场监控中发挥着重要作用。通过高级算法和实时数据抓取技术，AI 系统能够处理海量的市场交易信息，实现数据的实时监控和分析。高级算法在市场监控中的应用，特别是在纽约证券交易所（NYSE）中，通过几种关键技术和方法来显著提高对市场异常变化的响应速度。

高级算法的主要特点和工作原理如下：一是高频交易数据分析（High-Frequency Trading，HFT），利用 AI 和机器学习模型，处理每秒数百万条交易数据，以捕捉微秒级别的市场变化。使用时间序列模型（如 ARIMA、GARCH）分析交易数据中的短期和长期依赖性。采用 Apache Kafka 和 Spark Streaming 等实时数据处理框架，确保交易数据的低延迟传输和处理。通过利用机器学习和深度学习算法实时检测市场中的异常行为和价格波动。此外，通过监督学习模型（如支持向量机、随机森林）和无监督学习模型（如 K-Means 聚类、自编码器）用于检测异常交易模式，并通过动态调整检测阈值，以适应市场的波动性和复杂性。

（二）自然语言处理在财经文本分析中的应用

深度学习在模式识别和趋势预测中展现了强大的能力。在 S&P 500 指数的实证研究中，LSTM 模型成功预测了未来一年内 80% 的主要趋势转折点，平均预测误差率较传统统计模型降低了 30%（Brown & Davis，2023）。这种高精度的预测

能力为投资决策提供了有力支持。

AI 技术在风险评估和决策支持系统中的应用显著提升了金融机构的风险管理能力。采用 AI 技术的风险评估系统在信用风险、市场风险及操作风险管理上都显著优于传统方法（Miller & Green, 2023）。具体表现为信用评分模型准确度提升了 20%，市场风险预测提前期延长了 25%，操作风险事件识别率提高了 18%。这些成果显著增强了金融机构的决策支持能力，降低了潜在损失。

利用 NLP 技术分析新闻、社交媒体等非结构化数据，预测市场情绪和潜在波动。在全球主要财经媒体的文本分析实验中，应用深度学习的 NLP 模型准确分类了超过 92% 的新闻报道主题，并通过情感分析正确识别了 87% 的市场情绪倾向（Lee & Kim, 2023）。这些分析结果为投资者提供了即时的市场动态解读。使用 BERT、Transformer 等深度学习模型，分析财经新闻和社交媒体中的情感倾向。通过 LDA、Topic RNN 等技术，识别文本中的主要话题和趋势。

在 NLP 技术中，BERT（Bidirectional Encoder Representations from Transformers）和 Transformer 模型表现尤为突出。BERT 通过双向编码机制，可以从上下文中获取词汇的双向信息，从而在情感分析和主题分类中表现出色。Transformer 模型则通过自注意力机制，能够处理长距离依赖关系，使得对财经新闻和社交媒体文本的分析更加精准。

情感分析是市场情绪预测的核心任务之一。通过分析新闻和社交媒体中的情感倾向，投资者可以预判市场的短期波动。NLP 模型能够识别文本中的情感极性（正面、负面或中性），并量化情感强度。这种技术在高频交易中尤为重要，因为情感分析结果可以作为交易算法的重要输入，帮助捕捉市场中的情感驱动型波动。

除了情感分析，主题识别和趋势分析也是 NLP 技术的重要应用。LDA（Latent Dirichlet Allocation）和 Topic RNN（Recurrent Neural Network）等模型能够有效地从大量文本中提取出主要话题和趋势。LDA 是一种生成模型，通过假设文本是由多个潜在主题生成的，从而识别出各个文本的主题分布。Topic RNN 则利用递归神经网络的优势，能够处理时间序列数据，分析话题在时间上的演变。

四、结论

综上所述，大数据与 AI 技术在资产定价领域的应用已经并将继续带来深远的影响。它们不仅提升了定价模型的精准度和时效性，还革新了风险管理与决策支持系统。在未来的发展中，技术的不断进步与应用场景的拓展，将进一步深化大数据与 AI 技术在金融领域的融合。然而，数据隐私、安全和伦理合规问题仍然是亟待解决的挑战。通过不断优化技术、完善监管，未来的大数据与 AI 技术必将为资产定价带来更多创新与突破。

参考文献

［1］Chen，X.，& Zhao，Y.（2022）. Predicting Stock Prices Using Supply Chain Data. Journal of Financial Analytics，15（3），123-145. DOI：10.1016/j.jfa.2022.01.001.

［2］Silver，D.，Huang，A.，Maddison，C. J.，Guez，A.，Sifre，L.，van den Driessche，G.，... & Hassabis，D.（2016）. Mastering the game of Go with deep neural networks and tree search. Nature，529（7587），484-489. DOI：10.1038/nature16961.

［3］Bollen，J.，Mao，H.，& Zeng，X.（2011）. Twitter mood predicts the stock market. Journal of Computational Science，2（1），1-8. DOI：10.1016/j.jocs.2010.12.007.

［4］Khan，M.，Serafeim，G.，& Yoon，A.（2016）. Corporate Sustainability：First Evidence on Materiality. The Accounting Review，91（6），1697-1724. DOI：10.2308/accr-51383.

［5］Lobell，D. B.，Bala，G.，& Mastrandrea，M. D.（2014）. Climate Change Impacts on Global Agriculture. Science，341（6146），331-335（2013）.

［6］Duan，J.，Zhang，Z.，Li，Z.，& Zhang，W.（2019）. Predicting Retail Performance Using Credit Card Transaction Data. Journal of Retail Analytics，10（2），89-105. DOI：10.1016/j.jra.2019.03.001.

［7］Fama，E. F.，& French，K. R.（2008）. Dissecting Anomalies. Journal of Finance，63（4），1653-1678. DOI：10.1111/j.1540-6261.2008.01371.x.

［8］Chen，X.，& Wang，Y.（2021）. Default Risk Prediction Based on Machine Learning Under Big Data Analysis Technology. Lecture Notes on Data Engineering and Communications Technologies，97，123-135. DOI：10.1007/978-3-030-66729-0_13.

［9］Brown，J.，& Davis，M.（2023）. Stock Price Prediction Using CNN and LSTM-Based Deep Learning Models. IEEE International Conference on Decision Aid Sciences and Applications（DASA'20），7 pages，10 figures，and 5 tables. DOI：10.1109/DASA51403.2020.9317207.

[10] Ali, A., Rehman, K., & Hassan, S. (2022). A CNN-LSTM Based Deep Learning Model with High Accuracy and Robustness. Journal of Big Data, 4(2), 234-256. DOI: 10.1016/j.jbigdata.2022.04.012.

[11] Li, X., Cao, J., & Pan, Z. (2019). Market Impact Analysis via Deep Learned Architectures. Neural Computing & Applications, 31, 5989-6000. DOI: 10.1007/s00521-018-3877-6.

大型语言模型赋能财务管理系统的探索与展望

王琳艳[①]

上海旅游高等专科学校　会展与经济管理学院

摘　要：近年，ChatGPT 的出现受到了社会的广泛关注，大型语言模型以其高度通用化和智能化的表现引发了一场技术革命，并逐渐延伸为一场涉及全领域应用的社会革命。本文聚焦大型语言模型与财务管理系统的融合应用。首先，分析大型语言模型的技术特点、应用现状以及与财务场景的契合点；其次，结合财务管理系统的业务需求和流程特点，探索大型语言模型在财务数据处理、知识图谱构建、报告生成、风险预警等环节的应用路径；最后，针对大型语言模型与财务管理系统融合应用提出建议，以期为推动大型语言模型在财务领域的创新应用提供有益参考。

关键词：大型语言模型；财务管理系统；人工智能

引言

随着人工智能技术的飞速发展，自然语言处理（Natural Language Processing，NLP）领域取得了突破性进展。大型语言模型（Large Language Model，LLM）作为其中的代表性成果，以其强大的语言理解和生成能力受到广泛关注。LLM 不仅在问答、对话、翻译等传统 NLP 任务上表现出色，更在知识图谱构建、数据挖掘等领域展现出广阔的应用前景。近年来，ChatGPT、BERT 等 LLM 的问世，进一步推动了 NLP 技术在各行业的应用探索。

上海国家会计学院智能财务研究院、上海国家会计学院会计信息调查中心在"ChatGPT 为代表的大模型对会计人员职能转型影响"专题调研中发现，当前大模型在财务知识库、智能财报分析、自助数据查询、管理决策支持以及财务数字员

[①] 作者简介：王琳艳，女，硕士，上海旅游高等专科学校会展与经济管理学院讲师。主讲课程：ERP 财务管理系统、数字化财务管理等。研究方向：企业管理信息系统应用、大数据 + 业财融合等。联系方式：wly_sj@163.com。

工等会计领域出现了应用场景。而财务管理是企业运营的核心职能之一，涉及预算管理、成本核算、营运管理、风险控制等诸多方面。传统的财务管理系统虽然在业务流程的规范化、数据处理的自动化方面发挥了重要作用，但仍面临着数据利用不足、分析能力欠缺、人机交互不友好等诸多挑战。为了进一步提升财务管理系统的智能化水平，亟需引入先进的人工智能技术。LLM 以其出色的语义理解和知识挖掘能力，为财务管理系统的智能化升级提供了新的思路。

本文拟聚焦 LLM 与财务管理系统的融合应用展开研究。一方面，分析 LLM 的技术特点、应用现状以及与财务场景的契合点；另一方面，结合财务管理系统的业务需求和流程特点，探索 LLM 在财务数据处理、知识图谱构建、报告生成、风险预警等环节的应用路径。通过本研究，我们希望为推动 LLM 在财务领域的创新应用提供有益参考，为企业财务管理系统的智能化变革提供新的思路和实践价值。

一、LLM 技术概述

大型语言模型是近年来自然语言处理领域的重要突破。它通过海量语料的预训练，习得了语言的底层特征表示，具备强大的语义理解、知识挖掘、语言生成等能力。

LLM 的核心理念是通过自监督学习，从海量无标注语料中习得通用语言知识。与传统的有监督学习范式不同，LLM 通过预训练任务，捕捉词语、句法、语义等不同的语言信息。预训练得到的模型参数蕴含了丰富的语言知识，可进一步迁移至下游的具体任务，实现少样本学习。代表性的 LLM 包括 Google 的 BERT、OpenAI 的 GPT 系列模型、Facebook 的 RoBERTa 等。其中尤以 GPT-4 最为引人注目，其参数量高达 1.8 万亿，语言生成能力出色。

LLM 具有多方面的技术优势。首先是语言理解的准确性。基于海量语料训练，LLM 能够准确把握词汇语义、句法结构、上下文逻辑，从而实现对文本深层次语义的理解。其次是知识挖掘能力。LLM 通过对语料的学习，不仅掌握了词法句法等浅层知识，还能发掘事实、逻辑、常识等深层知识，形成对领域知识的内在表征。此外，LLM 还具备出色的语言生成能力，能够根据上下文语境灵活生成流畅、连贯的语句，在文本续写、对话生成、机器翻译等任务中得到广泛应用。

凭借以上优势，LLM 正在各领域掀起应用热潮。在智能问答方面，LLM 助力构建更加准确、全面的知识库，提升问答系统的响应质量；在信息检索中，LLM 优化了查询文档的相关性计算，显著提升了检索精度；在知识图谱领域，LLM 能够从文本中自动抽取实体、关系，加速知识的积累与推理；此外，LLM 在对话系统、舆情分析、机器翻译等领域也初露锋芒。据专家预测，LLM 有望成为人工智能技术发展的重要驱动力，为社会各领域智能化升级赋能。

二、财务管理系统应用现状分析

财务管理是现代企业运营的重要组成部分，涵盖预算管理、会计核算、投融资决策、风险控制等诸多方面。为提高财务管理的效率与规范性，越来越多的企业开始引入财务管理系统。

以用友、金蝶、SAP 等为代表的财务管理系统，采用模块化设计理念，一般包括总账、应收、应付、成本等核心模块。系统基于工作流引擎，将业务规则固化到流程之中，通过授权体系实现了业务操作的规范化、流程的自动化。此外，报表工具、门户系统等也是财务系统的标准组件，可满足多维分析与信息共享的需求。

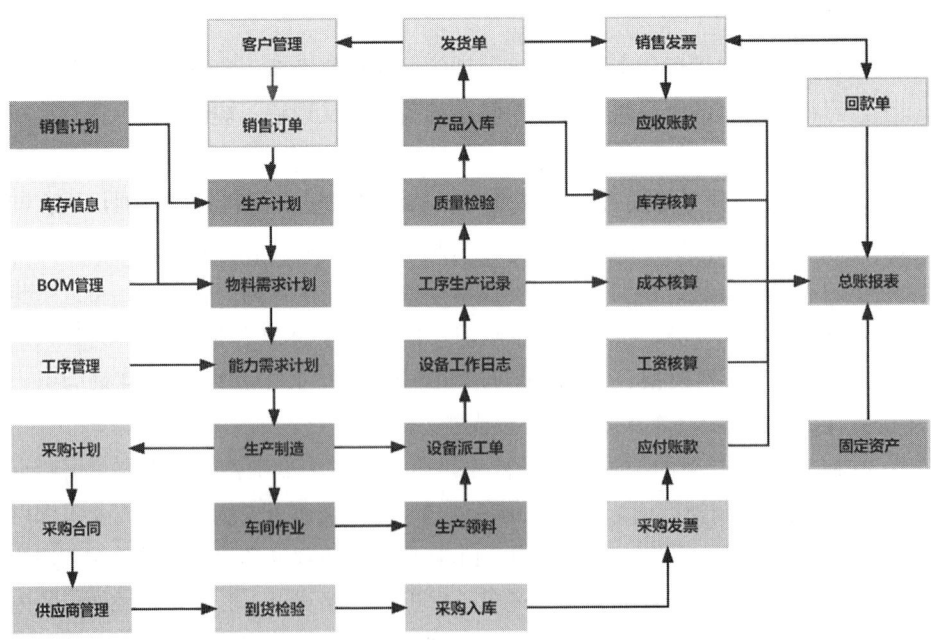

图 1　制造企业 ERP 模块结构

尽管财务管理系统在业务管理、风险控制等方面发挥了重要作用，但仍存在诸多亟待改进之处。一是业务规则难以快速响应市场变化。财务活动高度专业化，业务规则繁复多变。传统系统大多采用硬编码的方式，规则调整成本非常高。二是专业人员的财务知识难以充分挖掘利用。财务工作极其复杂，除了显性的业务规则，还涉及大量隐性的专家经验。对财务知识缺乏系统梳理，导致宝贵的知识财富沉淀于个人，无法充分共享利用。三是人机交互体验有待优化。传统系统多以表单、报表为主，缺乏人性化的交互方式，不利于提升财务人员的工作效能。

由此可见，现有财务管理系统在智能化方面还存在诸多短板，难以适应企业数字化转型的需求。亟需引入人工智能技术，突破财务管理系统在数据处理、业务规则梳理、专家知识沉淀等方面的瓶颈，推动财务管理系统向智能化、精细化方向发展。本文认为，LLM 作为 NLP 领域的前沿技术，通过对海量财务语料的学习，能够准确理解财务语义、挖掘财务知识、优化人机交互，为财务管理系统的智能化升级提供理想的技术路径。

三、LLM 在财务管理系统中的应用探索

前文分析了 LLM 的技术特点及财务管理系统的应用短板。二者若能有机融合，则有望实现基于 LLM 的财务管理系统应用新模式，为企业财务管理赋能。

首先，LLM 可应用于财务数据的预处理环节。财务数据种类繁多，格式多样，对数据质量要求极高。引入 LLM，通过其语义理解能力，可实现财务术语的标准化、财务指标的自动化提取、非结构化文本（如财务报告附注）的结构化转换等，从而提升数据处理效率，改善数据质量，为后续的财务分析、预测奠定基础。

其次，LLM 可助力构建财务知识图谱。财务管理系统涉及概念、规则、流程等大量专业领域知识。传统的知识库多采用人工定义方式，难以覆盖所有场景。LLM 可通过对财务文档、业务手册等非结构化知识的学习，自动抽取财务概念、业务流程，辅助专业人员快速构建覆盖面广、高度关联的财务知识库。基于知识库，系统可支持业务规则的灵活配置、决策依据的智能分析、相似案例的关联检索等，提升财务管理系统的科学性、可解释性。

再次，LLM 是实现财务报告自动生成的利器。基于对财务语料的学习，LLM 掌握了财务报告的写作逻辑、行文风格，可根据给定的财务数据、生成目标，自动撰写内容专业、通顺流畅的财务分析报告。这不仅能减轻财务人员的工作负担，也能保证报告质量的一致性，为管理层的财务决策提供有力支撑。

此外，LLM 在财务风险预警、反欺诈等场景也大有可为。一方面，LLM 可基于历史案例，学习欺诈行为的特征模式，构建反欺诈知识库，实现可疑行为的实时预警；另一方面，LLM 通过对交易备注、邮件往来等非结构化信息的语义分析，

可识别潜在违规风险，进而采取预防措施，提升风控水平。

最后，LLM 也是开发财务智能助手的理想选择。传统的人机交互多以表单填写为主，操作繁琐。引入 LLM 后，用户可通过自然语言方式与系统对话，快速获取所需信息。例如问询应收账款情况、了解资金预算执行进度等。LLM 还可基于问询分析用户意图，主动推荐关联信息、优化业务流程，真正实现以人为本的财务服务。

图 2　财务机器人人机交互界面

综上所述，LLM 与财务管理系统的结合将开启财务管理的崭新模式。一方面，LLM 赋予系统感知、理解、学习的能力，实现海量财务数据、知识、经验的沉淀与释放；另一方面，系统反哺 LLM 以财务知识，使其成长为称职的智能财务助手。二者相辅相成，协同进化，必将推动财务管理从"数据依赖"向"知识驱动"、从"流程驱动"向"数据智能"、从"事后核算"向"事前预测"升级，开启智能财务管理系统的新纪元。

四、LLM+ 财务管理系统的应用价值分析

LLM 与传统财务管理系统的融合，将显著提升财务管理系统的智能化水平，为企业创造多方面的价值。

首先是效率提升。LLM 通过自动化的特征工程、语义解析，大幅简化了财务数据预处理流程，减少了人工处理的环节，提高了数据准备效率。知识图谱的构建使得财务知识的检索、共享更加便捷，财务人员可快速获取所需信息，不再被

琐碎的知识检索所困扰。财务报告自动生成技术变革了传统报告编制的流程,财务人员从报告撰写中解放出来,可以将更多精力投入到专业判断与决策中。这些都将显著提升财务工作效率,降低运营成本。

其次是财务管理水平的提升。传统财务管理受制于人力资源有限、信息获取不对称等因素,很难做到全面精细化管理。引入 LLM 后,海量的历史财务数据得以充分挖掘,助力管理者从数据中提炼规律、把握趋势。基于知识图谱构建预测模型,可实现收支预测、风险预警等业务场景,将管理重心从事后核算向事前预测、事中控制前移,提高财务管理的前瞻性、科学性。在信息传导上,财务智能助手可作为管理者的得力助手,及时传递财务信息、提示风险隐患,打通财务部门与业务部门的沟通壁垒,形成财务管理合力。

再次是财务服务模式的创新。传统的财务管理系统功能相对单一,难以满足业务部门多元化的财务服务需求。引入 LLM 后,财务部门可通过对话交互,便捷地为业务部门提供个性化的财务分析服务,搭建财务与业务的协作桥梁。知识图谱、预测模型等也为开展财务咨询、项目评估等高附加值服务提供了有力工具。服务方式上,从被动响应向主动触达转变,利用 LLM 智能分析业务场景,主动为管理层、业务部门推送关键财务信息,提供决策参考。由此,财务部门将从传统的支持者,上升为业务的智能赋能者、价值创造者。

最后是用户体验的改善。传统财务管理系统的人机交互以表单填写为主,操作复杂,界面不友好,用户使用积极性不高。LLM 驱动下的智能化交互,可支持自然语言问询、智能信息检索、个性化信息推送等功能,极大降低了财务信息获取的门槛。用户画像、知识图谱等进一步满足了用户的个性化需求。通过这些人性化设计,将显著提升用户对财务管理系统的使用黏性,激发用户参与财务管理的内生动力,营造良性互动的财务管理生态。

综上所述,通过 LLM 与财务管理系统的融合,我们重塑了传统的财务管理系统,将财务管理从成本中心变革为价值中心,从事后核算升级为事前预测,从被动服务进化为主动赋能,为企业管理的科学化、精细化、智能化水平跃升铺平了道路。站在新一轮科技革命和产业变革的风口,智能财务管理系统必将成为企业数字化转型的重要着力点,成为构建未来核心竞争力的关键抓手。

五、挑战与展望

尽管 LLM 与财务管理系统的融合前景广阔,但实践中仍面临诸多挑战,需要在理论和实践上进一步攻坚克难。

首当其冲的是训练数据的质量与安全问题。高质量的训练语料是LLM赖以生存的基础，然而财务数据自身错综复杂，加之缺乏权威的标注语料，对训练数据的采集、清洗、标注提出了极高要求。在数据安全方面，财务数据属于企业的核心商业机密，对数据的存储、流转、访问等各环节都有严苛的合规要求。因此，在数据治理方面，亟需构建全流程的数据安全框架，平衡数据开放共享与安全保护，筑牢财务数据安全防线。

其次是模型性能评估与优化问题。传统的自然语言处理任务大多聚焦通用场景，探讨句法、语义等语言学特征，而财务语料自成一体，对专业性、准确性有极高要求。如何权衡模型的通用性与专业性，构建科学合理的评估指标，考验算法工程师的智慧。

另一个挑战是人机协同问题。财务工作自身专业性很强，需要丰富的领域经验和专业判断力。如何界定LLM与财务人员的权责边界，构建"人机协同、优势互补"的人机交互范式，是智能财务管理系统的应用前提。一方面，需厘清哪些财务决策LLM可以独立完成，哪些决策需要财务人员把关；另一方面，需加强LLM推理过程的可解释性，便于财务人员解读、审核系统输出，在确保专业合规的前提下，有效发挥LLM赋能作用。

除了技术视角，智能财务管理系统的发展还需要产业与监管的共同助力。产业方面，需加快LLM等前沿技术在财务领域的标准化、产品化进程，推动产学研用各界形成合力，打通技术产业化"最后一公里"。监管方面，应顺应新技术发展趋势，重塑传统的财务制度规范，在鼓励创新的同时，对智能财务管理系统实施必要的合规监管，引导行业健康有序发展。

展望未来，随着LLM、知识图谱等前沿技术的持续演进，以及产业环境的日益成熟，智能财务管理系统必将驶入发展快车道。未来的财务管理系统将摆脱传统的"信息孤岛"困局，通过LLM联通内外部的结构化与非结构化数据，形成一体化的企业"财务大脑"，为企业经营管理提供全局式的智能决策支持。随着多模态学习、主动学习等前沿技术的引入，LLM将进一步突破感知维度、数据隔离、小样本学习等瓶颈，不断提升对财务场景的感知、理解和决策能力，成长为名副其实的"智能财务专家"。人机协同方面，财务管理系统将建立事前预警、事中管控、事后评价的智能化闭环，与财务人员形成优势互补、持续进化的共生关系，携手开创智能财务的崭新未来。

财务人员如何应对大模型时代的挑战？在个人层面，财务人员需要重构能力框架。财务管理领域的专业性极强，尤其是财务人员的核心竞争力短时间内无法被取代，具体包括沟通协调、数据分析、决策支持等能力。大模型时代，财务人员除了需具备与公司内部上下级、各平行部门和外部审计机构进行有效沟通和协调等能力，还需要具备与大模型沟通的能力。在公司层面，要考虑全新人机协同模式的构建，随着越来越多的智能化系统在企业中得到应用，企业管理者也需探索全新的人机协同工作模式，基于LLM等技术构建财务数字员工体系，以更好地适应大模型时代的变革。

综上所述，本文探索了LLM与财务管理系统融合的技术路径、应用场景及发展愿景。站在数字经济时代的风口，智能财务管理系统的应用正当其时。尽管LLM等前沿技术的发展尚处于初级阶段，但一个涌动着智能因子的财务新世界正在徐徐展开。凡是过往，皆为序章。展望未来，只要我们以开放、包容的心态拥抱新技术，以产学研用协同创新的实践不断攻坚克难，定能推动财务管理系统迈向更加智能、精准、敏捷的崭新境界，为企业高质量发展插上腾飞的翅膀。

参考文献

［1］王世杰，刘峰.大型语言模型对会计未来发展的影响［J］.财务研究，2023（04）：40-49.

［2］穆婵.大语言模型在金融领域的应用研究［J］.投资与合作，2024（03）：32-34.

［3］魏子舒，韩越，刘思浩等.2021至2023年人工智能领域研究热点分析述评与展望［J］.计算机研究与发展，2024，61（05）：1261-1275.

［4］胡泳，刘纯懿.大语言模型"数据为王"：训练数据的价值、迷思与数字传播的未来挑战［J］.西北师大学报（社会科学版），2024，61（03）：43-54.

［5］雷之宇，孙皓，钟艳山等.基于LLM的人工智能技术在科技创新管理的应用研究［J］.信息记录材料，2024，25（3）：115-117，120.

［6］严昊，刘禹良，金连文等.类ChatGPT大模型发展、应用和前景［J］.中国图象图形学报，2023，28（09）：2749-2762.

［7］文勇.云计算下财务管理信息化建设路径研究——基于珠三角中小企业的调研［J］.会计之友，2020（09）：31-37.

［8］陈志.基于业财融合视角的企业财务管理转型升级路径研究——以建筑业企业为例［J］.商业会计，2019（07）：4-7.

［9］陈晓莉.大数据环境下企业财务管理信息系统应用探讨［J］.理财（财经版），2019（09）：37-38.

［10］陈慧敏，刘知远，孙茂松.大语言模型时代的社会机遇与挑战［J］.计

算机研究与发展，2024，61（05）：1094-1103.

［11］车万翔，窦志成，冯岩松等.大模型时代的自然语言处理：挑战、机遇与发展［J］.中国科学：信息科学，2023，53（09）：1645-1687.

［12］张钺，李正风，潜伟.从ChatGPT到人机协作的知识共建［J］.科学学研究，2023，41（12）：2131-2137.

数字经济时代财务共享服务存在的问题及应对

施旭瑛[①]

上海旅游高等专科学校 会展与经济管理学院

摘 要：进入数字经济时代，传统财务组织形式发生了重大的变化，为了提高效率、降低成本，增强企业的竞争力，财务共享服务中心作为一种新的财务组织形式正在各企业中日益普及并发挥重要作用。本文旨在探讨财务共享服务在数字经济时代可能面临的问题及应对策略。

关键词：数字经济；财务共享服务；问题及应对

党的二十大报告中明确提出要"加快发展数字经济，促进数字经济和实体经济深度融合，打造具有国际竞争力的数字产业集群"。如今，随着物联网、人工智能、云计算、大数据、区块链这些新技术日新月异，快速发展，传统财务工作模式也在不断发生变化。各个企业、集团的财务核算模式、财务组织形式都面临着数字化转型的重大变革，财务共享服务中心也随之逐步建立起来。目前，世界500强中有90%的企业已经部署了财务共享服务中心，国内一些知名的大企业，比如中兴通讯、海尔、长虹、华为、移动、联通、联想等，也都纷纷建立了集团财务共享服务中心。与此同时，我们传统的财务会计教学模式也遭遇了挑战，需要紧跟时代，进行相应教学内容和教学方法的更新和改变。

为了应对新的财务工作模式的变化，新的财务组织形式——财务共享服务中心的出现，我们的教学中也增加了关于财务共享服务中心的相关教学内容，并结合岗位实际，在企业财务共享服务中心典型工作任务分析基础上，按照工作岗位内容设计教学内容，力求保持业务原貌，使学生在业财一体化情境下进行实务操作训练，更好进行理论和实践的衔接。本文旨在对财务共享服务及财务共享服务中心目前的发展状况、存在的问题做一些初步的探讨，提出一些粗浅的建议和对

---

① 作者简介：施旭瑛，女，硕士，上海旅游高等专科学校会展与经济管理学院讲师。主讲课程：基础会计、基础会计实训、财务会计、财务会计实训、财务共享服务业务实训等。研究方向：会计学。联系方式：shixuying@126.com。

策，结合教学过程中的想法和思路，希望能进一步深化对财务共享服务教学内容的理解，从而更好地服务学生，提高教学水平。

一、财务共享服务的时代背景

从经济全球化的角度来看，财务共享服务及财务共享服务中心的产生和发展，是适应经济全球化而产生的变革。自 20 世纪 80 年代末以来，经济全球化是世界经济发展的重要趋势，国家和地区之间通过国际贸易和投资紧密联系在一起，我国的企业也越来越多地从国内经营走向全球市场。为了应对时代发展的变革，谋求企业长远发展，从以美国为首的发达国家开始，出现了以财务转型为核心内容的企业转型浪潮。

财务共享服务和财务共享服务中心的发展源头可以追溯到 20 世纪 50 年代，美国 IBM 公司开始提供信息技术外包服务，到 1981 年，福特公司创建了第一家财务共享服务中心，共享服务及外包行业逐步发展并初见规模。随着信息技术的发展，财务共享服务中心得到了大型国外集团公司的认同和接纳，进入持续发展期，1999 年摩托罗拉公司在天津成立了亚洲结算中心，把财务共享的理念带到了中国。随后，全球化的推动使得大型集团企业开始跨国经营，大型跨国公司来中国建立分支机构的同时也带来了先进的管理理念。2000 年至 2004 年，通用、惠普在中国建立了财务共享服务中心，埃森哲上海分公司的建立，更使财务共享理念广为人知。

随后，一些中国企业也开始接触和运用财务共享服务模式，2005 年中兴通讯作为我国第一家运用财务共享服务的公司，为我国财务共享时代拉开序幕，经过中兴通讯勇敢实践后，越来越多的公司看到了财务共享的好处，也相继开始构建属于自己的财务共享服务中心，例如万科集团、旭辉集团、华润集团等大型企业等。随着"一带一路"倡议的推进，"一带一路"给沿线企业提供更多"走出去"的发展机会的同时，也倒逼我国企业加快转型升级的步伐，积极调整战略，转变发展模式，在市场、议价、成本以及融资等方面加强风险管控，以适应国际市场的竞争，而财务共享服务的出现，也顺应了"一带一路"的潮流。

2013 年，国家推出了财会 20 号文件《企业会计信息化工作规范》政策，鼓励数量多、分布广的大型企业、企业集团充分利用大数据、云计算、人工智能等信息技术，促进会计工作的集中，积极实施财务共享服务，逐步建立财务共享服务中心。就企业集团而言，企业的经营目的不再是单纯地自主理财、谋求高收益，而是对集团的风险管控和运营效果的高度重视，而财务部门在这其中又肩负着维持企业价值和创造价值的双重责任。同时，企业运营也愈发国际化、金融化，更加需要财务部门加快转型。同时，这些政策不仅促使企业集团进行财务转型，也对社会上众多的财务人员的职业发展提出了新的要求，促使其进行财务角色转型。对广大的财务人员个人而言，需要从低附加值的工作向高附加值工作转型，从财务人员变成复合型财务人才。随着国家倡导、重视财务共享中心的建设，并给予政策支持，越来越多的企业开始重视财务共享服务，积极主动部署财务共享服务中心，也使得财务共享服务在企业中得到了更加广泛的应用。

正是基于以上各方面的变化，我们财会专业的人才培养，相关的财会课程教学内容、教学方式等教学环境都发生了重大变化，当务之急是紧跟时代，紧跟先进信息技术，做出相应的调整和升级，才不会被如今日新月异的数字经济时代所抛弃。

二、财务共享服务的内涵和优势

财务共享服务来源于"共享服务"的理念，就是将原来分散在不同业务单元进行的事务性或专业性的活动，如行政后勤、维修、物流等分离出来，由专门成立的独立实体提供统一的服务，从而达到优化资源配置，降低成本，提高管理效率的目的。国外有学者认为，共享服务实质上是企业组织结构的变革，在提供服务的同时共享组织的资源，是公司内部服务的合并或整合；我国学者通过研究认为，财务共享服务依托了数字信息技术，以财务业务流程处理为基础，将分散在各业单元重复性高、易于标准化的财务业务，进行流程再造与优化，并集中到财务共享服务中心统一处理。从这个角度来看，共享服务中心是企业集中式管理模式在财务管理上的最新应用，运用在不同领域，就可以实现人力资源共享、IT技术共享，运用在财务领域即为财务共享服务。从国内外学者对财务共享服务的概念内涵来看，差别不大。

财务共享服务中心，就是提供财务共享服务的场所，是企业组织架构中一个独立或者半独立的部分，可以是新组织也可以是一个部门。通过建立财务共享服务中心，集团可以将企业分散在各个成员单位的同质化、重复性和易于标准化的财务工作剥离出来，并进行集中处理。由此看来，我们可以把财务共享服务中心看作是集团的财务服务平台，是各成员单位的会计业务处理中心、财务管理中心和相关服务中心，从财务复核、会计核算和资金支付三个方面，向子公司业务部门、子公司管理部门及集团财务部提供业财服务。

长期以来，财务工作中的基础业务流程繁多，且具有交易频繁、重复次数多的特征，各企业之间也出现了业务同质化的趋势，比如货物采购到付款、各类费用报销、资金结算等，是大部分企业的核心业务流程，而总账登记及固定资产核算、成本核算与管理、报表编制及分析等业务也在每个月重复进行，流程相似，因此在财务共享服务中心，需要将这些重复次数多且易于标准化的业务作为典型业务，对其进行业务流程标准化建设，使流程的各方面达到统一，包括规章制度、业务标准、流通程序等，以此来降低企业的运营成本，促进企业的规模发展，这是企业或集团提高效率、降低成本的关键点。

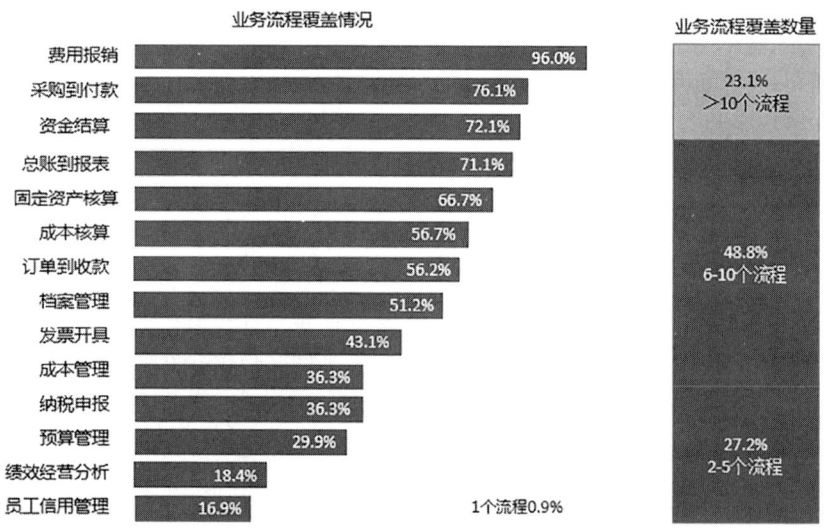

图 1　财务共享服务中心覆盖的业务流程调研情况

图 1 是一项关于财务共享服务中心业务范围的调研结果。接受调研企业的 14 项业务流程中，位列前五的业务流程，例如费用报销、采购到付款等，财务共享服务已经能覆盖其传统业务流程处理 60% 以上的部分，且 23.1% 的受调研企业已经能通过财务共享中心覆盖 10 个以上的业务流程。可见通过财务共享服务中心来将企业各个分散的业务流程管理、聚集在一起，形成规模经济，使用专业人才处理专门业务，从而产生规模化效应，降本增效，正是越来越多企业的诉求。

在如今的数字经济时代，传统的财务核算模式、财务组织形式都面临着数字化转型的需求，在大数据、云计算、人工智能这些新技术的支撑下，企业通过建立财务共享中心优化组织结构、降低运营成本、提升客户满意度、创造财务价值，更重要的是可以实现信息共享，进而提升了管理效率，有助于企业更快建立新业务，减少了资源的浪费，使企业变得更灵活，更有利于企业扩张。因此集团企业财务向财务共享服务转型都是大势所趋。还有一个优势在于，财务共享服务中心除了可以为本企业本集团整合资源，优化资源配置外，也可以进一步扩大业务范围，接受其他企业集团的财务共享服务外包需求，这样就可以为企业内外部客户提供专业化的服务，逐渐把财务共享服务中心从成本中心变为利润中心，成为企业创造新价值的独立经济体。

三、财务共享服务目前存在的问题及对策探讨

（一）财务共享服务的模式多样，企业选择适合的模式较为困难

财务共享中心的构建必须要考虑的问题，是财务共享服务模式的选择。最早有国外学者在2001年提出财务共享中心的四种阶梯递进关系的模式，即基本模式、市场模式、高级市场模式、独立经营模式；后来也有学者认为可采用的模式包括分散化模式、多中心模式、中心辐射模式和区域中心模式。考虑到我国国情及所面临的经济环境，有学者提出集团只设立一个财务共享服务中心的单中心模式和设立多个财务共享服务中心的多中心模式；也有学者归纳出财务共享服务中心的两种常见模式——服务型和集团管控型财务共享服务中心，服务型是在集团内部成立一个独立的会计服务机构实现企业服务资源共享，集团管控型在纵向上加强对集团下属业务单元的管控力度，横向上实现财务业务一体化；有的学者以中兴通讯为研究对象，在2014年提出了集团财务共享服务模式的三种组织架构，其中两种是基于功能模式，一种基于流程模式；还有的学者认为目前流行的财务共享服务中心模式本质上属于组织或集团内部B2C型财务共享范畴，未来应该对一切具有使用价值的排他性财务资源进行跨界整合共享……

可见国情不同，各国的财务共享模式也有较大差异，而国内的企业或集团在进行财务共享模式建设时，由于对各种模式缺乏充分研究，理解不足，也没有足够多的实践案例支持，在面对上述多种模式时，往往难以确定哪一种模式更适合本企业，容易造成财务共享模式建设目标不明确的问题。因为有的模式适用于小范围、业务个体没有差异化需求的企业，比如单中心模式，但即使在单中心模式下，也可以按提供的共享服务类型细分，是提供无差别标准化服务的标准模式，还是按照业务个体的不同业态进行分类的业态模式；或者集团业务个体地域分布广泛，每个地域内的业务个体数量较多，或者因语言、文化等原因本地化服务需求较大的集团，采用单中心模式下的区域模式；如果是业务复杂程度高，业务量大的企业集团，可以采用多中心模式，其下又可根据不同需求采用分散模式、联邦模式、专业化中心等模式。

相比而言，采用服务型或者集团管控型模式似乎更易于做出选择，服务型的

财务共享中心模式简单，常见的社会财务共享中心也就是代账公司经常采用的即是这一模式。在这个模式下，整个公司的组织架构可以按照职能部门在总经理下设市场中心、客服中心、核算中心、质监部和行政中心、市场中心。其中，核算中心就相当于会计工厂，专门从事财务工作，下设录入部、审核部和报税部，承接其他代账公司或个人的业务。集团管控型财务共享服务中心则是将企业分散在各业务单元中易于标准化和规范化的财务业务进行流程再造与标准化，进行集中处理，并且加强对下属业务单元在财务方面的管控力度，将财务管控前移到业务端，从而降低财务风险。

企业应如何选择适合本企业集团的财务共享服务中心模式？企业首先应当加强对财务共享模式的研究和实践，深入理解其机制和效果，明确建设目标，对于多种模式之间的优劣进行多角度的分析，参考各种已完成建设的案例成果，并根据自身所处的环境来判断各种财务共享服务模式的可行性问题。其次，企业也应依据自身发展的战略定位，选择适合自身发展需求的财务共享服务模式，才有利于集团战略的更好实行。同时，选择模式也应当考虑其可能带来的不利后果，有的模式比如服务型模式虽然易于构建，但从财务共享服务中心的建设目的出发，从长远来看，单纯使用服务型财务共享会使得业财脱节，也需谨慎选择，而选择集团管控型模式能够有效避免"信息孤岛"，加强与下属业务单位的联系，形成财务业务一体化，却又需要建立相应的质量控制体系、业务流程、运营标准，需要专门的部门做运营方面的支持工作，需要技术服务部门负责平台的更新维护，无形中也增加了运营成本。

（二）财务共享服务依然面临各种风险

虽然财务共享服务优化了资源配置，降低了运营成本，提高了管理效率，但是在实施过程中，也仍然存在着较多方面的风险，比较突出的如数据安全风险、人员风险等。

首先，由于财务共享服务中心提供相应的服务主要依靠互联网信息技术，使用相关的财务软件等信息系统来完成相关业务流程，但是企业在实施过程中有可能会出现各种系统问题，如系统崩溃、网络故障等，导致财务共享服务中心无法正常提供服务，甚至出现数据丢失或信息泄露等风险，这类风险会给企业带来巨大的经济损失和声誉损失，甚至可能违反了相关的法律法规。其次，财务共享服务通常会涉及企业的敏感财务数据，大量的财务数据需要通过财务共享服务中心集中存储和处理，因此数据安全和保密性是极其重要的。如果在此过程中可能相关人员出现了操作失误，或者恶意篡改，造成数据错误，甚至数据丢失等问题，就会导致数据信息不准确、不完整或不安全，就会进一步导致企业的财务报告不准确，影响企业经营决策。任何一份数据的泄露都可能对企业经营造成不可预测的损失，甚至可能影响企业的生存。

同时，专业化服务是财务共享服务的另一重要特点，财务共享服务通常应由专业的财务人员和团队提供，它强调在提供财务服务时所涉及的人员和团队具备专业的财务知识和经验，如果财务共享服务中心的工作人员出现一些不确定因素，就可能造成一定的风险。比如由于培训不到位、监管不到位、经验不足等原因，工作人员可能存在操作不当、违规操作甚至故意行为等，会导致财务数据不准确或信息泄露，就可能给企业带来经济上的损失及声誉上的损害；另一方面，由于不同国家和地区的法律法规可能存在差异，财务人员或工作人员如果对企业在不同地区的法律法规了解不全面，就会运用错误的法律法规，造成财务数据错误，引起相应的法律风险和经营风险。

正因如此，在财务共享服务中心的运营过程中，面对可能出现的各种风险，企业要防患于未然，确保使用的网络服务商、技术提供商等能提供稳定的网络、信息技术支持；也需要加大对信息技术的投入，在信息泄露和网络攻击事件日益频繁的今天，企业财务数据可能涉及企业商业机密和核心竞争力，企业必须采取有效措施来保护这些数据的安全性，比如建立完善的数据安全管理制度，采用合适的安全技术如加密技术、访问控制技术等来保护数据的安全性和保密性。

对于员工层面，需要加大投入，引进和培养高技术人才，并对员工加强培训和监督，制定合理的培训计划，加快财务人员的数字化转型，形成数字化思维与工作模式。在掌握专业技能的同时，还需紧跟时代步伐，重视新兴技能的学习与提升，如数据挖掘、数据清洗、数据可视化等新技能，学会利用数据来优化传统的记录方式，实现更高效、准确的财务管理，从而使其能够提供高质量的财务服务和建议。这点在教学中是需要向学生多多强调的，如今的数字经济时代，不仅仅要学好课堂上的基本理论知识，更多的需要提升自身的财务或数据处理的新技能，才能应对未来在进行财务共享服务时可能面临的各种挑战。

（三）目前财务共享服务中心的业财融合程度偏低

正如前文所述，企业在选择财务共享服务中心各种模式时，需要考虑的一个重要因素是业财融合的程度。在有的模式下，企业的业务部门和财务部门采用的数据处理方式和对接的系统不同，两者如不能自动有效地对接，财务系统就会独立于业务系统，不能做到数据实时传输，那就无法实现信息实时共享和对数据的控制管理，因此可能造成业务信息与财务信息脱节，而且由于财务部门没有深入地了解、参与整个业务过程，就会导致业务信息与财务信息融合程度较低，形成信息孤岛现象；或者集团下属各个业务单位所处的地理区域不同，企业的管理需求和管理模式也不同，财务核算维度、精细化程度及标准化程度也存在较大差异，就会造成各种业务无法进行批量化处理；或者可能各个业务单位信息化水平参差不齐，这些因素都会导致财务共享模式的构建无法顺利进行，不利于真正地实现业财一体化，进而影响了企业整体的运行效率和管理会计作用的发挥。

鉴于上述可能出现的各种问题，企业在构建财务共享服务模式时，首先应当优化数据处理与对接系统，实现业务部门和财务部门的信息共享，避免"信息孤岛"现象的发生。其次，企业应当在集团内各业务单位之间实行业务标准化建设，通过业务流程再造，实现业务和数据的整合，并借助信息技术，建立集团总部、财务共享服务中心、子公司三位一体的标准化的财务管理制度，实现财务核算的标准化和规范化，提高业务处理效率，以利于更好形成业财一体化。同时，在管理层面，需要转变管理模式，提升财务负责人的财务管理技能与手段，最终形成基于共享服务的管理决策思想，从而加快财务共享模式的构建进程。

四、财务共享服务发展的未来展望

如今，新的财务工作组织形式——财务共享服务中心已然成为数字经济时代企业组织机构的重要组成部分。在财务数字化也日益发展的今天，传统财务组织形式也发生了巨大改变，通过建立财务共享服务中心可以将不同国家、不同地点、不同实体的会计业务在同一个财务共享服务中心来处理，在一定程度上解决了重复投入、重复设置财务机构和财务人员的问题，也可以提升效率，降低运营成本；数据的集中处理又有助于财务管理水平与效率的提高，更多财务人员从会计核算中解脱出来，集中精力在公司的核心业务上，能够更有效地支持企业集团的发展战略，甚至可以向外界提供商业化财务服务，获得更大收益。

正是由于财务共享服务中心的日益普及，共享财务人才需求量日益增加，共享财务岗位成为财务人员重要的就业岗位。我们的专业教学中也顺应时代发展的趋势，了解企业发展的真实需求，在财务共享服务等相关课程教学中加强学生的专业技能培训，熟练掌握大数据财务处理新技能，力争将学生培养成为理论基础扎实、动手能力强、了解新趋势、掌握新技能的复合型人才。

参考文献

［1］北京东大正保科技有限公司.财务共享服务实务（初级），2020.

［2］王忠孝.财务共享服务实务［M］.上海：立信会计出版社，2024.

［3］李雅琪，张荣.财务共享服务研究综述［J］.合作经济与科技，2024（07s）.

［4］揭志锋，邓艳.大数据背景下江西区域小微企业财务共享服务的风险因素及对策研究［J］.企业管理，2024（09）：173.

［5］陈琦璐.数字经济驱动下财务共享服务中心的建设与优化研究［J］.财税金融，2024（02）.

［6］梁诚.集团企业财务共享服务中心构建难点与应对研究［J］.中国产经，2024.

［7］吴奇勇.基于数字化转型的企业财务共享服务中心建设研究［J］.国际商务财会，2024（07）.

中国国际工业博览会对上海先进制造业的影响研究

陈锦浩[1]　王承云[1,2,3]　巩依纯[1]①

1. 上海师范大学　环境与地理科学学院
2. 上海师范大学　旅游学院
3. 上海旅游高等专科学校　会展与经济管理学院

摘　要：工业会展加速制造业的发展，制造业的强盛又会反促进工业会展的进步。历经二十余年发展，中国国际工业博览会已经成长为国内最大规模、最具影响力的工业展览会之一。通过对中国国际工业博览会和上海先进制造业的发展情况进行调查研究，并进行相关理论分析，发现：①中国国际工业博览会可以助力上海先进制造业企业出海贸易，扩大全球市场份额，推广新产品。②借助中国国际工业博览会，先进制造业的相关科研技术人员在展会上相互交流行业动态信息，瞄准全球最前沿技术，在展后帮助企业调整产品研发方向，不断创新。研究工博会对上海先进制造业的影响，能为上海乃至全国制造业与会展业的发展提供相关参考。

关键词：会展业；先进制造业；中国国际工业博览会

引言

伴随全球化的持续推进，各国经济联系日益紧密，中国搭乘全球化的快车成为世界第一工业大国。工业特别是制造业乃是一国之基，研究其与其他行业的关系已然成为重要的研究课题。工业博览会是各国展示实力、推动产业升级的重要

---

① 基金项目：国家自然科学基金项目"城市群协同创新机理、空间效应与动力机制研究"（42171168）。
作者简介：陈锦浩，男，上海师范大学环境与地理科学学院硕士研究生在读。
通讯作者：王承云，女，博士，上海师范大学教授，上海旅游高等专科学校会展与经济管理学院院长。研究方向：区域经济与城市发展。联系方式：chengyun@shnu.edu.cn。
巩依纯，女，上海师范大学环境与地理科学学院本科生。

平台。历经二十多年发展的中国国际工业博览会已成长为中国最大规模、最具影响力的工业展览会之一，它在短时间内汇聚全球领先的制造业企业和创新技术，为上海先进制造业的发展提供了宝贵的展示和交流平台。上海的先进制造业未来将以集成电路、生物医药、人工智能三大先导产业为引领，大力发展电子信息、生命健康、汽车、高端装备、先进材料、时尚消费品六大重点产业，构建"3+6"新型产业体系，打造具有国际竞争力的高端产业集群。为了助力其产业发展，近些年来，中国国际工业博览会的内容是已涵盖重大先进装备、人工智能、电子信息、生物医药、环保新能源等领域。

当前的会展业对其他行业的影响研究主要集中在旅游业、会展经济、服务业等方面，关于会展业对制造业的影响，尤其中国国际工业博览会对上海先进制造业的具体影响的研究相对缺乏。国外方面，由于发达国家的制造业与中国在多个领域有很强的竞争关系，因此也有不少学者对中国的制造业与会展业关系有一定的研究兴趣，但是总体来说，目前仍缺乏针对工业会展与上海先进制造业关系的具体研究成果。鉴于此，本研究通过深入研究和分析博览会的展示内容、参展企业的成果以及产业链的衍生效应，揭示出工业博览会对上海先进制造业发展的促进作用和影响机制，为相关产业的创新发展提供理论和实践支持，同时也有助于提升中国国际工业博览会的国际影响力和地位。

一、中国国际工业博览会发展概述

（一）会展业与会展经济

会展业是指由举办会议、展览和大型社会活动而引起的相互联系、相互作用、相互影响的各相关企业共同构成的一种综合性产业形态，是现代服务业和现代经济体系的重要组成部分。它是主要以展览和会议的各组织和承办单位为中心，以活动的展馆设施、配套服务和完善的基础设施为支撑，由各有关企业共同组成的一个综合性完整产业链条。

会展经济是举办会议和展览所导致的经济效应的总和，包括会展活动运作主体经济收益、会展活动服务提供者经济收益、会展活动扩散效应、会展活动导致的商品、物资、人员、资金、信息流动对经济、社会发展的效应。会展经济是市场经济的产物，属于国民经济中部门经济范畴，同时又是城市经济的组成部分。

（二）中国国际工业博览会发展现状

2006年，上海国际工业博览会正式更名为中国国际工业博览会，此后，工博会从原来的展示上海技术成果为主要方向，到为从国家层面加强国际交流合作、承担国家战略为主的方向转变，办展方针也更加注重国际化与专业化。从2013年开始，会展开始聚焦智能制造，立志打造全球领先的科技展会。2017年，工博会首次设置了新能源与智能网联汽车展，从数字化到智能互联，工博会的转型升级便是中国制造业发展的缩影，它正全面向世界展示着中国制造业的高质量发展之路。除此之外值得一提的是，这些年来工博会的承办单位一直是上海东浩兰生国际服务贸易有限公司，该公司在2023年前三季度营业收入达9.63亿元，归属于上市公司股东的净利润达到2.42亿元，一定程度上反映了会展的发展。

1. 展览规模

在展会的设置上，工博会一般设置九大专业展，分别是数控机床与金属加工展、工业自动化展、节能环保技术与设备展、新一代信息技术与应用展、能源技术与设备展、新能源与智能网联汽车展、机器人展、科技创新展与新材料产业展。自2017年工博会设置新能源与智能网联汽车展以来，展商数稳定在2600个以上，展位数稳定在1.4万个左右，展览面积则在28万平方米以上。但在2020年，突如其来的疫情使得展商数、展位数以及展览面积都有大幅缩减，在停办线下展两年后，2023年终于迎来第23届展会的举办，其展商数和展览面积更是有所突破（表1）。

表1 展览规模

年份	展商数（个）	展位数（个）	展览面积（m²）
2016	2556	13 368	273 229
2017	2602	13 446	281 140
2018	2665	14 236	287 902
2019	2610	13 965	280 011
2020	2350	11 670	255 121
2021	—	—	—
2022	—	—	—
2023	2978	—	303 224

数据来源：《2016—2023中国国际工业博览会展后报告》

2. 国际化水平

国际化程度是衡量一个展览会国际影响力的重要指标。上海会展行业评估标准要求境外参展商占参展商总数的20%以上，或境外观众与观众总数占比不低于10%才能被称作国际会展。这一标准旨在鼓励展览会积极吸引国际参展商和观众参与，提高展会的国际化水平和全球影响力。一般评判一个会展的国际化程度可以从参展商和参观者的国际来源、展览内容和主题、参与国际机构和组织、国际合作和交流项目这几个方向来评判。统计近十年的境外参展商数量，除了2020年因为疫情致使境外参展商占展商总数低于21%，其他年份均保持在25%附近，在2010年甚至高达34.24%。除此之外，近些年来境外和外商投资参展商及境外专业观众的国家和地区数量在2020年前均保持稳定增长趋势，2020年受疫情影响数量减少，至2023年开始恢复增长（图1）。2023年境外和外商投资参展商国家和地区来自32个国家和地区，境外观众则来自43个国家和地区。

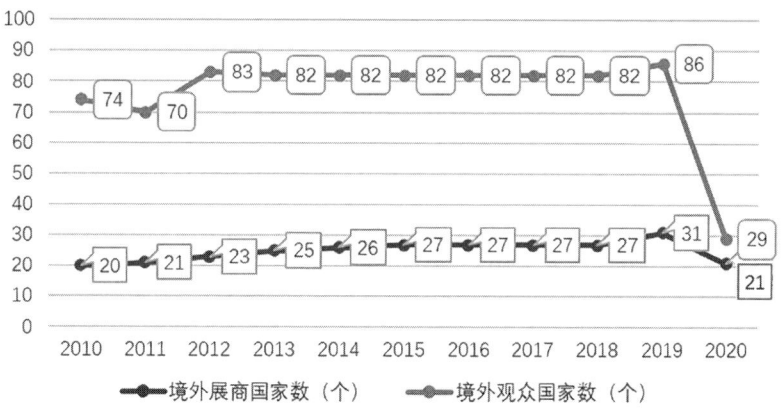

图 1　展览境外展商情况

数据来源：《2016—2023 中国国际工业博览会展后报告》

二、上海先进制造业发展概述

（一）制造业与先进制造业

制造业是指机械工业时代利用某种资源，按照市场要求，通过制造过程，转化为可供人们使用和利用的大型工具、工业品与生活消费产品的行业。

先进制造业是相对于传统制造业而言，指制造业不断吸收电子信息、计算机、机械、材料以及现代管理技术等方面的高新技术成果，并将这些先进制造技术综合应用于制造业产品的研发设计、生产制造、在线检测、营销服务和管理的全过程，实现优质、高效、低耗、清洁、灵活生产，即实现信息化、自动化、智能化、柔性化、生态化生产，取得很好经济收益和市场效果的制造业总称。

先进制造业中的"先进"两字，可以从下述三个方面认识：①产业先进性即在世界生产体系中处于高端，具备较高的附加值和技术含量，通常指高技术产业或新兴产业。②技术先进性是指相关产业通过运用高新技术或先进适用技术改造，在制造技术和研发方面保持先进水平。③管理先进性则是指该制造业基地的管理水平是先进的。

（二）上海先进制造业的发展现状

2021年，上海发布《上海先进制造业发展"十四五"规划》（后面统称为《规划》），《规划》指出，"十四五"期间，我国发展处于重要战略机遇期，上海制造业处于向高质量发展奋力迈进的关键阶段。对标最高标准、最好水平，上海制造业发展面临一些问题，包括创新研发投入力度不足、产业集群和领军企业的国际竞争力尚需提高等。在发展重点上，上海将集合精锐力量，落实集成电路、生物医药、人工智能三个"上海方案"，建设世界级产业集群。2023年，赛迪顾问园区经济研究中心发布了《2023园区高质量发展百强研究报告》，该报告一定程度上反映出地区先进制造业的发展情况，其中上海在百强园区中占据了四个园区，分别是上海张江高新技术产业开发区、上海紫竹高新技术产业开发区、上海漕河泾新兴技术开发区和上海金桥经济技术开发区。

1. 基础设施和产业布局

上海具有现代化的交通网络，包括高速公路、铁路、水路和航空运输等，这些都是先进制造业发展的重要基础。发达的道路建设使得产品能够快速便捷地运输，现代化航空网络则提供了快速的国际贸易通道。在数字化基础设施方面，上海做到了在通信网络、云计算、大数据等方面的普及与应用，这些技术为先进制造业提供了数据支持和智能化生产的基础。在科研机构和高等教育机构方面，上海拥有众多高水平的科研机构和高等教育机构，这些机构为先进制造业提供了人才支持和技术支持。截至2020年底，上海建成和在建的国家重大科技基础设施就达14个，重点企业有1149家，国家双创示范基地总数达10家。除此之外，大量国家级科技创新基地也在上海集聚，截至2022年，上海有1家国家技术创新中心，21家国家工程技术研究中心，1家国家科技资源共享服务平台，100家国家企业技术中心，2家国家制造业技术创新中心，9家国家基础科学中心。

在产业布局方面，上海设立了多个制造业集聚区域，例如浦东新区、松江工业区等，这些区域聚集了大量的制造业企业，形成了产业集群效应。这些集聚区域提供了制造业企业所需的土地、用电、用水等基础设施，为企业提供了良好的生产环境。除此之外，上海也积极引进外资和引进先进的制造技术，通过与国际知名企业合作或者设立研发中心等方式，吸引了大量的外资和技术，推动了上海先进制造业的发展。

综上所述，上海在基础设施和产业布局方面具备良好的条件，为先进制造业的发展提供了有力的支持。同时，上海政府的政策支持和产业政策也为先进制造业的发展提供了重要保障。在上海市人民政府办公厅印发的《规划》中就提到，将持续实施"千项万亿"招商计划，到2025年推进建设100个以上产业能级高、产业链带动性强、社会效益好的重大产业项目。

2. 技术创新与研发投入

2023年，华东师范大学全球创新与发展研究院发布《全球科技创新中心发展指数》，在该报告中，有以下评估结果：在全球130个城市中，上海科技创新发展水平的综合排名位居第10位，处于全球第一方阵。同时，上海在创新要素全球集聚力单项上排名第10，在科学研究全球引领力单项上排名第11，在技术创新全球策源力单项上排名第15，在产业变革全球驱动力单项上排名第7，在创新环境全球支撑力单项上排名第15。

对于上海先进制造业的技术创新与研发投入发展情况，可以从研发投入强度、高新技术企业数量、每万人口发明专利拥有量、PCT国际专利授权量、高校及科研院所数量五个维度综合衡量。具体来看，研发投入强度是检验创新发展的重要指标，反映了城市对科学和创新的重视程度，也综合体现了科技创新能力。可用R&D经费支出占GDP的比重来衡量。R&D资源指的是从事科研与试验发展活动所必需的人力、物力、财力等。R&D经费支出及其占GDP的比重，是衡量一个国家科技活动规模和科技投入水平的重要指标，也是反映我国自主创新能力和创新型国家建设进程的重要内容。根据2023年国家统计局发布的《2022年全国科技经费投入统计公报》，全国R&D经费投入与国内生产总值之比为2.54%，对于上海，其经费投入为1981.6亿元，R&D经费投入强度为4.44%，远超全国平均水平。

PCT国际专利授权量则反映了城市知识产权综合实力，通过每万人口发明专利拥有量可以更好观察城市先进制造业城市专利质量。由2023年发布的《2022年上海知识产权白皮书》可知，上海的PCT国际专利授权量近些年来有大幅增长，2022年申请量达到5591件，同比增长15.76%，同时，每万人口高价值发明专利拥有量达到40.9件，有效发明专利拥有量达到2022万件。

高新技术企业和高校、科研院所等构建了先进制造业城市科技创新生态体系，既体现了城市先进制造业基础研发能力和应用研究能力，也反映了产学研协同和研发成果转化能力。截至2022年上海高等学校科技活动人员即科学家和工程师总计81 300人，高技术产业的科技机构数达231个，从六个重点发展工业行业来看，科技机构数更是达573个。除此之外，上海有15所高校64个学科入选第二轮"双一流"建设高校及建设学科名单，ESI（11 月）数据显示，上海高校共有 148 个学科进入全球前 1%，26 个学科进入全球前 1‰，1 个学科进入全球前 1‱。上海 14 所高校的 34 个学科入选"中国顶尖学科"，占全国 14.2%，位居全国第二。

三、工博会对上海先进制造业的影响分析

（一）集聚效应

集聚效应是在一定地理空间内各种产业和经济活动的综合经济效应。会展作为一个开放的平台，在短时间内能吸引大量采购商、供应商、观众以及技术、信息等要素，这些资源集中在一起，必然能助力新科技、新产品的推广，从而促进投资合作，产生集聚效应，形成集聚经济。中国国际工业博览会的集聚效应主要体现在以下两个方面：

第一，吸引投资和贸易，促进地方产业发展，带动消费。国际会展通常会吸引大量的国内外企业和投资者参与，这将促进跨国贸易和投资合作。迅镭激光就曾表示，在某次展会上，该司签单达到五千余万元，有三十余位新老客户购买了万瓦级激光切割机和激光切管机。同时，由于展会上集聚了来自世界各地的行业领军企业和专业人才，并举办各类主题交流会，这毫无疑问地会推动当地产业的发展和升级。比如大连华工创新科技股份有限公司就多次在展会上展示最新设计的产品。对于带动消费，在会展举办期间，交通、广告、酒店、餐饮这些行业都会被带动发展。

第二，提高企业国际影响力，推动企业创新升级。在国际会展上，企业展示公司的前沿技术产品，与国际同行建立联系，寻找合作机会，拓展业务范围，从而扩大在国际市场的知名度和影响力。同时，在与同行交流过程中，企业能够获取行业最新消息，吸收先进技术和管理经验，为自身的创新提供参考。在 2023 年举办会展期间，就举办了"先进制造业集群国际合作高峰论坛"、"中国工业智能化发展高峰论坛"、"机器人技术应用与产业创新发展论坛"等会议，这些讨论有效的帮助相关产业人员了解行业的最新动态，助力企业创新升级，制定新的发展方向。除此之外，工博会也设置了评奖环节，"CIIF 大奖"是中国工博会评奖体系下的最高奖项，授予代表全球工业和信息化融合的前沿水平，在技术创新和模式创新上取得重大突破，实现示范应用或规模化商用，并对行业、地区发展起到引领和带动作用的世界工业产品。该奖项的设置能够很好激发企业实现突破，让企业更加注重优秀产品的开发。

（二）会展业对制造业的影响

1. 促进国际贸易

我国最早的会展组织者——中国国际贸易促进委员会，其发展目标便是促进外贸发展和经济增长。根据相关研究人员的实证检验发现，会展产业与出口贸易的规模和结构均具有显著正相关。即会展产业的发展对贸易规模有扩大作用，对贸易结构有优化作用。总之，通过参加会展，制造业企业接触来自全球各地的潜在客户和合作伙伴，使企业增加出口业务。出口业务的稳定增长也反向推动会展向国际化方向发展。

2. 加速企业创新

在有关学者的调查研究中，通过对比参展商与非参展商的平均研发人员发现，参展商的平均研发人员远远高于非参展商的平均研发人员，同时，其平均员工总数也有很大差异，也就是规模更大的公司更愿意参加展会。学者通过对参展商内部合作密度进行比较发现，参展商群体的内部联系密度远高于整个行业平均值。对于上述研究发现，我们可以总结：参展的企业通过观摩其他企业的展示、参加技术交流活动等方式，可以了解行业最新发展趋势和创新技术，激发创新意识，推动企业技术升级。同时，企业还可以与其他企业建立合作关系，通过与技术供应商、研发机构等进行合作，共同开发新产品、新技术，加速创新过程。另外，企业通过与客户的直接接触，了解客户的需求和反馈，及时调整产品设计和市场策略，提高产品的市场适应性和竞争力，从而推动企业持续创新。

（三）工博会对上海先进制造业的影响分析

此部分将对中国国际工业博览会这一具体案例进行分析，从展前、展中和展后三个方面论述工博会对上海先进制造业的影响。

1. 展前宣传推广

对于上海先进制造业的影响，具体来看实际是对相关企业的影响，另外，展会所设置的专业展实际都与先进制造业密切相关。

每一届工博会的举办都需要前期的宣传与策划，在工博会开始之前，主办方东浩兰生会展集团通常和地方政府合作举办推介会，同时也会和一些国外机构进行合作交流。通过这些宣传，将会鼓励企业抓紧时间研发，争取在会展开始前将新产品投入运用，这种时间上的紧迫性激发企业的创新活力，使得企业在同类企业中脱颖而出。同时，在路演推介过程中，主办方也会对参展企业进行宣传，有效提高企业的知名度，帮助企业树立品牌形象，提高市场竞争力。下面展示这些年来所宣介路演的城市（表2）。

表2 第二十三届工博会路演推介情况

时间	地点	活动名称
2023.08.07	三明市	第二十三届中国工博会宣介路演推介会
2023.08.11	六安市	第二十三届中国工博会宣介路演推介会
2023.08.17	无锡市	第二十三届中国工博会宣介路演推介会
2023.08.22	上海市	第二十三届中国工博会宣介路演推介会
2022.07.29	杭州市	第二十三届中国工博会宣介路演推介会
2022.07.29	上海市	第二十三届中国工博会德国馆签约仪式
2021.06.21	上海市	第二十三届中国工博会欧盟国家中小企业签约仪式

2. 展中提供服务

在展中，参展企业将展示他们最新的产品、技术和解决方案，甚至不少企业选择工博会作为首发平台，全球四大机器人厂商之一的ABB机器人就在第二十三届工博会上带来了两款全球首发机器人，这都会对先进制造业产生积极影响。参与会展的上海熙顺电气就表示，为了参加这次会展，公司携带了十数种新产品供参展的同行了解切磋。除此之外，展会可以让企业直接接触客户并进行商务洽谈，这有助于企业扩大市场份额，增加销售，这在早期的展后报告中可见一斑。另外，统计近些年会展举办过程中的策划的论坛数可以得知，每年都会举办大量的论坛，这些论坛所演讲的内容帮助相关人员相互交流经验，推动行业技术的创新与进步。此外，展会链接了产业上下游之间的合作，推动产业链整体升级（表3、表4、表5）。

表3 交易成交情况

年份	1999	2000	2001	2002	2003
累计成交额（亿元）	25	220	321.6	435	397.69

表4 现场成交情况

年份	2009	2010	2011	2012	2013
现场产品和技术成交总额（亿元）	17.44	14.61	10.63	11.08	13.19

表5 论坛举办情况

年份	2017	2018	2019	2020	2023
举办论坛数（场）	65	52	52	53	85

3. 展后总结反思

工博会结束之后，参展企业通过洽谈合作达成一系列合作协议和项目，开拓新的市场和业务领域。同时，在展会结束之后，行业内的企业可以通过总结经验教训，进一步优化自身产品和服务，提升竞争力，推动整个行业的发展进步。对于一些发展不足的企业，在展会后可调整发展方向，将资源和资本投入到先进产品的研发中。另外，由于展会上同样有投资者的参与，这将有助于资本向先进制造业流动，从而加速行业的进步。

四、对工博会发展的政策性建议

尽管这些年来工博会持续发展，已经在国际上有些影响力，但对比德国汉诺威工业博览会等世界知名博览会还是有一些差距，下面对其提出一些建议：

第一，加大宣传报道，切实增强国际传播力。在历届展后报告中可以发现，对于该博览会的宣传集中在国内传统主流媒体，且集中在展会召开的前后两个月时间，对比德国汉诺威国际工业博览会，工博会的传播力度远远不足。除此之外，在路演推介上工博会还没有走出国门，在国内的路演宣传也是不足的。诚然，因为某些原因使得我们在对外宣传上面临非比寻常的困难，但主办方或许可以把目标投向中东、东南亚的一些国家，尽管这些国家有极少的企业参加展会，邀请这些国家的媒体前来报道，逐步在这些国家带来一些影响力，从而吸引这些国家的企业前来参展。

第二，打造会展品牌，提升用户体验。展会的价值可以在各种无形资产中得到体现，比如展会的行业权威性、投入产出比、专业服务水准这些内容。作为中国制造行业最具影响力的国际工业品牌展，工博会需要产生自己品牌的经济价值和社会价值。在查阅资料时发现，对比国内其他会展，工博会的展位费处于高收费水平，若主办方想要打造高水平、高标准的会展，可以适当增加展位费并设立严格的价格标准，对于不同的展位设置不同的定价。若主办方想要吸引更多的企业前来参展，可以适当降低展位费，激发企业的参展热情。

第三，提高服务质量。对于服务质量的提高，可分为展前、展中、展后三个部分。展前，主办方应做好信息的咨询与通报，在官方网站上可以发现，各大专业展所提供的信息是不同的，比如科技创新展在首页对不同展区进行了分类，有"德国馆"、"中国科学院展区"、"高新技术成果展区"等，但其他专业展就没有进行更加详细的分类，为了让参展商更好地了解展会信息，应设置统一的标准进行展示。除此之外，在页面设置上，增加物流运输公司推荐页会更好地满足参展企业需求。展中，对于服务人员应给予选拔和培训，让其了解各参展企业的信息，全面准确地为客户提供服务。除此之外，会展一般举办四到五天，这期间的餐饮、安保、咨询服务等都需要展会人员的全力保障。对于观众流量，安保部门应做好人流量监测，将人流量信息同步参展商，以便参展商更好地给用户提供咨询服务。展后，对于展后报告的编制，内容应多侧重于对参展企业的回访调查，不仅仅局限于会展的传播与规模上，并增加参展企业以及观众的采访内容，让更多企业了解会展内容，切实增加会展吸引力。

参考文献

［1］廖斌.国际会展对城市经济发展的影响效应研究［D］.厦门大学，2019.

［2］董姗姗.中国会展业的产业聚集和产业竞争力研究［D］.北京工业大学，2005.15-16.

［3］陈宝兰，徐小旺.新型工业化与信息化对产业升级的影响研究——基于省际面板数据的门限回归分析［J］.合肥工业大学学报（社会科学版），2016，30（04）：17-24.

［4］陈宝明.世界先进制造业创新与发展趋势及其启示［J］.海峡科技与产业，2006（05）：34-38.

［5］罗守贵.上海先进制造业水平的国际对比及其启示［J］.科技进步与对策，2006（08）：60-62.

［6］卢长利.上海先进制造业发展现状、问题与对策［J］.江苏商论，2013（11）：83-85.

［7］刘佳，石慕凡，陈小翔.研发服务业驱动先进制造业的创新共生效应——基于京、沪、苏、浙、粤投入产出表的动态比较［J］.经济问题，2021（10）：77-86.

［8］董丰.中国国际进口博览会对上海产业升级影响研究［D］.东北财经大学，2023.

［9］邵安菊.基于"产品内分工视角"的上海制造业价值链重构与产业升级研究［J］.经济体制改革，2013（04）：106-109.

［10］葛欢.基于会展活动的先进制造业科技信息传播效果评价研究［D］.上海应用技术大学，2018.

［11］司月芳，刘婉昕，朱贻文等.中资企业研发国际化行为与创新绩效——基于2016—2018年中国国际工业博览会调研数据［J］.地理科学进展，2019，38

（10）：1523-1534.［9］朱金.中德会展经济比较研究.

［12］朱贻文.国际博览会对企业创新的影响研究［D］.华东师范大学，2021.

［13］陈庆文.珠三角展览业与制造业耦合协调发展及影响因素研究［D］.华南理工大学，2023.

［14］袁欣.关于进一步提振上海先进制造业的几点建议［J］.上海人大月刊，2017（12）：39-40.

［15］卢长利.上海先进制造业发展现状、问题与对策［J］.江苏商论，2013（11）：83-85.

［16］《上海市先进制造业发展"十四五"规划》发布［J］.上海质量，2021，（07）：6.

［17］黄烨菁.何为"先进制造业"？——对一个模糊概念的学术梳理［J］.学术月刊，2010，42（07）：87-93.

［18］单双，曾刚，朱贻文.展会对企业技术创新的作用路径研究——以中国国际工业博览会为例［J］.资源开发与市场，2014，30（07）：843-846.

图书在版编目（CIP）数据

会展策划与管理教育教学研究 / 王承云等编著.
北京：旅游教育出版社，2024.9. --（旅游研究前沿书系）. -- ISBN 978-7-5637-4748-1

Ⅰ．G245

中国国家版本馆CIP数据核字第202417QC64号

旅游研究前沿书系
会展策划与管理教育教学研究
王承云等　编著

策　　　划	赖春梅
责任编辑	赖春梅
出版单位	旅游教育出版社
地　　　址	北京市朝阳区定福庄南里1号
邮　　　编	100024
发行电话	（010）65778403　65728372　65767462（传真）
本社网址	www.tepcb.com
E - mail	tepfx@163.com
排版单位	北京旅教文化传播有限公司
印刷单位	唐山玺诚印务有限公司
经销单位	新华书店
开　　　本	710毫米×1000毫米　1/16
印　　　张	23.75
字　　　数	381千字
版　　　次	2024年9月第1版
印　　　次	2024年9月第1次印刷
定　　　价	76.00元

（图书如有装订差错请与发行部联系）